하나님 나라와 평화

하나님 나라와 평화

책임편집 박경수
공적신학과교회연구소

대한기독교서회

하나님 나라와 평화

ⓒ공적신학과교회연구소 2017

2017년 9월 25일 초판 1쇄

지은이 공적신학과교회연구소
책임편집 박경수
펴낸이 서진한
펴낸곳 대한기독교서회
편집책임 편집2팀

등록 1967년 8월 26일 제1967-000002호
주소 서울시 강남구 테헤란로103길 14(삼성동)
전화 편집 (02) 553-0873~4 영업 (02) 553-3343
팩스 편집 (02) 3453-1639 영업 (02) 555-7721
e-mail cls1890@chol.com
http://www.clsk.org
facebook.com/clskbooks

직영서점 기독교서회
종로 5가 기독교회관, 전화 (02) 744-6733 팩스 (02) 745-8064

책번호 2236
ISBN 978-89-511-1903-3 93230

The Christian Literature Society of Korea, Seoul
Printed in Korea

* 책값은 뒤표지에 있습니다.

본 연구소의 명예소장이신

이형기 교수님의 팔순을 기념하며,

스승에 대한 존경과 감사의 마음을 담아

이 책을 헌정합니다.

• 머리말 •

하나님 나라의 평화를 꿈꾸며

　'공적신학과교회연구소'가 여섯 번째 연구 결과물을 단행본으로 출간합니다. 이번의 주제는 "하나님의 나라와 평화"입니다. 지금까지 우리 연구소는 경제, 정치, 그리고 지역(마을) 교회에 관하여 하나님 나라의 관점에서 연구한 결과물 다섯 권을 출판하였습니다.

　이번에 출간하는 단행본의 원고 열세 편은 '평화'를 주제로 삼아 2년 이상의 세월에 걸친 세미나와 학술포럼을 통해 생성되었습니다. 신학의 범주에서는 성서학을 비롯하여 역사신학, 조직신학, 실천신학, 그리고 교회음악학까지 두루 전문 분야의 학자들이 학문적으로 평화에 관해 논한 것입니다. 일반 학문에서는 환경공학, 자연과학 분야의 학자 두 분이 각각 포럼에서 평화에 관해 발표한 것입니다. 좀 특별한 원고가 두 개 있습니다. 하나는 평화학을 전공한 학자가 현재 휴전선 인근에서 실천하고 있는 평화 실천에 관해 발제한 것이고, 다른 하나는 제주도 강정마을에서 아시아와 세계의 평화를 몸으로 추구하는 평화운동가의 발제입니다. 종합적으로, 이번에 실린 낱낱의 원고들은 학문적 성찰과 현장의 실천이 한데 어우러져서 마치 진주목걸이처럼 빛이 납니다.

　이 책에는 공적신학과교회연구소가 그동안 발표한 연구소의 선언문과 이정표, '경제선언문', '한반도 평화선언문'을 함께 실었습니다. 이 선언문 발표는 우리 연구소의 소장이셨던 이형기 교수님이 앞장서서 작업하신 것입니다. 이제 이 교수님은 팔순의 나이에 순응하시어 일선에서 물러나셨고, 후

학들에게 이 작업을 물려주셨습니다. 이번에 출판하는 『하나님 나라와 평화』는 이 교수님의 팔순을 축하하는 의미도 포함되어 있습니다.

   이 책을 출판하는 작업은 연구소의 연구편집위원장이신 박경수 교수의 노고로 진행되었습니다. 예년에 비해 유난히 덥고 습한 7월에 이 작업을 하시느라 비지땀을 많이 흘렸습니다. 또한 출판을 기꺼이 맡아주신 대한기독교서회 서진한 사장님께 진심으로 감사드립니다. 모쪼록 이 책이 한반도와 세계의 평화를 갈망하고 추구하는 분들에게 일독의 가치가 있기를 두 손 모아 기원합니다.

2017년 7월 31일
공적신학과교회연구소 소장
임희국

차 례

머리말 하나님 나라의 평화를 꿈꾸며_ 임희국 / 6

제1장 WCC가 말하는 '정의로운 평화'
____ 이형기

들어가는 말 / 13
1. '삶과 봉사' 운동사에 나타난 기독교적 사회윤리의 신학적 모델들 / 14
2. 정의로운 평화 / 25
3. '삶과 봉사' 전통과 '신앙과 직제' 전통의 페리코레시스적 연합 / 38
4. 나가는 말 / 48

제2장 구약성서의 평화
____ 박동현

1. 들어가는 말: '평화'와 '샬롬' / 65
2. 구약성서의 전쟁 이야기 / 68
3. 정의로 이룰 평화 / 70
4. 백성의 상처를 제대로 치료해야 이루어지는 평화 / 74
5. 하나님이 그저 베푸시는 평화 / 76
6. 온누리의 평화 / 77
7. 나오는 말: 평화의 길, 고난의 길 / 79

제3장 평화의 교회로 가는 길 — 신약성서의 도전
____ 박영호

    1. 담론으로서의 '팍스 로마나'(Pax Romana) / 85
    2. 신약성서 — 다양한 목소리, 하나의 거대담론 / 91
    3. 종말론의 경제적 측면 — 요한계시록 / 98
    4. "내가 옥에 갇혔을 때" — 마태복음에서 얻는 통찰 / 105
    5. 결론 — 현실 교회에 적용하기 위한 제안 / 111

제4장 메노 시몬스의 무저항 평화주의
— 뮌스터의 비극과 그의 작품 『레이던의 얀의 신성모독』을 중심으로
____ 박경수

    1. 서론 / 119
    2. 메노 시몬스의 생애에서 뮌스터의 비극이 갖는 중요성 / 121
    3. 『레이던의 얀의 신성모독』에 나타난 시몬스의 무저항 평화주의 / 128
    4. 다른 저술들에 나타난 시몬스의 무저항 평화주의 / 135
    5. 결론 / 139

제5장 1919년 서울 3·1운동의 '독립선언서'에 반영된 기독교의 평화
____ 임희국

    1. 글의 동기, 서술방향, 자료 / 145
    2. 기미년(1919) 서울 3·1운동의 독립선언서 / 146
    3. 독립선언서에 나타난 평화사상 / 153
    4. 독립선언서에 선포된 평화와 기독교의 평화 / 161
    5. 정리 / 165

제6장 온 신학의 평화 신학
_____ 김명용

서언 / 169
1. 하나님 나라와 평화 / 170
2. 평화의 길 / 177
결언 / 185

제7장 빼앗긴 마음에도 평화는 오는가
― 평화의 목회신학을 위하여
_____ 정연득

1. 들어가는 말 ― 우리 시대에 평화의 신학은 가능한가 / 187
2. 사회구조와 심리내적 역동의 연관성 / 189
3. 편집-분열적 자리와 분단의 흔적 / 193
4. 경계선적 성격구조와 분단의 흔적 / 199
5. 빼앗긴 마음의 회복을 위하여 / 206
6. 빼앗긴 마음의 회복과 평화를 이루기 위한 신앙 공동체 / 210
7. 나가는 말 ― 역동적 평화를 향하여 / 213

제8장 평화의 영성을 향하여
― 내적 평화와 사회적 평화의 관계
_____ 최승기

1. 들어가는 말 / 217
2. 내적 평화와 외적 평화의 통합을 향하여 / 218
3. 평화를 위한 영성 / 229
4. 평화의 영성을 촉진하기 위한 훈련 / 237
5. 나가는 말 / 240

제9장 남북한교회가 함께 부를 노래
____ 이상일

    1. 서론 / 245

    2. 북한의 음악론 / 248

    3. 북한의 가요 / 253

    4. 북한의 교회 / 256

    5. 남북한교회가 함께 부를 노래를 위해
       남한교회가 추진할 일 / 259

    6. 결론 / 266

제10장 북한 인권 문제와 통일의 상관성
____ 주승현

    1. 서론 / 269

    2. 북한 인권의 쟁점사항별 실상 / 272

    3. 북한인권 개선을 위한 노력 / 278

    4. 북한인권과 통일의 함의 / 283

    5. 나오면서 / 291

제11장 생명 위기 시대의 생태 평화
____ 김정욱

    1. 우리나라의 전통적인 자연관 / 295

    2. 유럽 그리스도인들의 자연관 / 298

    3. 생명 위기 / 303

    4. 창조세계와의 생태 평화를 위하여 / 307

    5. 맺는말 / 313

제12장 왜 그리스도인들이 평화운동가가 되어야 하나
____ 송강호

1. 평화를 만드는 일은 그리스도인의 본분 / 319
2. 공동체적인 삶 / 321
3. 모든 일은 기도로부터 시작한다 / 324
4. 인간의 절망에서 하나님의 희망은 시작된다 / 328
5. 평화의 길은 십자가의 길 / 329
6. 하나님께로 가는 두 개의 문 / 330
7. 평화 복무 / 332

제13장 국경선평화학교의 평화통일운동
— 철원에서 평화통일을 준비하는 국경선평화학교 이야기
____ 정지석

1. 분단의 현장 마을 철원에서 시작한 국경선평화학교 운동 / 335
2. DMZ 현장 체험형 평화통일 교육 프로그램 / 337
3. 국경선평화학교의 교육 정신과 내용: 공부, 기도, 노동 / 338
4. 국경선평화학교의 시민과 청소년 평화교육
   (Peace Education of Citizen and Youth) / 340
5. 평화마을(Peace Village) / 344
6. 글을 맺으면서 / 345

부 록

공적신학과교회연구소 소개 / 348
공적신학과교회연구소(IPTC) 선언문 / 350
공적신학과교회연구소의 이정표 / 352
기독교 신앙과 '하나님의 경제' / 363
정전협정 60주년, 한반도의 화해와 평화를 위한 그리스도인 선언문 / 373

제1장

WCC가 말하는 '정의로운 평화'

이형기

장로회신학대학교 명예교수, 역사신학

들어가는 말

한국은 군국주의 일본으로부터 국권과 주권을 빼앗긴 채 30년 동안 '정의로운 평화' 없이 살았다. 우리는 1945년 '광복'을 맞아 '정의로운 평화'의 길로 달려갈 수 있었으나, '광복'과 동시에 남·북한의 분단과 6·25 한국전쟁을 겪으면서 '정의로운 평화의 길' 위에서 엄청난 좌절을 경험하였다. 이와 같은 경험을 배경으로, 이 글은 '광복'과 '분단' 70주년을 생각하면서 '정의로운 평화'에 대하여 생각하고자 한다.

이 글의 목적은, 첫째로 '삶과 봉사' 운동사에 나타난 기독교적 사회윤리의 신학적 모델들을 추적하고, 둘째로 서울 JPIC(1990)와 부산 WCC 총회 때 "정의로운 평화의 길을 향한 성명"에서 나타난 '정의로운 평화'의 성서적이고 신학적인 근거를 논구할 것이다. 셋째로 그와 같은 '정의로운 평화'라고 하는 기독교 신학적 사회윤리를 '신앙과 직제'(교회론)의 전통 안에 편입시킬 수 있는가를 탐색해보려고 한다.

결론 부분에서 필자는 다음의 제목으로 전체를 정리하였다. (1) 은혜와 믿음, (2) 서울 JPIC와 부산 WCC의 "정의로운 평화의 길을 향한 성명"에 나타난 기독교적 사회윤리의 신학적 모델들, (3) 서울 JPIC와 부산 "정의로운 평화의 길을 향한 성명"에 나타난 '정의로운 평화', (4) 정의로운 평화와 교회 공동체, (5) '정의로운 평화'와 남한과 북한의 평화공존과 평화통일.

1. '삶과 봉사' 운동사에 나타난 기독교적 사회윤리의 신학적 모델들

이 글에서는 1983년 밴쿠버 WCC 총회 때 등장해 1990년 서울 JPIC에서 본격적으로 논의된 '정의와 평화' 이슈에 대하여 논하기 전에, 그 이전까지의 '삶과 봉사' 운동의 '기독교적 사회윤리의 신학적 모델들'을 살펴보려고 한다. 그리하여 필자는 1937년 옥스퍼드, 1966년 제네바 '교회와 사회' 세계대회, 그리고 1979년 MIT JPSS(하나의 정의롭고 참여적이며 지속 가능한 사회=a Just, Participatory and Sustainable Society) 대회의 그것을 소개함으로써, 서울 JPIC와 부산 "정의로운 평화의 길을 향한 성명"으로 이어지는 어떤 일관된 모델을 발견하려고 한다.

1) 1937년 옥스퍼드 제2차 '삶과 봉사' 세계대회 : '중간공리'

1937년 '옥스퍼드 제2차 삶과 봉사 세계대회'는 스톡홀름의 개인주의적 책임론과 낙관주의에 대하여 반성적이었다. 그도 그럴 것이 옥스퍼드는 칼 바르트, 라인홀드 니버, 올드헴 등과 같은 그 시대를 대표하는 신학자들의 신학이 주도하였기 때문이다. 칼 바르트가 나치를 지지하는 '독일 그리스도인들'에 반대하여 작성하고 저술한 1934년 "바르멘 신학선언", 1935년 "복음과 율법", 그리고 1938년 "칭의와 정의"(Rechtfertigung und Recht)는 스톡홀름의 낙관론을 극복하게 만들었고, 그럼에도 불구하고 라인홀드 니버의 '기독교적 현실주의'와, 올드헴은 기독교 사회윤리를 당시 인류 사회와 현실 상부하게(relevant) 만들었다. 비셔트후프트에 의하면 대체로 아프레히트는 1937년 옥스퍼드와 1948년 암스테르담에까지 영향을 준 올드헴의 방법론¹을 전수하였고, 1955-61년의 "급격한 사회변혁 연구"를 통하여 그것을 확장하고 새로운 차원을 열었으며, 1980년대 초까지 '삶과 봉사'의 총무직을 맡았다.² 여기에서 우리는 에큐메니칼 운동의 기독교적 사회윤리의 기본 방향이 어떻게 정향(正向)되었는가를 짐작할 수 있다. 중요한 것은 옥스퍼드의 "복음과 율법"³에 근거한 '중간공리'와 '기독교적 현실주의'가

---

1 참고. 이형기, 『에큐메니칼 운동의 패러다임 전환』(서울: 한들출판사, 2011), 60-61.
2 *Church and Society: Ecumenical Perspectives. Essays in Honour of Paul Abrecht* (Geneva: WCC, 1985), 5.
3 "'복음신앙'에서 추동된 행동들을 분명하게 만드는 것이 교회의 예언자적 직무이다." 여기에서 우리는 '복음신앙'과 성서가 증언하는 복음의 요구 혹은 하나님의 뜻으로서 율법을 생각할 수 있다는 의미에서 이를 '복음과 율법'이라고 말할 수 있다. 칼 바르트는 '율법'이 예수 그리스도 안에서 완전히 성취되었다는 뜻에서, 예수 그리스도께서 '복음'이시기 때문에 우리는 신구약의 하나님의 뜻으로서의 '율법'을 이 '복음'의 관점에서 이해하여야 한다고 말한다. 때문에 바르트는 그리스도인들의 모든 성화 차원의 '율법'과 국가의 법으로서 인간의 법이나 유엔의 인권선언 등에 나타난, 하나님의 뜻으로서의 '율법' 실천 역시 그와 같은 '복음신앙'의 관점에서 이해해야 한다고 본다. "그의 행동(하나님의 은혜의 행동으로서 복음 – 옮긴이)은 그 자체 안에서 맴돌지 않는다. 반대로 그것은 우리의 행동, 곧 그분 자신의 행동에 상응하는 것을 목표로 한다. "그러므로 하늘에 계신 너희 아버지의 온전하심과 같이 너희도 온전하라."(shall be perfect, 마 5:48) …그러나 '나는 나의 것이 아니라 나의 신실하신 구세주 예수 그리스도, 그분의 것이다.'라고 하는 인디커티브(this indicative)의 타당성이 주어진 다음에, 바로 이 타당성이 십계명을 세우고, 그것을 산상수훈 안에서 해석하고, 그것을 사도적 훈령 안에서 적용한다. …은총의 선포는 율법을 세운다. …예수 그리스도의 신앙에 의한, 보편적으로 죄 된 인간들에 대한 하나님의 칭의는 율법과 선지자들에 의하여(롬 3:21) 증언되고 있다." Karl Barth, "Gospel

1948년 암스테르담에서부터 1961년 뉴델리까지 그 타당성을 보였다는 것이고, 이와 같은 기독교적 사회윤리는 1990년 서울 JPIC와 부산 WCC의 '정의와 평화'에 대한 두 문서(1. 정의로운 평화로의 에큐메니칼 부름과 2. 정의로운 평화의 길에 대한 선언)에까지 영향을 준 것으로 보인다는 사실이다.

따라서 옥스퍼드 사회사상의 열쇠는 '중간공리'인데, 비셔트후프트와 올드헴은 '옥스퍼드 제2차 삶과 봉사 세계대회'를 위하여 저술한 *The Church and Its Functions in Society*(1937)에서 '중간공리'에 대하여 다음과 같이 적고 있다.

> 복음이란 도덕률의 모음집이나 하나의 새로운 법전이 아니다. …복음에 대한 신앙으로 추동되는 그와 같은 종류의 행동을 분명하게 만드는 것은 교회의 예언자적 직무요, 가르치는 직무(교도권)이다. (중략) 그리스도인들이 사랑의 법에 순종해야 하고 사회정의를 위하여 투쟁해야 한다고 하는 그처럼 광범위한 주장들은 개인 그리스도인으로 하여금 특수한 상황들에서 무엇을 하지 않으면 안 되는가를 알게 하기에 충분하지 않다. 그렇다고 그와 같은 구체적인 상황에서 그 그리스도인 개인이 결단의 책임으로부터 자유로울 수 있는 것도 결코 아니다. 하지만 그에게 정확한 지침이나 훈령을 주어서 문자 그대로 그것을 이행하게 한다는 것은 그에게서 한 인격으로서의 도덕적 책임성을 박탈하는 것이다. 교역자들이 할 일은 평신도가 공적인 이슈들에서 어떻게 행동해야 할 것인가를 말해주는 것이 아니라, 기독교적 요구를 가지고 그와 같은 공적인 이슈들에 대응하고 그들로 하여금 스스로의 힘으로 그와 같은 기독교적 요구의 적용을 찾아내도록 격려하는 것이다. 바로 여기에서 '중간공리'가 필요하다. 즉 복음의 윤리적 요구들에 관한 순수

---

and Law," in *Community, State, and Church: Three Essays*, ed. Will Herberg (Gloucester, Mass.: Peter Smith, 1968), 77-78. 우리는 이상과 같은 바르트의 복음 이해에서 '은혜와 과제', '직설법과 명령법' 혹은 '복음과 율법'의 주제를 발견할 수 있다.

하게 일반적인 진술들과 현실의 구체적인 상황들에 직면하여 내려지지 않으면 안 되는 결단들 사이에 중간공리라 불려 좋음직한 어떤 필요가 발생한다. 바로 이와 같은 중간공리야말로 기독교적 윤리를 현실 상부하게 하고 생명력 있게 만든다. 그와 같은 공리들은, 기독교 신앙이 사회의 어떤 특수 상태에 직면하여 그 자신을 표현하지 않으면 안 되는 방향을 정의하는 하나의 시도이다. 그것들은 물론 항상 모든 상황에서 타당성을 갖는 것이 아니라 어떤 주어진 시기 동안이나 어떤 주어진 상황에서 그리스도인들에게 요청되는 행동 유형에 대한 잠정적인 정의들(provisional definitions)이다.[4]

부언하고 싶은 것은, 로마가톨릭교회, 정교회, 성공회, 주류 종교개혁 전통의 교회에서는 신학적 사회사상 혹은 신학적·사회적 가르침 혹은 기독교 신학적 사회윤리가, 보편적인 가치로서 일반 사회윤리와 대화하고 제휴하는 경향이 있지만, 16세기 과격한 종교개혁파 신학자들과 이들을 잇는 요

---

[4] W. A. Visser't Hooft & J. H. oldham, *The Church and Its Functions in Society* (London, George Allen & Unwin, 1937), 209-210. 베넷(John C. Bennett)은 '중간공리'에 근거하여 경제제도와 관련한 다섯 가지 원리를 "옥스포드 제2차 삶과 봉사 세계대회" 문서에서 요약 소개한다. (1) 인간이 하나님과 누리는 코이노니아에 근거하여 사람과 사람 사이의 바른 관계가 형성되어야 한다. 모든 경제적인 활동은 이것에 준하여 변형되어야 한다. (2) 인종과 계층에 관계없이 모든 어린이와 청소년은 그들에게 주어진 특별한 능력을 충만히 계발하기에 적절한 교육의 기회가 주어져야 한다. (3) 질병이나 연약성이나 나이로 인하여 경제활동을 할 수 없는 사람들은 그들의 무능력 때문에 경제적으로 궁지에 몰려서는 안 되고 반대로 특별한 보살핌의 대상이 되어야 한다. (4) 노동은 인간의 복지를 위하여 하나님께로부터 계획된 본유적인 가치와 존엄성을 지니고 있다. 따라서 인간의 노동의무와 권리가 보장되어야 한다. 산업화 과정에서 노동은 결코 하나의 단순한 상품으로 여겨져서는 안 될 것이다. 일상적인 노동에서 사람들은 하나의 기독교적 소명을 인정해야 하고 성취해야 할 것이다. (5) 땅과 광물자원과 같은 땅의 자원은 모든 인류에게 주어진 하나님의 선물로 인식해야 하고 현 세대와 미래 세대의 필요를 위해 적절하고 균형 있게 사용해야 한다. John C. Bennett, *Christian Ethics and Social Policy*(New York: Charles Scribners' Sons, 1994), 17-18.

더(John H. Yoder), 라스무손(Arne Rasmusson), 하우어워스(Stanely Hauerwas)는 예언자들의 목소리와 신약의 아가페 사랑과 원수 사랑을 실천하는 교회의 특수성을 강조하다가, 교회의 보편적인 가치로서 사회윤리(the common good 혹은 the public good)에 대한 실천을 소홀히 여긴다. 이들은 교회가 거룩한 공동체가 될 때 이 세상도 거룩하게 될 것이라고 보는 것이나 마찬가지다. 하지만 우리는 '삶과 봉사' 운동이 추구하는 모든 기독교 신학적 사회윤리[1968년 "인종주의 철폐운동"(PCR), 1975-79년의 JPSS, 1990년 서울 JPIC, 1998년 "폭력극복운동 10년"(DOV), 그리고 2011년 킹스턴의 "정의로운 평화로의 에큐메니칼 부름"과 부산 WCC의 "정의로운 평화의 길을 향한 성명"]가 모두 일반 사회윤리와 대화하고 연대하고 있음을 인정해야 할 것이다.[5]

---

5 참고. 칼 바르트는 1935년 "Evangelium und Gesetz"에 이어 1938년에 저술한 "Rechtfertigung und Recht"(Justification and Justice 혹은 The Church and State)에서 'continuum'이라는 개념을 사용하여 교회와 국가 혹은 칭의와 법(정의)을 연결한다. "모든 인류에 대한 하나님의 칭의를 설교하는 교회의 관점에서 보면, 국가의 권위는 그들의(교회의) 주 예수 그리스도의 주권 안에 포함된다. 교회는 영원한 국가(the eternal state)를 기대하면서 살기 때문에, 땅의 국가를 존중하고 그것으로부터 항상 최상의 것을 기대한다. 그래서 이 지상의 국가는 '모든 인간들' 사이에서 자신의 방법대로, 그리스도인들이 이미 그들의 구주로 사랑하고 있는 주님을 섬겨야 한다. 칭의를 설교하는 자유를 위하여, 교회는 국가가 참 국가가 되어 정의를 창조하고 정의로 다스릴 것을 기대한다. …신적인 칭의가 '법적인 continuum'(das rechtliche Kontinuum)인 것처럼 교회는 정치적 continuum이다." 이어서 바르트는 로마서 13:5-7을 해석하면서 "우리는 좀 낮은 영역에서 생각하고 있는 것처럼 보인다."라며, "교회는 그 자신의 구성원들에게 그와 같은 의무를 수행할 것을 강력히 요구한다. …조세와 관세를 국가에 바치고 국가의 법과 국가의 대표들을 존중하여야 한다. …무조건적으로 그리고 구속력 있게 그렇게 해야 하는 이유는, 죄인들에 대한 하나님의 칭의 때문이다."라고 한다. Karl Barth, *Community, State, and Church: Three Essays*, ed. Will Herberg(Gloucester, Mass.: Peter Smith, 1968), 140-141. 그리고 바르트는 칭의와 정의의 구별, 교회와 국가의 분리, 곧 그리스도인들이 국가의 영역 안에서 '외국인들'이라고 하는 사실을 폐기시키지 않는다.(145) 그리스도인들은 신적 칭의에 근거한 교회 안에서 살지만, 하나의 정의로운 국가를

2) 1966년 제네바 '교회와 사회 세계대회': '종말과 종말 이전'

보고서[6]는 주로 미래 지향적인 '하나님 나라'와 '종말 이전의 역사와 교회의 책임'을 주장하고 있다. 보고서는 II.12.15.16에서 오늘날의 상황이 종말론을 요청한다며, 성서의 세계가 제시하는 "진리(truth)는 미래가 그분께 속해 있는 바로 그 하나님과의 살아 있는 관계 속에서 알려진 것이고, 선(good) 역시 그와 같은 관계 속에서 행해진 것이다."라고 한다. 그러면서 바로 이와 같은 근거 아래 그리스도인들은 "사람들 사이에서 정의와 평화의 책임적 사회를 성취하고 역사 속에서 상대적인 의미들을 분별하고 구현해야 한다."(II.18)라고 하였다. 그리하여 보고서는 네 가지 방안을 제시하는데, 이 네 가지 방안이 그리스도인들과 나머지 사람들이 연대(solidarity)하면서도 다름(difference)을 나타내는 것이라고 주장한다.

원한다. 그리스도인들은 교회 안에서 미래의 도성에 전적으로 헌신하며 살아가는 만큼 땅의 도성에 대한 책임을 수행하면서 살아가야 한다고 한다. 그리스도인은 국가를 '정의로운 국가'가 되게 할 책임을 지닌다. 그리하여 신적 칭의에 근거하고 있는 교회의 구성원들이 국가의 구성원들 이상으로 국가의 의무수행을 더 잘 할 수 있다고 한다.(146) "교회는 인간의 정의와 법을 수립하고 지탱시키는 것으로 가장 잘 도와줄 수 있을 것이다."(146) "교회는 국가의 간섭 없이 '도래하는 하나님 나라'를 선포하고 그것에 의하여 오직 믿음을 통한 칭의의 복음을 선포한다."(146) 바르트가 '복음과 율법'에 따라 살아야 하는 그리스도인들에게 국가의 헌법과 실정법도 잘 지키면서 살아야 한다고 하는 것으로 보인다. 이는 특수(칭의의 복음과 율법에 대한 신앙)에서 출발하여 보편적 세계의 보편적 도덕적 가치로 하향하고 있다는 것을 말한다. 몰트만 역시 그리스도인들이 희년법과 예언자들의 목소리와 산상수훈과 사도들의 훈령을 따라 살면서 보편적인 가치로서 국가의 법과 유엔의 인권법(the human rights) 등을 지키며 살아야 한다고 본다. 몰트만은 16세기 과격파 종교개혁자들의 윤리와 보편적 가치로서 국가교회의 윤리를 비판적으로 종합한다. 그는 특수에서 출발하여 보편으로 이동하는 논리에 바르트와 같은 입장을 취하다. 참고. *Ethics of Hope*, trans. Margaret Kohl(Minneapolis: Fortress Press, 2010), 204-206, 226-227.

6 World Conference on Church and Society, Geneva, July 12-26, 1966, *Official Report*(Geneva: WCC, 1967).

첫째로, 기독교 신앙은 모든 사회구조, 인간 권력의 구조 및 안전이 결코 완전하게 정의롭지 못하고 하나님의 심판 아래 있음을 신앙으로 알고 있다. 세상에서는 하나님이 제정한 그 어떤 사회질서란 없다. 그 어떤 변혁도, 어떤 현상유지 자체도 필연적으로 선하지 않다. 오직 새로운 인간적인 필요의 빛에 비추어서 끊임없이 수정되어야 할 상대적이고 세속적인 구조들이 있을 뿐이다. 따라서 그리스도인들은 현상유지를 영구화하려는 모든 권력구조에 대하여 '아니다'라고 말해야 하고, "효율적인 사회변혁을 일으켜야 하며 가난한 자들과 억압받는 자들의 항거 속에서 상대적인 역사적 정의를 찾아야 할 것이다."(II.20)

둘째로, 미래 종말론적인 심판과 새 하늘 새 땅에서의 만유의 회복에 대한 비전 속에서 그리스도인들은 하나님께서 역사 속에서 그들이 성공하든 실패하든 모든 것을 선으로 인도하고 계신다고 믿고 희망한다.

그리스도인들은 이 세상(this age)의 권세들에 대한 그리스도의 마지막 승리를 희망하는 가운데 이 세상에서 살고 있기 때문에, 우리 시대의 정의와 진정한 인간성을 위한 투쟁을 이와 같은 종말론적인 희망의 징표로 본다. 시간이 완성되는 때에, 자연과 인류 역사의 모든 세력과 인간의 생명 그 자체는 성서에 의하여 '새 하늘과 새 땅'이라고 상징된, 상상을 넘어서는 방법으로 변혁될 것이다. 하나님의 나라는 그리스도의 오심과 더불어 인류 역사 속에 돌입하였고 모든 인간과 창조세계 전체로 확장될 것이다. 부활하신 주님과 악마적 권세 사이의 싸움에서 후자는 결코 승리할 수 없을 것이다. 메시아이신 예수께서 이미 오셨고, 유대인들과 열방들을 위하여 다시 오실 것이며, 이와 같은 그분의 통치의 징표가 우리 시대를 뚫고 들어와 이 세상을 변혁시키고 있다. …그러나 참 하나님이시고 참 인간이신 메시아께서 타락한 인간의 권세로 십자가에 달리신 그와 같은 죽음에서 부활하셨기 때문에, 그리스도인들은 하나님께서 그들이 성공하든지 실패하든지 그들의 사역을 사용하시어 선을 이루실 것이라는 희망 가운데 인간 사회를 모든 차

원에서 변혁하기 위하여 사역하도록 부름을 받고 있는 것이다.(II.21)

셋째로, 그리스도인들은 "성서, 기독교 역사와 오늘날 교회의 정신, 그리고 사회과학적 분석의 최선의 통찰들"(II.23)과 지속적인 대화를 시도하면서, 오늘의 정치적이고 경제적인 변화의 복합성 속에서 무엇이 정의이고 무엇이 부정의이며, 무엇이 인간적인 것이고 무엇이 비인간적인 것인가를 분별해야 할 것이라고 한다. "그리스도인은 자신이 하나님의 뜻을 행하고 있다는 믿음 아래, 최선의 지식을 따라 이 세상에서 행동해야 한다. 기독교 신학이 예언자적이 되려면, 충분한 성찰을 거쳐 하나님께서 특정한 시공간 속에서 어떻게 역사하고 계시는가를 선포하고, 교회는 언제 어디에서 하나님의 사역에 동참할 것인가를 보여줄 수 있어야 한다."(*Ibid.*)

넷째로, 본문은 하나님 나라와의 관계에서 '교회'의 정체성에 대해 이렇게 규정한다.

> 교회란 이 세상에서 모든 인간에 대한 하나님의 사랑에 응답하는 세상의 일부요, 하나님의 인간에 대한 관계가 알려지고 구현되는 공동체가 되도록 부름을 받고 있다. 교회는 어떤 의미에서 세상의 중심이요, 세상의 완성(fulfilment)이다. 또 다른 의미에서 그것은 세상의 종이요, 미래에 대한 희망을 세상에 알리는 증인이다. 교회는 장차 마지막 때에 이루어질 세상이 자신 안에서 미리 발견되는 그와 같은 공동체가 되도록 부름을 받고 있다. 종종 그렇듯이, 만약에 교회가 이와 같은 사명을 이루지 못하고 세상의 편견들을 반사시킬 경우, 교회는 자신의 소명에 신실하지 못한 것이다.(II.26)

그래서 그리스도인들은 성서에서 발견되는 '진리와 선'이 역사적 상황 속에서 알려지고 행해졌다는 의미에서, 절대적인 차원에 접촉되어 있으면서도 상대적인 '진리와 선'에 관련되어 있다는 말로 이해하고, 나아가서 종말론적으로 완성될 '진리와 선'을 희망하면서도 '역사'와 '교회' 속에서 실현되어야 할 상대적인 '진리와 선'을 주장한다.

정리하면, 본 대회는 교회의 사회참여 혹은 교회의 사회윤리에 있어서, 믿지 않는 사람들과의 '연대성'도 주장하지만 '다름'도 주장한다. 우리는 위의 네 가지 방안에서 '연대성'과 '다름'을 발견한다. 첫째로 그것은 기존 국가와 사회의 현상유지가 아니라 효율적인 사회변혁을 일으켜야 하며, 가난한 자들과 억압받는 자들의 항거 속에서 상대적인 역사적 정의를 찾아야 한다. 둘째로 하나님께서 모든 것을 선으로 인도하실 것이라고 하는 미래 종말론적 희망 속에서 인간 사회의 모든 차원을 변혁시켜야 한다. 셋째로 "성서, 기독교 역사와 오늘날의 교회의 정신, 그리고 사회과학적 분석의 최선의 통찰들"과 지속적인 대화를 시도하면서, 정치경제적인 차원에서 예언자적인 목소리를 내야 한다. 넷째로, 하나님 나라와의 관계에서 교회의 정체성과 사명을 생각해야 한다. 대체로 본 대회는 '진리'와 '선'에 관하여 종말에 완성될 절대적인 '진리'와 '선'을 희망하면서도, 역사와 창조세계 속에서 선취되어야 하는 '진리'와 '선'이라는 의미에서 '종말론적 현실주의'(an eschatological realism/비교: 니버의 '기독교적 현실주의')를 주장한다. 이와 같은 주장은 옥스퍼드의 '복음과 율법', '은혜와 과제'(Gabe und Aufgabe), '종말과 전종말'(the Ultimate and the pen-Ultimate), 그리고 '중간공리'와 다르지 않다. 그도 그럴 것이, '진리'와 '선'의 종말론적 완성이 은혜로 주어질 것이고, 역사와 창조의 현실 속에서 그것에 대한 역사적이고 상대적인 성취가 일어나고 있기 때문이다.

3) 1979년 MIT 교회와 사회 세계대회 : 사랑, 그리고 정의와 평화

본 대회 10개 분과의 보고서들 가운데, "10. 교회를 위한 하나의 새로운 기독교적 사회윤리와 새로운 사회정책"이 가장 중요한 것으로 보인다. 그 이유는 이 보고서가 모든 분과의 대표들이 마지막날 한자리에 모여 모든 분과를 아우르는 윤리적 이슈들을 다루었기 때문이다.[7] 결국 나머지 항목들은 본 항목의 '기독교적 사회윤리'를 따르고 있다. "예수 그리스도 안에서 시행된 하나님의 사역은 사랑이다. 그것은 한이 없는 사랑으로서 정의를 추구하는 사랑이다. 하나님의 사랑의 성취가 다름 아닌 이 세상의 목적이다. 그리고 그것의 상징은 십자가이다."[8] 사랑은 정의를 추구하게 하는 원동력이고, 그것의 표준이다. 우리 인간은 하나님의 피조물로서 예수 그리스도 안에 나타난 하나님의 사랑과 정의를 따라 살아야 하지만, 현재 죄악 속에 실존할 수밖에 없다. 따라서 우리 그리스도인들은 예수 그리스도 안에서 일어난 승리에 대한 믿음 곧 종말론적 승리를 희망하는 가운데 "사랑의 하나님 나라"의 도래를 확신하고 있다. 장차 모든 사람들은 이 사랑의 나라에서 '정의와 평화와 희락'(롬 14:17)을 알게 될 것이고, 하나님께서 모든 것 안에서 모든 것이 될 것임을 희망한다.(147)

이처럼 본문은 사랑과 정의가 완전히 실현되는 미래 지향적인 하나님 나라에 대한 희망을 주장하고, 이 희망 속에서 "정의롭고 참여적이며 지속가능한 사회"(JPSS)가 구현되길 희망한다. 물론 역사와 창조세계의 과정에서 실현되는 JPSS의 인류 사회란 늘 불완전할 수밖에 없지만 말이다. "그것은 하나님의 때에 하나님에 의하여 완성될 것이다. 우리는 그분의 성령에 의존할 뿐이다."[9] 그런즉 본 대회는 미래 지향적이면서 현재적인 '하나님 나라'를 주장하고 있는 것이다.

본문은 본격적으로 사랑의 나라인 하나님 나라의 윤리에 대하여 이야기한다. 그것은 이웃 사랑을 구조화하는 것을 포함한다. "정치윤리는 사랑을 구조로 바꾸는 과제를 가지고 있다. 사랑이란 정서라기보다 하나의 의지적 결단이기 때문이다. 인간 사회의 어떤 형태의 권력이라도 그것이 섬겨야 할

---

7 Faith and Science In An Unjust World: Report of the World Council of Churches' Conference on Faith, Science and the Future. *MIT*, 12-24, 1979. Vol. 2: Reports and Recommendations, ed. Paul Abrecht, 4.
8 *Ibid.*, 147.
9 *Ibid.*

개인이나 집단과는 무관한, 그것 자체의 제도적인 이익을 추구하는 경향이 있다….”(162)

끝으로 본문은 헌법과 실정법을 '사랑의 표현'으로 보고, 그것들의 목적은 '사랑을 정의로 구조화하는 것'이라고 하였다. 그와 같은 헌법과 실정법은 '사랑'과 '정의'(예언자들과 예수의 그것)를 척도로 하여 끊임없이 수정 보완되어야 할 것을 힘주어 언급한다.

> 법(헌법과 실정법 – 옮긴이)은 사랑의 표현과 사랑을 정의로 구조화하는 것을 목적으로 삼고 있다. 법은 개인뿐만 아니라 집단들 사이의 관계에 유의하고, 신빙성 있는 조화를 진척시켜야 할 필요에 주목하며, 폭력을 사용하지 않고 갈등을 풀 수 있는 수단을 제시해야 하고, 정의를 위한 사회적 프로그램을 실천할 가능성을 마련해주어야 한다. 기존의 법들에 대한 끊임없는 비판과 좀 더 공평한 법적이고 정치적인 구조들의 증진은 개인과 공동체로서 그리스도인들에 대한 요구사항이다. 이와 같은 투쟁은 부정의에 의하여 사회로부터 배제된 사람들로 하여금 하나님 나라에 대한 완전한 섬김에 참여하도록 하기 위해서 꼭 필요한 것이다.(163)

MIT는 '정의와 평화와 희락'이 충만한 사랑의 하나님 나라에 대한 종말론적 희망 안에서, 정의를 추구하는 사랑, 사랑의 구조화, 정의의 구조화로서의 사랑, 그리고 사랑과 정의에 입각한 헌법과 실정법에 대한 신학적인 이해를 발견하였다. 그런즉 사랑의 하나님 나라를 바라보는 정치윤리는 사랑을 구조로 바꾸는 과제를 가지고 있고, 헌법과 실정법이 다름 아닌 사랑의 표현이라고 할 때 이는 성서적 증언에 따른 요구로서, 아가페 사랑을 보편적인 가치로서의 사회윤리로 번역하는 것이다. 그러므로 '복음과 율법' 혹은 '은혜와 과제', '중간공리' 그리고 '종말과 전종말'과 다르지 않다.

2. 정의로운 평화

1) 1990년 WCC 서울 JPIC 세계대회

정의와 평화 문제는 WCC 역사 이래로 계속해서 논의된 주제이다.[10] 하지만 그것이 창조세계의 보전 문제, 특히 생태계의 문제와 관련된 것은 1968년 이후 1970년대에 크게 부상되어, 1975년 나이로비의 JPSS와 1979년 MIT 및 1982년 암스테르담을 거쳐 1983년 밴쿠버에서 WCC의 어젠다(agenda)에 올랐다. 즉 JPIC(World Convocation on Justice, Peace and Integrity of Creation in Seoul)가 그것이다. 그리하여 밴쿠버 이후 '교회와 사회'(종전의 '삶과 봉사')는 '환경보전'의 문제에 관하여 WCC 전 차원의 이해와 참여를 촉구했다.[11]

(1) JPIC의 성서적 근거와 표준
서울 JPIC 대회는 '은혜의 언약'에 대한 신앙을 바탕으로 하는, WCC 중심의 "JPIC를 위한 상호 참여의 협의회적 과정"(a conciliar process of mutual commitments for JPIC)이다. 환언하면, 은혜의 언약에 대한 언약 공

---

10 참고. Ans J. Van der Bent, *Vital Ecumenical Concerns: Sixteen Documentary Surveys*(Geneva: WCC, 19886), 116.
11 밴쿠버는 WCC 회원 교회들과 비회원 교회들 그리고 기독교 단체들에게 JPIC를 위한 '협의회적 과정 속에 있는 계약'(a covenant in a conciliar process)에 참여할 것을 촉구하고 있다. 협의회적 과정이란 교회들의 대표들로 구성된 협의체들을 통한 교회적 운동을 말한다. 예컨대 '교파별 세계적 기구'(the Christian World Communions)와 '세계교회협의회'가 그것일 것이다. 끝으로 우리는 JPIC의 세 영역(정의, 평화, 창조질서의 보전)이 구조악들의 상호 맞물림처럼 서로 불가분리하게 얽혀 있다는 사실에 유의해야 한다. 이 운동은 1990년 서울 JPIC는 물론 1992년 '환경과 발전'을 위한 리우(Rio de Janeiro) UN 총회를 내다보았다.

동체의 언약의무를 논의하는 것이다. 따라서 JPIC는 언약 공동체 안에서 교회들의 상호 참여를 통한 협의회적 과정이다. '협의회적 과정'이란 이 운동이 교회들의 협의체인 WCC의 언약 의무를 수행한다는 뜻이다. 그러니까 교회들의 협의회적 과정이란 수직적 언약에 대한 교회들의 수평적 차원의 응답이라고 할 수 있다.

우선 '하나님의 은혜의 언약'에 대하여 알아보자. 본문은 '보편적인 은혜의 언약'을 주장한다. 즉 "미래의 불확실성에 직면하여 우리는 하나님이 인류와 맺은 언약과 창조세계 전체와 맺은 언약을 기억한다."(2.1.2)[12]라고 한다. 또한 인간의 죄악에도 불구하고 하나님께서는 인간을 버리지 아니하시고, "…깨어진 코이노니아의 회복을 흔쾌히 허락해주실 마음이 준비되어 있기 때문에, 무지개 언약을 통하여 다음과 같은 언약을 다시 일깨워주셨다. "내가 내 언약을 너희와 너희 후손과 너희와 함께 한 모든 생물 곧 너희와 함께 한 새와 가축과 땅의 모든 생물에게 세우리니 방주에서 나온 모든 것 곧 땅의 모든 짐승에게니라."(창 9:9-10)[13] 하나님께서는 그의 구원의 목적을 증언하도록 하기 위하여 이스라엘을 반복적으로 택정하셨으니, 아브라함은 모든 열방을 위한 하나의 축복이 되게 하기 위하여 선택을 받았고(창 12:3), 하나님은 이스라엘과 언약을 맺음으로써 이스라엘이 온 세상을 위한 종이 될 것을 기대하셨다.(사 42:1-7)"[14]라고 한다. 결국 문서는 '그리스도 중심의 보편주의'에 근거한 보편적 은혜의 언약을 주장하고 있다. 다음의 인용이 그것을 잘 말해준다.

하나님의 언약은 예수 그리스도 안에서 성취되었다. 사람들의 마음속에 기록될 새 언약에 대한 약속은 인류의 역사 속에서 일어난 그리스도의 성육

---

12 *Now Is The Time: Final Document and Other Texts: World Convocation on Justice, Peace and The Integrity of Creation* (Geneva: WCC, 1990), 7.
13 *Ibid.*, 8.
14 *Ibid.*

신과 그분의 십자가 죽음을 통하여 실현되었다. 이는 하나님의 자기를 내어 주심이라는 사랑의 지고한 표현이다. 그리스도의 부활을 통하여 생명에 대한 하나님의 긍정은 분명해졌다.(2.1.2)

본 문서는 이상과 같은 '보편주의적 은혜의 언약'에 대한 반응으로서 '세례'와 '성만찬', '제자의 도', '회개와 회심', '희망과 나눔의 공동체', 그리고 '새 노래로 주님께 노래하라'에 대하여 논했다. 그리고 서론에서 "'보편주의적 은혜의 언약'에 반응하면서 우리는 코이노니아의 원천 자체인 삼위일체 하나님께 대한 우리의 신앙을 공적으로 고백해야 한다."(2.2 서론)라고 한 후 "10가지 확언"을 제시한다. (1) 우리는 모든 권력행사가 하나님 앞에서 책임이 있다고 확언한다. (2) 우리는 하나님께서 가난한 사람들 편에 서신다고 확언한다. (3) 우리는 모든 인종들과 사람들의 평등함을 확언한다. (4) 우리는 남성과 여성이 모두 하나님의 형상대로 창조되었다는 사실을 확언한다. (5) 우리는 자유로운 사람들의 공동체라는 진리에 기초하고 있음을 확언한다. (6) 우리는 예수 그리스도의 평화를 확언한다. (7) 우리는 창조세계가 하나님에 의하여 사랑받고 있음을 확언한다. (8) 우리는 이 지구가 주님의 것임을 확언한다. (9) 우리는 젊은 세대의 존엄성과 참여를 확언한다. (10) 우리는 인권이 하나님으로부터 주어진 것이라고 확언한다.[15]

우리는 이상의 "10가지 확언"으로부터 IC(창조의 보전)를 제외한 '정의와 평화' 이슈에 집중하고자 한다. 물론 '정의와 평화' 그리고 '정의, 평화, 창조의 보전'은 함께 엮인 그물망이지만 말이다. 내용구조를 살펴보면, 대체로 제1, 2, 3, 4, 10항은 '정의'에 대하여, 제6항은 '평화'에 대하여, 그리고 나머지 항목(제7항과 제8항)은 '창조의 보전'에 대하여 확언한다. JPIC의 내용구조가 이런 식으로 구성되었다. 이제 필자는 '정의와 평화'에 대한 내용만을 소개하면서, 이 둘의 불가분리성을 밝히려고 한다.

---

15 *Ibid.*, 12-33.

(2) '정의'에 대하여

세계는 하나님의 것이다. 그래서 모든 형태의 인간 권력과 권위는 세상 속에서 하나님의 목적을 이루어나가는 것이고, 그 권력과 권위의 행사를 받는 사람들과의 관계에서 책임을 져야 한다. 권력 – 그것이 경제적이든, 정치적이든, 군사적이든, 사회적이든, 문화적이든, 종교적이든 – 을 사용하는 사람들은 하나님의 정의와 평화의 청지기들이다.

제1항은 모든 권력행사에는 책임이 뒤따른다고 보고, 그것이 평화와 직결된다고 한다.

가난한 사람들은 착취와 억압을 받는 사람들이다. 그들의 빈곤은 우연한 것이 아니다. 그것은 흔히 극소수 사람들의 손에서 부와 권력이 끊임없이 증가하는 축적에 의한, 의도적인 정책의 결과이다. …예수께서 이 땅에 오신 것은 우리에게 '생명을 더 풍성히 얻게 하려는 것'(요 10:10)이다. 그리스도께서는 가난한 사람들에게 풍성한 삶에 대한 권한을 거부하는 권력을 폭로하셨고 그로써 정복하셨다.(눅 4:16-21) 하나님께서 가난한 자들을 우선 배려하신 것이다. …가난한 사람들의 절규에서 우리는 도전하시는 하나님의 음성을 듣는다.

제2항은 '가난'이 정치적이고 경제적인 부정의에서 말미암은 것으로 보고, '가난한 사람들에 대한 우선 배려'를 힘주어 주장한다. 가난한 사람들이 많을수록 '정의와 평화'가 그만큼 결핍되어 간다는 주장이다.

예수 그리스도 안에서 인종과 신분과 종족적 혈통에 관계없이 모든 사람들은 하나님께 그리고 서로 화해하였다. 이념으로서의 인종주의와 하나의 관례로서 차별은 하나님께서 설계하신 세계의 풍요로운 다양성에 대한 배반이요, 인격의 존엄성을 짓밟는 것이다. (중략) 때문에 '온 땅의 족속들은 나의 것이다.'라고 선언하는 하나님의 언약을 기억하면서, 인종과 신분계급과 소수민족적 정체성과 관계없이 모든 사람은 평등한 가치를 지니고 있다고 확언한다. 그들은 문화와 전통의 다양성 속에서 하나님의 창조세계의 풍성한 다양성을 반사시키고 있다.

제3항은 '모든 인종과 백성들의 평등한 가치'를 '정의'로 보고, 그 어떤 인간 차별도 '평화'를 낳을 수 없음을 역설한다.

하나님께서는 자신의 형상대로 여자를 창조하셨다.(창 1:27) 이는 사회 변혁을 위한 남성들과 여성들 사이의 역동적인 관계를 위한 초석이다. 그리스도께서는 여성들의 인격을 긍정하셨고, 그들에게 존엄성과 충만함의 삶을 영위하도록 힘을 실어주셨다. (중략) 우리는 그들의 가정과 노동과 성을 착취해온 사회에서 여성들에 대한 폭력을 영속화시키는 가부장적 구조에 저항한다. 이 안에서 우리는 가장 취약한 여성들에게 주목한다. 즉 우리는 가난하거나, 흑인이거나, 아니면 가난하고 동시에 흑인인 여성들, 인도의 최하계급인 달리트(Dalits), 토착 공동체의 구성원들, 피난민들, 이민 노동자들 그리고 다른 피억압 집단들에 주목한다.

제4항은 여성과 인도의 달리트 등 사회에서 주변으로 밀려나거나 소외된 사람들이 억압과 착취와 주변화로부터 해방되는 사회와 국가가, 진정으로 정의롭고 평화로운 사회라는 것을 말한다.

정의와 인권 사이에는 불가분리의 관계가 있다. 인권은 그것의 원천을 억압으로부터의 구체적인 구출행동으로 보며, 노예화되고 주변화되며 고난을 당하는 백성(출 3:7)에 관계하시는 하나님의 정의에 두고 있다. (중략) '인권'이란 개인적인 인권을 말할 뿐만 아니라 토지와 자원에 대한 권리, 자신의 종족적이고 인종적인 정체성, 그리고 종교적인 자유에 대한 권리와 같은, 사람들(장애를 지닌 사람들을 포함하여)의 사회적이고 경제적이며 문화적인 집단적 권리를 일컫는다. 사람들이 자신의 고유한 발전 모델을 성취하고 두려움과 조작으로부터 자유로워야 할 주권과 자결권이야말로 존중받아야 할 근본적인 인권이다. 또한 가정과 사회에서 폭력으로부터 자유로운 삶을 살아야 할 여성들과 어린이들의 권리 역시 인간의 기본권에 속한다. (중략) 우리는 인권이 하나님으로부터 주어진 것이고 인권의 증진과 보호야말로 자유와 정의와 평화를 위해 꼭 필요하다는 사실을 확언한다. 인권을 보호하고 옹호하기 위해 하나의 독립적인 사법 체계가 꼭 필요하다.

제10항은 노예화되고 주변화되며 소외된 이스라엘 백성을 출애굽하신 하나님의 정의를 인권의 원천으로 보면서, 이상의 인권의 확보가 '자유와 정의와 평화'를 위해 꼭 필요하다고 확언한다.

(3) '평화'에 대하여
앞에서 논한 '정의'는 '평화'의 초석이다.

평화가 지속되는 오직 유일한 기초는 정의(사 32:17)이다. 미가 4:3-4은 정의를 겸한 평화에 대한 예언자의 비전을 이야기한다. (중략) 예수는 이렇게 말씀하셨다. '화평케 하는 자가 복이 있나니' 그리고 '너희 원수들을 사랑하라'고. 십자가에 달리셨다가 부활하신 그리스도의 공동체로서 교회는 이 세상을 화해시키는 역할을 위해 부름을 받고 있다. (중략) 하나님께서는 예수 그리스도 안에서 나라들 사이 그리고 백성들 사이의 적대 관계를 철폐시키셨고, 지금 우리에게 정의를 겸한 평화의 선물을 제공하신다. 그 어떤 상처와 적대감도 혹은 죄성도, 이해를 능가하는 사랑의 손길 안에 있다. 성서적 신앙에서는 참된 평화란 모든 인간이 하나님, 이웃, 자연 그리고 자기 자신과의 안전한 관계 맺음 안에 거하는 것이다. 하나님의 정의는 '작은 자들'(마 25:31-46), 곧 가장 취약한 사람들(신 24장)을 보호하는 것이다. 하나님께서는 가난한 자들의 방어자이시다.(암 5장) 정의 없이는 평화가 있을 수 없다. (중략) 우리는 하나님의 평화가 주는 충만한 의미를 확언한다. 그리고 정의를 수립하고 평화를 성취하며 활동적인 비폭력에 의해 갈등을 풀어갈 수 있는 모든 가능한 수단을 찾도록 부름을 받고 있다. 그리고 모든 대량살상무기의 사용과 억지력, 그리고 군사적 침공, 개입과 점령에 기초한 안보논리와 안보체계에 항거한다. 우리는 소수의 특권층을 보호하기 위해 백성들을 제어하고 억압하려는 목적을 지닌 국가 안보논리에 항거한다. (중략) 우리는 모든 인격적인 관계에서 비폭력의 실천을 다짐한다. 그리고 갈등을 해소하기 위한 합법적인 수단으로서 전쟁을 금지하고 각 나라의 정부에게 평화를 만드는 국제 법질서를 세우도록 압력을 가하기로 다짐한다.

제6항은 제3항과 마찬가지로 보편적 화해의 복음에 대한 신앙을 주장한다. 본 항은 교회의 핵심 사역을 화해의 복음신앙에서 출발하는 화해 사역으로 본다. 그리고 화해 사역의 열매가 정의를 겸한 평화라고 한다. 다시 말하면 '정의를 겸한 평화'라고 하는 사회윤리는 보편적 화해의 복음신앙으로부터 온 것이다. 그리하여 기독교는 종전의 '정당전쟁'을 접고, 비폭력적인 갈등 해결책을 모색해야 하며, '평화를 위한 국제 법질서'를 수립할 것을 제안한다.

(4) 기독교적 정의를 겸한 평화와 일반 사회윤리의 정의를 겸한 평화
서울 JPIC는 '보편적 은혜의 언약'에 대한 믿음, 희망, 사랑의 공동체인 교회의 반응으로서 '정의와 평화'(기독교적 사회윤리)를 주장하고, 이를 일반 사회윤리와 접목시킨다. 이 "10가지 확언"의 서론에서 기독교와 '살아 있는 종교들과 이념들과의 대화'에 대한 주장을 발견하는바, 우리는 여기에서 타종교들과 이념들이 언약의무 차원 혹은 사회윤리 차원의 'JPIC'와 접목될 수 있음을 발견한다.

우리가 이와 같은 "10가지 확언"을 선언할 때에, 그리스도인들은 살아 있는 타종교들과 이념들을 지닌 많은 사람들이 우리와 더불어 이와 같은 관심을 함께 나누고 JPIC에 대한 그들의 이해에 의하여 인도되어야 함을 알고 있다. 따라서 우리는 지구의 생존을 위하여 꼭 필요한 새로운 미래 비전에 의하여 인도함을 받으면서 그들과 대화하고 협력해야 한다.(2.2)

본 JPIC 문서는 대체로 은혜의 언약에 대한 언약공동체(교회공동체)의 언약 의무에 대해서 논하는데, 언약의 의무 혹은 기독교 신학적 사회윤리 차원과 일반 사회윤리 차원에서 서로 접목될 수 있다고 말한다. 이것 역시 '복음과 율법' 혹은 '은혜와 과제', 그리고 '중간공리'와 다르지 않다.

2) 2013년 부산 WCC 총회의 "정의로운 평화의 길을 향한 성명"

WCC 하라레 총회(1998)의 결의로 시작된 "폭력극복운동 10년"(Decade to Overcome Violence)을 마감하면서, 2011년 킹스턴에서 '국제 에큐메니칼 평화대회'를 열고 "정의로운 평화로의 에큐메니칼 부름"(An Ecumenical Call to Just Peace)을 선언하였다. 본 문서는 2006년 포르트 알레그로 제9차 WCC 총회의 결의에 따라서 'DOV' 과정에서 얻은 통찰을 바탕으로 작성되었고, WCC 중앙위원회가 받아들였으며, 2013년 WCC 제10차 부산 총회가 선언한 '정의로운 평화의 길을 향한 성명'(Statement on the Way of Just Peace)과 더불어 21세기 교회와 타종교 및 타세계관의 사람들이 추구해야 할 '정의와 평화'의 윤리 실천을 제시하고 있다. 문서는 WCC의 세 흐름의 운동 가운데 '삶과 봉사'에 관련된 것인바, 인류 사회에 대한 봉사뿐만 아니라 창조세계의 보전에도 관심한다. 본격적으로는 1991년 서울 JPIC(정의 평화 창조질서의 보전) 이래로 정의와 평화에 대한 이슈와 창조에 대한 이슈가 불가분리한 것으로 논의되었는데, 앞의 두 문건은 특히 DOV 운동 이래로 부각된 '폭력극복' 문제와 관련이 있다고 하겠다.

현재 WCC는 '정의로운 전쟁'(bellum iustum)과 비폭력 '평화주의' 모두를 넘어서고 있다. 전자의 '정의로운'과 후자의 '평화'는 모두 소극적인 개념이기 때문에, 두 공식 문서가 주장하는 '정의로운 평화'란 적극적인 정의와 적극적인 평화를 의미한다. 물론 비폭력과 고난을 감수하는 저항에는 변함이 없으나, 두 문서의 '정의로운 평화'에서 정의와 평화는 모두 적극적인 뜻을 담고 있다는 말이다. 그런데 이와 같은 '정의로운 평화'는 창조세계 보전과 긴밀하게 연결되어 있다고 하는 점에서 1975년 나이로비와 1979년 MIT 교회와 사회, WCC의 밴쿠버 JPIC와 서울 에큐메니칼 JPIC 대회의 JP(정의와 평화)와 연속선 위에 있다.

그리고 '정당전쟁'과 비폭력적 '평화주의'를 역사적으로 추적하면, 전자는 콘스탄티누스 황제의 '제국의 국가교회'(Imperial State Church) 이후, 특히 아우구스티누스 이래의 중세 전통 및 종교개혁의 주류에 의하여 주장되었고, 후자는 초기 박해 시대의 교회들, 중세의 개혁적 소종파들과 수도원주의, 좌파 종교개혁자들, 그리고 현대의 메노나이트들과 침례교회에서 주장되어 왔다. 그런데 WCC는 이를 넘어서는, 적극적인 그러나 비폭력적이고 고난을 감수하는 '정의로운 평화'를 내세우고 있다 하겠다.[16]

우리가 소개할 두 문서는 "하나의 합의된 기독교적 목소리"(전문)요, 그것이 "모든 종교들의 핵심가치"인 한 교회들과 타종교들과 타세계관의 사람들과 대화하고 연대할 것을 원칙으로 한다. 그러나 이 글은 아래에서 위의 두 문서 중 부산 WCC의 문서만을 요약 정리하여 소개함으로 오늘날 교회와 세상이 추구해야 할 하나님 나라의 표지판으로서 '정의로운 평화'의 적극적 실천을 제시하려고 한다.

---

16 참고. 세계교회협의회, 기독교평화센터 엮어옮김, 『정의로운 평화 동행』(서울: 대한기독교서회, 2013), 101–112.

(1) '정의로운 평화'의 성서적 근거와 표준

2013년 부산 WCC 총회의 "정의로운 평화의 길을 향한 성명"은 제1항 "1. 우리는 함께 믿는다."에서 '모든 생명의 창조자이신 하나님', '화해의 주님 곧 평화의 왕' 예수 그리스도, 그리고 '모든 생명의 시여자시요 지탱자이신 성령'에 대한 신앙을 선언한다. 그리고 "예수 그리스도의 삶과 가르침, 죽으심과 부활은 하나님의 평화의 나라를 가리키고 있다."라고 하면서, 미래지향적 하나님 나라에 대해서 고백한다. 본문을 소개하면 아래와 같다.

우리는 모든 생명의 창조자, 하나님을 함께 믿는다. 따라서 우리는 모든 인간이 하나님의 형상과 모양대로 지음받았음을 인정하면서, 창조의 선한 청지기가 되고자 한다. 하나님께서는 모든 사람이 계급과 성별과 종교와 인종 및 혈통에 상관없이 생명의 충만함 속에서 존엄성을 갖고 살아가도록 비전을 보여주셨다. 그도 그럴 것이 하나님께서는 이 세계를, 수없이 많은 세대들의 인간과 다른 생명체들이 살아가기에 풍족하고도 남을 만큼의 자연의 풍성함으로 충만하도록 창조하셨기 때문이다.

우리는 평화의 왕이신 예수 그리스도를 함께 믿는다. 따라서 우리는 인류가 은혜로 말미암아 하나님과 화해되었다고 하는 사실을 인정하고 상호 간에 화해된 삶을 살려고 힘쓴다. 예수 그리스도의 삶과 가르침, 죽으심과 부활하심은 평화로운 하나님 나라를 가리킨다. 예수 그리스도는 박해와 고난에도 불구하고 심지어 죽음에 이르기까지 겸손과 적극적인 비폭력의 길을 확고하게 걸어가셨다. 정의에 전적으로 투신했던 그분의 삶은 고문과 처형의 도구인 십자가로 이어졌다. 그러나 하나님께서는 예수를 부활시키심으로써 그와 같은 불굴의 사랑, 그와 같은 순종, 그리고 신뢰는 생명으로 이어졌음을 확인하신다. 우리 역시 하나님의 은혜로 십자가의 길을 걷고 그의 제자들이 되며 십자가를 감당할 수 있게 되는 것이다.

우리는 모든 생명의 시여자시요 지탱자이신 성령(the Holy Spirit, the giver and sustainer of all life)을 함께 믿는다. 따라서 우리는 모든 생명 안에 계시는 하나님의 성화시키시는 현존을 인정하고, 나아가서 생명을 보호하며 생명들을 치유하고자 한다.

본문은 성부, 성자, 성령에 대한 신앙고백에 이어 새 하늘과 새 땅에 대한 희망에 대해서도 언급한다.

"피조물이 다 이제까지 함께 탄식하며 함께 고통을 겪고 있는 것을 우리가 아느니라"(롬 8:22)와 "우리는 그의 약속대로 의가 있는 곳인 새 하늘과 새 땅을 바라보도다"(벧후 3:13)에 근거하여 삼위일체 하나님께서 장차 시간의 끝에 전 창조를 완전하게 만드시고 완성하실 것을 성령께서 우리에게 확신시켜 주신다고 우리는 언급할 수 있다.(제1항)

그런데 본 성명서의 '전문'(a preamble)에 보면, 이상과 같은 신앙을 가진 기독교의 신학적 사회윤리는 일반적인 사회윤리와 접목되어 있다. 그도 그럴 것이 "정의로운 평화를 추구하는 그리스도인들은 공동선(the common good)을 추구한다. 정의로운 평화의 도상에서 다양한 학문 분야와 각 부문은 공통의 근거를 가지고 있고, 서로 경쟁하는 세계관들도 상호 보완적인 행동노선을 알고 있으며, 하나의 종교도 다른 종교와 더불어 원칙에 근거한 연대(連帶)를 한다."라고 하기 때문이다. 그리고 이 '전문'은 "정의로운 평화란 인류와 모든 창조세계를 향한 하나님의 목적을 바라보고 나아가는 것이다."라는 말로 시작한다.

본 성명은 이상과 같은 '정의로운 평화'의 성서적이고 신학적인 초석을 먼저 언급하고, 이를 토대로 하여 제2항 "우리는 함께 요청한다"에서 21세기 인류가 추구해야 할 사회윤리로서 네 가지 '정의로운 평화'의 핵심가치를 제시하고 있다. 다음의 네 가지 사회윤리는 기독교와 타종교들과 일반 학문과 믿지 않는 각계각층의 사람들에 의하여 추구되어야 할 내용을 다룬다. 따라서 본 문서 역시 '복음과 율법', '은혜와 과제', '중간공리', 그리고 '종말과 전종말'의 신학적 논리를 따르고 있다.

(2) 정의로운 평화

제2항의 첫 번째 제목은 "공동체 안에 정의로운 평화가 있어야 모두가 두려움에서 자유로울 수 있다."이다. "많은 공동체들이 경제적 계층, 인종, 피부색, 성, 그리고 종교로 인하여 분열되어 있다."라며, 이와 같은 분열과 불평등의 그늘에서 폭력, 협박, 악용, 그리고 착취가 발생한다고 본다. 그리고 "한 국가 내의 폭력은 도처에 있는 사회들에서 하나의 은폐된 비극이다."라고 하면서, 그 해결책은 우선 '침묵의 문화'를 타파하고 '정의로운 평화'를 위한 종교들 간의 대화와 연대로 나아가야 한다고 한다. 그 다음 "지역교회들의 사역으로 평화를 위한 국제교회의 변호를 강화하고, 그 반대의 순서로도 해야 한다."라고 한다. 그리고 "교회들은 갈등을 미리 방지하고 변혁시키기를 배움으로써 평화 문화 건설을 도와야 한다. 이런 식으로 교회들은 주변에 있는 사람들에게 힘을 실어주고 남녀 사람들로 하여금 평화를 만드는 사람들이 되게 하며, 정의와 인권을 위한 비폭력적 운동을 지지해야 한다."(제2항)라고 한다.

두 번째 제목은 "땅과 평화로운 관계를 맺어야 생명이 지탱된다."이다. "인간은 자연을 존중하고 보호하며 돌봐야 한다. 하지만 우리의 화석연료에 대한 지나친 소비는 사람들과 지구에 큰 폭력을 가하고 있다. 삶의 스타일과 국가정책의 한 결과에 불과한 기후변화는 정의와 평화에 대한 글로벌 위협을 가한다."라며, WCC야말로 "기후변화의 위험"에 대하여 경고해야 할 첫 번째 집단이라고 한다.

사실상 에큐메니칼 교회들은 근 20년 동안 "생태 정의를 기후변화에 대한 국제적인 토론으로 인도하였다. 바야흐로 생태 정의에 대한 관심은 국제적 타협과 유엔의 인권협의회 차원에서 피해국들에 대하여 공론화하고 있다. 특히 부산 총회가 기후변화에 대한 에큐메니칼 헌신을 강하게 반복하였다. '생태적 개체 교회들'(eco-congregations)과 '그린 교회들'(green churches)

이야말로 희망의 징표이다. 온 세계의 많은 나라들의 교회들과 교구들이 신앙과 생태학을 연계시키고 있다."(제2항)

세 번째 제목은 "시장에도 정의로운 평화가 있어야 모두가 존엄성을 가지고 살 수 있다."이다. 물론 이 항목은 '신자유주의의 글로벌화'에 따른 '심각한 사회경제적 부정의'를 배경으로, 사회적 책임과 환경적 책임을 무시하는 경제성장을 문제삼고 있다. 본문은 "이와 같은 불균형으로 정의와 사회적 응집력이 도전을 받고 있으며, 글로벌 인류 공동체가 되었음에도 불구하고 그 안에 있는 공적인 선(the public good)이 근본적인 도전을 받고 있다."라면서, "교회들이 경제정의에 강하게 헌신해야 한다. WCC와 그 회원교회들은 대중운동과 시민사회 안에 있는 파트너들과 연대하여 가난과 불평등과 환경파괴에 도전해야 한다."라고 말한다. 특히 본 항목은 하라레의 AGAPE와 맥을 같이하여 '생명의 경제'를 선언한다. '생명의 경제'란 "시장의 평화적인 건설을 위한 열쇠이다. 생명의 경제는 자원을 아껴 쓰고 지속가능한 생산과 소비를 장려하며 재분배적 성장을 도모하고 노동자들의 권리, 공정한 세금, 공정무역 그리고 깨끗한 물과 공기와 기타 공공재에 대한 보편적인 공급에 힘을 쓴다."(제2항)라고 하였다.

끝으로 네 번째 제목은 "나라들 사이에 정의로운 평화가 있어야 인간 생명이 보호받을 수 있다."이다. "역사는 인류를 위한 법치와 기타 보호 대책에 있어서 큰 진전을 성취해왔다. 하지만 현재 상황에서는 두 가지 방면에서 전례 없는 위협이 뒤따른다. 하나는 인류가 전례 없이 지구의 많은 부분을 환경적으로 망가뜨릴 수 있다고 하는 것이고, 다른 하나는 단 몇 사람들의 결정으로 전 인류가 핵무기에 의하여 멸절될 수 있다고 하는 문제이다. 생태파괴와 인종멸종이야말로 그것에 상응하는 과격한 평화에의 헌신을 요구한다." 본문은 "오직 초국가적으로만 해결이 가능한 오늘의 세계에서 집단적 행동을 위한 최대의 적격자는 WCC 안에 있는 교회들"이라며, 그동안 WCC 교회들은 "글로벌 무기거래 협약을 성취하였고, 이를 근거로 각 정부로 하여금 국제적 무기거래를 규제하여 왔으니, 향후 이와 같은 행동을 핵무기경쟁과 핵무기거래에도 적용해야 한다."라고 선언한다. 또한 본문은 교회들에게 다음과 같이 권고한다.

나라들 사이의 평화를 위하여 교회들은 국제인권과 인도주의적 법을 강화하고 갈등 해결을 위한 다중적인 협상을 진척시키며, 정부들로 하여금 협약보호들을 담보하게 하고, 대량파괴의 모든 무기들을 제거하는 일에 도움을 주는 일을 하며, 불필요한 국방예산을 시민의 필요를 채우는 쪽으로 전환시키기 위하여 사역하지 않으면 안 된다. 우리는 각 나라의 군사력을 감소시키고 전쟁의 제도를 탈합법화하기 위하여 타종교 공동체들 및 선의의 사람들(people of good will)과 연대하지 않으면 안 될 것이다.(제2항)

3. '삶과 봉사' 전통과 '신앙과 직제' 전통의 페리코레시스적 연합

1) 세 흐름의 페리코레시스

1920년에 동방정교회가 "국제연합"(The League of Nations)에 맞먹는 "교회들의 코이노니아"(koinonia ton ecclesion)를 제안하였고, 비슷한 시기에 죄더블럼과 올드햄 역시 교회들의 연합체 구성을 제안하였다. 그리하여 1925년에 스톡홀름에서 '제1차 삶과 봉사 세계대회'가, 1927년에 로잔에서 '제1차 신앙과 직제 세계대회'가 열렸다. 그리고 이 두 대회의 대표들이 결국 1937년 캐버트(McCrea Cavert)가 제안한 'WCC'(세계교회협의회)라는 용어를 받아들여 네덜란드의 위트레흐트에서 WCC 헌장이 작성되었다. 그 교리헌장(the Basis)은 성육신 교리와 칼케돈의 정통 그리스도론을 배경으로 하였고, 1961년 뉴델리 총회 때에는 성공회의 제안을 받아들여서 '성경'과 '삼위일체 하나님'을 첨부하였다.

세계교회협의회(World Council of Churches)란 우리 주 예수 그리스도를 하나님과 구세주로 받아들이는 교회들의 코이노니아이다.[17]

세계교회협의회란 성서를 따라서 우리 주 예수 그리스도를 하나님과 구세주로 고백하고 성부와 성자와 성령, 삼위로 일체 되시는 하나님의 영광을 위한 교회의 공동 소명을 함께 성취하려고 하는 교회들의 코이노니아이다.[18]

그리고 IMC는 1961년 뉴델리 WCC 총회 때에 WCC 우산 밑으로 들어왔다. 우리는 WCC 기원에서부터, 그리고 WCC 중심의 에큐메니칼 운동의 초기부터 이상과 같이 '신앙과 직제'와 '삶과 봉사'와 '세계선교와 복음전도' 운동이 상호 긴밀한 관계에 있었음을 확인할 수 있다. 향후 이 세 운동은 WCC 에큐메니칼 운동의 주된 흐름이 되었다. 대체로 에큐메니칼 운동의 역사에서 위 세 운동은 서로 긴밀한 관계 속에 있다.

1980년대(1982년 BEM Text)와는 달리 1990년대 접어들어 '신앙과 직제'와 '삶과 봉사'는 신학적으로 합류하기 시작하였다.[19] "값비싼 일치"(1993), "값비싼 헌신"(1994), 그리고 "값비싼 순종"(1996)이 그와 같은 합류를 웅변적으로 말해주고 있다. 콘라드 라이저는 1993년과 1996년 사이에 "교회론(신앙과 직제)과 사회윤리(삶과 봉사)"에 대한 WCC의 연구과정에서 핵심이 교회의 '도덕 형성' 이슈였다며, 그 연구과정은 다음과 같이 시발되었다고 주장한다.

그와 같은 연구는 신앙과 직제의 '교회와 세상'에 대한 교회론적이고 윤

---

17 "World Council of Churches," in Nicholas Lossky and Others(eds.), *Dictionary of the Ecumenical Movement*(Geneva: WCC Publications, 1991), 1084.
18 Ibid.
19 참고. 이형기, 『에큐메니칼 운동의 패러다임 전환』(서울: 한들출판사, 2011).

리적인 숙고들을 JPIC라고 하는 협의회적 과정과 좀 더 긴밀하게 연계시키기 위하여 시발된 것이다. 이들의 목적은 교회의 존재와 교회의 사명 사이의 연결을 탐구하는 것이었다. 문제의 핵심은 교회의 윤리적인 책임뿐만 아니라 교회의 존재까지도 JPIC 과정에 있어서 중요하다고 하는 것이었다.[20]

2) "값비싼 일치"(1993), "값비싼 헌신"(1994), 그리고 "값비싼 순종"(1996)

"값비싼 일치", "값비싼 헌신", 그리고 "값비싼 순종"은 불가분리한 상호 관계 속에 있다. 이 세 문서는 JPIC에 대한 프로그램 사역을, '신앙과 직제'의 교회론적 관심과 통합하려고 노력한 모임에서 작성한 보고서들이다.[21] 따라서 이 세 문서는 '교회론'과 '사회윤리'가 서로 맞물려 있는 하나의 실체라고 본다. 그래서 필자는 그것의 각각에 대한 사회참여의 신학을 논하기 전에, 세 문서 전체에 대한 사회참여의 신학을 기술하고자 한다. 1996년에 출판된 *The Ecumenical Review*(vol. 48) 지는 머지(Lewis S. Mudge)의 "작금의 에큐메니칼 논의에 있어서 교회론과 윤리"라는 글을 비롯하여, '교회론'과 '사회윤리'를 하나로 묶어야 한다고 하는 의도에서 교회론과 사회윤리를 특집으로 다루었다. 1997년에 출판된 *Ecclesiology and Ethics*[22]는 지금까지 이 글이 소개한 세 문서를 포함하고, 이에 대한 신학자들(Duncan B. Forrester, Larry Rasmussen 등)의 사회참여의 신학을 싣고 있다.

---

[20] Konrad Raiser, *For a Culture of Life: Transforming Globalization and Violence* (Geneva: WCC, 2002), 148.
[21] 마이클 키나몬과 안토니오 키레오풀로스 편저, 이형기 외 옮김, 『에큐메니칼 운동』 (서울: 한들출판사, 2013), 520.
[22] *Ecclesiology and Ethics: Ecumenical Ethical Engagement, Moral Formation and the Nature of the Church*, ed. Thomas F. Best and Martin Robra(Geneva: WCC, 1997).

'신앙과 직제'와 '삶과 봉사' 두 운동의 대표들이 1937년 WCC 헌장을 작성하여 1938년부터 WCC를 출범시킨 선구자들이기에, 이 두 운동은 긴밀한 관계로 출발하였다. 하지만 1930년대부터 1948년 암스테르담 이전까지 그 둘의 관계는 소원하였으며, 1948년 이후 그리고 1960년대 이후로 그 둘의 관계가 점차 가까워진 것으로 보인다. 우리가 본문에서 제시한 대로 1990년 "교회와 사회" 이래로 그리고 방금 위에서 소개한 세 문서에 오면 그 둘의 신학적인 합체(合體)가 이루어진다.

세 문서에 나타난 사회윤리는 교회론과 아무 관계가 없는 근대주의적 개인주의 윤리와는 전혀 다르다. 세 문서 모두는 전적으로 코이노니아 혹은 공동체로서의 교회의 온전성을 추구하면서 그것을 사회윤리와 관계시켰기 때문이다. 그래서 세 문서의 윤리는 '일반윤리'(general ethics)와 다르다. 전자의 교회 공동체적 윤리가 후자와 어떤 식으로든 관계를 갖고 있지만 말이다. 그러니까 세 문서는 두 가지 신학적인 관심사를 유기적으로 연계(coherence)시킨 것이다. 즉 "WCC에 의하여 실천되는 윤리란 그것이 공적으로 고백하는 교회론에 상응해야 한다."[23]라고 하는 말이다. 따라서 이 세 문서는 '코이노니아와 JPIC' 혹은 '교회와 세상'이라고 하는 주제에 해당하는 것으로 WCC 안에서 그리고 WCC의 정치, 경제, 사회참여 문제에 대한 접근에 있어서 논란을 일으키는 문제로 여겨진다. 해방신학의 수용 정도와 인종차별정책에 대한 신학적인 주장 등 교회의 사회참여 문제로 교회는 뼈아픈 분열을 경험하였다. 이와 같은 두 운동의 관계 문제는 WCC의 헌장이 제시하는 그것의 목적과 '신앙과 직제'의 목적과도 중요한 관련을 가지고 있다. 이오니타는 이렇게 주장한다.

여기에서 문제는 WCC가 '삶과 봉사'와 '신앙과 직제'라고 하는 두 큰 흐름을 성공적으로 통전하고 있는가, 아닌가에 대한 것이 아니다. 그것의 세

---

23   Viorel Ionita, "Thoughts on the Study on Ecclesiology and Ethics," in *Ibid.*, 119.

계선교와 복음전도와의 관계는 말할 것도 없고, 아마도 문제는 좀 더 직접적으로 WCC가 이제 그것의 목표를 어떻게 이해하는가에 대한 것이다. WCC는 교회의 일치의 회복을 섬기는 구조요, 동시에 교회들에 의한 공동 실천 행동을 위한 도구 모두인가? '삶과 봉사'와 '신앙과 직제'를 하나로 묶는 이유는, 정확히 교회들이 그들의 가시적 일치를 되찾고 다시 회복하는 일을 돕기 위한 것이 아닌가? 만약에 이것이 사실이라면, 교회들이 실천적인 이슈에 대한 공동 행동을 더 많이 취하면 취할수록, 그들은 그들의 가시적 일치에 좀 더 근접하는 것인가? 역으로 교회들이 서로 상대방의 교회론을 더 많이 인정하면 할수록 그들은 실천적 이슈에 대하여 더 많이 함께 행동할 것이다.(118-119)

"값비싼 일치"는 사회윤리 혹은 교회의 정치, 경제, 사회, 문화에 대한 차원을 무시하거나 소홀히 여기는 '신앙과 직제' 운동이야말로 값싼 일치 운동이라고 하는 반대 급부를 가지고 있다. 라스무센은 "Costly Unity", "Costly Commitment", 그리고 "Costly Obedience"에서 'Costly'란 "'정의와 평화'를 추구할 때 교회들이 지불해야 할 값, 그리고 신앙의 문제로서 교회의 '일치'를 망가뜨릴, 도덕적으로 논쟁이 되는 이슈들을 해결할 때 교회들이 지불해야 할 값"[24]이라고 정의하였다.

이제 필자는 지면의 제한으로 두 문서의 신학적인 측면만을 소개하려고 한다.

(1) "값비싼 일치"

"값비싼 일치"는 코이노니아(1991년 캔버라 WCC 총회 보고서에 실린)로 축약되는 교회론과 '삶과 봉사' 운동의 유기적인 연계(coherence)의 당

---

[24] Larry Rasmussen, "The Right Direction, but a Longer Journey," in *Ecclesiology and Ethics*, 110.

위성을 주장하였다. 우리는 '언약'과 '협의회적 교제', '영성과 JPIC', 그리고 '하나님 나라에 대한 비전 아래에서의 코이노니아와 JPIC'에서 교회론과 사회윤리의 유기적인 합체를 발견한다. 이들 가운데 마지막 주제는 교회론과 사회윤리를 보편주의적인 '하나님 나라'에 대한 희망의 관점에서 보고 있으니, 사회윤리에 관련된 모든 '일반 도덕과 윤리' 역시 종말(the Ultimate)을 바라보는 종말 이전(the pen-Ultimate) 차원의 가치로서 교회론 안으로 편입될 수 있는 것으로 본다. 일반윤리 역시 무의식중에 그 나름 '하나님 나라'를 지향할 것이지만 말이다. 그리고 제일 앞에 내세운 '언약' 개념은 '서울 JPIC 대회' 문서의 신학적인 전거로서 구약의 구속사적 배경을, 신약의 구속사적 배경 속에서의 새 언약과, 나아가서 '성만찬'과도 연결되고, '언약의 의무' 차원에서 JPIC의 도덕과 윤리를 포함하기 때문에 '교회론'의 근거인 동시에 도덕 형성의 근거이기도 하여, 매우 중요한 신학적인 주장으로 보인다. 이는 서울 JPIC의 JPIC에 대한 성서적이고 신학적인 근거와 비슷한 주장으로 보인다.

(2) "값비싼 헌신"

"값비싼 헌신"은 주로 교회론과 윤리의 문제에 집중한다. 본문은 이 둘을 긴밀하게 연계시켜야 할 당위성을 네 가지로 보았다. 그중에 중요한 것은, 교회가 보편적인 미래의 하나님 나라에 대한 희망을 가지고 그것을 향한 삼위일체 하나님의 선교에 동참할 때에, 은혜를 전제하는 '제자의 도'와 이것으로부터 하향하는 '일반 도덕과 윤리'를 통한 참여에 대한 주장이다. 본문에 따르면, 기독교 도덕과 윤리는 하나님 나라에 대한 전망 속에 있는 교회의 본질과 세례 성만찬 직제로부터 나온 것으로서, '일반 도덕과 윤리'로 이어지고 있다.

기독교 윤리는 자기 쪽에서 교회로 출발하여 더 넓은 창조세계와 관계하고 있다. 그것은 성만찬적 공동체 안에 뿌리를 두고 있고, 그것에 의하여 형성된다. 그리고 그것은 그와 같은 것으로서 인류의 도덕적인 투쟁으로부터 동떨어져 있지 않다. 기독교 윤리는 교회의 본성에 근거하여 오직 성만찬적 공동체 및 더 넓은 창조세계에 대한 관계에서만 완전하게 정의될 수 있다.

"세례·성만찬·직제"(BEM) 문서는 또 이렇게 강조하고 있다.(E. 31)

성만찬은 삶의 모든 측면을 포용한다. 그것은 온 세상을 위한 감사와 헌신의 대리행위이다. 성만찬적 축하는 하나님의 한 가족 안에 있는 형제자매들로 여겨지는 사람들 사이의 화해와 나눔을 요구한다. 그런즉 그것은 사회적이고 경제적이며 정치적인 삶 속에서 적절한 관계들을 추구하도록 끊임없이 도전해온다.(마 5:23f., 고전 10:16f., 11:20-22, 갈 3:28) 우리가 그리스도의 몸과 피를 나눌 때 모든 종류의 부정의, 인종주의, 분리 그리고 자유의 결핍은 과격하게 도전을 받는다.(para. 20)

본 문서는 이상과 같이 '교회론'과 '윤리'의 네 가지 연계 당위성을 제시한 다음에, 기독교적 영적 자원에 뿌리를 내리는 영적 도덕 형성과 분별의 과제에 대하여 논했다. 본문은 구약의 은혜의 언약으로 소급하는 새 언약과 이 새 언약에 기초하는 성만찬이 기독교적 도덕 형성과 분별의 모태이기 때문에, 예언자적인 목소리와 '제자의 도'를 내세우면서도 이것이 '일반 도덕과 윤리'로 연계될 수 있는 것으로 보았다. 그래서 본문은 "교회 안의 도덕 형성과 세상의 도덕 형성 사이의 경계선은 유동적이다."라고 말하였다.[25]

---

25 참고. 이형기, 『에큐메니칼 운동의 패러다임 전환』, 246-283. 필자는 이 책에서 세 저서의 본문을 충분히 인용하여 논하고, 이를 정리하고 맺는 글을 여기에 실었다.

3) "교회 : 하나의 공동의 비전을 향하여"

본 문서는 4장으로 구성되었다. 제1장은 삼위일체 하나님의 원대한 종말론적인 구원 계획 안에서 교회의 본질과 자리와 역할을 규명한다. 교회와 그것의 사명에 대한 기독교적 이해는 창조세계 전체를 위한 하나님의 원대한 계획(혹은 '경세')에 대한 비전에 뿌리를 내리고 있다. 즉 그것은 예수 그리스도에 의하여 약속되고 계시된 '하나님 나라'이다.

제2장은 "삼위일체 하나님의 교회"라고 하는 제목 아래 두 번째 섹션에서 '코이노니아로서 삼위일체 하나님의 교회'를 논한다. 여기에서 주로 언급되고 있는 것은 "하나님의 예언자적이고 제사장적이며 왕 같은 백성", "그리스도의 몸과 성령의 전", 그리고 "하나의 거룩하고 보편적이며 사도적인 교회"이다.

제3장은 첫 섹션에서 '에큐메니칼 코이노니아의 본질적인 요소들 : 신앙, 성례전, 사역'에 대하여 논한다. 교회는 하나님 나라를 바라보고 삼위일체 하나님의 원대한 경세에 동참하는바, '종말 이전 시기' 동안에 '사도적 신앙'(니케아-콘스탄티노플 신조)과 BEM을 통한 코이노니아가 성장해야 한다고 주장한다.

끝으로 우리는 제4장, "교회: 세상 안에 그리고 세상을 위한"이라는 부분에서 '삶과 봉사' 전통의 내용을 만난다. 이 장의 첫 섹션은 '창조 세계를 위한 하나님의 계획: 하나님 나라'이다. 제4장은 첫 섹션에서 제시된 궁극적인 종말론적 비전을 가지고 '복음전도'와 '종교간 대화'를 추구해야 한다고 보고, 두 번째 섹션에서 '복음의 도덕적인 도전'을, 세 번째 섹션에서는 '사회 안에 있는 교회'에 대하여 논한다. 제4장의 세 번째 섹션은 "하나님께서 그렇게 사랑하신 이 세상은 그리스도인들의 긍휼에 넘치는 참여를 절규하는 문제들과 비극들로 상처투성이다. 세상을 변혁시키는 그리스도인들의 열정의 근원은 그들의 그리스도 안에서의 하나님과의 코이노니아에 있다. 그리스도인들은 절대적인 사랑과 자비와 정의이신 하나님께서 성령의 능력

안에서 자신들을 통하여 사역하신다고 믿고 있다."라고 주장한다.

물론 "교회: 하나의 공동 비전을 향하여"의 특징은 '교회론'(신앙과 직제)에 있다. 그런데 이 문서의 제2장과 제3장의 교회론(교회의 본질과 가능과 사명)은 하나님 나라에 대한 비전과 종말(the Ultimate)과 종말 이전(the pen-Ultimate) 사이에서의, 예수의 선교에 근거한 삼위일체 하나님의 선교에 대한 원대한 비전 안에 자리하고 있다. 그리고 제1장과 제4장에서 교회와 세상이 하나님 나라에 대한 비전을 가지고 삼위일체 하나님의 선교에 동참하고 있다고 함으로써, '삶과 봉사' 전통의 내용을 포함한다.

제4장의 전체 제목은 "교회: 세상 안에 그리고 세상을 위한"이다. 첫 섹션은 '창조세계를 위한 하나님의 계획: 하나님 나라'를, 두 번째 섹션은 '복음의 도덕적인 도전'을, 그리고 세 번째 섹션은 '사회 안에 있는 교회'를 논한다. 이중 첫 섹션에서 우리는 나머지 모두의 초석을 발견한다.

예수의 선교 이유는 "하나님이 세상을 이처럼 사랑하사 독생자를 주셨으니"(요 3:16)라는 말씀으로 명쾌하게 표현되었다. 이런 식으로 하나님의 세상에 대한 첫째 되는 태도는 끊임없이 인류 역사의 일부로 편입되는 여성들과 남성들 그리고 창조세계 전체를 향한 사랑이다. 예수는 비유로 하나님의 말씀을 설교하셨고, 그의 놀라운 행동들, 특히 그분의 죽으심과 부활의 유월절 신비에 의하여 등장시키신 하나님 나라는 전 우주의 궁극적인 운명이다. 교회는 하나님에 의하여 그 자신을 위하여 살도록 의도된 것이 아니라, 세상 변혁을 위한 하나님의 계획을 섬기기 위하여 의도된 것이다. 그런 식으로 디아코니아는 교회의 존재 자체에 속하는 것이다.

연구 문서인 "교회와 사회"는 그와 같은 섬김을 다음과 같이 묘사하고 있다.

교회는 그리스도의 몸으로서 신적인 신비에 동참하고 있다. 그것은 신비로서 복음을 선포하고 성례전을 집례하며 그분에 의하여 주어진 새로운 생명을 나타냄으로써 이미 그분 안에 현존하는 하나님 나라를 기대하면서 그리스도를 이 세상에 나타낸다.(IV. A. 58)

위와 같은 궁극적인 종말론적 비전을 가지고 '복음전도'와 '종교간 대화' 등을 주장하고, '복음의 도덕적 도전'과 '사회 안에 있는 교회'를 논한다.

끝으로 우리는 '사회 안에 있는 교회'가 무엇을 말하고 있는지를 알아보자.

'하나님께서 그렇게 사랑하신' 이 세상은 그리스도인들의 긍휼에 넘치는 참여를 절규하는 문제와 비극들로 상처투성이다. 세상을 변혁시키는 그리스도인들의 열정의 근원은 그리스도 안에서 하나님과 나누는 코이노니아에 있다. 그리스도인들은 절대적인 사랑과 자비와 정의이신 하나님께서 성령의 능력 안에서 자신들을 통하여 사역하신다고 믿고 있다. 이들은 시각장애인들과 지체장애인들과 한센병을 치유하시고, 가난한 자들과 버림받은 자들을 환영하셨으며, 인간의 존엄성 혹은 하나님의 뜻에 전혀 관심을 보이지 않던 당국자들에게 도전을 감행한 그분의 제자들로서 살고 있다.

끝으로 "교회: 하나의 공동 비전을 향하여"는 '제자들로서 그리스도인들의 윤리'가 보편적인 사회윤리를 포괄하고 있는 것으로 본다.

제자들로서 그리스도인들의 윤리는 창조주이시고 계시자이신 하나님 안에 뿌리를 내리고 있고 공동체가 시간과 공간의 여러 환경 안에서 하나님의 뜻을 이해하려고 애쓸 때에 형성되는 것이다. 교회(the Church)는 전체로서 인류의 도덕적인 쟁투와 고립되어 있는 것이 아니다. 선한 뜻을 가진 모든 사람들뿐만 아니라 타종교들의 귀의자들과 더불어 그리스도인들은 인간 인격의 신빙성 있는 실현에 필수적이고 개인적인 도덕적 가치들뿐만

아니라 정의, 평화, 환경 보전이라는 사회적 가치도 진척시키지 않으면 안 된다.(IV.62)

4. 나가는 말

1) 은혜와 믿음

"교회의 본질과 사명"(2005)[26]은 교회의 목적인 '증언' 부분에서 에큐메니칼 운동의 사회윤리('삶과 봉사' 혹은 'JPIC')란 결코 펠라기우스주의 전통을 잇고 있는 것이 아니라고 말한다.

교회란 도덕적 성취에 의존하는 것이 아니라 믿음을 통해 은혜로 의롭다 함을 받음에 의존한다. 로마가톨릭교회와 루터교 두 공동체의 분열로 종교개혁이 시작되었던바, 최근에 이 두 공동체가 자신들을 분열시킨 주된 교리인 이신칭의 교리(혹은 의화교리)의 핵심적인 측면에 대한 합의에 도달한 것은 교회일치를 위해서 중차대한 일이다.[27] 도덕적인 헌신과 공동의 행동이 가능하고 심지어 교회의 삶과 존재가 지닌 본유적인 것으로 주장될 수 있는 것은 신앙과 은혜에 근거한 것이다.(IV.113)

본문은 이상과 같이 1999년에 합의한 '칭의론'뿐만 아니라 은혜로 주어

---

26 '신앙과 직제'는 본 문서를 수정 보완하여 "교회: 하나의 공동 비전을 향하여"(2013)로 발전시켰다. 2013년 문서 역시 과정 속에 있다.
27 참고. *Joint Declaration on the Doctrine of Justification, The Lutheran World Federation and the Roman Catholic Church*, English language edition(Grands Rapids, Michigan and Cambridge, UK, William B. Eerdmans, 2000); 인터넷상으로는 http://www.elca.org/ecumenical/ecumenicaldialogue/romancatholic/jddj/declaration.html.

질 '하나님 나라' 혹은 '새 하늘과 새 땅'(IV.118)에 대한 비전 아래 그리스도인들은 예언자 전통에 서 있으면서도 타종교인들과, 심지어 신앙을 갖고 있지 않은 사람들과 연대하여 교회와 국가 모두에서 하나님 나라의 가치를 구현해야 할 것을 촉구하고 있다.

그리스도인들은 타종교의 사람들과 심지어 종교적 신앙을 지니고 있지 않은 사람들과도 협력하여 하나님 나라의 가치를 증진시키지 않으면 안 될 뿐만 아니라 정치와 경제 영역에서도 하나님 나라에 대하여 증거할 의무를 짊어지고 있다. 특히 교회와 국가의 관계는 위험과 왜곡에도 불구하고 예수께서 복음서에서 그려주신 노선을 따라서 여러 세기에 걸쳐서 사회를 변혁시켜야 한다고 하는 기독교적 주장이 구현되는 각축장이다. …자신의 제자들이 '세상의 소금'이 되어야 하고 '세상의 빛'(비교. 마 5:13-16)이 되어야 하고, 하나님 나라(사회 속에서 이 하나님 나라의 역할은 밀가루 반죽 전체를 발효시키는 것이다. 비교. 마 13:33)를 설교해야 한다고 하는 예수의 명시적인 부르심은 그리스도인들로 하여금 하나님 나라의 가치를 구현하기 위하여 정치당국과 경제당국과 협조하고, 나아가서 그와 같은 것들과 충돌하는 것들에는 항거하도록 초청하고 있다. 이런 식으로 그리스도인들은 모든 불의에 대해서 하나님의 심판을 선포하는 예언자들의 전통에 서 있는 것이다.(IV.115)

'삶과 봉사' 전통은 '성서적이고 신학적인 근거'에 대하여 최소한도로 언급하는 경향이 있으나, '신앙과 직제' 세계대회들과 WCC 총회 보고서들은 '복음과 신앙', '삼위일체 하나님', '교회'(세례 성만찬 사역 등), '하나님 나라' 등에 대하여 신학적으로 심도 있게 논하고 있다. 특히 '신앙과 직제' 문서들(예컨대, 1963년 몬트리올 제3차 신앙과 직제 세계대회, 1982년 BEM Text, 1991년 니케아-콘스탄티노플 신조에 대한 하나의 에큐메니칼 해설, 2013년 "교회: 하나의 공동 비전을 향하여" 등)이 그러하다. 필자는 1927년 로잔

제1차 '신앙과 직제' 세계대회의 '복음과 신앙' 그리고 '교회'에 대한 정의 및 1937년 에든버러 '신앙과 직제' 세계대회의 은혜에 대한 정의만을 소개하고자 한다.

(1) 세상을 위한 교회의 메시지: 복음(로잔 1927, 제2분과)

세상을 위한 교회의 메시지는 예수 그리스도의 복음이요, 항상 복음이어야 한다. 복음은 현재와 미래를 향한 구속의 기쁜 메시지인바, 그리스도 안에서 죄인에게 주어진 선물이다. 성령은 온 인류 역사 속에서 활동하사 그리스도의 오심을 준비하였고, 무엇보다 구약 안에 주어진 그의 계시를 통해서 그의 오심을 준비하였는데, 때가 차서 하나님의 영원한 말씀이 성육하사 인간이 되신 것이다. 바로 예수 그리스도는 하나님의 아들과 사람의 아들로서 은혜와 진리가 충만하신 분이다.

이 예수 그리스도는 그의 삶과 가르침, 그의 회개로의 부름, 그의 하나님의 나라의 도래와 심판에 대한 선포, 그의 고난과 죽음, 그의 부활과 하나님 아버지 우편으로의 승귀 및 그의 성령의 파송을 통하여 우리에게 죄의 용서를 베풀어주셨고, 살아 계신 하나님의 충만함과 우리를 향하신 하나님의 한없는 사랑을 계시하였다. 예수 그리스도는 십자가에서 보이신 완전한 사랑에 호소하사 우리를 신앙으로 부르시고, 하나님과 인간을 섬기기 위한 자기희생과 헌신으로 부르신다.[28]

(2) 교회의 본성(로잔 1927, 제3분과)

이 땅 위에 있는 교회는 어떤 표지들을 가지고 있어서, 사람들은 이것을 보고 그것이 교회인 줄 안다. 사도 시대 이래로 6가지 정도의 표지가 있다.

---

28 *Faith and Order: Proceedings of the World Conference Lausanne, Aug. 3-21, 1927* (London, 1927), 461ff.

1: 교회는 성서 안에 포함되어 있는 하나님의 말씀을 소유하며 인정하고 있는데, 성령께서 이 교회와 개인에게 이 말씀을 해석해주신다.
2. 교회는 하나님께서 그리스도 안에서 성육신되셨고 계시되었다고 하는 하나님에 대한 신앙을 갖고 있다.
3. 교회는 모든 피조물에게 복음을 설교하라는 그리스도의 위임명령을 받았다.
4. 교회는 성례전(the Sacraments)을 지킨다.
5. 교회는 목양의 직무와 말씀 설교와 성례전의 집례를 위한 교역직을 수행한다.
6. 교회는 기도, 예배, 모든 은혜의 수단, 거룩함의 추구 및 인간을 봉사하는 일로써 코이노니아를 갖는다.[29]

(3) 우리 주 예수 그리스도의 은혜(에든버러 1937, 제1분과)

에든버러에서 1937년에 열린 제2차 신앙과 직제 세계대회는 제1분과에서 "우리 주 예수 그리스도의 은혜"라는 제목 아래 '은혜의 의미', '칭의와 성화', '하나님의 주권과 인간의 반응', '교회와 은혜', '은혜: 말씀 설교와 성례전', '오직 은혜로'(sola gratia)를 다루었다.

은혜의 의미: 우리가 하나님의 은혜에 대해서 말할 때, 우리는 그의 아들 예수 그리스도 안에 계시된 하나님 자신에 대해서 생각한다. 하나님이 사랑하시고, 행하시는 모든 것은 그의 의로운 목적을 사랑하고 성취하시는 것이라고 믿는 사람들만이 하나님의 은혜의 의미를 진실로 인식할 수 있다. 그의 은혜는 우리를 창조하셨고, 보존하시고, 복 주시는 일과, 무엇보다도 예수 그리스도의 삶과 죽음과 부활을 통한 우리의 구속과 거룩하시고 생명을 주시는 성령의 파송, 교회의 사귐과 말씀, 성례의 선물을 통해서 나타난다.

---

29 *Ibid.*, 463ff.

칭의와 성화: 값없이 사랑을 베푸시는 하나님은 그리스도를 통해서 우리를 칭의하시고 성화시키신다. 우리는 이 하나님의 은혜를 믿음으로 받아들이는데, 믿음 자체는 하나님의 선물이다. 칭의와 성화는 죄인과 관계를 맺으시는 하나님의 은혜로우신 행동의 불가분리한 두 측면이다.

하나님의 주권과 인간의 반응: 하나님의 은혜와 인간의 자유에 관하여 우리 모두는 성서와 기독교적 경험에 기초하여 하나님의 주권이 최고라고 하는 사실에 동의한다. 우리가 의미하는 주권이란 하나님의 주권적인(all-controlling and all-embracing) 의지와 목적이다. 그리고 이 영원하신 목적이 하나님 자신의 사랑과 거룩한 본성의 표출이다. 이처럼 우리 인간은 전(全)구원을 하나님의 은혜로우신 의지에 빚지고 있다. 다른 한편 인간 자신의 의지는 하나님의 은혜를 적극적으로 수용해야 하고, 인간은 이 같은 수용의 결단을 해야 할 책임이 있다.

교회와 은혜: 우리는 교회가 그리스도의 몸이요, 모든 믿는 사람들의 축복된 사귐이요, 땅에 있건 하늘에 있건 성도들의 교제라고 하는 사실을 믿는다. 교회란 창조와 구속을 통해서 보여주신 하나님의 은혜로운 목적의 실현이요, 그리스도 안에 나타난 하나님의 은혜를, 성령을 통해서 계속 매개시키는 기관이다. 그리고 성령이란 교회 속으로 침투해 들어오신 생명이시요, 끊임없이 교회에 속한 사람들을 거룩하게 하신다.

교회의 기능은 자신의 삶과 예배를 통하여 하나님을 영화롭게 하고, 모든 피조물에게 복음을 선포하고, 인종과 국적에 관계없이 모든 믿는 사람을 성령의 사귐과 생명 안에서 세워나가는 것이다. 이 목적을 위하여 하나님께서는 말씀 설교와 성례전을 통하여 교회 안에서 그의 지체들에게 은혜를 베푸시고 성령의 항존 안에서 은혜를 베푸신다.

은혜, 말씀 설교와 성례전: 우리는 말씀 설교와 성례전이 인류의 구원을 위해서 예수 그리스도를 통해 교회에 주어진 하나님의 은혜라는 사실에 의견을 일치시킨다. 이 둘을 통하여 하나님의 은혜는 나타나고 주어지는데, 그것은 신앙에 의해서 수용된다. 이 은혜는 나뉠 수 없는 하나의 은혜이다.

오직 은혜로(sola gratia): 어떤 교회들은 '오직 은혜로'(sola gratia)를 강조하고, 어떤 교회들은 그것을 피한다. 이 구절은 논란을 불러일으켰다. 그러나 우리는 구원이 하나님의 선물이요, 그의 은혜의 열매라고 하는 점에서 의견이 일치한다. 그것은 인간의 공로에 근거하지 않고, 하나님께서 그의 은혜 가운데 죄인에게 베푸시는 사죄와 성화에 달린 것이다. 하지만 하나님의 은혜의 행동은 인간의 자유와 책임을 무시하지 않는다. 신앙으로 하나님의 은혜에 응답할 때, 우리의 참 자유가 성취되는 것이다.[30]

이어서 에든버러는 "제6분과: 일치의 기초가 되는 신앙 혹은 신앙고백 상의 유사성"에서 다음과 같이 사도적 신앙을 주장한다.

우리는 신구약성서에 포함되어 있고 예수 그리스도 안에 요약되어 있는 하나님의 계시를 신앙의 최고 표준으로 받아들인다.

우리는 사도신경과 통상 니케아 신조라 불리는 신조가 사도적 신앙을 증거하고 보존한다는 사실을 인정하면서, 이 같은 신조에 담긴 사도적 신앙은 교회와 교회의 구성원들의 영적 경험으로서 계속해서 진리임이 증명된다는 사실을 주장한다. 그리고 우리는 이 같은 문서들이 율법주의적인 표준서라기보다 기독교 신앙에 대한 거룩한 표지요 증거라는 사실을 기억한다.

우리는 성령의 인도하심이 성서의 경전화와 위 신조들의 형성이 끝난 이후에도 계속 있다는 사실과 교회 안에는 수세기를 통해서 그리고 지금도 하나님에 의해서 지탱되는바, 살아 계신 그리스도에 대한 현존의식이 있다는 사실을 주장한다.[31]

---

30 "Apostolic Faith: A Handbook for Study," ed. by Hans-Georg Link, *Faith and Order Paper* No. 124(Geneva: WCC, 1985), 71-73.
31 *Ibid.*, 70.

2) 서울 JPIC와 부산 "정의로운 평화의 길을 향한 성명"에 나타난 '정의로운 평화'의 성서적이고 신학적인 근거와 '정의와 평화'의 불가분리성

두 문서 모두 '성서적이고 신학적인 근거'를 지닌, 기독교 신학적 사회윤리를 제시하고 있고, 나아가서 '정의와 평화의 불가분리성'을 주장한다. 서울 JPIC는 은혜의 언약에 대한 신앙을 바탕으로 JPIC를 논했고, 부산은 제1항 "1. 우리는 함께 믿는다."에서 '모든 생명의 창조자이신 하나님', '화해의 주님 곧 평화의 왕' 예수 그리스도, 그리고 '모든 생명의 시여자시요 지탱자이신 성령'에 대한 신앙을 선언한다. 즉 삼위일체 하나님께 대한 신앙고백이다. 그리고 "예수 그리스도의 삶과 가르침, 죽으심과 부활은 하나님의 평화의 나라를 가리키고 있다."라면서, 미래 지향적 하나님 나라에 대해서 고백한다.

이처럼 이 두 문서는 옥스퍼드의 '복음과 율법' 혹은 '은혜와 과제'(Gabe und Aufgabe)를 공통분모로 하고 있으며, 부산의 문서는 종말론적 비전도 제시함으로써 매우 균형 잡힌 사회윤리의 '성서적·신학적 근거'를 제시하고 있다. 두 문서 모두 '정의와 평화'의 불가분리성 혹은 '정의로운 평화'를 주장하고, 나아가서 기독교 신학적 사회윤리가 일반 사회윤리와 접목될 수 있음을 보여준다.[32]

---

32 참고. Jürgen Moltmann, *Ethics of Hope*, trans. Margaret Kohl(Minneapolis: Fortress Press, 2010), 204ff.("정의로운 평화를 향한 기독교의 이중전략") 몰트만은 이 글에서 '그리스도의 완전성'(the perfection of Christ) 혹은 '산상수훈의 표준과 예수가 제자들에게 명한 훈령에 따른 제자의 도'를 기독교의 국가 및 사회, 문화, 경제 참여의 표준으로 하는 16세기 종교개혁의 과격파와, 이와 같은 표준을 개인윤리로 치부하고 기존 국가의 실정법과 사회질서라고 하는 보편적 윤리를 내세운 나머지 '완전주의'의 강점을 포기한 루터교의 현실주의적 윤리를 종합한다. 몰트만은 마지막 때에 완성될 하나님 나라를 희망하는 가운데, 이 세상의 윤리와 질서에 대한 대조적 대안으로서 '과격파'의 '제자의 도'를 강조하지만, 이 세상을 등지는 혹은 세상

3) 정의로운 평화와 교회론

우리는 "제2부 '삶과 봉사' 전통과 '신앙과 직제' 전통의 페리코레시스적 연합에서 서울 JPIC 대회 이후 교회론과 '정의로운 평화'라고 하는 기독교적 사회윤리가 합류했다고 하는 사실을 지적하였다. 서울 JPIC가 '협의회적 코이노니아'(conciliar fellowship)에 근거한 '협의회적 과정'(conciliar process)인 한, 킹스턴과 부산의 '정의로운 평화의 순례' 역시 WCC의 교회적인 행동일 것이다. 이어서 우리는 "값비싼 일치", "값비싼 헌신", 그리고 "값비싼 순종"에서 '복음 이야기'와 세례 성만찬 등 기독교 신학의 원천으로부터 기독교 윤리가 흘러나오고, 이것이 '일반 사회윤리'로 이어진다고 하는 주장을 확인하였다. 그리고 우리는 "교회: 하나의 공동 비전을 향하여"(2013)에서 WCC의 교회론 안에 '삶과 봉사' 운동이 합체되어 있는 것을 확인함으로써 '정의로운 평화' 운동 역시 WCC의 교회론 안에 편입될 수 있음을 확증하였다.

4) '정의로운 평화'와 남한과 북한의 평화공존과 평화통일

(1) 서울 JPIC의 은혜의 언약 그리고 부산의 '화해'와 '하나님의 평화의

─────────

으로부터 분리하는 그들의 '정적주의'에 반대하고, '콘스탄티누스 제국의 교회로 소급하는 국가교회의 현실주의적이거나 안일한 윤리를 비판하면서도 이들의 보편적 가치로서 '일반윤리'를 인정하고 있다. 그래서 몰트만은 '정의로운 평화를 위한 기독교의 이중전략'이라고 하였다. 우리는 킹스턴과 부산의 '정의로운 평화'에 대한 본문에서 이와 같은 '이중전략'을 발견하였다. 그도 그럴 것이 부산 문서는 '산상수훈'과 'the common good' 혹은 'the public good'을 모두 아우르기 때문이다. 그런데 위와 같은 몰트만의 '이중전략'에 대한 주장은 그의 『희망의 윤리』의 "제4부 정의로운 평화의 윤리"에 포함된, 하나님의 보편주의적 구원의 의를 논하는 '의의 태양: 인간을 의롭다 하는 하나님의 의', '피해자들과 가해자들의 세계에서의 창조적인 정의'와 '하나님의 공의와 법'을 전제하고 있다.

나라'는 보편주의적인 의미로 이해될 수 있는바, 북한의 불신자들과 남한의 모든 불신자들도 포함할 것이다. 하나님은 세상을 이처럼 사랑하시어 독생성자 예수 그리스도를 보내주셨다. 예수 그리스도는 제2아담으로서 첫 아담의 모든 후예들을 대신하여(롬 5장) 대속의 죽음을 죽으시고 이들을 위하여 죽은 자들로부터 부활하셨다.(고전 15:23) 따라서 믿음과 희망과 사랑의 공동체, 곧 예수 그리스도의 몸의 지체들이 된 우리는 하나님의 형상들이요, 예수 그리스도 안에서 하나님께서 신뢰하신,[33] 모든 불신자들의 생존권과 인권을 존중해야 할 것이다.

여기에 더하여 그리스도인들은 '하나님 사랑과 이웃사랑'이라고 하는

---

[33] 몰트만은 하나님의 인간에 대한 신뢰를 힘주어 주장한다. "그러나 신적인 신뢰는 또 다른 측면을 지니고 있다. 그것은 인간의 하나님 신뢰가 아니다. 그것은 이 땅 위에 있는, 하나님의 형상으로 지음받은 인간에 대한 하나님의 신뢰이다. 그러나 항상 신뢰는 상호적이다. 하나님께서 우리를 신뢰하시니 우리도 하나님을 신뢰한다. 모든 실망과 인간의 불신실성에도 불구하고 하나님은 그의 인간들을 믿으시고, 이들에 대하여 희망을 품으시며, 이들에 대한 기대를 가지고 기다리신다. 그것은 은혜와 자비에 대한 모든 경험에 다름 아니다. 하나님은 인간이 모든 모순에도 불구하고 신뢰를 받을 만하고 언약에 포함되었다고 늘 생각하신다. 우리가 믿지 아니할지라도 그는 계속 신실하시다. 그는 자신을 부인하실 수 없기 때문이다. "우리는 미쁨이 없을지라도 주는 항상 미쁘시니 자기를 부인하실 수 없으시리라."(딤후 2:13) 위르겐 몰트만, 곽혜원 옮김, 『희망의 윤리』, 378. 몰트만은 창조와 인류의 미래 구속에 대한 희망 속에서 기독교 윤리를 말하는데, 기독교 윤리는 "끔찍한 모순들에도 불구하고, 이미 하나님에 의하여 화해된 이 세계 속에서 사역한다."(397)라고 한다. 그래서 "기독교 윤리는 친구-원수 사고의 폭력을 넘어서고 인간과 자연의 주객 분열을 인정하기를 거부한다. 그도 그럴 것이 객관적으로 이미 그리스도 안에서 화해된 이 세상의 미래는 구속받은 세계, 곧 정의 안에서 새롭게 창조된 세계이기 때문이다."(397) 여기에서 몰트만은 '새 창조', '새 땅', '만유 안에 거하는 하나님과 그분의 공의와 정의의 내주(內住)', '죽은 자들의 부활', 그리고 '만유의 회복'은 모두 희망의 상징이라고 하고, 정교회는 창조의 목적과 만유의 미래를 '하나님의 만유 내주'로 말미암는 창조된 만유의 신성화(deification)라 부른다고 한다.(397) 다음과 같은 몰트만의 주장에서 우리는 종말론적 완성(still far off)을 지향하는 현재적인 목표(immediate goals)가 다름 아닌 기독교 윤리에 해당하는데, 그것은 주로 인권과 자연의 권리 그리고 그 둘의 조화로운 세계 실현인 것으로 이해된다. *Ibid.*, 397-398.

이중적 사랑이 우리 자신의 의무임을 알고 있다. 우리는 탈북자들뿐만 아니라 모든 북한 동포를 사랑하지 않으면 안 된다. 우리는 남북한 평화공존 과정에서 그리고 남북 평화통일의 과정을 위하여, 북한에 대한 사랑(이웃사랑)을 국회를 통하여 법제화해야 할 것이다.(참고. "1979년 MIT 교회와 사회 세계대회") 다시 말하면, 그동안의 남북한 정상들의 선언문들의 의도를 감안하는, 통일을 위한 헌법과 실정법이 필요하다는 말이다.

(2) 따라서 사도적 신앙과 BEM[34]을 통하여 코이노니아를 누리면서 하나님의 평화의 나라를 희망하는 한국의 교회는, 한국의 '제3의 세력'으로서 WCC의 '정의로운 평화' 추구의 열차에 동승하여, 정의롭지 못한 평화를 추구하는 남한과 북한을 정의로운 평화 추구 과정으로 바꾸어나가야 할 것이다.

첫째로, 우리는 남북한 정부의 권력 행사가 각각 과연 정의로운 평화를 지향하는지를 항상 주시해야 할 것이다.(서울 JPIC 제1항) 둘째로, 각각의 권력 행사와 불가분리한, 정치적·경제적 부정의로 말미암아 발생하는 북한의 인민들과 남한의 사회경제적 약자들에 대한 우선 배려가 요청된다.(서울 JPIC 제2항) 따라서 남한은 복지정책을 지혜롭게 발전시키고 동시에 북한의 인민들을 위한 '인도주의적 지원'을 극대화해야 할 것이다. 셋째로, 인간에 대한 그 어떤 차별도 평화를 낳을 수 없으니, 우리는 북한 동포를 결코 차별해서는 안 될 것이다.(서울 JPIC 제3항과 제4항) 서울 JPIC 제10항은, 북한에 더욱더 절실한 인권에 대하여 주장하였다. 즉 제10항은 노예화되고 주변화되며 소외된 이스라엘 백성을 출애굽하신 하나님의 정의를 인권의 원천으로 보면서, 이상과 같은 인권의 확보가 '자유와 정의와 평화'를 위하여 꼭 필

---

34 "교회: 하나의 공동 비전을 향하여"(2013)는 1991년의 "니케아 신조로 고백된, 사도적 신앙의 공동고백에 대한 하나의 에큐메니칼 해설"과 1982년 "세례·성만찬·사역"(BEM Text)을 자체 안에 합체시키고 있으며, 이에 더하여 '삶과 봉사' 전통을 포함하고 있다.

요하다고 확언한다. 넷째로, 남한에는 '신자유주의 시장경제'로 인한 경제, 사회, 문화적 양극화를 극복하기 위하여(킹스턴과 부산의 '시장에서의 정의로운 평화') 경제 차원에서 '정의로운 평화'가 크게 요청되고, 북한에는 인민의 '자유'가 절실히 요구된다. 다섯째로, 남북한 모두에게 '땅과의 정의로운 평화'(킹스턴과 부산)가 실현되어야 할 것이다.

(3) 우리는 '정당전쟁'까지도 반대하고, 적극적인 정의와 적극적인 평화를 추구해야 한다.(킹스턴과 부산) 킹스턴 문서의 제22항은 '취약한 자들을 보호하기 위하여' 무력사용이 불가피한 경우를 언급하고, 제23항은 심지어 유엔의 정당전쟁 차원의 군사력 사용에 대해서조차 비판적이다. 기독교는 전쟁으로 인도할 수 있는 상대방의 무력 사용에 의한 공격에 대하여 원수사랑 정신(마 5장)에 입각하여 최소한도의 무력 사용을 통한 비공격적 정당방위에 머물러야 할 것이다.

부산 문서의 본문은 "오직 초국가적으로만 해결이 가능한 오늘의 세계에서 집단적 행동을 위한 최대의 적격자는 WCC 안에 있는 교회들"이라며, 그동안 WCC 교회들이 "글로벌 무기거래 협약을 성취하였고, 이를 근거로 각 정부로 하여금 국제적 무기거래를 규제하여 왔으니, 향후 이와 같은 행동을 핵무기경쟁과 핵무기거래에도 적용하여야 한다."라고 선언한다.

(4) 남한과 북한의 평화공존과 평화통일을 위해서 '정의로운 평화'는 꼭 있어야 한다. 남한과 북한이 상호 간에 정치경제 이념과 체제를 인정하고 존중하면서, 각각 '정의로운 평화'를 표준으로 하여 각각의 이념과 체제를 수정해나가야 할 것이다. 헌법이 보장하는 남한의 '자유민주주의와 공화정' 그리고 '신자유주의 시장경제'는 서북유럽의 정치경제적 사회민주주의로부터 자신을 보완하고, 북한의 일인독재(주체사상에 근거한 수령독재체제)와 일당독재체제는 중국, 몽고, 베트남의 개혁개방에서 배워야 할 것이다. '제3세력'으로서 교회는 '복음'이 이 세상의 그 어떤 이념도 초월한다고 믿기 때문이다.

우리는 통일의 그날까지 '정의로운 평화'를 구현해나가야 하고, '정의로운 평화'로 남북의 통일을 이룩하여야 한다. 이를 위하여 남한과 북한은 피해자와 가해자의 관계를 넘어서야 한다. 6·25한국전쟁 남침과 그 후 여러 차례의 도발을 통하여 북한은 남한의 가해자였고, 남한은 피해자였다. 그리고 북한의 인민들은 북한 정권의 피해자임에 틀림없다. 우리는 남한과 북한 간의 모든 진실을 밝히면서도, 남한은 북한을 전적으로 용서하고 용납하는 큰 아량을 보여야 할 것이다.

슈라이터(Robert Schreiter)는 아테네 CWME(2005)에서 성서적이고 신학적인 화해 개념 곧 수직적인 '보편적 화해의 복음'과 '보편적인 종말론적 화해'를 주장한 다음에, 하나님의 화해사역에 대한 교회와 그리스도인의 참여에 대하여 다음과 같이 언급한다.

1. 하나님께서는 모든 진정한 화해의 주인이시다. 우리는 이 하나님의 화해사역에 다만 참여할 뿐이다. 바울의 말로 하면, 우리는 '그리스도의 사신들'(고후 5:20)이다.
2. 화해 과정에서 하나님의 첫째 되는 관심은 피해자들에 대한 치유이다. 이는 두 가지 경험으로부터 자라난다. 구약의 예언자들의 하나님과 예수 그리스도의 하나님은 특히 가난한 자들과 억압받는 자들을 돌보신다. 둘째로 너무나 빈번하게 가해자들은 회개하지 않고 피해자에 대한 치유는 회개하지 않는 가해자들에 의하여 볼모로 잡힐 수 없다.
3. 하나님께서는 화해를 통하여 피해자와 가해자 모두를 '하나의 새 창조'로 만든다.(고후 5:17) 이것은 두 가지를 뜻하는데, 첫째로 심각한 가해에 있어 우리는 그 가해가 발생하지 않았던 상태로 되돌아갈 수 없으니, 그렇게 한다고 하는 것은 이미 저질러진 일의 무게를 별것 아닌 것으로 만들 것이다. 둘째로 하나님께서는 피해자의 치유와 가해자의 회개 모두를 원하신다. 그 둘 가운데 그 누구도 무(無)화해서는 안 된다. 둘 다 새로운 자리, 곧 하나의 새 창조로 인도되어야 한다.

4. 그리스도인들은 자신들이 당하는 고난을 그리스도의 고난과 죽음과 부활의 자리에 놓음으로써 그 고난을 극복하는 길을 발견한다. 우리로 하여금 파괴적인 힘을 극복하게 하는 것은, 우리의 고난을 그리스도의 고난에 맞춤으로 가능하다. 그것은 또한 우리 안에 희망을 낳는다.
5. 화해는 만유가 그리스도 안에서 총괄 갱신되는 때에 일어난다.(엡 1:10) 그때까지 우리는 다만 부분적인 화해를 경험하면서 희망 가운데 사는 것이다.(215-216)[35]

그리고 저자는 교회의 화해 사역에 대하여 두 가지를 제시한다. 하나는 '과정으로서의 화해사역'이요, 둘은 '목표로서의 화해사역'이다. 그는 앞에서 소개한 수직적인 '화해'에 근거한 교회의 화해사역을 이렇게 주장한다.

교회는 성례전을 통하여 화해의 수직적 차원과 우주적 차원에 참여한다. 즉 이것은 교회의 예전과 교회의 피조물 전체에 대한 관심이다. 이와 같은 것들은 선교의 한 모델로서 화해의 일부를 구축한다.(216)

그런데 '과정으로서의 화해사역'은 주로 '화해의 수평적인 혹은 사회적인 차원'이다. 저자에 따르면, "화해의 수평적 차원에의 참여는 억압, 부정의, 차별, 전쟁과 무모한 파괴 등에 의하여 심오하게 상처를 받았고 깨져버린 사회를 치유하시는 하나님의 치유에의 참여이다."(216) 이와 같은 수평적인 혹은 사회적인 치유과정에는 3단계가 있다고 본다. 하나는 '진실을 이야기하기'요, 둘은 '정의추구'요(가해자에 대한 형벌적 정의, 피해자의 존엄과 인권을 회복시켜 주는 회복적 정의, 가해자가 빼앗은 것을 피해자에게 돌

---

35 "Come Holy Spirit, Heal and Reconcile!" in Called in Christ to be Reconcile and Healing Communities, Report of the WCC Conference on World Mission and Evangelism, Athens, Greece May 9-16, 2005, ed. Jacques Matthey(Website: http://www.oikoumene.org).

려주는 분배 정의, 사회의 구조와 과정을 재구조화하는 구조적 정의, 216-217), 셋은 '공평과 사회관계'의 형성인 '관계의 재정립'이다. 이는 '기억의 치유'와 '회개와 회심'으로써 '용서로 가는 여정'인바, "용서란 과거에 대한 기억을 의미하지만 피해자와 가해자 모두를 위하여 하나의 전혀 다른 종류의 미래를 만드는 식으로 과거를 기억하는 것"(217)이다.

참고문헌

이형기. 『에큐메니칼 운동의 패러다임 전환』. 서울: 한들출판사, 2011.
마이클 키나몬·안토니오 키레오풀로스 편저. 이형기 외 옮김. 『에큐메니칼 운동』. 서울: 한들출판사, 2013.
세계교회협의회. 기독교평화센터 엮어옮김. 『정의로운 평화 동행』. 서울: 대한기독교서회, 2013.

Abrecht, Paul(ed.). "Faith and Science In An Unjust World: Report of the World Council of Churches' Conference on Faith, Science and the Future." *MIT*, 12-24, 1979. Vol. 2: Reports and Recommendations, 4.
Bate, H. N.(ed.) *Faith and Order: Proceedings of the World Conference Lausanne, Aug. 3-21, 1927*. London, 1927.
Castro, Emilio(ed.). *Church and Society: Ecumenical Perspectives, Essays in Honour of Paul Abrecht*. Geneva: WCC, 1985.
Ionita, Viorel. "Thoughts on the Study on Ecclesiology and Ethics." *Ecclesiology and Ethics: Ecumenical Ethical Engagement, Moral Formation and the Nature of the Church*. Ed. F. Best, Thomas·Martin Robra. Geneva: WCC, 1997.
Kinnamon, Michael·Brian E. Cope(ed.). *The Ecumenical Movement: An Anthology of Key Texts and Voices*. Geneva: WCC, 1997.
Link, Hans-Georg(ed.). *Apostolic Faith Today: A Handbook for Study*. Faith and Order paper No. 124. Geneva: WCC, 1985.
Lossky, Nicholas and Others(eds.). "World Council of Churches." *Dictionary of the Ecumenical Movement*. Geneva: WCC Publications, 1991.
Matthey, Jacques(ed.). "Come Holy Spirit, Heal and Reconcile!" Called in Christ to be Reconcile and Healing Communities, Report of the WCC Conference

on World Mission and Evangelism, Athens, Greece May 9-16, 2005. (Website: http://www.oikoumene.org)

Raiser, Konrad. *For a Culture of Life: Transforming Globalization and Violence*. Geneva: WCC, 2002.

Rasmussen, Larry. "The Right Direction, but a Longer Journey." *Ecclesiology and Ethics: Ecumenical Ethical Engagement, Moral Formation and the Nature of the Church*. Ed. F. Best, Thomas · Martin Robra. Geneva: WCC, 1997.

Thomas, M. M. Paul Abrecht. *World Conference on Church and Society, Geneva, July 12-26, 1966*, Official Report. Geneva: WCC, 1967.

WCC. *Now Is The Time: Final Document and Other Texts: World Convocation on Justice, Peace and The Integrity of Creation*. Geneva: WCC, 1990.

제2장

구약성서의 평화

박동현

장로회신학대학교 은퇴교수, 구약학

1. 들어가는 말: '평화'와 '샬롬'

우리는 구약성서에서 평화를 두고 무엇이라 하는지 함께 알아보려고 한다.[1]

대한성서공회의 누리집(http://www.bskorea.or.kr)에서 찾아보면, '평화'라는 낱말이 구약의 경우에 개역개정에는 19번, 새번역에는 112번 나온다고 한다.[2] 그런데 '평화' 하면 우리 머리에 떠오르는 히브리 낱말 '샬롬'은

---

1 이 글은 엄격하게 학문적인 연구의 결과를 담고 있지 않다. 필자가 한국교회의 이런 저런 잘못된 상황을 두고 고민하는 가운데 구약성서의 평화에 대해 이해한 것을 그 냥 정리해본 것에 지나지 않는다. 그리고 보면 일종의 신앙 수상문이나 수필에 지나지 않을 것이다. 개인 사정으로 지금 쓸 수 있는 몇 가지 자료만 가까스로 참고했을 따름이다. 무엇보다 이 주제에 관한 한국 학자들의 연구물을 전혀 살펴보지 못했다. 이 점을 미리 밝히며, 널리 양해해주시기를 부탁드린다.
2 신약의 경우에는 개역개정에 3번, 새번역에 71번 나온다.

구약에 모두 237번이나 나온다.³ 따라서 한글 성서에서는 '샬롬'을 언제나 '평화'로만 옮기지 않았음이 분명하다. "평강"(개역개정 민 6:26), "평안"(개역개정 창 15:15; 새번역 창 26:29), "화평"(개역개정 신 20:10), "화친"(개역개정과 새번역 삿 21:13), "건강"(새번역 왕하 4:26), "안전"(새번역 렘 4:10), "번영"(새번역 렘 29:11) 등의 다른 여러 낱말로도 번역했음을 어렵지 않게 확인할 수 있다.

다른 한편으로는 '샬롬'이 늘 '평화'를 뜻하지 않고 글의 흐름에 따라서는 다른 뜻으로 쓰이기도 함을 염두에 두는 것이 필요하다. 독일어로 된 최신 구약 히브리어 사전에서는 '샬롬'의 뜻을 크게 일곱 가지로 나누어 풀이하는데, '평화'는 그 가운데서 다섯 번째 자리를 차지한다.⁴ 또한 구약성서의 '평화'를 이해하려고 할 때 명사 '샬롬'뿐만 아니라 같은 뿌리의 동사나 형용사가 어떤 뜻으로 쓰이고 있는지도 알아보아야 한다. 나아가서 '평화'와 관련된 표현이 직접 나오지 않더라도 그 내용이 실제로 '평화'를 다루고 있는 한 소홀히 할 수는 없다. 그렇지만 범위를 크게 줄여 '샬롬'이 '평화'라는 뜻으로 쓰이는 것이 분명한 본문 몇 군데를 중심으로 이야기하려고 한다.

국립국어원의 누리집(http://www.korean.go.kr)에서 찾아볼 수 있는 표준국어대사전에서는 우리말 '평화'를 "평온하고 화목함"과 "전쟁, 분쟁 또는 일체의 갈등이 없이 평온함. 또는 그런 상태"의 두 가지로 풀이한다. 그리하여 다시 '평온'과 '화목'을 찾아보면, 각각 "조용하고 평안함"과 "서로 뜻이 맞고 정다움"을 뜻한다고 한다. 그런데 이것만으로는 한글 구약성서에서

---

3   그리하여 구약 히브리어 성서에서 100번 이상 쓰인 낱말 404개 가운데서 200번째 자리를 차지한다. Ernst Jenni·Claus Westermann(eds.), *Theologisches Handwörterbuch zum Alten Testament*, Vol. II(München: Chr. Kaiser Verlag/Zürich: Theologischer Verlag, ²1979), 535, 538. 아래에서는 이 사전을 *THAT* II로 줄여 표시한다.

4   Ludwig Koehler·Walter Baumgartner(eds.), *Hebräisches und Aramäisches Lexikon zum Alten Testament*, 2 vols.(Leiden: E. J. Brill, 1995), 1396-1398. 아래에서는 이 사전을 *HAL*로 줄여 표시한다.

'평화'로 옮긴 '샬롬'의 넓고도 깊은 뜻을 다 담아내지 못한다.

명사 '샬롬'의 뿌리가 되는 동사 '샬람'은 구약성서에서 '끝나다/완성되다'(느 6:15 등), '온전하다/깨지거나 상함이 없다'(욥 9:4 등), '평화를 유지하다'(욥 22:21 등)를 뜻한다.[5] 이 흐름을 두고 보면 '샬롬'은 사람의 마음 안정 문제를 넘어서서 상황이 잘 마무리되어 여러 면에서 모자람 없이 넉넉하고[6] 안정된 상태를 뜻하는 것으로 짐작할 수 있다.

이는 사람과 사람의 삶을 늘 통틀어 보는 성서의 흐름과 잘 맞아 떨어진다. 성서에서는 사회적인 것과 정치적인 것과 종교적인 것을 엄격히 서로 나누지 않는다. 또 개인을 공동체에서 떼어내거나 몸을 정신/혼/영에서 분리하지 않는다. 그리하여 '샬롬'은 몸과 마음이 건강할 뿐만 아니라 사회의 정치, 경제, 종교, 교육, 사회 등 모든 분야에서, 심지어는 동물, 식물, 광물을 비롯한 온 창조세계에 이지러짐이나 일그러짐이 없이 안전과 번영과 기쁨과 자유와 소통과 사랑과 정의와 화해와 조화가 보장된 행복한 상태를 통틀어 가리키는 것으로 이해할 만하다. 이리하여 '샬롬'은 단순히 전쟁을 잠시 중지했거나 전쟁이 끝난 상태, 또는 사회의 질서가 잘 유지되어 안정된 상태 정도를 뜻하는 것이 아니라, 사람이 이 세상에 바랄 수 있는 완전한 상태를 뜻하는 말로, 이는 오직 한 분 창조주 하나님의 다스림을 받는 세계의 질서라고 할 수 있다.[7]

오늘 우리도 이런 넓은 틀에서 구약성서의 평화를 살펴보는 것이 좋겠다. 그렇지만 이 시간에는 개인이 마음으로나 이웃과 맺은 관계에서 누리는

---

5 바로 앞 각주에서 이끌어 쓴 사전 *HAL*, 1419.
6 G. Gerleman, "שׁלם *šlm* genug haben," 앞 각주 3에서 이끌어 쓴 사전 *THAT* II, 919-935, 여기서는 928.
7 20세기 유럽에서 유대교와 기독교의 대화 문제에 크게 이바지한 유대인 학자 가운데 한 사람인 핀하스 라피데(Pinchas Lapide)가 쓴 『성서는 바르게 번역되어 있는가』(*Ist die Bibel richtig übersetzt?*)(Gütersloh: Gütersloher Verlaghaus Gerd Mohn, 1986), 54-55.

평화[8]의 문제는 일단 제쳐놓고 공동체 특히 옛 이스라엘 사회의 평화와 온 누리의 평화 문제를 다루려고 한다.

2. 구약성서의 전쟁 이야기

'샬롬'이 전쟁 없는 상태만을 가리키는 말이 아니라 하더라도, 평화의 문제를 생각할 때 맨 먼저 떠오르는 것은 전쟁이 없어야 한다는 점이다. 이를테면 여호수아 11:23에서 이를 알 수 있다. "여호수아는, 주님께서 모세에게 말씀하신 대로, 모든 땅을 점령하고, 그것을 이스라엘 지파의 구분을 따라 유산으로 주었다. 그래서 그 땅에서는 전쟁이 그치고, 사람들은 평화를 누리게 되었다."[9]

전쟁이 없어야 평화가 이루어진다 함은 그 어디에서보다 이사야 2:2-4에 똑똑히 나타난다.

"마지막 때에, 주님의 성전이 서 있는 산이 모든 산 가운데서 으뜸가는 산이 될 것이며, 모든 언덕보다 높이 솟을 것이니, 모든 민족이 물밀듯 그리로 모여들 것이다. 백성들이 오면서 이르기를 '자, 가자. 우리 모두 주님의 산으로 올라가자. 야곱의 하나님이 계신 성전으로 어서 올라가자. 주님께서 우리에게 주님의 길을 가르치실 것이니, 주님께서 가르치시는 길을 따르자' 할 것이다. 율법('가르침' 또는 '교훈')이 시온에서 나오며, 주님의 말씀이 예루살렘에서 나온다. 주님께서 민족들 사이의 분쟁을 판결하시고, 뭇 백성 사이의 갈등을 해결하실 것이니, 그들이 칼을 쳐서 보습을 만들고 창을 쳐

---

[8] Gabriele Wulz, "Friede," *Calwer Bibellexikon*, Vol. 1(Stuttgart: Calwer Verlag, ²2006), 379-380, 여기서는 380을 참고하라. 그 주요 내용은 이 글의 마지막 각주에서 찾아볼 수 있다. 아래에서는 이 사전을 *CBL* 1로 줄여 표시한다.

[9] 이 글에서 성서 본문은, 특별히 달리 밝히지 않는 한, 새번역에서 이끌어 쓴다.

서 낫을 만들 것이며, 나라와 나라가 칼을 들고 서로를 치지 않을 것이며, 다시는 군사훈련도 하지 않을 것이다."

여기에서는 '평화', '전쟁'이라는 표현을 직접 쓰지 않고 있지만, 내용은 그 어떤 본문보다도 이 두 개념을 잘 드러내고 있다.

그런데 구약성서에는 전쟁 이야기가 매우 많이 나온다.[10] 하나님을 '전쟁의 용사'(출 15:3, 시 24:8)로 묘사하기도 한다. 개역성경에 무려 265번이나 나오는 '만군의 여호와'('야훼 츠바옷')를 '전능하신 하나님'('퀴리오스 판토크라토르', 칠십인역 왕하 5:10 등)이라는 뜻으로 이해할 수 있다 하더라도, '만군'(萬軍)으로 옮긴 원어 '츠바옷'이 본디는 '여러 군대'를 뜻한다는 사실로 보면, 이 또한 하나님을 전쟁과 관련시키는 이름이라 할 수 있다. 심지어 '여호와의 전쟁'(삼상 18:17 등)이라는 표현도 나온다. 실제로 여호와 하나님은 이스라엘 백성이 가나안 땅을 차지할 수 있도록 이미 가나안 땅에 살고 있던 여러 민족을 무찌르고 내쫓아버리신 하나님이다.

신약성서에서도 전쟁 용어(눅 14:31 등)가 더러 나오지만, 그렇다고 해서 구약성서의 전쟁 이야기를 오늘날의 그리스도인들이 그대로 받아들일 수 없음은 두말할 나위가 없다. 이런 전쟁은 옛 중동 세계 문화의 한 단면을 반영하고 있을 따름이다.[11] 다른 한편으로 이스라엘의 가나안 정복을 비롯하여 이스라엘이 다른 나라 사람들과 벌인 숱한 전쟁은 하나님의 계획에 따라 지난날에 한 번 있었던 것일 뿐이지, 언제나 되풀이해야 하는 것은 아니기 때문이다.

---

10 룻기와 아가를 뺀, 구약성서의 모든 책에 전쟁 용어가 들어 있다. Rolf Schäfer, "Krieg," 앞의 각주 8에서 이끌어 쓴 사전 *CBL* 1, 769-774, 여기서는 769.
11 이를테면 옛 중동 사람들은 전쟁에 신들이 참여한다고 생각하여 종교와 깊이 관련시켰는데, 이 점에서는 이스라엘 사람들도 마찬가지였다. 바로 앞 각주에서 이끌어 쓴 글, 769-770쪽을 참고하라.

3. 정의로 이룰 평화

이스라엘의 임금을 두고 부른 노래 가운데 하나로 알려진 시편 72편에 서는 '평화'를 '정의'와 나란히 말하면서, 하나님 백성의 나라가 평화로우려 면 정의가 서야 함을 일깨워준다. 정의가 평화의 전제가 된다는 것이다. "그 가 다스리는 동안, 정의('체덱')[12]가 꽃을 피우게 해주시고, 저 달이 다 닳도 록 평화('샬롬')가 넘치게 해주십시오."(시 72:7) 비슷한 뜻의 낱말이나 표현 을 나란히 써서 실제로는 같은 뜻을 강하게 드러내는 히브리 시의 표현법을 생각한다면, 이 경우에 정의는 평화의 다른 이름이요, 평화의 핵심 요소임 을 알 수 있다. 다만 정의는 사람과 사람 사이의 관계와 행동, 곧 공동체 구 성원들이 서로에 대한 도리를 다하여 공동체가 잘 유지되고 발전되도록 처 신하는 점[13]에 초점을 둔다면, 평화는 그런 관계가 제대로 조화롭게 유지되

---

12 레닌그라드 사본에는 '정의로운 사람'('찯딕', צַדִּיק)으로 나와 있지만, 몇몇 다른 히 브리어 필사본과 칠십인역과 시리아어 역을 따라 '정의'('체덱', צֶדֶק)으로 고쳐 읽는 것이 보통이다.

13 '정의'를 뜻하는 중요한 히브리 낱말로 꼽히는 '체덱'(צֶדֶק)/'츠다카'(צְדָקָה)의 뜻을 염두에 둔 표현이다. 앞 각주 4에서 이끌어 쓴 사전 HAL, 943. '정의'를 이렇게 공동 체의 유지 발전을 이루는 행동이라는 관점에서 이해하는 틀은 옛 이집트와 메소포 타미아의 전통과 크게 다르지 않은 것으로 알려져 있다. Eckart Otto, "Gerechtigkeit I. Biblisch 1. Alter Orient und Altes Testament," *Religion in Geschichte und Gegenwart*[4], Vol. 3(Tübingen: Mohr Siebeck, 2000), 702-704, 여기서는 702. 다 매체(multimedia) 시대를 맞아 독서 습관이 크게 달라진 사람들에게 복음을 이전보 다 더 설득력 있게 전할 목적으로 2012년에 독일성서공회(Deutsche Bibelgesellschaft)에서 펴낸 온라인 성서(http://www.basisbibel.de)『기초성서. 신약과 시편』 (Basisbibel. Neues Testament und Psalmen)에 들어 있는 '용어해설'(Lexikon) 항 목 "정의로운 사람, 의인"(Gerechte)에서는 이 용어의 뜻을 자세히 풀이하기에 앞서 "정의로운 사람/의인은 하나님의 명령을 따르고 사회에서 올바르게 처신하는 사람 이다."(Der Gerechte ist ein Mensch, der die Gebote Gottes befolgt und sich sozial verhält.)로 짧은 풀이를 앞세운다. 그리함으로써 성서에서 말하는 '정의', '의' 에서는 개인이 하나님 앞에서 올바르게 살아가는 것뿐만 아니라 사람과 사람 사이

고 있는 상태를 가리킨다는 점에서 다르다고 할 수 있다.[14] 이런 흐름에서, 하나님이 당신의 영을 하나님 백성에게 부어주실 때 새 세상이 열릴 것을 알려주는 이사야 32장 뒷부분의 17절에서 "정의('츠다카')의 작품이 평화 ('샬롬')이고, 정의('츠다카')의 노작이 영원한 안정과 안전이리라"[15](사역)

에서, 그러니까 사회에서 올바르게 처신하는 것도 중요함을, 이 둘은 서로 깊이 관련되어 있음을 똑똑히 밝혀놓았다. 세계성서공회연합회 아메리카 지역 번역 컨설턴트 스티븐 보스는, '체덱'을 370번이나 '정의'(justitia)로 옮긴, 스페인어권에서 가장 영향력 있는 번역본으로 알려진 Reina Valera Revisada를 비롯한 여러 현대어 번역본과는 달리, 영어 성서 『제임스 왕 번역본』(King James Version)에서는 '체덱'을 겨우 28번만 '정의'(justice)로 번역하고, 주로 '올바름'(righteousness)으로 옮겨놓았는데, 여기에는 통치자의 권력 행사를 제한하는 관점보다는 주로 하나님과 개인의 올바른 관계라는 관점에서 정의를 이해하게 하려는 권력자의 입김이 작용했을 것으로 추측한다. Steven Voth, "Justice vs. Righteuosness: A Contextualized Analysis of 'tsedeq' in the KJV(English) and RVR(Spanish)", 『성경원문연구』 20호(서울: 대한성서공회, 2007), 279-310. 이 논문은 또한 『성경원문연구』 20호 별책(2007), 281-307("정의와 공의: KJV와 RVR의 'tsedeq'('쩨데크') 번역에 대한 상황화적 관점에서의 분석")에 박철우의 번역으로 실려 있다. 한글 번역본의 경우에 '정의'가 반드시 '체덱'/'츠다카'의 번역어인 것은 아니지만, 어쨌든 개역에 17번, 개역개정에 105번, 새번역에 93번, 공동번역에 214번 나오고, '공의'는 개역에 97번, 개역개정에 184번, 새번역에 90번, 공동번역에 3번 나온다.

14 앞의 각주 6에서 이끌어 쓴 Gerleman의 글, 933-934; William Klassen, "Peace: New Testament," *Anchor Biblie Dictionary*, Vol. V(New York 등: Doubelday, 1992), 207-212, 여기서는 207('B. Judaism and Peace'의 첫 문단). 아래에서는 이 사전을 *ABD* V로 줄여서 표시한다.

15 "정의가 만들어내는 것이 평화이고, 정의가 힘들게 일해서 일구어내는 것이 영원한 안정과 안전이리라."라는 뜻으로 이해할 수 있는 표현이다. 이 구절의 뜻을 어떻게든 잘 살려보려고 애쓴 독일어 번역 두 가지를 소개하면 다음과 같다. "그때에는 정의가 평화를 만들어내고, 정의가 늘 안정과 안전을 가져다줄 것이다."(Dann wird die Gerechtigkeit Frieden schaffen/und die Gerechtigkeit wird für immer Ruhe und Sicherheit bewirken.)[『정의로운 말로 번역한 성서』(*Bibel in gerechter Sprache*)(Gütersloh: Gütersloher Verlagshaus, ⁴2011)], "참다움의 행동은 평화가 되고, 참다움의 섬김은 영원히 조용한 안정과 안전한 침착함이 된다."(die Tat der Wahrhaftigkeit wird Friede/der Dienst der Wahrhaftigkeit Stillehalt/und sichre Gelassenheit/in Weltzeit)[마르틴 부버가 프란츠 로젠츠바이크와 함께 번역한 『예

하고 선포하는 뜻을 이해할 수 있다.[16]

그런데 이스라엘 임금이 앞장서서 이루어야 할 정의는 무엇보다도 힘없는 사람들을 잘 돌보고 보살피며 그들이 겪는 억울함을 풀어주는 데서 제대로 드러난다고 한다.

하나님, 왕에게 주님의 판단력을 주시고 왕의 아들에게 주님의 의를 내려 주셔서, 왕이 주님의 백성을 정의('체덱')로 판결할 수 있게 하시고, 주님의 불쌍한 백성을 공의('미쉬팟')[17]로 판결할 수 있게 해주십시오. 왕이 의('츠다카')를 이루면 산들이 백성에게 평화('샬롬')를 안겨 주며, 언덕들이 백성에게 정의('츠다카')[18]를 가져다 줄 것입니다. 왕이 불쌍한 백성을 공정하게 판결하도록 해주시며, 가난한 백성을 구하게 해주시며 억압하는 자들을 꺾게 해주십시오.(시 72:1-4)

진실로 그는, 가난한 백성이 도와 달라고 부르짖을 때에 건져 주며, 도울 사람 없는 불쌍한 백성을 건져 준다. 그는 힘없는 사람과 가난한 사람을 불쌍히 여기며, 가난한 사람의 목숨을 건져 준다. 가난한 백성을 억압과 폭력

언서』(*Bücher der Kündung*)(Darmstadt: Wissenschaftliche Buchgesellschaft, 1985=⁸1958)]

16 Joseph P. Healey, "Peace: Old Testament," 바로 앞의 각주 14에서 이끌어 쓴 사전 *ABD V*, 206-207, 여기서는 206.

17 앞의 각주 13에서 다룬 '체덱'(צֶדֶק)/'츠다카'(צְדָקָה)와는 달리 '미쉬팟'(מִשְׁפָּט)에서는, 사람 사이에 다툼이 생겼을 때 무엇보다도, 힘 없는 사람이 마땅히 누릴 권리를 억울하게 빼앗기는 일이 없도록 올바르게 판가름하는 것('샤팟', שָׁפַט)이 정의라는 관점이 두드러지게 나타난다. G. Liedke, "שׁפט *šp̄t* richten," 앞 각주 3에서 이끌어 쓴 사전 *THAT* II, 999-1009, 여기서는 1005-1007; Helmer Ringgren/B. Johnson, "צָדַק *ṣādaq*", *Theologisches Wörterbuch zum Alten Testament*, Vol. 3(Stuttgart/Berlin/Köln: Verlag W. Kohlhammer, 1989), 898-924, 여기서는 908.

18 원문에는 '츠다카'(צְדָקָה)가 한 번밖에 안 나오는데, 새번역에서는 이를 풀어 옮기면서 두 번 썼다. 한 번은 "의"로, 또 한 번은 "정의"로 번역했다.

에서 건져, 그 목숨을 살려 주며, 그들의 피를 귀중하게 여긴다.(시 72:12-14)

메시아 예언 가운데 하나로 꼽히는 이사야 9:6-7에서도 평화의 임금으로 오실 분은 정의로 나라를 굳게 세우실 것이라고 한다.

한 아기가 우리를 위해 태어났다. 우리가 한 아들을 모셨다. 그는 우리의 통치자가 될 것이다. 그의 이름은 '놀라우신 조언자'(또는 '놀라운 자, 조언자'), '전능하신 하나님', '영존하시는 아버지'(또는 '권좌에 앉으신 이'), '평화('샬롬')의 왕'이라고 불릴 것이다. 그의 왕권은 점점 더 커지고 나라의 평화('샬롬')도 끝없이 이어질 것이다. 그가 다윗의 보좌와 왕국 위에 앉아서, 이제부터 영원히, 공평('미쉬팟')[19]과 정의('츠다카')로 그 나라를 굳게 세울 것이다. 만군의 주님의 열심이 이것을 반드시 이루실 것이다.(사 9:6-7)

이런 내용에 비추어보면, 때로는 불의하더라도 기존 질서를 유지해야 교회와 사회의 평화를 지킬 수 있다는 식으로 주장하는 것은 잘못임이 분명하다. 바로 이 점에서 구약의 예언자들은 평화를 깨뜨리는 불순분자가 될 수밖에 없었다. 마태복음 10:34에서 예수님이 "너희는 내가 세상에 평화를 주려고 온 줄로 생각하지 말아라. 평화가 아니라 칼을 주려고 왔다."라고 말씀하신 것도 이런 흐름에서 이해할 수 있다. 불의와 손잡은 거짓된 평화를 깨뜨려야, 정의로 뒷받침되는 참 평화를 이룰 수 있다! 불의를 모른 체하거나 심지어 불의에 동조하거나 불의를 조장하면서도 평화만 외치는 예언자는 거짓 평화를 약속하는 거짓 예언자일 수밖에 없다.

---

19 앞의 각주 17을 보라.

4. 백성의 상처를 제대로 치료해야 이루어지는 평화

이런 사람들을 두고 예언자 예레미야는 다음과 같이 한탄한다. "보잘것 없는 사람이든 대단한 사람이든 모두 이익을 노리고 있구나. 예언자이든 제사장이든 모두 거짓된 짓을 하고 있구나. 그들이 내 백성의 상처를 대수롭지 않게 다루면서 '평화롭다('샬롬'), 평화롭다('샬롬')' 하지만, 평화로울('샬롬') 리가 없지."(렘 6:13-14, 사역) 하나님의 가르침을 떠나 제 이익을 좇아 제 맘대로 살아가는 사람들이 넘쳐나는 것이 멸망 직전 유다의 상황이었다. 그 사회 구성원들 대부분은 서로를 해치며 생각과 행동과 삶이 망가질 대로 다 망가져 그 상처가 엄청나게 깊었다. 그리하여 나라가 망할 지경에 이르렀다. 그런데도 당시 종교 지도자들은 백성의 상처를 제대로 치료할 생각은 전혀 하지 않았다. 그저 가볍게 '샬롬' 곧 안정과 번영과 성공과 구원을 외쳐대고 있었다. 참 평화는 백성의 상처를 제대로 치료해야 이루어진다.

예언자 미가에 따르면, 이들은 "입에 먹을 것을 물려 주면 평화('샬롬')를 외치고, 먹을 것을 주지 아니하면 전쟁이 다가온다고 협박"(미 3:5)하면서 하나님의 백성을 속이는 예언자들이다. 그리하여 이런 식으로 평화를 팔아넘기는 종교인들 때문에 평화는 그 본디 지니고 있던 넓고 깊고 좋은 뜻을 잃고 마술사의 주문이나 구호처럼 되고 만다. 자기만 잘 살면 된다는 생각에 사로잡혀 거짓 평화를 외쳐대는 종교인은 거짓 종교인이다.

예레미야가 말하는 상처는 관계가 깨진 데서 비롯된 상황이다. 하나님이 불러들이신 강대국 바빌로니아의 공격을 받아 하나님 백성의 나라는 엄청난 재난을 겪었다. 나라 온 땅이 상처를 입었다. 이는 그들이 하나님을 거스름으로써 그들과 하나님의 관계가 어그러졌기 때문이다. 엄청나게 큰 상처가 났기 때문이다. 하나님을 두려워할 줄 모르는 백성 사이의 관계도 어그러질 수밖에 없다. 사람마다 제 이익을 꾀하느라 이웃을 속이고 해친다. 하나님 백성 사이에 상처가 커진 것이다.[20] 이처럼 여러모로 상처난 하나님 백성의 나라에 어찌 평화가 있을 수 있겠는가!

이런 상처를 바라보며 말할 수 없이 큰 아픔을 느끼며 눈물로 한탄하던 예언자는 사라진 평화를 되찾기 위해 백성의 상처를 치료하는 일에 나섰다. 먼저 유다 백성이 어떤 잘못을 저질러 왔는지를 똑똑히 일러주었다. 참 평화에 이르는 길은, 당황스럽고 곤혹스러운 진실, 이른바 불편한 진실을 직시하고 그대로 인정하는 데서 시작된다. 그러고 보면, 진실 또한 평화의 또 다른 이름이기도 하다. 예레미야는 무엇보다도 거짓 평화, 거짓 구원을 믿고 있는 것이 잘못임을 깨우쳐 주려 했다.(렘 7:1-15)[21] 그런 다음에 구원은 오로지 하나님에게서 올 수 있음도 분명히 했다.(렘 31:15-20)[22]

오늘 우리도 한국 교회와 사회의 평화를 이루려면, 그리스도인이라 하면서도 실제로는 하나님과 어그러진 관계 가운데, 이웃과 깨진 관계 가운데, 우리의 불의한 삶 때문에 벌어진 재난 가운데 살아가고 있는 우리의 모습을 제대로 알아보고 인정하고 거기서 돌아서야 하지 않을까?

결국 하나님 백성의 평화는 그들이 하나님을 바르게 섬길 때 지킬 수 있고 유지될 수 있다. 바빌로니아 유배기가 끝날 즈음에 하나님이 주신 다음의 말씀에서도 이를 확인할 수 있다. "네가 나의 명령에 귀를 기울이기만 하였어도, 네 평화('샬롬')가 강같이 흐르고, 네 공의('츠다카')가 바다의 파도같이 넘쳤을 것이다."(사 48:18) 여기서 '너'는 개인이 아니라 이제 고향으로 돌아가 새롭게 참 믿음의 공동체를 일으켜 세워야 할 유다 백성 전체를 가리킨다. 복음성가 가사로 널리 알려진 표현, "내게 강 같은 평화"는 개인이 죄 사함 받아 누리는 평화를 넘어서서 하나님의 가르침을 따라 정의롭게 사는 삶의 열매를 뜻하는 것으로 이해해야 하지 않을까?

---

20 졸저, 『예언과 목회 I』(서울: 한국장로교출판사, 1993), 19, 24-25.
21 자세한 내용은 위의 책, 31-35에서 찾아볼 수 있다.
22 자세한 내용은 같은 책, 35-39에서 찾아볼 수 있다.

5. 하나님이 그저 베푸시는 평화

그런데 바빌로니아에 사로잡혀 와 이미 수십 년의 세월을 보내며 살고 있던 유대 사람들에게는 하나님이 그저 평화를 베풀어주시겠다고 약속하신다. "놀랍고도 반가워라! 희소식을 전하려고 산을 넘어 달려오는 저 발이여! 평화('샬롬')가 왔다고 외치며, 복된 희소식을 전하는구나. 구원이 이르렀다고 선포하면서, 시온을 보고 이르기를 '너의 하나님께서 통치하신다' 하는구나."(사 52:7) 여기서도 구원은 평화의 다른 이름으로 하나님의 통치에서 비롯됨을 알 수 있다.[23]

그런데 유대 사람들은 사로잡혀 가서 살던 바빌로니아에서 돌아온 뒤에 다시 실망스런 현실에 부딪친다. 불의가 사람들 사이에서 서서히 고개를 들더니 다시 득세하기 시작한 것이다. 그러한 가운데서 생겼을 것으로 보이는 시편 85편 뒷부분에서 시인은 다음과 같이 고백한다.

하나님께서 무엇을 말씀하시든지, 내가 듣겠습니다. 주님께서 우리에게 평화('샬롬')를 약속하실 것입니다. 주님께서는, 주님의 백성 주님의 성도들이 망령된 데로 돌아가지 않는다면, 진정으로 평화를 주실 것입니다.[24] 참으로 주님의 구원은 주님을 경외하는 사람에게 가까이 있으니, 주님의 영광이 우리 땅에 깃들 것입니다. 사랑과 진실이 만나고, 정의('체덱')는 평화('샬롬')와 서로 입을 맞춘다. 진실이 땅에서 돋아나고, 정의('체덱')는 하늘에서 굽어본다. 주님께서 좋은 것을 내려 주시니, 우리의 땅은 열매를 맺는다. 정

---

[23] 개역개정 사도행전 10:36, "만유의 주 되신 예수 그리스도로 말미암아 '화평의 복음을 전하사'('유앙겔리조메노스 에이레넨' εὐαγγελιζόμενος εἰρήνην) 이스라엘 자손들에게 보내신 말씀"에 들어 있는 표현 '화평의 복음'도 이와 같은 흐름에서 이해할 수 있지 않을까?

[24] 원문에 한 번밖에 나오지 않는 '샬롬'(שלום)을 두 번 "평화"로 번역했다.

의('체덱')가 주님 앞에 앞서가며, 주님께서 가실 길을 닦을 것이다.(시 85:8-13)

여기서는 정의와 아울러 사랑과 진실도 참 평화와 깊이 관련되어 있음을 알려준다. 그리하면서 하나님이 몸소 정의의 길로 가시는 모범을 보이실 것이라 한다. 그리하여 하나님 백성의 공동체는 이 모범을 따라 이 땅에서 하나님의 정의와 사랑과 진실이 넘치는 평화를 이룰 수 있고 이루어야 함을 이렇게 노래한 것이 아닐까?

마침내 하나님이 베푸시는 평화는 하나님 백성의 울타리를 넘어서서 온 누리에 미친다. 이를 내다보는 이사야 2장 첫머리 말씀은 이미 앞의 "2. 구약성서의 전쟁이야기"에서 읽어보았다.

6. 온누리의 평화

이스라엘의 하나님은 또한 온누리의 하나님이시기도 하다. 그리하여 온 누리의 평화가 위협받는 상황을 그냥 두고만 보시지 않는다. 기원전 7세기 말 남왕국에서 활동하던 예언자 하박국은 유다 사회의 불의한 상황을 바라보면서 하나님께 호소하였다.

> 살려 달라고 부르짖어도 듣지 않으시고, '폭력이다!' 하고 외쳐도 구해 주지 않으시니, 주님, 언제까지 그러실 겁니까? 어찌하여 나로 불의를 보게 하십니까? 어찌하여 악을 그대로 보기만 하십니까? 약탈과 폭력이 제 앞에서 벌어지고, 다툼과 시비가 그칠 사이가 없습니다.(합 1:2-3)

하박국은 하나님 백성의 나라 안에서 벌어지는 불의한 현실을 두고서 여러 번 '폭력'이라는 표현을 쓴다. 힘 있는 사람들이 가진 힘으로 힘 없는 사람들을 힘들게 하는 것이 폭력 상황이다. 이런 폭력 상황에서는 하나님 백성의 공동체가 온전할 수 없음을, 크게 이지러지고 일그러지고, 상할 수밖에 없어, 평화가 사라진 것을 뼈저리게 느꼈기 때문일 것이다.

이러한 하박국의 호소에 하나님은 뜻밖에도 바빌로니아 사람들을 보내어 유다를 벌하겠다고 답하신다.(합 1:6) 그러고는 그 바빌로니아 사람들을 가리켜 다음과 같이 말씀하신다.

> 그들은 두렵고 무서운 백성이다. 자기들이 하는 것만이 정의('미쉬팟')[25]라고 생각하고, 자기들의 권위만을 내세우는 자들이다. …그들은 폭력을 휘두르러 오는데, 폭력을 앞세우고 와서, 포로를 모래알처럼 많이 사로잡아 갈 것이다. …그러나 제 힘이 곧 하나님이라고 여기는 이 죄인들도 마침내 바람처럼 사라져서 없어질 것이다.(합 1:7, 9, 11)

유다 사람들만 그런 것이 아니라 바빌로니아 사람들도 폭력으로써 불의를 행하는, 온 누리의 평화를 망가뜨리는 사람들이라는 말씀이다. 이들이 실제로 어떻게 했는지는 하박국 2:6-13, 15-19가 알려준다. 한마디로 약한 나라들을 못 살게 굴었다는 것이다. 당시 중동 세계에서 가장 힘센 나라로서 힘 없는 여러 작은 나라들을 무자비하게 억누름으로써 하나님이 창조하신 온누리에서 평화가 사라지게 한 것이다. 그들에게는 바빌로니아 제국의 힘이 하나님이었는데, 아무리 그래도 사람의 힘이 창조주 하나님의 힘을 이길 수는 없으므로, 그들도 사라지고 말 것이라 하셨다. 그 말씀대로 이루어졌음을 우리에게 인류 역사가 알려준다.

오늘 우리가 사는 이 시대에서도 이른바 기독교 국가라 불릴 만한 나라들까지 포함하여 힘센 나라들이 가진 힘으로 힘 없는 나라들을 돕기보다 오히려 억누르고 자기들 좋을 대로 움직이려 하는 경우가 적지 않다. 그런 식

---

25 각주 17을 보라.

으로 온누리의 평화를 이룰 수 없음은 두말할 나위가 없다.

이사야 2:4에서 하나님이 온누리에 평화를 이루실 것이라 하셨고, 바로 앞 3절에서는, 하나님의 가르침이 시온에서 나오고 하나님의 말씀이 예루살렘에서 나온다고 했다. 이를, 온누리의 평화를 하나님이 이스라엘 땅에 있는 예루살렘 중심으로 이루신다는 뜻으로만 이해할 수는 없다. 오늘 그리스도의 교회가 구약 이스라엘 백성에 이어 새 이스라엘의 역할을 떠맡았다고 생각하면, 이는 오히려 하나님이 구태여 우리 못난 그리스도인들과 문제 많은 교회를 새롭게 하셔서 우리를 통해 온누리에 평화를 이루려고 하시지 않는가 하는 생각이 든다. 이런 흐름에서 이사야서에 나오는 한 군데 메시아 본문의 한 부분을 마지막으로 다시 한 번 함께 살펴보려고 한다.

7. 나오는 말: 평화의 길, 고난의 길

이사야 40-55장에는 학자들이 '여호와 종의 노래'라고 부르는 특별한 본문이 넷 들어 있다.(42:1-4, 49:1-6, 50:4-9, 52:14-53:12)[26] 그 마지막 노래에, 우리가 고난주간에 자주 쓰는 다음 구절이 들어 있다. "그러나 그가 찔린 것은 우리의 허물 때문이고, 그가 상처를 받은 것은 우리의 악함 때문이다. 그가 징계를 받음으로써 우리가 평화('샬롬')를 누리고, 그가 매를 맞음으로써 우리의 병이 나았다."(사 53:5)

마지막 넷째 노래에서 스스로를 '우리'라고 부르는 사람들은 이 노래에서 묘사하는 하나님의 종의 모습이 너무 끔찍해서 처음에는 그를 큰 죄를 지은 사람으로 여기며 무시하고 피했다고 고백한다.(사 52:14-53:3) 그러다가 뒤늦게서야 그런 것이 아니라 '우리' 때문에 그 종이 그토록 모진 괴로

---

[26] 이 네 본문에 대한 평이한 해설로는 졸저, 『예언과 목회 IV』(서울: 한국장로교출판사, 1996), 169-216이 있다.

움을 겪은 줄 깨달았다고 하면서, '그가 징계를 받음으로써 우리가 평화를 누린다'라고 한 것이다.

징계는 아직 더 배우고 더 훈련받아야 할 사람이 저지른 잘못을 제대로 깨닫고 앞으로는 같은 잘못을 되풀이하지 않게 하려고 그를 돌보며 가르치는 쪽에서 내리는 벌을 뜻한다. 이사야 53장의 '우리'는 자신들이 저지른 잘못으로 자신들이 평화를 누릴 수 없게 된 줄 알았다. 하나님과 자기들 사이가 어그러졌기 때문이다. 그것을 다시 바루어 하나님과 좋은 관계를 누릴 수 있게 해주신 분이 바로 그 종임을 깨달았다는 것이다.

이처럼 하나님과 사람의 관계가 잘못되어 평화가 사라졌을 때 이를 다시 이루려면 누군가가 그 저지른 잘못에 따른 괴로움을 겪어야 하므로, 평화의 길은 고난의 길이 될 수밖에 없다! 그런데 그 고난은 잘못을 저지른 당사자 대신에 잘못이 없는 다른 사람이 대신 겪는 괴로움이다.

그 고난의 길을 우리 대신에 예수 그리스도께서 가신 줄 우리는 믿고 받아들이며 말로 다할 수 없이 깊이 감사드린다. 그뿐만 아니라 이제는 우리도, 다른 사람들이 평화의 길에 우리와 함께 갈 수 있도록 기꺼이 고난의 길을 가려고 한다. 그 고난의 길에서 우리는 우리가 속한 교회와 세상 곳곳에 넘쳐나는 불의와 거짓과 마주치고, 또 그 때문에 크고 작은 상처 입은 숱한 이웃을 만난다. 그런 불의와 거짓을 물리치지 않고서 우리 자신도 우리 이웃도 평화의 길을 갈 수 없음을 우리는 잊지 않는다. 그렇지만 평화의 하나님이 우리 하나님이시므로 우리는 그 하나님을 굳게 의지하여 굳세게 이 길을 끝까지 가지 않을 수 없다.

구약성서에서 가르치는 평화는 그저 다툼과 갈등과 고난이 없는 상태만을 뜻하지 않는다. 하나님의 정의가 바로 서고, 하늘 아래 곳곳에 생긴 상처가 제대로 아물고, 하나님의 통치 질서가 제대로 존중받는 참 평화의 세상을 일구자면, 불의와 맞서야 하고 거짓을 드러내야 하고 아픔을 같이 하지 않을 수 없다. 그 과정에서는 그냥 우리가 하는 말로 '평화스럽지' 못한 온갖 상황이 벌어진다.

그렇지만 "그리스도는 우리의 평화"(엡 2:14)라고 고백하며 살아가는 사람들은 참 평화를 간절히 바라기 때문에 그리스도를 나날이 더욱더 굳게 의지하며 온 정성 다해 그리스도의 평화를 함께 일구어 나간다.[27]

---

27 각주 13에서 이끌어 쓴 온라인 성서 『기초성서. 신약과 시편』의 용어해설 항목 "평화"(Friede) 전체를 우리말로 옮겨 소개하면 다음과 같다. "성서에서 말하는 평화(히브리 말로 샬롬)는 그저 전쟁 없는 것만을 뜻하지 않고 훨씬 더 많은 것을 뜻한다. 개인과 공동체의 행복과 건강과 번영을 비롯하여 다른 사람과 자기 자신과 하나님에 대한 관계에서 성공한 삶까지 다 뭉뚱그린다.(특히 시 72편 참고) 샬롬이라는 낱말은 옛 이스라엘의 주변 세계에서 생겨난 말로 이지러짐도, 일그러짐도, 탈 난 데도 없이 모든 면에서 잘 지내는 상태를 가리킨다. 구약성서에서 평화는 특히 헤어질 때 평화 가운데 떠나고(삼하 15:9) 평화 가운데 돌아오도록(창 28:21 참고) 복을 빌어주는 말로 쓰인다.(출 4:18) 사람이 오래 알차게 살다가 평화롭게 죽는 것 또한 특별한 은혜였다.(창 15:15) 평화는 구조적으로 착취와 억압이 없는 좋은 사회 상황을 말하기도 한다. 그리하여 평화와 정의와 국가 권력은 서로 긴밀히 관련된다.(사 60:7-18) 시편 85:10에서는 평화와 정의가 서로 키스한다고 한다. 하나님과 성공적인 관계를 유지하는 것을 평화라고 할 때, 이는 다른 모든 관계의 밑바탕이 된다. 평화로운 삶은 하나님께 영광을 돌리고 하나님의 법 질서와 생활 질서를 보존할 때에만 누릴 수 있다.(레 26:3-6, 시 85:8-13, 119:165, 147:10-14, 사 32:15-18, 48:18, 54:13, 57:21) 신약성서의 평화는 무엇보다도 죄로 깨진, 하나님에 대한 관계를 재건하고 거기서 비롯되는 포괄적인 구원을 뜻한다.(눅 1:79, 2:14, 행 10:36) 예수 그리스도는 우리 모두에게 평화를 가져다주신 분이다.(엡 2:14. 미 5:5 참고) 사람이 깨뜨린, 하나님에 대한 관계를 십자가의 죽음으로 다시 바로 잡아 놓으셨기 때문이다. 신구약성서 시대의 사람들은 만날 때와 헤어질 때 서로에게 평화를 빌며 인사를 주고받았다. 예수가 보낸 심부름꾼들은, 하나님이 예수를 통해 하나님의 나라를 세우면서 베푸시는 이 평화의 인사를 전달한다.(눅 10:5-6. 마 10:12-13 참고) 죽음에서 일어나신 예수는 제자들에게 평화가 있기를 바라셨고(눅 24:36, 요 20:19, 21, 26), 바울도 여러 교회에 보낸 편지 첫머리에서 그리했는데(롬 1:7, 고전 1:3 등), 그 평화는 하나님이 예수 그리스도의 삶과 죽음과 부활을 통해 이 세상에 선물로 주신 평화이다."

참고문헌

박동현. 『예언과 목회 I』. 서울: 한국장로교출판사, 1993.

_____. 『예언과 목회 IV』. 서울: 한국장로교출판사, 1996.

Basisbibel. Neues Testament und Psalmen. Stuttgart: Deutsche Bibelgesellschaft, 2012.

Bibel in gerechter Sprache. Güterloh: Güterloher Verlagshaus, ⁴2011.

Bücher der Kündung. Verdeutscht von Martin Buber gemeinsam mit Franz Rosenzweig. Darmstadt: Wissenschaftliche Buchgesellschaft, 1985 (=⁸1958).

Gerleman, G. "שׁלם šlm genug haben." THAT II, 919-935.

Healey, Joseph P. "Peace: Old Testament." Anchor Biblie Dictionary, Vol. V(= ABD V) New York 등: Doubelday, 1992, 206-207.

Jenni, Ernst · Claus Westermann(eds.). Theologisches Handwörterbuch zum Alten Testament, Vol. II(=THAT II). München: Chr. Kaiser Verlag/ Zürich: Theologischer Verlag, ²1979.

Klassen, William. "Peace: New Testament." ABD V, 207-212.

Koehler, Ludwig · Walter Baumgartner(eds.). Hebräisches und Aramäisches Lexikon zum Alten Testament, 2 vols.(=HAL) Leiden: E. J. Brill, 1995.

Lapide, Pinchas. Ist die Bibel richtig übersetzt? Güterloh: Gütersloher Verlaghaus Gerd Mohn, 1986.

Liedke, G. "שׁפט špṭ richten." THAT II, 999-1009.

Otto, Eckart. "Gerechtigkeit I. Biblisch 1. Alter Orient und Altes Testament." Religion in Geschichte und Gegenwart⁴, Vol. 3(Tübingen: Mohr Siebeck, 2000), 702-704.

Ringgren, Helmer · B. Johnson. "צדק ṣādaq." Theologisches Wörterbuch zum Alten

Testament, Vol. 3(Stuttgart/ Berlin/ Köln: Verlag W. Kohlhammer, 1989), 898-924.

Schäfer, Rolf. "Krieg." Calwer Bibellexikon, Vol. 1.(=CBL 1) Stuttgart: Calwer Verlag, ²2006, 769-774.

Voth, Steven. "Justice vs. Righteuosness: A Contextualized Analysis of 'tsedeq' in the KJV(English) and RVR(Spanish)." 스티븐 보스. "정의와 공의: KJV 와 RVR의 'tsedeq'('쩨데크') 번역에 대한 상황화적 관점에서의 분석." 「성경원문연구」 20호. 서울: 대한성서공회, 2007, 279-310 = 스티븐 보스. 「성경원문연구」 20호 별책(2007), 281-307.

Wulz, Gabriele. "Friede." CBL 1, 379-380.

http://www.basisbibel.de(Basisbibel. Neues Testament und Psalmen. Stuttgart: Deutsche Bibelgesellschaft, 2012)

http://www.bskorea.or.kr(대한성서공회의 누리집)

http://www.korean.go.kr(국립국어원의 누리집)

제3장

평화의 교회로 가는 길 – 신약성서의 도전[1]

박영호

한일장신대학교, 신약학

1. 담론으로서의 '팍스 로마나'(Pax Romana)

복음서 기자 누가는 "그 때에 가이사 아구스도가 영을 내려 천하로 다 호적하라 하였"다고(2:1) 전한다. 한 사람의 명령에 의해서 천하(οἰκουμένη)의 모든 사람이 움직이는 것이 가능한 때가 인류 역사에 또 있었던가? 기독교 복음은 인류 역사상 처음으로 대통합을 이루어낸 특별한 시기, 팍스 로마나의 시기에 시작되었다.

우리는 팍스 로마나를 복음 전파를 위한 적절한 환경 조성이라는 하나님의 섭리로 보는 해석에 익숙하다. 이런 견해는 오리겐과 유세비우스에게서 명확히 발견된다.[2] 그렇다면 신약 저자들의 시각은 어떠할까? 과연 바울

---

1 이 글은 공적신학과교회연구소에서 발표한 후 『한국기독교신학논총』 제100집 (2016. 4)에 실렸다.
2 Origen, *Contra Celsum II* 30; Eusebius, *Demonstration of the Gospel III*. 7, 30.

이 "때가 차매 하나님이 그 아들을 보내사"(갈 4:4)라고 했을 때, 로마의 도로 정비나 그리스어를 공용어로 쓰는 사회 정치적 인프라의 확립을 기독교 복음전파를 위한 하나님의 섭리로 이해하고 있었을까?

누가가 온 세상을 위한 구세주 탄생의 소식을 전하면서, 온 세상을 호령하는, 자신의 시대에 이미 신적인 존재로 숭배의 대상이 되고 있는 인물의 이름을 언급한 것에는 단순히 역사적인 정보를 제공하는 것 이상의 의도가 있을 수 있다. 지금의 터키 지역에서 발견된 달력(Priene Calendar Inscription)에서는 아우구스투스를 "섭리가 보낸 구원자"(σωτήρ)라고 하며, 그 신의 생일은 "온 세계를 위한 복음(εὐαγγέλιον)의 시작"이라고 규정하고 있다.(O-GIS 458; ca. 9 BCE) 그리고 아우구스투스를 "하나님의 아들"(υἱός θεοῦ, divi filius), "천하의 구세주"(σωτήρ οἰκουμένης) 등으로 지칭하는 비문이나 파피루스들이 많이 남아 있다.[3]

누가복음 2장만 살펴보아도 예수가 이 땅에 평화(14절)를 가져올 구세주(σωτήρ, 11절)이며, 그 탄생의 소식을 알리는 것이 복음을 전하는(εὐαγγελίζομαι, 10절) 것이라는, 당시 제국 이데올로기의 핵심적인 단어들이 집중적으로 발견됨을 알 수 있다. 이러한 병행들은 누가복음이 아우구스투스와 관련하여 애용되던, 정치적 색채가 짙은 단어들을 의도적으로 쓰면서, 제국의 평화와 그리스도의 평화를 의도적으로 대비시키고 있을 가능성을 강하게 시사한다.

따라서 팍스 로마나에 대한 신약의 관점이라는 주제는 로마제국 당시의 문헌들과 신약성서의 본문에서 '평화'나 유사한 개념이 등장하는 본문 분석에 한정하여 진행할 수 없다. 이 글에서는 팍스 로마나 이데올로기를 떠받치는 거대담론의 특징을 분석하고 이에 상응 혹은 대항하는 기독교의 담론을 살펴볼 것이다.

---

3   *IGR* 1.901; 4.309, 315; ILS 107, 113; *PRyl* 601; POslo 26; Spicq, *TLNT 3*(1994), 354. IG 12.5.

로마의 지중해 세계 지배를 가능하게 한 것은 무엇보다 군사력이었다. 그러나 제국 전체의 '평화'를 유지하기에 로마의 군사력은 턱없이 부족했다.[4] 로마의 통치 원리는 관용과 공포의 균형에 있었다. 관용의 맥락에서 피지배민들의 독자성을 인정하지만, 소란을 일으킬 경우 가공할 만한 응징이 있음을 보여줌으로써 정치적 반란을 미연에 방지하고자 하는 공포의 정치(rule of terror)였다.[5]

이 두 전략은 로마 통치의 두 얼굴을 보여준다. 따라서 팍스 로마나의 이해를 위해서는 군사적 지배뿐 아니라, '관용'(clementia)이라는 말로 상징되는 통치의 사회통합적, 문화적 측면들에 대한 이해가 필요하다. 랜든(Lendon)은 로마제국을 "명예의 제국"(Empire of Honor)이라고 규정하면서, 현대 행정 국가에 비해 현저히 빈약한 통치 인프라로 제국의 유지 관리가 가능했던 것은 명예라고 하는 가치를 사회 통합에 효과적으로 이용했기 때문임을 논증했다. 앤도(Ando)는 로마 통치의 주요한 특징이 합의(consensus)를 도출하는 방식에 있었다고 보고, 이런 과정이 속주들의 자발적인 충성을 효과적으로 유도하는 기제로 작용했다고 주장한다.[6]

문화 현상으로서의 로마화는 중앙권력의 일방적인 강요가 아니라, 지배받는 쪽에서 로마화하고자 한, 열망의 반영이기도 했던 이중적 과정이다. 우리의 관심 대상인 제국의 동부 그리스어권의 경우 로마의 지배에 대한 환영

---

4   Ramsay MacMullen, "The Roman Emperors' Army Costs," *Latomus* 43.3(1984), 571-580.
5   J. E. Lendon, Empire of Honor-The Art of Government in the Roman World(Oxford: Oxford University Press, 1997), 5-7. 이러한 로마 통치의 기본전략은 기독교의 박해에도 그대로 드러난다. 본보기로 지도자를 처형하지만, 대다수 추종자들은 그대로 놓아둔 특이한 현상은 이런 원리로 설명할 수 있다.
6   로마의 지배를 그리스어권의 지역 엘리트의 환영과 대중들의 거부라는 이분법적 도식으로 보는 예로 Bremer, "Plutarch and the 'liberation of Greece'," *The Statesman in Plutarch's Works*, ed. Lukas de Blois(Leiden: E. J. Brill, 2004), 265를 이에 대한 비판으로 Young-Ho Park, *Paul's Ekklesia as a Civic Assembly*(Tübingen: Mohr Siebeck, 2015), 33-37을 보라.

과 자발적 동화가 지역 엘리트들만의 태도가 아니었다는 사실은 당시의 건축, 조각, 비문 등의 비문헌자료들에서 잘 확인된다.[7] 로마 전통에서는 정치 지도자들의 초상이나 조각을 만드는 일이 드물었다. 안토니우스나 율리우스 카이사르의 초상들은 극히 소수만 전해져 온다.(35개 정도만 현존) 그러나 아우구스투스의 초상은 제국 전체에 걸쳐 엄청나게 많이 복사하여 유포하였다.[8] 파너는 2만 5,000개에서 5만 개가량의 초상이 1,000개 이상의 도시에 존재했다고 추산한다.[9] 제국의 도시들은 앞다투어 아우구스투스의 동상을 세웠고, 로마의 축소판과 같은 구조로 만드는 도시계획을 실행함으로써 로마의 번영을 경축했고, 로마에 대한 충성심을 경쟁적으로 과시했다.[10] 맥뮬랜은 *Romanization in the Time of Augustus*에서 로마화를 "모방을 통한 삼투현상(osmosis)"으로 규정한다. "로마의 방식을 따라 산다면 더 잘 살 수 있고 더 쉽게 살 수 있을 것이라는 판단 아래 자신을 로마에 동화해 가는 과정이라고 할 수 있다."라는 것이다.[11]

제국 이데올로기의 가장 중심에 있는 구조물은 "평화의 제단"(Ara Pacis)이었다.[12] 아우구스투스가 히스파니아와 고울 원정을 성공리에 마치고 로마

---

7   J. E. Lendon, *Empire of Honor*.
8   Macmullen, *Romanization in the Time of Augustus*(New Haven: Yale University Press, 2000), 129.
9   M. Pfanner, "Uber das Herstellen von Portraets, Ein Beitrag zu Rationalisierungsmassnahmen und Produktionsmechanimen von Massenware im spaeten Hellenismus und in der roemischen Kaiserzeit," Jahrbuch deut. arch. Inst. 104(1989), 178-179; Fronto Ep. 4.12.6. 참고. Clifford Ando, *Imperial Ideology and Provincial Loyalty in the Roman Empire*(Berkeley: University of California Press, 2000), 232.
10   D. G. E. Kleiner, *Roman Sculpture*(New Haven: Yale University Press, 1992), 67.
11   Macmullen, *Romanization*, 137. 삼투압 개념과 이에 대한 설명은 맥뮬랜이 플라움의 글에서 인용한 것이다. Pflaum, "La romanisation de l'ancient territoire de la Carthage pinique a la lumiere des decouvertes epigraphiques recente," 67.
12   Karl Calinsky, *Augustan Culture: An Interpretive Introduction*(Princeton, NJ:

로 돌아온 기원전 13년에 원로원의 결의로 평화의 여신 '팍스'(Pax)에게 봉헌한 제단이다. 공식 명칭은 "Ara Pacis Augustae"로 세계의 평화가 아우구스투스에 의해 가능했음을 분명히 하고 있다. 황제 가의 어머니들이 아이들을 대동하고 있는 모습들이 주요 부분을 차지하고 있는 것은 당시로서는 드문 예로서, 제국의 평화가 황제 가정의 안녕에, 무엇보다 황제의 자녀들이 미래의 통치자로 잘 성장하는 것에 달려 있다는 인식을 보여 준다. 이 부조의 새로운 스타일이 일반 가정들이 남긴 장식물 등에서 광범위하게 발견되는 것으로 보아, 짧은 시간 내에 제국 전체에 유행한 것으로 보인다.

중요한 것은 이런 대중 미디어가 단순히 양적인 면에서 압도적일 뿐 아니라, 하나의 거대담론으로 연결되어 기능하고 있다는 것이다. 갈링스키는 당대의 가장 유명한 문학가 베르길리우스나 호레이스의 작품들이 "Ara Pacis"에 대한 주석으로 볼 수 있다고까지 한다. 이들의 문학작품과 리비우스의 『로마사』는 세계의 시원에 대한 관심을 포함하며, 특히 로마 역사의 신화적 기원에서 시작하여 아우구스투스 때에 역사가 그 종국점에 이른다는 세계관을 제시하고 있다. 이 세계관에 의하면 그 완성은 Pax Augustae이다. 쟁커는 아우구스투스야말로 "정치, 사회정책, 법, 문학, 종교, 예술과 건축, 심지어 그의 개인적 인격을 하나로 결합하여 그의 이데올로기를 구현하는 완벽한 통합체를 이룩한 인물"이라고 분석했다.[13] 시몬 프라이스는 로마제국 초기의 시각 문화를 분석하여, 이런 대중매체가 제국의 백성들의 세계관을 완전히 다시 그리도록 하는(re-mapping) 역할을 했다고 분석한다.[14] 미셸 푸코를 포함한, 문화이해에서 담론의 중요성을 강조하는 흐름은 문자로 된 텍스트뿐 아니라, 이러한 시각 문화를 한 사회의 메시지를 전달하는 '수사'

Princeton University Press, 1996), 141-155.
[13] Paul Zanker, *The Power of Images in the Age of Augustus* (Ann Arbor: University of Michigan Press, 1988).
[14] S. R. F. Price, *Rituals and Power-The Roman Imperial Cult in Asia Minor* (Cambridge: Cambridge University, 1984), 235, 238-239, 247-248.

(rhetoric)의 일부로 볼 수 있는 여지를 열어주었다.¹⁵

신약학자 톰 라이트 역시 로마 이데올로기의 세계관적, 거대담론적 성격에 주목할 것을 요청한다. "나는 불과 피의 험난한 길을 헤치고서 원래 예정되어 있던 결말에 도달하게 되어 있는 목적론적 서사에 관한 이러한 관념 자체가 고대 세계에 실제로 전례가 있었는지의 여부는 알지 못한다."¹⁶ 거대한 서사시인 일리아드의 전쟁은 승자에게도 석연치 않은 결과를 가져왔으며, 그 관심의 초점은 탈주하여 방황하는 오디세이로 연결되고 있다. 알렉산더 대왕은 영웅의 이미지로 재생산되지만, 단편적인 이미지들이 하나의 담론으로 연결되지 못하며, 그의 제국이 역사의 궁극적 해답으로 제시되지도 않는다.¹⁷ 톰 라이트는 어떤 궁정시인도 아우구스투스 때처럼 그들의 군주가 오랫동안 역사가 기다려 온 궁극적인 완성의 시대를 가져왔다는, 긴 이야기를 들려준 적이 없다고 강조하면서, 이에 유일한 예외가 있다면 "유대 기독교의 담론"이라고 주장한다.

내가 알고 있는 유일한 실제적인 병행들 중의 하나는 아브라함이 자신의 아버지 집을 떠나서 하나님이 약속한 본향을 찾아 나섰고, 그의 자손들이 수많은 시련과 좌절을 헤치고 마침내 그 약속의 땅에 당도하였다는 내용의 옛 이야기이고, 다른 하나는 오경의 서사에서 시작되어 제2성전 시대 유대

---

15 Michel Foucault, *The Archaeology of Knowledge*(New York: Pantheon Books, 1972); *The Order of Things: An Archaeology of the Human Sciences*(New York: Pantheon Books, 1971); Averil Cameron, *Christianity and the Rhetoric of Empire: The Development of Christian Discourse*(Berkeley: University of California Press, 1991).
16 톰 라이트, 박문재 역, 『바울과 하나님의 신실하심-상』(서울: 크리스챤다이제스트, 2015), 477.
17 알렉산더의 이미지는 로마 황제의 이데올로기를 구성하는 하나의 재료로 소비되는 경우가 많았다. 군사적 재능과 성취에서 알렉산더와 비교되지 않을 정도로 빈약한 아우구스투스가 공고한 제국을 확립한 것은 담론의 중요성을 보여주는 중요한 예이다.

인들의 정신과 삶 속에서 계속된 훨씬 긴 이야기, 즉 장차 온 세계에 걸친 나라가 세워질 날이 도래할 것이라는 이야기이다.[18]

미셸 푸코도 역사 속에 "전체를 통괄하는 담론"(a totalizing discourse)을 등장시킨 기독교의 공헌을 인정한다.[19] 알렝 드 바디우 역시 바울의 종교가 세계사 속에서 자리를 차지할 수 있었던 것은 그리스 철학의 담론과 유대인의 담론에 대응하는 담론을 제시했기 때문이라고 분석하고 있다.[20]

우리는 초기 그리스도인들이 베르길리우스나 호레이스의 구약의 이야기를 알았는지 여부는 알지 못한다. 그러나 당시에 이런 작품들이 광범위하게 읽혔고, 초등교육의 교과서로도 사용되었으며 『아이네이스』의 구절들은 동네의 낙서에서도 자주 발견되는 점,[21] 이 작품들이 지향하는 담론이 다양한 시각적 문화로 당대의 대중매체를 장악했던 사실은 초기 그리스도인들이 아우구스투스 체제를 역사의 완성으로 제시하는 팍스 로마나의 담론에 익숙했음을 보여준다. 그렇다면, 그리스도인들은 이 두 담론이 어느 지점에서든 필연적으로 충돌할 수밖에 없는 성질의 것임을 인지했을 것이라는 데에는 이론의 여지가 없다.

2. 신약성서 – 다양한 목소리, 하나의 거대담론

신약의 문서 중 가장 친로마적 견해를 많이 남긴 것으로 평가받는 누

---

18 톰 라이트, 박문재 역, 『바울과 하나님의 신실하심-상』, 477–478.
19 Michel Foucault · Robert Hurley, tr. *The Care of the Self: Volume 3 of the History of Sexuality*(New York: Vintage Books, 1988); Cameron, *Christianity and Rhetoric of Empire*, 2–3.
20 알랭 바디우, 현성환 역, 『사도 바울: 제국에 맞서는 보편주의 윤리를 찾아서』(서울: 새물결, 2008).
21 톰 라이트, 박문재 역, 『바울과 하나님의 신실하심-상』, 479.

가-행전에서조차[22] 아우구스투스와 그리스도를 의도적으로 대비시키고 있을 가능성은 앞에서 살펴본 대로다. 특별히 누가복음은 의도적으로 70인역의 문체로 내러티브를 시작함으로써, 이스라엘의 거대담론에 자신의 이야기를 연결하고 있다. 복음서들이 예외없이 세례 요한을 복음사건의 출발점으로 중요시하는 것은 그가 구약의 역사와 그리스도 사건을 연결시키는 기능을 담당하고 있기 때문이다. 그리스도의 탄생부터 지상사역, 십자가, 부활, 승천에 이르는 시기를 중심으로 설정하고, 종말의 도래를 소망의 핵심으로 삼는 내러티브가 천지의 창조부터 시작되는 큰 담론과 연결되어 있음을 신약성서는 분명히 하고 있다.

빌립보서 2:5-11의 그리스도 찬가에서 등장하는 "주"(κύριος)라는 표현이 로마 황제와의 비교를 의도적으로 겨냥하고 있느냐는 점은 중요 논쟁거리이다.[23] 이 문제는 이 개별 단어의 용례만이 아니라, 이 찬가가 압축적으로 제시하고 있는 거대담론의 성격과 관련되어 있다. "하나님의 본체로"(ἐν μορφῇ θεοῦ, 6절)라는 말로 아담을 암시하고 있으며, "높아진"(αὐτὸν ὑπερύψωσεν, 빌 2:9)은 이사야서의 종의 노래를 배경으로 하고 있다. 부분적인 인용이 아니라 창세기와 이사야서가 그리고 있는 구원의 서사에 이 찬송이 연결되어 있다는 점이 중요하다.[24] 이 긴 역사의 끝에 결국 "모든 이름

---

22 친로마 변증으로 보는 대표적인 입장은 Hans Conzelmann, *The Theology of St. Luke*((New York: Harper, 1961)을 이에 대한 반대는 R. J. Cassidy, *Jesus, Politics, and Society: A Study of Luke's Gospel*(Maryknoll, NY: Orbis Books, 1978)을 참고하라. 이런 점에서, 요더가 그의 평화주의 신학을 누가복음에 집중하고 있는 것은 흥미롭다. 존 하워드 요더, 신원하·권연경 역, 『예수의 정치학』(서울: IVP, 2007); 리처드 헤이스, 유승원 역, 『신약의 윤리적 비전』(서울: IVP, 2002), 206-211, 383-386.

23 김세윤, 『그리스도와 가이사-바울과 누가의 저작에 나타난 복음과 로마 제국』(서울: 두란노아카데미, 2009), 43-50; 김덕기, "빌립보서 2장 6-11절의 최근 연구동향," 『장신논단』 44.1(2012), 33-58; 톰 라이트, 박문재 역, 『바울과 하나님의 신실하심-상』, 118-130.

24 Richard Bauckham, *Jesus and the God of Israel: God Crucified and Other Studies*

위에 뛰어난 이름"을 얻고 "하늘에 있는 자들과 땅에 있는 자들과 땅 아래에 있는 자들"이 모두 그 이름 앞에 무릎을 꿇게 되었다는 담론은 제국의 담론과 충돌할 수밖에 없다.

그러나 신약성서에 이런 본문만 있지 않다는 것이 문제이다. 로마서 13:1 "각 사람은 위에 있는 권세들에게 복종하라"라는 권면은 어떻게 해석하더라도 로마의 체제를 인정하는 태도로 볼 수밖에 없다.[25] 디모데전서 2:1-2은 신약성서에서 가장 보수적이고 타협적인 목소리를 대표한다. "그러므로 내가 첫째로 권하노니 모든 사람을 위하여 간구와 기도와 도고와 감사를 하되 임금들과(βασιλέων) 높은 지위에 있는 모든 사람을 위하여 하라 이는 우리가 모든 경건(εὐσεβείᾳ)과 단정함으로 고요하고 평안한 생활(ἤρεμον καὶ ἡσύχιον βίον)을 하려 함이라." 로마제국 당시 그리스어권에서 'βασιλεύς'는 일반적으로 황제를 가리켰다. 바울은 로마서 13장에서 이 단어를 직접적으로 쓰지 않음으로 나름의 거리를 유지한 것으로 보이는데, 디모데전서는 이 단어를 쓸 뿐 아니라, 팍스 로마나 이데올로기를 연상시키는 구체적인 단어들을 나열한다. "고요하고 단정한 생활"(ἤρεμον καὶ ἡσύχιον βίον)이 그 예이다. 경건(εὐσέβεια) 역시 바울의 이름으로 전해지는 글들 중에서 목회서신에만 등장하는데, 이 단어 또한 로마제국의 이데올로기에서 중요한 단어 pietas의 번역이다.[26]

---

on the New Testament's Christology of Divine Identity(Grand Rapids, Mich.: Eerdmans, 2008), Kindle Locations, 2477-2642.

25 참고. Robert Jewett, *Romans: A Commentary*(Minneapolis: Fortress Press, 2007), 785-803.

26 Pietas는 전통적으로 부모에 대한 자녀의 의무를 말하는 것이었지만, 신들에 대한 의무로 의미가 확대되었다. 아우구스투스는 스스로를 신들에 대한 pietas의 모범으로 제시하는 한편, "조국의 아버지"(patria patriae)로 규정함으로써, pietas라는 관념을 가족의 이상과 제국의 이데올로기를 결합시키는 접점으로 삼았다. 한국 유신시대의 충효 이데올로기와 비교 가능한 대목이다. 참고. Richard P. Saller, "Pietas and partia potetas: obligation and power in the Roman household," *Patriarchy, Property and Death in the Roman Family*(Cambridge: Cambridge University

황제를 위한 기도의 구체적인 예를 우리는 클레멘트1서 61:1에서 볼 수 있다. 이 기도는 로마의 권력이 하나님의 뜻에 의한 것이며, 저항은 그 뜻에 어긋난 것임을 분명히 하며, 평화(εἰρήνη)를 비롯한 건강, 일치, 안정(ὑγίεια, ὁμόνοια, εὐστάθεια) 등 전형적인 로마의 가치를 간구의 핵심에 넣고 있다. "하나님의 나라"(바실레이아) 도래를 주기도문의 핵심으로 가르쳤던 예수의 신앙을 배운 무리들이 다른 "바실류스"를 위해 기도하다니!

테르툴리아누스는 그 긴장을 정확하게 포착하고 있다. 그는 로마의 안정적인 질서가 온 세상에 임할 종말의 도래를 지연하는 것으로 보았다. (Apology 32:39) 팍스 로마나 자체를 인정할 뿐 아니라, 노골적으로 경축하는 경향은 후대의 발전이지만, 적어도 신약성서에 그 연원을 두고 있음은 부인하기 힘들다.

누가복음과 사도행전은 기독교가 로마의 안녕에 위협을 끼치지 않는 종교임을 역설하는 데 관심이 있는 것으로 보인다. 예루살렘에서 신변의 위협을 받고 있는 바울을 로마군의 천부장이 "보병 이백 명과 기병 칠십 명과 창병 이백 명"(행 23:22)을 동원해서 구조했다고 하는 것은 그 병력의 규모만으로도 충격적인 사실이다. 로마 군대가 바울의 신변으로 상징되는 복음의 미래를 보호하고 있다. 최소한 로마의 군사력에 의해 지탱되는 질서와 평화가 절대악으로 상정되고 있지는 않으며 '구원자'의 역할까지 담당하고 있는 것으로 볼 수 있다. 무엇으로부터 보호하는가? '유대인들'의 폭력성을 강조하며 유대인과 로마인을 대비시키는 해석은 피상적인 관찰이다.

필자는 다른 글에서 사도행전 19장에 나오는 에베소 군중들의 폭동과 예루살렘 군중들의 난동이 같은 맥락에서 다루어지고 있음을 지적한 바 있다.[27] 이는 요세푸스나 필로 같은 유대인 저자들이 유대인의 평화로운 모습

Press, 1994), 102-132.
27 박영호, "그리스 민주정치의 맥락에서 본 에베소 폭동사건-사도행전 19:23-41의 에베소 폭동사건 보도와 초기 그리스도인들의 사회적 정체성," 「신약논단」 21. 2 (2014), 477-516. 르네 지라르가 인류 사회의 근원적 문제로 보고 있는 폭력도 군중

과 그리스 도시 군중들의 폭력적인 행동을 대비시키며, 그리스인들을 로마의 질서를 해치는 세력으로 묘사하는 본문들과 같은 맥락에서 이해할 수 있다.

민주주의를 빙자한 끊임없는 군중들의 소요와 폭동의 소묘는 팍스 로마나가 요청되고 환영받던 시대상과 정확히 일치한다. 이런 혼란을 끝내고 질서를 가져온 것이 로마의 평화이며, 이는 군사력을 동원해서라도 이룩할 가치가 있었기에 로마 군대, 특별히 그 장군은 구원자(σωτήρ)가 된다. 질서는 로마가 가져온 평화와 동의어였다.[28] 이런 이데올로기의 구도를 활용하여, 그리스 대중의 혼란이 아니라 로마 통치의 질서 편에 자신을 위치시키는 것이 유대인들의 자기 변증 전략이었으며, 누가-행전은 이 전략을 차용하고 있는 것으로 보인다. 사도 바울 역시 교회의 일치와 예배시의 질서를 강조하는 대목에서 '에이레네'(평화)를 '질서'의 의미로 쓰고 있다. "하나님은 무질서(ἀκαταστασίας)의 하나님이 아니시요 오직 화평의(εἰρήνης) 하나님이시니라."(고전 14:33)[29]

빌립보서 2장의 그리스도 찬가와 함께 팍스 로마나의 허위에 도전하는 것으로 여겨지는 대표적인 바울의 언급은 데살로니가전서 5:3이다. "그들이 평안하다, 안전하다(εἰρήνη καὶ ἀσφάλεια) 할 그 때에 임신한 여자에게 해산의 고통이 이름과 같이 멸망이 갑자기 그들에게 이르리니 결코 피하지 못하리라." 평안과 안전은 로마의 정치적 프로파간더의 핵심이며, 바울이 팍스 로마나의 핵심적인 두 가치에 의문을 제기함으로써, 로마의 세계관을 정면으로 도전하고 있다는 주장이 오랫동안 제기되어 왔다. 그러나 최근 와

의 폭력이다. 르네 지라르, 김진식 역, 『나는 사탄이 번개처럼 떨어지는 것을 본다』 (서울: 문학과지성사, 2004).

[28] Aristides, *Eulogy of Rome*, 101; Sylloge3 742 I 1ff. 10ff; 참고. 클라우스 벵스트, 정지련 역, 『로마의 평화』(천안: 한국신학연구소, 1994), 57.

[29] 두 단어 모두 정치적인 단어였다. 초대 그리스도인들이 시대의 정치적 프레임과의 밀접한 관계에서 교회의 정치를 조형해갔다는 해석의 예는 타이센에게서 발견할 수 있다. 게르트 타이센, 류호성·김학철 역, 『복음서의 교회정치학』(서울: 대한기독교서회, 2002).

이트는, '평안'은 로마의 전통적 가치이지만 '안전'(ἀσφάλεια)은 그리스 전통에서 중요한 가치였음을 밝혔다.[30] 그렇다면 이 본문은 팍스 로마나를 반대하는 것이라기보다는 그리스-로마의 역사 전체가 추구했던 가치, 당시 세계가 추구하고 보장했던, 세속 정치가 약속하는 구원(σωτηρία)을 비신화화하고자, 그 대표적 가치로 평안과 안전을 택했다고 볼 수 있다. 바울이 로마 제국을 반대하기 위해서 종말론을 들고 나온 것이 아니라, 그의 종말론적 사고가 팍스 로마나가 제시하는 '구원'의 약속과 충돌할 경우, 바울은 그리스도 중심의 종말 담론의 논리적 귀결에 따를 수밖에 없었고, 결과적으로 그 메시지가 반로마적이 되었다고 볼 수 있다.

빌립보서 2장과 데살로니가전서 5장은 로마 황제 체제와 그 체제가 선전하는 평화에 강력한 도전이 되었음이 틀림없다. 그리스도가 퀴리오스가 되면 다른 퀴리오스는 상대화할 수밖에 없고, 아우구스투스와 그 후계자들을 세계의 최고 주권자인 퀴리오스로, 역사의 완성을 가져온 '소테르'(구원자)로 규정하는 제국의 담론은 근본적으로 도전을 받을 수밖에 없다. 이런 세계관적 비전은 정치적 비전으로 확대될 수 있는 성질의 것이었지만, 바울은 구체적인 정치적 프로그램으로 나아가지는 않는다. 한편으로는 초대교회 고백의 이런 정치적 성격을 놓치지 않는 것, 다른 한편으로는 현대적 의미의 '정치'라는 좁은 영역에 바울을 가두지 않는 것이 똑같이 중요하다. 바울은 반로마 정서를 불러일으키기 위해 종말론을 쓴 것이 아니라, 유대-그리스도교적 종말론 전통에 충실하다 보니 반제국적일 수밖에 없는 결론에 이르렀을 뿐이다. 바울 사고의 중심인 그리스도론에서 출발해도 결과는 같다. 그리스도를 퀴리오스로 인정하고, 주권을 철저히 고백하는 세계관 속에서는 로마 황제와 그 권력이 상대화할 수밖에 없다. 이렇게 볼 때, 반제국적 투사 바울의 주창자들이 로마서 13:1을 해석하는 딜레마에서 해방될 수 있

---

30 J. R. White, "'Peace and Security'(1 Thessalonians 5.3): Is It Really a Roman Slogan?" *New Testament Studies* 59.3 (2013), 382-395.

다. 바울이 세속 권력에 순종하라고 할 때, 그 권력의 정당성은 철저히 하나님의 권위에 복속되어 있는 것이다.

오우크스는 아우구스투스 시대의 문화, 예술, 공공 건축 등이 제국 백성들의 세계 이해를 재구성(remapping)했다는 시몬 프라이스의 연구 결과에 착안하여, 바울이 전한 복음은 그들의 세계 이해를 보다 근본적으로 철저하게 재구성했다는 해석을 내놓는다.[31] 아우구스투스 시대의 제국 담론이 로마 중심의 지도를 제국 백성의 머릿속에 확립했다면, 바울은 그 지도를 다시 바꾸는 작업을 했다는 것이다. 그 중심에는 그리스도가 있다. 초대교회가 전한 복음이 승리한 이유는 정합적인 역사 이해와 세계관을 제시했으며, 그 세계 속에서 자신들의 삶의 경험을 해석해낼 수 있었기 때문이다. 담론의 승리라고 할 수 있겠다.

이 거대담론은 신구약성서의 지배적 흐름이다. 신약성서의 어떤 부분을 보더라도, 자신의 언술이 이 담론의 일부임을 잊어버리고 있는 부분은 없다. '목회서신'이라 불리는, 공동체의 현실적인 문제를 보수적인 관점에 다루고 있는, 또한 위에서 살펴본 대로 황제를 위한 기도를 노골적으로 명하고 있는 디모데전서의 말미에 이런 권면이 나온다.

> 만물을 살게 하신 하나님 앞과 본디오 빌라도를 향하여 선한 증언을 하신 그리스도 예수 앞에서 내가 너를 명하노니 우리 주 예수 그리스도께서 나타나실(μέχρι τῆς ἐπιφανείας) 때까지 흠도 없고 책망받을 것도 없이 이 명령을 지키라 기약이 이르면 하나님이 그의 나타나심을 보이시리니 하나님은 복되시고 유일하신 주권자이시며 만왕의 왕이시며 만주의 주시요(ὁ βασιλεὺς τῶν βασιλευόντων καὶ κύριος τῶν κυριευόντων, 딤전 6:13-15)

---

[31] Peter Oakes, "Remapping the Universe: Paul and the Emperor in 1 Thessalonians and Philippians," *JSNT* 27.3(2005), 301-322.

당시에는 황제의 지방 행차를 '에피파네이아'(ἐπιφανεία)라고 했기 때문에, 이 역시 정치적인 어휘로 볼 수 있다. 그리스도인이 세상과 그 권력에 대해 가져야 할 태도는 그리스도의 '에피파네이아'(ἐπιφανεία)라고 하는 정치적이면서, 종말론적인 사건의 중심성에 의해 규정된다. 그리스도의 증거는 그리스도인의 증거의 모범으로 제시된다. 그 증언이 세상과, 로마의 권력과 마찰을 일으킬 가능성에 대하여 디모데전서는 침묵하지 않는다. 본디오 빌라도라는 세속 권력 앞에서 담대하게 증언할 수 있는 것은 기약이 이르면 하나님이 나타나실(ἐπιφανεία) 것이기 때문이다. 재미있는 것은 만왕의 왕이라고 하면서 명사 '바실레온'(βασιλέων)이 아닌, '바실류온톤'(βασιλευόντων)이라는 분사를 씀으로써, 그들이 진정한 왕이 아닌 '왕노릇 하고 있는 자들' (the so-called kings)이라는 의미를 강조하고 있다는 점이다. 퀴리오스를 한정하는 단어도 마찬가지로 분사 퀴리유온톤(τῶν κυριευόντων)으로 되어 있어 저자의 명확한 의도를 보여준다. 진정한 의미에서의 왕과 주는 하나님 한 분밖에 없다.

요약하면, 로마 제국에 대한 노골적인 대항과 무장 항쟁을 선동하는 신약의 본문은 찾기 힘들다. 그러나 지배체제의 질서를 그대로 순응하기만 하는 문서도 찾아볼 수 없다. 그리스도를 퀴리오스로 모시는 이들은 근본적으로 새로운 질서 속에서 살아가기 때문에, 자신들이 이룬 제국이 역사의 해답임을 주장하는 세계관과 그 세계관을 견지하는 사회체제와 충돌할 수밖에 없다. 그래서 한 장짜리 짧은 성서, 지극히 개인적인 부탁을 담고 있는 서신 빌레몬서도 로마의 가부장질서를 흔들 수 있는 잠재력을 가진 메시지를 담고 있다. 주 안에서 종도, 자유자도 구분이 없다는 선언이 그것이다.(갈 3:28)

3. 종말론의 경제적 측면 – 요한계시록

우리가 거대담론에 주목해야 한다는 사실이 분명해진 이상, 팍스 로마나와 기독교의 관계의 논의에서 종말론을 직접적으로 다루고 있는 요한계시록을 빼놓을 수 없다. 종말론은 현 세계 내에는 답이 없다는 판단에서 요청되는 사고체계이기 때문에, 아우구스투스의 체제를 역사의 행복한 완성으로 보는 세계관은 기독교의 종말론과 근본적으로 부딪칠 수밖에 없다.[32] 그중에서도 요한계시록 18장은 제국의 멸망을 가장 직접적이고 명확한 언어로 예언하고 있다. "보배로운 상품으로 치부"(19절)한 바빌론의 멸망을 선언하는 이 예언은 당시 국제 무역의 주요 산물들의 구체적인 목록을 열거할 정도로 권력의 경제적 성격에 초점을 맞춘다. 이는 21세기적 상황, 주요 자본주의 국가 내의 빈부격차가 극대화하고 있고, 초국적 경제권력이 무소불위의 힘을 행세하고 있는 현실에서 더욱 적확한 교훈이다.[33]

계시록이 '바빌론'이라는 명칭을 쓰는 것은 단순히 로마를 직접적으로 공격하는 것을 감추기 위한 암호(code) 이상의 의미가 있다. 정치사적으로 로마의 지배는 바빌론의 철권통치보다는 페르시아의 포용통치에 가까웠다. 유대인들이 경험한 지배 중에서 극악한 통치였던 '바빌론'이라는 이미지를 로마에 덧씌우는 것 자체가 정치적 해석의 행위이다. 이런 점에서 바빌론은 로마제국을 가리킨다는 식으로 굳이 해독(decoding)할 필요는 없다. 로마제국을 포함한 모든 사악한 권력의 통칭으로서의 바빌론의 지시적 기능을 활용하는 것이 더 나은 전략이다. 주목할 만한 점은 이 최종 멸망 직전에 하늘로부터의 음성이 명령한다는 것이다. "또 내가 들으니 하늘로부터 다른

---

32 요더는 "종말론 있는 평화"와 "종말론 없는 평화"를 대립시키며, 종말론의 존재가 성서적 평화의 핵심적 특성임을 설득력 있게 논증한다. 존 하워드 요더, 김기현·전남식 역, 『근원적 혁명』(서울: 대장간, 2011), 76-109.
33 정치에서 경제로의 권력 이동은 한국 사회의 각 부분에서 관찰되고 있다. 다음은 2015년 9월 7일자 『중앙일보』에 실린 칼럼의 일부이다. "정신병원 병동을 취재하러 갔을 때였다. 40대 여성 환자가 자신을 'XX그룹 OOO 회장의 딸'이라고 소개했다. 진료부장은 병실을 나오며 말했다. '망상 장애입니다. 예전엔 아버지가 대통령, 안기부장(현 국정원장)이란 환자들이 많았어요. 요즘은 재벌 회장들이 등장합니다. 사회의 권력이 옮겨감에 따라 대상이 달라지는 거죠.'"

음성이 나서 이르되 내 백성아, 거기서 나와 그의 죄에 참여하지 말고 그가 받을 재앙들을 받지 말라 그의 죄는 하늘에 사무쳤으며 하나님은 그의 불의한 일을 기억하신지라."(계 18:4-7) 이 명령을 마이클 고먼은 다음과 같이 해석한다.

> 하지만 바빌론에 대한 심판이 오로지 '그들'에게만 적용된다고 생각하면 오산이다. "거기서 나오라."는 부르심(18:4)은 우리도 그 '안에', 곧 바빌론 안에 있음을 전제한다. 하지만 나는 요한은 물론이요, 예수도 우리가 바빌론에 들어가 보지 않은 것(비유로 하는 말이다.)을 못마땅해 하지는 않으리라고 확신한다. 바빌론에 들어가지 않았다면 거기서 나올 필요도 없는 셈이다. 결국 "거기서 나오라."는 말은 "거기에 아예 들어가지 말라."는 말인 셈이다 바빌론에 들어가거나 그 안에 머물 경우, 십중팔구는 요한계시록 21:8과 22:15이 열거하는 자들인 간음하는 자들과 우상숭배자들, 그리고 다른 이들과 더불어 바빌론이 받을 심판을 함께 받을 것이다. 하지만 사실은 우리 가운데 많은 이들이 이런저런 방식으로 바빌론에 들어갔다고 가정할 때, 바빌론에서 나온다는 것은 대체 무슨 의미일까? 요한계시록 18장 중심에 자리한 '거기서 나옴'의 한 측면은 경제적 측면이다.

고먼은 이런 경제적 측면의 실천을 구체적으로 적용하여, 불의한 직업을 포기하는 것이나ㅡ이를테면 존 뉴턴이 노예매매를 포기하고 회개한 것 등ㅡ공정무역 제품을 소비하는 것 등의 경제정의운동을 예로 제시한다. 이러한 실천이 미국이라는 자본주의 체제의 양심적인 시민운동의 한 축일 수 있다. 그러나 이는 신자유주의적 자본주의 세계 체제 자체를 넘어서는 비전을 제시하지는 못한다. 성서해석상으로 볼 때도 로마제국 전체를 바빌론이라고 규정하는, 거대담론의 종말론적, 급진적 성격을 제대로 파악하지 못한 것으로 보인다.

고먼과 달리 드실바는 바빌론이 로마제국이라고 한다면 현실적으로 거기서 나오는 길을 발견하는 것은 불가능하다는 사실을 명확히 한다. 나치즘 하의 상황을 예로 들면서 저항하지 않고 사는 것은 존재의 죽음일 뿐이라는 스트링펠로우의 주장을 인용하는 것으로 이 명령이 주는 심각성을 일깨운다. "저항이 인간으로서 살아갈 수 있는 유일한 방식이 되었다. 나치즘 하에서 – 국가가 정한 안전과 안정을 얻기 위한 – 침묵, 순응, 묵인, 복종, 부역은 도덕적 광기를 초래하며, 자살을 의미한다. 심각한 비인간화, 즉 죽음이라는 말로밖에는 설명할 수 없는 상태가 된다는 것이다."[34] 나치의 통치와 그 정도는 다르지만, 오늘날 경제체제도 악마적이라고 규정한다. 그러면서 그 저항의 실천을 소비지향적 사회의 악마성을 극복하고 자신의 영적 도덕적 온전성(intergrity)을 지키기 위해 물질적 안정을 의도적으로 거부하고 희생하는 노력에서 찾고자 한다. "한 그릇 팥죽에 장자의 권리를 팔게 하는" 경제체제로부터의 소외를 선택하는 과감한 신앙의 결단을 요청하는 것이다.[35]

경제체제로부터의 자발적 소외라는 것이 무엇을 가리키는지에 대해서는 좀 더 넓은 고찰이 필요하다. 김세윤은 누가복음에 반로마적 메시지가 있는가를 논의하는 중에 예수가 백부장의 종을 치유해주고 난 이후에도, 삭개오가 인격적 변화를 경험하고 재물을 가난한 이에게 나누어주겠다고 한 이후에도, 그들에게 군인과 세리로서의 삶을 그만두라고 요구하지 않은 점을 강조한다. 이어서 "가이사의 것은 가이사에게"라는 말을 이렇게 해석한다.

또는 가이사의 형상이 새겨진 동전들을 지니고 다니며 가이사의 질서에 의해 유지되는 교역 체계 속에서 기꺼이 활동하고자 하는 자들은 이미 그

---

[34] William Stringfellow, *An Ethic for Christians and Other Aliens in a Strange Land* (Waco: Word. 1973); David A. deSilva, *Seeing Things John's Way: The Rhetoric of the Book of Revelation* (Kindle Locations, 4625-4626)에서 재인용.

[35] David A. deSilva, *Seeing Things John's Way: The Rhetoric of the Book of Revelation* (Louisville: Westminster/John Knox Press, 2009) Kindle Edition, locations 4627-4630. 참고. Václav Havel, "The Power of the Powerless," *In Living in Truth*, edited by J. Vladislav(London: Faber & Faber, 1987), 36-122.

질서를 존중하기로 결심한 것임을 지적하고, 그렇기 때문에 그들이 그 체계 속에서 얻는 이익들에 대하여 가이사의 것인 동전으로 가이사에게 세를 바치는 것은 아무런 문제가 되지 않지만, 하나님의 형상을 지닌 자들로서(창 1:26-28) 그들 자신을 하나님의 것으로 여겨 그들의 존재 전체를 하나님께 드리는 것이 마땅하다는 뜻을 밝힌 것일 수도 있다.[36]

로마 군인인 채로, 세리인 채로 하나님의 신실한 백성일 수 있는가는 초대교회의 중요한 질문이었던 것 같다. 누가복음 3장에서 세례 요한의 회개 요구를 접하고 나서, "우리가 어떻게 해야 하겠습니까?" 물어오는 두 집단이 군인과 세리라는 점은 의미심장하다. 세례 요한 자신이 기존의 경제체제 밖의 금욕 생활을 하고 있기 때문에 그에게 "어찌할까?" 묻는 것은 그와 같은 삶의 양태를 요구받을 수도 있는 긴장을 내포하고 있다. 세례 요한은 최소한의 윤리 요구와 함께 그들이 계속 그 삶의 자리에 머무르는 것을 양해하고 있다. 예수는 어떠한가? 예수는 많은 이들에게 즉각적으로 자신을 따르라고 명령한다.(막 1:16-20, 10:17-31, 눅 9:57-62) 물론 집 안에, 자신의 삶의 자리에 머무르게 한 삭개오 같은 '제자들'도 있다. 그러나 기존의 직업을 유지하고 집에 머무르기를 명령/양해했다는 사실이 과연 예수가 그 삶의 양태를 바람직한 것으로 평가한 것일까? 예수가 삭개오에게 세리 생활 청산을 요구하지 않은 것이 로마제국에의 부역을 인정했다는 증거로 볼 수 있는 것인가? 집에 남은 삭개오는 그리스도를 주로 모시는 새로운 세계관이, 자신이 복무하고 있는 제국의 세계관과 그 작동원리와 끊임없이 충돌한다는 것을 실감하면서, 날마다 고뇌할 수밖에 없었을 것이다.

이러한 분석틀로 계시록에 내재된 독자들(implied readers)을 추정해볼 수 있다. 요한계시록은 묵시의 형태를 띠면서도 독자들에게 직접 명령하고 권면하는 서간문의 형태를 가미한 독특한 구조를 가지고 있다. 2-3장에서

---

36 김세윤, 『그리스도와 가이사』, 167.

는 독자가 직접 명령을 받지만, 5장에서부터 하늘로의 여행이 시작되고, 일곱 인으로 시작되는 종말의 시나리오가 진행되는 동안 독자는 요한의 눈을 통한 간접적 관찰자의 입장에 머무른다. 그런 점에서 18장의 "내 백성아 거기서 나오라"라는 말씀은 다시 독자들을 직접적인 명령의 대상으로 세운다는 점에서 중요한 대목이다. 따라서 2-3장과 18장을 연결시켜 보는 것은 의미가 있다. 헤이스는 요한계시록 2-3장의 권면이 스스로를 부한 자라고 여기는, 제국의 풍요의 일부를 누리고 있는 라오디게아 교회를 향해 "현실과 분명한 선을 그으라"라는 요구로 마치고 있는 것은 우연이 아니라고 주장한다. "제국의 경제 체제 내에서 평안하게 살 수 있다고 생각하는 교회는 영적인 위험에 놓여 있다."[37]라는 것이 2-3장의 결론이라는 것이다.

계시록의 잠재적 독자들은 가이사의 동전으로 사업을 하며 삶을 영위하는 사람들이며, 매매를 금하는 것이 생활에 심각한 타격이 되는 사람들이다. (계 13:18) 18장의 맥락에서 본다면 이들은 아직 바빌론 안에서 머물고 있는 하나님의 백성이라 규정할 수 있겠다. "이 일 후에"(18:1)라는 어구는 이 명령의 시점이 미래임을 시사한다.[38] "바빌론의 몰락은 요한에게 정치적 실재가 아니고 예언적 환상이다."[39]

말하자면, 바빌론에 사는 – 로마제국이라는 경제체제 안에서 살아가는 – 이들은 아직은 나오라는 결정적인 명령은 받지 않은 상태이다. 계시록, 그리고 신약성서 전체가 종말의 임박성을 강조하고 있는 것으로 볼 때, 그 시점은 언제라도 다가올 수 있다. 18:5는 "그의 죄는 하늘에 사무쳤으며" (ἐκολλήθησαν αὐτῆς αἱ ἁμαρτίαι ἄχρι τοῦ οὐρανοῦ)라고 말한다. 지금은 바빌론이 계속 죄를 더하고 있지만, 아직 하늘에 사무치지는 않은 상태이며, 언제 그 임계점에 이를 것인가 하는 것은 하나님만이 아신다. 그러므로 그리

---

37 리처드 헤이스, 유승원 역, 『신약의 윤리적 비전』, 282-283.
38 요한계시록 17장까지 등장하는 종말 시나리오의 시점에 대한 다양한 견해가 있으나, 18장의 사건이 미래의 어느 시점이라는 점을 부인하는 해석은 없다.
39 리처드 헤이스, 유승원 역, 『신약의 윤리적 비전』, 283.

스도인들은 언제든지 하나님의 명령이 들리면 거기서 나올 수 있는 자세로 살아가야 한다. 이는 바울이 "평안하다 안전하다 할 그 때에"(살전 5:3) 종말이 올 수 있다고 한 경고, 이 세상의 문화 경제 정치의 총합으로서의 체제가 약속하는 평안과 안전에 안주하지 않고 종말론적 긴장을 늦추지 않는 삶을 살아야 한다는 권면과 본질적으로 다르지 않다.

계시록의 독자가 그 메시지를 제대로 들었다면, 그는 불의하고 억압적인 체제 속에서 살아가는 것에 대해 심각한 부담을 느꼈을 것이다. 현대적으로 적용한다면, 그 체제의 유지에 기여하면서 사는 것이 옳은 일인가 깊이 고민할 수밖에 없을 것이고, 환경을 파괴하고 경제정의를 심각하게 거스르는 대기업의 임직원이라면, 당장 사직하지는 않아도 적어도 사직서를 써서 양복 주머니에 넣어놓고, 언제든지 제출할 수 있는 상태에서 살아가는 자세를 가지게 된다는 말이다. 이런 종말론적 긴장은 바빌론에 발을 붙이고 살아가지만 언제든지 나올 준비가 되어 있는, 바빌론에의 거주를 오직 한시적, 잠정적으로만 허락받고 있는 상태, 최종 호출 명령은 유예받을 뿐이라는 자각을 요구한다.

이런 해석은 기독교의 종말론이 최후의 날에 일어날 일들에 대한 호기심에 대한 대답이 아니라, 우리가 살아가는 세계의 본질적인 성격을 규정하고 어떻게 살아야 할 것인가를 알려주는 교리라는 인식에도 부합한다. 그런 점에서, 기독교의 복음은 시작부터 종말론적이었다.

결국 요한계시록은 체제에 발을 붙이고 살아야 하는 상황을 인정하는 현실론과 순교자들의 피맺힌 신원이라고 하는 묵시적 당위론을 함께 품는 신학적 스펙트럼을 보인다고 하겠다. 이는 구약성서의 다니엘서에서 전형적으로 나타나는, 바빌론과 페르시아 궁정의 고위 관료라고 하는 실존과 짐승으로 표현되는 제국과의 싸움을 꿈꾸는 묵시적 이상을 함께 품는 신학적 폭을 계승하는 것이다. 사도 바울은 고린도 교인들에게 윤리적 권면을 하면서, 이 세상의 경제체제와 인간관계를 떠나서 살 수 없는 실존적 상황을 인정한다. "그리하려면 너희가 세상 밖으로 나가야 할 것이라."(고전 5:10) 그러나 동시에 그들이 사는 '세상'이 궁극적 실재도 아니며, 그들의 존재 기반이 되어서도 안 된다는 사실을 종말론의 언어로 확언한다.

> 형제들아 내가 이 말을 하노니 그 때가 단축하여진 고로 이후부터 아내 있는 자들은 없는 자 같이 하며 우는 자들은 울지 않는 자 같이 하며 기쁜 자들은 기쁘지 않은 자 같이 하며 매매하는 자들은 없는 자 같이 하며 세상 물건을 쓰는 자들은 다 쓰지 못하는 자 같이 하라 이 세상의 외형은 지나감이니라(고전 7:29-31)

4. "내가 옥에 갇혔을 때" – 마태복음에서 얻는 통찰

예수 운동은 '나를 따르라'라는 말씀에 응답하여 자신의 삶의 기반을 버리고 따라나선 제자들 중심으로 시작되었고, 뒤로 갈수록 지역에 기반한 재가제자들의 지도력으로 옮겨갔다. 양식, 편집 비평학자들의 주장대로 복음서들이 초대교회의 상황을 반영한 것이라면, 복음서에 나타나는 출가제자들과 재가제자들의 관계를 통해 그리스도를 따르는 삶의 양태에 대한 초대 그리스도인들의 고민과 성찰을 엿볼 수 있을 것이다. 이를테면 한 부자 청년에게 모든 소유를 팔아 가난한 자들에게 주고 예수를 따르라는 요구를(막 10:17-27) 얼마나 일반화할 수 있는가 하는 문제이다. 여기서는 마태복음을 중심으로, 그리스도의 평화를 따라 사는 삶이 요구하는 바를 살펴보고자 한다.

급진적인 평화의 비전을 담고 있는 산상수훈은 그 실현 가능성 여부에 대한 많은 논란이 있어 왔고, "오른 뺨을 치거든 왼 뺨도 돌려 대라는" 자기희생적 평화의 실천이 모든 그리스도인들을 위한 것인가, 혹은 제자 그룹에게만 요구한 것인가 하는 점도 논쟁의 대상이 된 채로 남아 있다. "화평하게 하는 자는 복이 있나니 그들이 하나님의 아들이라 일컬음을 받을 것임이요"

(마 5:9)라는 복 선언이 이 말씀에 따라 사는 사람은 핍박을 받을 것이라는 결론으로(마 5:10-12) 연결되는 것 역시 그리스도의 평화가 요구하는 삶이라는 이 체제에서 발붙일 곳을 발견하기 힘든 성질의 것임을 분명히 보여 준다.

마태복음 1-2장은 마가복음에 나오지 않는 탄생 내러티브를 저자가 첨가한 부분이기에 어느 부분보다 저자의 신학적 강조점이 뚜렷이 드러나는 대목이라고 볼 수 있다.[40] 타이센은 유대전쟁 기간에 황제로 등극한 베스파시아누스가 메시아적 존재로 등장하는 상황과 마태복음을 연결하여 해석한다. 이때는 초대 황제 아우구스투스 때의 모호함과 조심스러움조차 떨쳐버린 노골적인 황제 숭배가 성행하던 때였다. 로마의 시대가 끝나고 동방이 다시 (세계를) 다스리는 시대가 올 것이라는 소문이 있었고, 마태복음에 등장하는 동방박사들은 동방으로부터의 정치적 기대를 대표하는 기능을 하고 있다고 본다. 두 살 아래 아기를 죽이는 헤롯의 모습은 구약에서 히브리 사내아이들을 죽인 구약의 이집트 파라오와 현재의 로마 권력의 상징 역할을 하고 있다는 것이다.[41] 신약성서의 비판 대상은 로마가 아니라 제국이라는 점, 계시록의 바빌론을 굳이 해독(decoding)하여 로마라 적시하지 않는 것이 권력 자체에 대한 신약의 입장을 명확히 하는 해석학적 전략이라는 위의 제안이 다시 확인된다. 동방박사의 방문에 예루살렘은 헤롯의 편에 서서 같이 소동(ἐταράχθη, 2:3)한다. 메시아의 소식은 헤롯과 예루살렘의 평화가 거짓 평화임을 폭로하는 사건이다.

마태복음 10장에서 예수는 제자들을 세상에 파송하면서 샬롬을 선포하라고 명령한다. 파송받은 곳에서의 그들의 존재 양태는 "양을 이리 가운데로 보냄과 같은"(16절), 본질적으로 불가능한 입지이다. 그 불가능성은 하나

---

40 박영호, "마태복음의 신학적 서론으로서의 마태 1-2장," 장로회신학대학교 석사학위 논문, 1996.
41 게르트 타이센, 류호성·김학철 역, 『복음서의 교회정치학』, 80-85. 동방과 관련한 예언은 Lactantius, *Divine Institutes* VII.15.11을 참고하라.

님 아버지에 대한 급진적인 의지로 특징짓는다. 그들은 예수의 이름으로 말미암아 총독들과 임금들의 재판정에 서게 될 것이나, "무엇을 말할까" 마음으로 준비하는 것조차 금지하는 급진적인 신뢰를 요구받는다.(19절) 하나님에 대한 이런 신뢰는 '전대에 돈을 가지지 아니하고 배낭이나, 두 벌 옷, 신이나 지팡이를 가지지 아니하는'(9-10절) 세상 경제체제 밖의 삶으로 나타나야 한다. 이 명령에서 정치적인 박해, 즉 법정에 서야 하는 상황은 미래에 다가올 일로 설정되지만, 경제적인 급진성은 출발선에서 요구받는 것이다. 우리는 초대교인들에게 경제생활을 위한 사회 관계가 그리스도 신앙의 큰 걸림돌이었음을 확인할 수 있다.[42]

마태복음 10장의 파송은 28:16-20의 파송과 분명하게 대조가 된다. "이방인의 길로도 가지 말고 사마리아인의 고을에도 들어가지 말고 오히려 이스라엘 집의 잃어버린 양에게로 가라"(5-6절)고 명하는 예수가 28장에서는 "모든 민족"에게 복음을 전하라고 하며 그 대상을 확대한다. 28장에서 삼위일체가 세례라는 예전의 맥락에서 등장하는 것은 후대의 발달인 것으로 보는 학자들이 다수이다.[43] 또 28장에서 특징적인 것은 종말시간표의 이동이다. 10장에서 "이스라엘의 모든 동네를 다 다니지 못하여서 인자가 오리라"(23절)라고 하는 말씀을 듣던 때 제자들이 가졌을 법한 임박한 종말 기대는 "세상 끝날까지"(28:20)라는 무한정의 시간으로 연장된다. 마태복음 10장의 파송은 역사적 예수의 목소리를 보존하고 있는 초기 전승이고, 28장의 파송은 마태공동체의 신학적 상황이 반영된 본문으로 보인다. 이미 이방 전도를 광범위하게 행하고 있고, 재림의 지연이라는 충격을 내적으로 소화해 낸 공동체의 모습을 엿볼 수 있다는 것이다.

---

42 Shepherd of Hermes, Man 10.1.4-5; 5.2.2; Sim 8.9.1-3; Peter Oakes, *Philippians: From People to Letter*(Cambridge: Cambridge University Press, 2001), 77-102.

43 Ulrich Luz, *Matthew: A Commentary 3,21-28*(Minneapolis: Augsburg, 2006), 614-636.

마태 신학의 특이성은 모순되는 것처럼 보이는 이 두 목소리를 다 보존하고 있다는 점이다. 10장이 담고 있는 세계관, 세상과의 강한 긴장과 급진성은 이미 지나가 버린, 현실과는 상관 없는 옛 이야기가 아니며, 여전히 그리스도인의 세상 속에서의 실존과 세상과의 관계를 일깨워주는 신앙의 중요한 핵심이다. 이 전승을 충실히 보존하면서도, 그 전승이 이방선교의 넓은 바다로 나아가는 발걸음을 붙잡지는 않게 하는 마태의 신학적 폭과 해석학적 탄력성에 주목해야 한다.[44]

이는 그리스도의 제자로 살아가는 실천적 삶이 죄악된 세계 속에서 단 하나의 정답으로 요약될 수 없는, 복잡다단한 성격을 가지고 있다는 말일 것이다. 마이클 고먼은 계시록 18장의 바빌론에서 나오라는 말을 예수나 밧모 섬에 유배되어 있는 요한의 입장에서 단선적으로 바라보면서, 현실적으로 바빌론이라는 세계 체제 속에서 살아가는 사람들의 삶의 자리를 파악하는 데 실패한다. 요한계시록 본문에 내재된 독자는 현실의 삶에서 경제활동을 하면서 살아가고 있는 그리스도인들이다. 요한계시록의 중간 부분에 등장하는 '순교자들'의 신앙적 오리엔테이션은 현실의 독자들에게 이 세상이 그들의 삶을 규정하는 참 실재가 아님을 끊임없이 되새기게 하는 역할을 하고 있다. 요한계시록이 요구하는 제자의 삶은 제국의 체제 내 제자들과 체제 밖 순교자들의 사회 정향의 차이가 발생하는 긴장 속에 있다.

마태복음의 제자도를 읽어내는 해석학의 구도도 이와 비슷하다. 전대와 두 벌 옷을 거부함으로써 체제 내 편입을 거부하는 급진적 제자도의 요구가 있지만, 마태 공동체에서 실제로 이런 삶을 요구받는 사람들은 많지 않다. 그들 중 대부분은 바빌론이라는 사회 경제 체제 속에서 살아가는 것을 양해 받고 있다. 그러나 그 양해는 임시적이고 잠정적이다. 바빌론의 죄악이 어느 정도 수준에 도달했다고 판단될 때, 그들은 언제든지 그 자리에서 나오라는

---

44 위에서 살펴본 대로, 누가복음 안에 친로마적·반로마적 경향이 공존한다는 것 또한 같은 맥락에서 이해할 수 있다.

명령을 받을 수 있는, 그러한 실존으로 살아가야 한다.

마태복음 10장의 제자 파송은 요한계시록에서 순교자들의 목소리가 수행하는 신학적 기능을 담당하고 있다. "성이나 마을"(11절)에서 살아가는 이들에게 자신의 실존을 일깨우는 사건은 샬롬을 전파하는 급진적 제자들의 도래(παρουσία)[45]이다. 재가제자들이 그리스도의 샬롬을 환영하는 것은 그들에게 도래하는 급진적인 제자들을 영접함으로써 가능하다. 예수는 "너희를 영접하는 자는 나를 영접하는 것이요, 나를 영접하는 자는 나를 보내신 이를 영접하는 것이니라"(40절)고 하여, 급진적 제자들을 환영하는 것과 자신과의 관계를 단단히 연계시킨다. 그들을 거부하면, 예수와도 관계없는 사람이 된다. 샬롬의 메시지가 그 전파자들의 삶에서 급진적인 하나님 의지로 성육되어야만 하듯이, 재가제자들이 샬롬의 일원으로 살아가는 것은 교리에 대한 지적 동의가 아니라 그 메시지의 담지자들을 자신의 집으로 받아들이는 실천으로써 가능해진다. 그렇지 않다면 그들은 "그 샬롬에 합당하지 못한," 그리스도의 제자들이 "그 발의 먼지를 떨어버림으로써" 명확하게 선을 그어 "분리"해야 하는 대상이 될 것이다.

"분리"의 주제는 그리스도의 샬롬에서 주요한 특징이다. 예수는 "내가 세상에 화평을 주러 온 줄로 생각하지 말라 화평이 아니요 검을 주러 왔노라"(10:34-37)라고 말하면서, 자신으로 인해서 사람이 그 아버지와 딸이 어머니와 며느리가 시어머니와 불화하며 분리될 것을 말하고 있다. 이는 그들이 '평화'라고 생각하는 것이 거짓 평화일 뿐임을 폭로하는 사건이다. 예수는 "성문 밖에서"(히 13:11-13) 십자가형을 받음으로 이 세상 체제 밖의 사람으로 밀려났다. 어떤 이들은 "자기 십자가를 지고 그리스도를 따라" 삶의 터전을 떠나는 것으로, 다른 이들은 그 제자들을 영접하는 것으로 자신이 그리스도의 샬롬에 속한 자임을 증거하기를 요구받는다. "선지자의 이름으로

---

[45] 바울은 자신이나 동역자들이 어떤 지역에 도착 혹은 현존이라는 의미에서 '파루시아'(παρουσία)를 자주 사용한다. 고린도전서 16:17, 고린도후서 7:6-7, 10:10, 빌립보서 2:12.

선지자를 영접하는 자는 선지자의 상을 받을 것이요 의인의 이름으로 의인을 영접하는 자는 의인의 상을 받을 것이요."(마 10:41)

급진적 제자 영접의 중요성은 마태복음의 구조에서도 여실히 드러난다. 마태는 마가의 서사 틀에 다섯 개의 강화를 첨가했다. 첫 번째 강화는 '가난한 자가 복되다'(5:1)라는 선언으로 시작하며, 마지막 강화는 가난한 자들에 대한 환대 여부가 종말의 심판에서 기준이 될 것이라는 말로 마친다.(마 25:31-46) 이들을 영접하는 것은 그리스도를 영접하는 것과 같다. 마태복음 5장의 팔복에서 가난한 자들은 '예수의 이름을 위하여 핍박받는 자'와 동일시하고, 25장에서 도움을 필요로 하는 상황의 목록에 "옥에 갇혔을 때"(36절)를 넣음으로, 이 환대가 단순히 경제 약자를 돕는 차원만이 아닌, 제도권력과 갈등 관계에 있을 수 없는 기독교 담론의 정치 성격과 연결되어 있음을 상기시킨다.

마태 공동체의 대다수는 어떤 상황에 있었을까? 아마 자신의 삶의 자리에 머무르면서, 제국질서의 일부로, 타락한 문화와 경제체제의 한 부분으로 살아가면서 나름의 신앙을 유지하려고 애쓰는 삶이었을 것이다. 자신이 고백하는 신앙의 세계와 매일의 삶을 영위해가는 세속의 세계가 현격히 다르기 때문에 생기는 고민으로, 매일 탄식하며 영적인 전쟁을 벌여야 하는 생활이었을 것이다. 다행히 그들에게는 급진적인 그리스도의 평화를 전하며 실천하는 믿음의 동역자들이 있다. 재가제자들은 이들을 영접하고, 지원하고, 이들의 경험에서 배우고, 이들이 빌어주는 복을 받음으로써, 자신들이 그리스도의 샬롬의 일부임을, 최소한 그들 가운데 임하고 있는 하나님의 나라를 대적하는 자가 아님을 증명할 수 있다.

우리는 예수가 떠난 후 세리 삭개오의 고민을 이해할 수 있다. 그 자리에 머물러 있으면서, 최대한 정직하게 살려고 노력했겠지만, 그것으로 부족하다. 그가 속하여 일하는 체제 자체가 악한 것임을 부인할 수 없고, 그 악마성은 그의 일상적 업무의 모든 순간에 관련되어 있을 것이다. 아직도 그 자리에 머물러 있는 현직 세리 삭개오가 예수 때문에 그 자리를 떠난 전직 세리 레위를 영접하고, 지원하고, 그 선교 경험으로부터 배우는 것이 그가 선물로 받은 구원의 삶을 이어갈 수 있는, 그리스도인답게 살아갈 수 있는 은총의 통로가 되었으리라! 그 급진적 동료를 환대하지 못할 때, 그는 그리스도의 샬롬 반대편에 서게 되는 것이다. 그리스도의 급진적 제자였던 마틴 루터 킹 주니어의 절절한 외침에 귀기울여보자.

지난 몇 년 간 저는 백인 온건주의자들에게 대단히 실망했다는 것을 말씀드릴 수밖에 없습니다. 흑인들이 자유를 향해 나아가는 길의 큰 장애물은 백인 시의원, KKK 등이 아니라, 정의보다는 '질서'를 중시하고, 긴장의 부재를 의미하는 소극적 평화를 정의가 존재하는 적극적 평화보다 선호하며, "난 당신이 추구하는 목표에는 동의하지만, 직접 행동하는 방식에는 동의할 수 없다."고 말하며, 다른 사람들의 평화를 위한 일정표를 자기가 대신 짜줄 수 있다고 오만한 생각을 하며, 시간이라는 신화를 신봉하여 '더 나은 때'가 올 때까지 흑인들에게 언제나 기다리라고만 조언하는 백인 온건주의자라는 안타까운 결론에 거의 이르게 되었습니다. 선한 의도를 가진 이들의 얄팍한 인식은 악의를 가진 이들의 철저한 오해보다 더 절망스럽습니다. 어정쩡한 용납은 노골적 거부보다 훨씬 더 난감합니다.[46]

5. 결론 – 현실 교회에 적용하기 위한 제안

(1) 교회의 선포와 교육이 거대 내러티브를 회복해야 한다. 중요한 주제를 뽑아서 개념 중심으로 강조하고 가르치는 것만으로는 부족하다. '하나님 나라의 신학'과 '평화'에 대한 교육 역시 마찬가지다. 성서의 내러티브를 회

---

[46] Martin Luther King, Jr, "Letter From Birmingham City Jail," April 16, 1963(http://teachingamericanhistory.org/library/document/letter-from-birmingham-city-jail-excerpts/).

복하고, 그것이 성도들의 세계관과 교회의 실천 속에 견고하게 자리잡을 때, 신구약성서에 나타난 역동적인 샬롬의 삶을 살아가는 길이 열릴 것이다.

(2) 제자와 제자도의 개념을 재규정할 필요가 있다. 기존의 제자훈련이 '무리와 제자'를 이분법적으로 대립하면서 그리스도를 따라 집을 떠난 제자들에게만 초점을 맞춤으로써 비현실적으로 왜곡되어 있다. 집을 떠나 전적으로 그리스도를 따르는 삶에 헌신한 제자도의 모델이 제도교회를 통해서 일어나는 사역으로 한정되어 해석하는 왜곡을 낳기도 하였다. 재가제자의 삶을 인정하면서 일상의 중요성을 회복해야 한다. 일상에서의 영성을 함양하는 것, 마이클 고먼이 이야기하는 대로 일상에서의 도덕적 삶과, 평등하고 정의로운 삶을 위한 작은 실천을 제자도의 주내용으로 도전해야 한다.

(3) 성서대로 가르치면, 성서대로 살고자 하는 제자들이 나타날 것이다. 그중에는 배운 대로 급진적인 삶을 살고자 하는, 가르치는 사람을 당황하게 하는 이들도 있을 것이다. 그것이 복음의 능력, 성서 내러티브의 생명력이 드러나는 방식이다. 제도교회는 이런 급진적 제자들(radicals)을 품고 격려하고 그들로부터 배워야 한다.

고전적인 예인 본회퍼의 『나를 따르라』가 세대를 가로지르며 남기고 있는 반향뿐 아니라, 몇 해 전에 미국과 한국에서 선풍적인 인기를 끌었던, 많은 제도교회들이 권장했던 『래디컬』이라는 책의 예에 주목하기를 권한다.[47] 지은이 데이비드 플랫은 미국의 대형교회 30대 목사로 아시아 지하교회의 급진적인 제자도를 경험하면서, 미국제의 복음이 아메리칸 드림에 찌들었다고 판단하고, 거기서 나오는 삶을 요구한다. 물론 제1세계라는 사회적 정황과 신학적인 한계는 있지만, 성서를 제대로 읽고 나누는 모든 곳에서 급진적 제자도의 메시지가 힘을 발휘하고, 그런 제자들이 출현할 가능성이 있다는 점을 강력히 시사한 예가 될 수 있다.

플랫이 이 책에서 래디컬한 제자도를 위한 실천사항 다섯 가지를 꼽으

47　데이비드 플랫, 최종훈 역, 『래디컬』(서울: 두란노, 2011).

면서, 그중 하나로 "성서를 부분적으로 읽지 말고 전체를 읽으라."고 제시한다. 이는 본 연구가 제시한바 거대담론의 회복이 성서적 세계관과 제자도 회복의 첩경이라는 주장과 일치한다.

물론 급진적 제자도를 현실의 제도교회가 그대로 실천하기는 쉽지 않다. 그렇지만 적어도 현실 속에서 일어나는 급진적 제자들의 운동, 오지로 떠나는 선교운동이든지, 불의한 권력에 대항하는 정치운동이든지, 노동운동, 시민운동, 환경운동이든지, 야학, 대안학교, 홈스쿨링 등의 교육운동이든지, 협동조합 등의 경제운동이든지, 이런 운동들을 지원하고, 연대하고, 그들로부터 겸손히 배우는 구도가 필요하다.[48] 제도교회들과 신학교들에 이런 급진적 제자들을 품는 폭넓은 신학과 겸손하고 과감한 실천이 요구된다고 하겠다. 신학교육은 목회자 후보생들의 급진적 상상력을 자극하고 그 실천을 열어줄 수 있어야 한다.

체제 내에 있는 이들은 급진적 제자들에게 빚진 자의 마음으로 다가가야 한다. 이들이 급진적인 삶으로 내몰리는 것은 현 사회체제가 갖는 악마성을 폭로하는 계시적 사건이다. 급진적 제자들과의 만남은 우리가 사는 이 세상이 결코 우리에게 '평안하고 안전한' 곳이 될 수 없음을 끊임없이 되새기게 하는 기능을 담당할 것이다.[49]

(4) 신학적으로 기독교세계 이후(post-Christendom) 시대를 준비해야 한다. 크리스텐덤은 로마의 질서와 기독교의 가치가 합쳐져서 이룩한 것이다. 서로가 서로에게 빚지고 있다. 이제 크리스텐덤 이후의 사회를 바라보는 신학은 그 빚의 청산 작업을 신중하게 고려해야 한다. 크리스텐덤 속에서 형성된 신학전통 속에서 팍스 로마나의 요소를 지혜롭게 분별해가는 작업을

---

48 김진홍의 초기 넝마주의 교회, 최일도의 초기 사역이 중요한 모델이 될 수 있다.
49 총회의 각종 커리큘럼이나 신학교의 교육, 교회들의 강사 초청에서 이들을 활용하고 육성해야 한다. 교계 언론이나 신학자들 연구에서 이들의 예를 발굴하고 조명하고 모델로 제시하는 전략이 필요하다. 이는 실추된 개신교의 대사회적 이미지를 회복하는 부수적 효과 또한 가져올 것이다.

시작해야 한다. 우리는 '하늘과 땅의 모든 권세를 가진 주님'의 이미지에서 '양들을 이리 가운데 보내야 하는 주님'의 이미지가 주요한 시대로 옮겨가고 있다. 이제 기독교세계 이전의(pre-Christendom), 역사적 예수의 생경한 메시지까지를 그대로 품는 신학적 준비가 필요하다. 크리스텐덤 속에서 우리는 이 세상 모든 것을 그 뜻대로 질서정연하게 움직여가는 하나님 이미지를 소비해 왔다. 이제 무력하고 대책 없는 그리스도, 외로웠던 소수자(minority) 예수의 모습을 깊이 묵상해야 할 시대를 앞두고 있다. 어쩌면 크리스텐덤 속에서 기독교 신학은 '평화'를 '질서'와 동일시하는 팍스 로마나의 오류에 동참했는지도 모른다. 기독교가 오랫동안 누려오던 문화적 주류의 위치에서 내려와야 하는 도전은, 그리스도 샬롬의 본래적 자리로 우리를 가져다주는 은총의 기회가 될 수도 있다.

참고문헌

김덕기. "빌립보서 2장 6-11절의 최근 연구동향." 「장신논단」 44. 1(2012), 33-58.
김세윤. 『그리스도와 가이사—바울과 누가의 저작에 나타난 복음과 로마 제국』. 서울: 두란노아카데미, 2009, 43-50.
박영호. "그리스 민주정치의 맥락에서 본 에베소 폭동사건—사도행전 19:23-41의 에베소 폭동사건 보도와 초기 그리스도인들의 사회적 정체성." 「신약논단」 21. 2(2014), 477-516.
_____. "마태복음의 신학적 서론으로서의 마태 1-2장." 장로회신학대학교 석사학위 논문, 1996.

게르트 타이센. 류호성·김학철 역. 『복음서의 교회정치학』. 서울: 대한기독교서회, 2002.
데이비드 플랫. 최종훈 역. 『래디컬』. 서울: 두란노, 2011.
알랭 바디우. 현성환 역. 『사도 바울: 제국에 맞서는 보편주의 윤리를 찾아서』. 서울: 새물결, 2008.
존 하워드 요더. 김기현·전남식 역. 『근원적 혁명』. 서울: 대장간, 2011.
존 하워드 요더. 신원하·권연경 역. 『예수의 정치학』. 서울: IVP, 2007.
클라우스 벵스트. 정지련 역. 『로마의 평화』. 천안: 한국신학연구소, 1994.

Ando. Clifford *Imperial Ideology and Provincial Loyalty in the Roman Empire*. Berkeley: University of California Press, 2000.
Bauckham, Richard. *Jesus and the God of Israel: God Crucified and Other Studies on the New Testament's Christology of Divine Identity*. Grand Rapids, Mich: Eerdmans, 2008.
Bremer. "Plutarch and the 'Liberation of Greece'." *The Statesman in Plutarch's Works*. Ed. Lukas de Blois. Leiden: E. J. Brill, 2004.

Calinsky, Karl. *Augustan Culture: An Interpretive Introduction*. Princeton. NJ: Princeton University Press, 1996, 141-155.

Cameron, Averil. *Christianity and the Rhetoric of Empire: The Development of Christian Discourse*. Berkeley: University of California Press, 1991.

Cassidy, R. J. Jesus. *Politics, and Society: A Study of Luke's Gospel*. Maryknoll, NY: Orbis Books, 1978.

Conzelmann, Hans. *The Theology of St. Luke*. New York: Harper, 1961.

deSilva, David A. *Seeing Things John's Way: The Rhetoric of the Book of Revelation*. Louisville: Westminster/John Knox Press, 2009.

Foucault, Michel·Robert Hurley, tr. *The Care of the Self: Volume 3 of the History of Sexuality*. New York: Vintage Books, 1988.

_____. *The Archaeology of Knowledge*. New York: Pantheon Books, 1972.

_____. *The Order of Things: An Archaeology of the Human Sciences*. New York: Pantheon Books, 1971.

Jewett, Robert. *Romans: A Commentary*. Minneapolis: Fortress Press, 2007.

King, Martin Luther Jr. "Letter From Birmingham City Jail." April 16, 1963(http://teachingamericanhistory.org/library/document/letter-from-birmingham-city-jail-excerpts/).

Kleiner, D. G. E. *Roman Sculpture*. New Haven: Yale University Press, 1992.

Lendon, J. E. *Empire of Honor-The Art of Government in Thema Roman World*. Oxford: Oxford University Press, 1997.

Luz, Ulrich. *Matthew: A Commentary 3, 21-28*. Minneapolis: Augsburg, 2006.

Pfanner, M. "Uber das Herstellen von Portraets, Ein Beitrag zu Rationalisierungsmassnahmen und Produktionsmechanimen von Massenware im spaeten Hellenismus und in der roemischen Kaiserzeit." Jahrbuch deut. arch. Inst. 104(1989), 178-179.

MacMullen, R. *Romanization in the Time of Augustus*. New Haven: Yale University Press, 2000.

_____. "The Roman Emperors' Army Costs." *Latomus* 43.3(1984), 571-580.

Oakes, Peter. "Remapping the Universe: Paul and the Emperor in 1 Thessalonians and Philippians." *JSNT* 27.3(2005), 301-322.

_____. *Philippians: From People to Letter.* Cambridge: Cambridge University Press, 2001.

Park, Young-Ho. *Paul's Ekklesia as a Civic Assembly.* Tübingen: Mohr Siebeck, 2015.

Price, S. R. F. *Rituals and Power-The Roman Imperial Cult in Asia Minor.* Cambridge: Cambridge University, 1984.

Saller, Richard P. "Pietas and partia potetas: obligation and power in the Roman household," 102-132 in *Patriarchy, Property and Death in the Roman Family.* Cambridge: Cambridge University Press, 1994.

Stringfellow, William. *An Ethic for Christians and Other Aliens in a Strange Land.* Waco: Word, 1973.

White, J. R. "'Peace and Security'(1 Thessalonians 5.3): Is It Really a Roman Slogan?" *New Testament Studies* 59.3(2013), 382-395.

Zanker, Paul. *The Power of Images in the Age of Augustus.* Ann Arbor: University of Michigan Press, 1988.

제4장

메노 시몬스의 무저항 평화주의
- 뮌스터의 비극과 그의 작품 『레이던의 얀의 신성모독』을 중심으로

박 경 수

장로회신학대학교, 역사신학

1. 서론

2016년 여름 한반도에 사드(고고도 미사일방어체계, THAAD) 배치가 결정되면서 온 나라가 술렁거린다. 북한의 핵 공격을 막기 위한 방어적 수단이라며 사드 배치의 불가피성을 주장하는 측과 사드가 한반도의 평화와 안정에, 심지어는 대한민국의 국익에 아무런 도움이 되지 않는다며 반대하는 측이 대척점에 서 있다. 과연 전쟁무기를 확충하는 것이 전쟁을 예방하는 현명한 길일까? 평화를 지키기 위해 전쟁을 해야 한다는 논리만큼 부조리하고 허망한 것이 또 있을까? 그리스도인은 이 문제에 대해 무엇이라고 말하고 행동해야 할까? 오늘 우리의 상황은 역사적으로 기독교가 전쟁과 평화에 대해 어떤 입장을 취해왔는가에 대한 관심을 불러일으킨다.

---

* 이 글은 「교회와 신학」 81집(2017. 2. 28.), 85-107에 게재된 것임을 밝힌다.

1935년 10월 메노나이트, 퀘이커, 형제교회가 미국 캔자스 주의 뉴턴에 모여 처음으로 '역사적 평화교회'(Historical Peace Churches)라는 용어로 자신들의 정체성을 밝혔다. 평화가 자신들의 신앙과 실천에서 본질적인 중요성을 지닌다는 점을 표명한 것이다. 이 가운데서도 오늘날 가장 활발하고 강력하게 평화운동을 전개하고 있는 교회가 메노나이트 교회이다. '메노나이트'(Mennonites)는 말 그대로 메노 시몬스(Menno Simons, 1496-1561)를 따르는 사람들을 일컫는다. 그렇다면 500년 전 네덜란드 출신의 교회개혁자였던 메노 시몬스의 가르침과 삶에서 평화는 어떤 의미를 가지고 있었을까 하는 궁금증이 생긴다. 그리고 전쟁의 위협과 긴장 가운데 살아가는 한반도의 그리스도인에게 메노 시몬스가 어떤 통찰력을 줄 수 있지 않을까 하는 기대도 생긴다.

이 논문은 메노 시몬스의 생애와 저술에서 평화가 가지는 의미를 탐구하는 데 일차적인 목적이 있다. 시몬스가 어떤 삶의 경험과 맥락 속에서 평화를 강조하게 되었는지, 또한 그런 삶의 자리가 그의 저술 가운데 어떻게 무저항과 평화주의로 구체화하였는지를 살펴보고자 한다. 이를 위해서 필자는 먼저 메노 시몬스의 생애를 다루고자 한다. 한 사람의 사상은 그 사람의 삶의 경험과 자리와 무관할 수 없기 때문이다. 특히 시몬스가 무저항 평화주의 사상을 가지도록 만들었던 뮌스터의 비극(1535년)에 초점을 두고 그의 생애를 검토할 것이다. 그런 다음에 뮌스터 비극의 주동자인 레이던의 얀과 그 추종자들을 비판한 시몬스의 『레이던의 얀의 신성모독』을 분석하면서 그 가운데 나타난 그의 무저항 평화주의 사상을 밝힐 것이다. 이를 통해 오늘날 한반도가 처한 긴장 상황에서 한 사람의 그리스도인으로서 전쟁에 대해 어떤 입장을 취해야 할 것인지에 대한 통찰을 얻고, 한반도에서의 평화신학을 형성하는 데 필요한 작은 실마리를 찾고자 한다.

2. 메노 시몬스의 생애에서 뮌스터의 비극이 갖는 중요성[1]

메노 시몬스는 16세기에 오늘날의 네덜란드, 벨기에, 룩셈부르크에 해당하는 저지대 지역에서 활동한 아나뱁티스트 지도자였다. 16세기 로마가톨릭교회를 비판하면서 등장한 프로테스탄트 종교개혁은 단선적이고 획일적인 운동이 아니라 매우 복잡하고 다양한 성격을 지닌 운동이었다. 독일의 루터파, 츠빙글리와 칼뱅을 중심으로 하는 스위스의 개혁파, 잉글랜드를 중심으로 하는 성공회, 스위스형제단으로부터 시작하여 독일과 네덜란드로 확산된 아나뱁티스트 등 모두가 제각기 교회개혁을 주창하고 나섰다. 메노 시몬스는 이중에서 아나뱁티스트 교회개혁 운동의 지도자였다. 비록 시몬스가 아나뱁티스트 운동의 창시자는 아니지만 이 운동이 천년왕국 경향의 혁명적 지도자들에 의해 그 정체성이 심각하게 흔들리고 있을 때, 성서적이며 평화적인 원리를 기초로 하여 이 운동의 지도자로 등장하였다.

메노 시몬스는 루터보다는 13년 뒤이고 칼뱅보다는 13년 앞선 1496년 네덜란드 프리슬란트의 비트마르쥼(Witmarsum)에서 태어났다. 그의 어린 시절과 청소년 시절은 잘 알려져 있지 않다. 그는 28살이 되던 1524년 위트레흐트에서 사제서품을 받은 후 자신의 고향 바로 옆에 있는 핑윰(Pingjum)의 로마가톨릭교회에서 7년 동안 사역하였다. 그 후 1531년 그는 고향인 비트마르쥼의 사제로 부임하여 5년 동안 더 사역하다가 1536년 로마가톨릭교

---

[1] 메노 시몬스의 생애는 Cornelius Krahn, "Menno Simons," *The Mennonite Encyclopedia III*(Scottdale, PA: The Mennonite Publishing House, 1973), 577-584; Harold S. Bender, "A Brief Biography of Menno Simons," *The Complete Writings of Menno Simons*(이후 *CWMS*로 표기함), trans. Leonard Verduin and ed. John C. Wenger(Scottdale, PA: The Mennonite Publishing House, 1956), 3-29; Cornelius Krahn and Cornelius J. Dyck, "Menno Simons," Global Anabaptist Mennonite Encyclopedia Online(http://gameo.org/)을 참조하여 요약하고 덧댄 것임을 밝혀 둔다.

회와 완전히 결별하였다.

시몬스가 로마교회와 결별하고 새로운 신앙으로 회심하는 데에는 세 가지 중요한 계기가 있었다.[2]

첫째는 로마가톨릭교회의 화체설 교리에 대한 의심이었다. 시몬스는 루터의 작품인 『교회의 바빌론 포로』(1520)와 『인간의 교리를 멀리하라』(1522)를 통해 화체설이 성서의 가르침이라기보다는 인간이 만든 교리이며, 교회가 이 인간의 교리에 포로로 잡혀 있다고 확신하게 되었다. 결국 그는 화체설에 기초한 미사에 대한 헌신을 포기하였다.

둘째는 유아세례에 대한 회의였다. 시몬스는 성서연구를 통해 유아세례 또한 성서적 근거를 갖지 못하는 인간의 전통임을 발견하였다. 그는 이 문제에서는 로마가톨릭뿐만 아니라 루터, 츠빙글리, 부처, 불링거 같은 종교개혁자들도 속고 있다고 판단하고서, 이제는 유아가 아니라 믿음을 고백하는 성인에게 세례를 베풀어야 한다고 주장했다.

셋째는 뮌스터의 비극이다. 종말론적 천년왕국 사상의 영향을 받은 일부 혁명적 아나뱁티스트가 뮌스터를 '새 예루살렘'이라 선포하며 도시를 점령하자, 로마가톨릭을 중심으로 한 군대와 무력충돌이 발생하였다.[3] 이때 스스로 '에녹'이라 자칭한 할렘 출신 얀 마테이스(Jan Matthijs van Haarlem)

---

[2] Menno Simons, "Reply to Gellius Faber(1554)," *CWMS*, 668-670. 이 작품은 아나뱁티스트를 비판한 엠덴의 목회자 겔리우스 파베르에게 보내는 시몬스의 답변으로 그의 저술 중 가장 긴 작품이다. 여기서 그는 자신의 회심과 새로운 소명에 대해 고백적으로 기술하고 있다.

[3] 아나뱁티스트 운동의 지도자 가운데 멜히오르 호프만(Melchior Hofmann, 1495-1543)은 처음에는 루터의 추종자였으나 슈벵크펠트(Kaspar Schwenckfeld)의 영향을 받으면서 점차 신비적이며 종말론적인 경향성을 보이기 시작했다. 나중에는 스트라스부르를 '새 예루살렘'이 임할 장소라고 주장하기도 하였다. 이와 같은 호프만의 천년왕국적 사상은 이후 뮌스터의 폭동 주도자들에게 일정 부분 영향을 주게 된다. 아나뱁티스트 운동의 전체적 흐름과 관련하여서는 William R. Estep, *The Anabaptist Story*, 정수영 옮김, 『재침례교도의 역사』(서울: 요단출판사, 1998); 김승진, 『근원적 종교개혁』(대전: 침례신학대학교 출판부, 2011)을 참고하라.

와 그를 이어서 자기를 '다윗'이라 자처한 레이던 출신의 얀(Jan van Leyden)이 뮌스터의 폭동을 주도하였다. 뮌스터의 폭동은 1535년 6월 25일 비극적 결말로 끝났다. 이 과정에서 메노 시몬스의 동생인 피터 시몬스가 죽었고 메노의 회중 가운데서도 여러 사람이 희생되었다. 뮌스터의 비극은 시몬스가 로마가톨릭을 떠나도록 만드는 결정적 요인이 되었으며, 동시에 아나뱁티스트 운동이 폭력적인 방법이 아닌 복음적이며 평화적인 방법으로 진행되어야 한다는 확신을 주는 중요한 계기가 되었다.

시몬스의 무저항 평화주의 사상의 가장 중요한 배경이 바로 뮌스터 사건이다. 그는 뮌스터에서 희생당한 수많은 영혼들로 인해 슬퍼했다. 마치 이것이 자신의 잘못인 양 아파했고, 그들보다 더 안일하게 살아가고 있는 자신을 돌아보며 괴로워했다. 시몬스는 자신이 사람들을 옳은 길로 인도하는 목자의 역할을 잘 감당하지 못했기 때문에 많은 사람들이 레이던의 얀의 감언이설에 속아 잘못된 길로 가기라도 한 것처럼 자책하였다.

이 사람들이 비록 잘못 인도를 받긴 했지만 이들이 흘린 뜨거운 피가 내 마음에 쏟아져서 나는 견딜 수가 없었고 내 영혼도 안식을 누릴 수가 없었다. …비록 오류에 빠지긴 했지만 이들은 기꺼이 자신들의 교리와 믿음을 위해 생명과 재산을 바칠 만큼 열정적이었다. 그리고 내가 바로 교황제도의 혐오스러운 것들을 이들에게 가르친 사람들 중 한 사람이었다. 그런데도 나는 안락한 생활을 계속하고, 단지 육신의 편안함을 누리고 그리스도의 십자가를 피하고자 혐오스러운 것들을 인정했다. 이런 것들을 생각하면 내 양심이 고통스러워서 더 이상 견딜 수가 없다. 아! 가련한 인생아, 내가 어떻게 해야 한단 말인가? 만일 내가 이런 삶의 방식을 계속 유지하면서 새롭게 깨달은 진리인 하나님의 말씀에 어울리게 살지 않는다면 …만일 내가 육신적인 것들을 두려워하여 진리의 온전한 기초를 놓지 않는다면, 만일 내가 자신들의 의무를 알기만 하면 기꺼이 그 의무를 행할 방황하는 양떼들을 내 모든 힘을 다해 그리스도의 진정한 목초지로 인도하지 않는다면, 아! 그들이 범죄 가운데 흘린 피가 마지막 심판 때에 나를 반대하여 일어나 내 불쌍하고 가련한 영혼에게 형벌을 선고하지 않겠는가!⁴

이때부터 시몬스는 설교단에서 공개적으로 참된 회개의 말씀을 선포하였다. 시몬스는 사람들에게 좁은 길로 걸어가라고 가르치고, 모든 죄악, 사악함, 우상숭배, 거짓 예배를 비판하고, 자신이 하나님으로부터 받은 은혜와 통찰에 따라 참된 예배와 그리스도의 가르침에 따른 세례와 성만찬을 제시하였다.

시몬스는 1536년 1월 로마가톨릭교회를 떠난 직후에 당시 네덜란드 아나뱁티스트의 초기 지도자였던 오베 필립스(Obbe Phillips)에게 재세례와 재안수를 받은 것으로 보인다. 시몬스의 입장이 명확해지자 이제 그는 더 이상 편안한 길을 걸을 수 없게 되었다. 이후 그는 "자발적 잠행 복음전도자"(a voluntary underground evangelist)의 인생을 살았다.⁵ 그리고 계속하여 『영적 부활』(*Spiritual Resurrection*, ca. 1536), 『신생』(*New Birth*, ca. 1537), 『시편 25편 묵상』(*Meditations on the Twenty-Fifth Psalm*, ca. 1538), 그리고 시몬스의 가장 중요한 저술로 평가되는 『기독교 교리의 토대』(*Foundation of Christian Doctrine*, 1539-40) 같은 팸플릿을 통해 자신이 발견한 진리로 사람들을 인도하였다. 이제 시몬스는 아나뱁티스트 가운데 영향력이 점차 커져갔다.

로마가톨릭교회와 결별한 후 비트마르줌을 떠난 시몬스는 아마도 얼마 동안 흐로닝언(Groningen)과 프리슬란트(Friesland) 지역에 숨어 활동했을 것이다. 프리슬란트의 킴스베르트에 살던 레닉스(Tjaard Renicx of Kimswerd)는 시몬스에게 은신처를 제공했다는 이유로 1539년 1월 처형을 당했으며, 1541년 5월 19일자 프리슬란트의 레이우바르던(Leeuwarden)의

---

4   Menno Simons, "Reply to Gellius Faber(1554)," 670.
5   Cornelius Krahn, "Menno Simons," 579.

공식문서는 시몬스가 1년에 한두 차례 설교하기 위해 프리슬란트를 방문했다고 기록하고 있다. 1544년 시몬스가 직접 쓴 글에는 "세상 어디에서도 내 불쌍한 아내와 아이들이 일이 년만이라도 안전하게 머물 수 있는 허름한 오두막조차도 없었다."라고 회상한다.[6] 우리는 시몬스가 언제 어디에서 헤이르트뤼트(Geertruydt)와 결혼했는지 정확히 알지 못한다.

1544년 봄 시몬스는 프리슬란트 지역을 떠나 라인 하류 지역인 쾰른과 본으로 갔다. 그곳에서 시몬스는 췰리스(Zyllis)와 렘케(Lemke) 같은 아나뱁티스트 지도자들을 만났다. 마티아스 세르바에스(Matthias Servaes) 같은 사람이 시몬스의 사상을 따르기를 고집하다가 죽임을 당했다는 사실은 이 지역에서 시몬스의 사역이 성공적이었음을 반증하는 것이다. 그 후 1546년 가을 시몬스는 뤼벡(Lübeck) 근교에서 다비드 요리스(David Joris) 추종자들과의 논쟁에 연루되었다. 요리스는 시몬스보다 앞서 1535년 오베 필립스에게 재세례를 받은 급진적 아나뱁티스트로서, 디르크 필립스와 오베 필립스 형제 그리고 메노 시몬스 같은 평화적 아나뱁티스트와 충분히 조화되기 어려운 인물이었다. 시몬스는 모든 혁명적이며 신비적인 광신주의에 반대하였다. 시몬스는 요리스주의자들이 성서를 통해 검증되지도 않은 비전과 계시를 강조하는 것에 비판적이었으며, 박해 시에는 세례나 교회조직도 필요 없다고 생각하는 것에 대해서도 반대하였다. 1546년 이후 시몬스는 뤼벡,

---

6 Menno Simons, "Brief and Clear Confession and Scriptural Declaration Concerning the Incarnation(1544)," *CWMS*, 424. 시몬스는 1544년 폴란드 출신으로 엠덴의 개혁파 목회자였던 요하네스 아 라스코(Johannes à Lasco)와 신학논쟁을 벌였다. 당시 동프리슬란트 지역에 속한 엠덴은 올덴부르크의 백작부인 안나가 통치하고 있었으며 아 라스코가 교회지도자로 활동하고 있었다. 1544년 1월 28-31일 동안 성육신, 세례, 원죄, 칭의, 목회자로서의 소명과 같은 주제를 둘러싸고 시몬스는 아 라스코와 논쟁하였다. 이때 시몬스는 성육신에 대한 자신의 생각을 글로 밝히겠다고 약속했고, 그 결과로 나온 것이 『성육신에 관한 간략하고 분명한 고백과 성경적 진술』이다. 아 라스코는 시몬스의 사상에 반대하였고, 백작부인은 1545년 칙령을 통해 아 라스코의 지도에 따르지 않는 '메노주의자'(Mennisten)는 추방을 당할 것이라고 밝혔다. 시몬스는 이 칙령이 공포되기 이전에 이미 동프리슬란트를 떠났다.

엠덴, 라인강 하류, 레이우바르던, 덴하흐(헤이그), 프러시아 등 여러 곳을 떠돌아다녔다. 그에게 은신처를 제공해 주는 것만으로 생명이 위태로웠다. 실제로 1549년 시몬스가 클라스 얀스(Klaas Jans)의 집에 하룻밤 머물렀는데 이로 인해 얀스는 사형을 당했다.

시몬스는 한자동맹에 속한 도시 비스마르에 머물기도 했다. 시몬스가 그곳에 있을 때 1553-54년 겨울에 런던에 있는 아 라스코(Johannes à Lasco)의 교회로부터 배를 타고 비스마르로 온 사람들이 있었다. 이것이 이후 개혁파와 메노파의 논쟁으로 이어졌다. 런던에서 온 개혁파 사람들은 자신들의 목회자로 엠덴에서 미크로니우스(Marten Micronius)를 초청했다. 다시 성육신을 둘러싸고 시몬스와 미크로니우스 사이에 문서를 통한 논쟁이 벌어졌다. 시몬스는 그리스도가 성육신할 때 태양의 광선처럼, 혹은 물이 유리컵을 통과하는 것처럼 마리아의 자궁을 통과하였기 때문에 마리아의 죄 많은 육신으로부터 어떤 오염도 입지 않았다고 주장하였다. 시몬스가 이런 주장을 한 것은 그래야만 그리스도가 구원 사역을 온전하게 감당할 수 있고, 그리스도의 교회가 완전할 수 있기 때문이었다. 그의 독특한 성육신 개념은 멜히오르 호프만에게서 배운 것이었다. 이처럼 그리스도의 신성을 인성보다 더 강조한 시몬스의 그리스도론은 두 본성을 동일하게 강조한 정통교리에서 벗어난 측면이 있었다.

마침내 1554년 11월 11일 비스마르 의회가 모든 아나뱁티스트는 도시를 떠나야 한다고 선언했다. 메노와 메노주의자는 홀스타인 지역에 속한 올데스로(Oldesloe)로 모여들었다. 그 도시 근처에서 바르톨로메우스(Bartholomeus von Ahlefeldt)라는 사람이 자신의 영지인 '뷔스텐펠드'(Wüstenfelde, 황무지라는 뜻)에 아나뱁티스트를 받아들이고 정착하도록 허용했기 때문이었다. 마침내 정처 없이 떠돌던 시몬스는 자신의 은신처를 찾았고, 여기서 자신의 책을 쓰고 교정하고 출판할 수 있었다.

생애 마지막 시기에 시몬스는 장애를 갖게 된 것으로 보인다. 가장 이른 시기에 그려진 그의 초상화는 목발을 짚고 있는 모습을 보여준다. 아내는 먼저 세상을 떠났고, 아들 얀도 시몬스보다 먼저 죽은 것으로 보인다. 시몬스는 로마교회에서 떠난 지 25년째 되던 해인 1561년 1월 31일 뷔스텐펠드에서 숨을 거두었고, 그곳 정원에 묻혔다. 30년전쟁 기간에 아나뱁티스트가 정착했던 곳이 파괴되었기 때문에 그의 무덤의 위치가 어딘지 정확히 알 수 없다. 그럼에도 불구하고 1906년 시몬스의 무덤으로 추정되는 곳에 작은 돌비를 세웠고, 지금은 "메노의 들판"으로 불린다. 거기서 멀지 않은 곳에 시몬스가 심었다고 생각되는 "메노의 나무"가 있고, 시몬스의 책이 인쇄되었던 "메노하우스"가 있다.

메노 시몬스는 말 그대로 성서 중심의 개혁자였다. 그는 믿음과 실천 모두에서 전통을 떠나서 성서 중심으로 돌아섰다. 그의 글을 읽다 보면 수없이 많은 성서구절이 인용되고 있음을 보게 된다. 그리고 그의 성서관은 철저히 그리스도 중심적이다. 그가 쓴 모든 저작과 팸플릿의 첫 페이지에는 "이 닦아둔 것 외에 능히 다른 터를 닦아둘 자가 없으니 이 터는 곧 예수 그리스도라"(고전 3:11)라는 말씀이 기록되어 있다. 그리스도 중심성은 그의 신학과 실천을 특징짓는다. 또한 시몬스는 제자도와 열매 맺는 삶을 매우 강조하였다. 하지만 이런 그리스도인의 삶은 진공에서 일어나는 것이 아니라 공동체 즉 그리스도의 교회 안에서 의미를 가진다. 따라서 시몬스의 신앙은 그리스도 중심적인 동시에 교회 중심적이다.

메노의 추종자들은 신랑이신 그리스도에게 어울리는 흠과 점이 없는 신부가 되고자 했고, 세상에서 완전히 분리된 순결하고 깨끗한 성도가 되고자 했다. 그들은 권징, 즉 출교와 회피를 통해 이것을 이루고자 했다. 시몬스의 중요성은 그가 아나뱁티스트 운동이 심각한 위기에 처했을 때 성서적 근거를 바탕으로 그 위기를 극복했다는 사실에 있다. 그는 자신의 삶과 저술을 통해 아나뱁티스트 운동의 지도자, 대변인, 옹호자가 되었다. 그리고 오늘날에도 여전히 유효하고 가치 있는 기독교적 삶의 방식과 증언을 남겼다. 여기에는 교회와 국가의 분리, 양심의 자유, 자발적 교회 회원권, 민주적 교회정치, 거룩한 삶, 무저항과 평화에 대한 증언 등이 포함된다.

3.『레이던의 얀의 신성모독』에 나타난 시몬스의 무저항 평화주의

『레이던의 얀의 신성모독』(*The Blasphemy of Jan van Leiden*)은 뮌스터가 함락되기 직전인 1535년에 쓴 메노의 첫 번째 저술이다. 시몬스는 로마가톨릭교회와 결별한 1536년 1월 이전에 이 소책자를 썼다. 이 책에서 시몬스는 무력으로 신정통치를 수립하려 했던 과격파 아나뱁티스트 분파인 뮌스터주의자들의 끔찍한 오류를 비판하였다. 동시에 무력과 폭력에 대해 분명하게 반대하고 무저항과 평화의 윤리를 강력하게 옹호하였다. 시몬스의 무저항 평화주의 사상은 그가 프로테스탄트로 회심하기 이전부터 명확하게 드러났으며 이것은 그의 생애 마지막에 이르기까지 계속되었다. 이 작품 안에서 평화의 왕으로서의 예수 그리스도, 사랑과 평화라는 영적 무기만이 지배하는 영적 왕국으로서의 교회공동체, 그리스도의 삶과 가르침을 좇는 제자도의 정신이 두드러진다. 시몬스의 최초의 저술인 이 책자는 당시에는 원고 형태로만 회람되다가 1627년이 되어서야 정식으로 출판될 수 있었다.[7]

이 작품을 읽으면 먼저 수많은 성서구절 인용에 놀라게 된다. 시몬스가 얼마나 성서의 가르침에 충실하고자 했는지를 그대로 보여준다. 이와 같은 철저한 성서 중심의 논리 전개는 그의 다른 저술들에서도 볼 수 있는 특징이다. 시몬스는 서론에서부터 성서를 인용하면서 거짓 교사들의 세 가지 특징을 제시한다.[8] 첫째로, 거짓 교사들은 그리스도의 순수한 교리를 저버리고 이상한 교리를 만들어 퍼트린다. 그들은 성서의 가르침이 아닌 화려한 언변으로 즉 "교활한 말과 아첨하는 말로 순진한 자들의 마음을 미혹"(롬 16:18)시킨다. 둘째로, 거짓 교사들은 주인인 그리스도의 말씀을 듣지 않고

---

7 John C. Wenger, "Introduction of The Blasphemy of Jan van Leiden," *CWMS*, 32.
8 Menno Simons, "The Blasphemy of Jan van Leiden," *CWMS*, 33-34.

떠난다. 하나님께서는 그리스도를 가리켜 "이는 내 사랑하는 아들이요 내 기뻐하는 자"(마 3:17)라고 하셨음에도 불구하고, 거짓 교사들은 그리스도에게 속한 양이 아니기 때문에 그리스도를 떠나는 것이다. 셋째로, 거짓 교사들은 하나님의 언약을 망각한다. 장로들의 전통은 잘 지키면서도 "율법의 더 중한 바 정의와 긍휼과 믿음"(마 23:23)은 저버린다. 무력과 폭력의 칼을 사용하는 것도 하나님의 명령과 약속을 망각한 거짓 교사들의 행위이다. 이것은 뮌스터를 "새 예루살렘"이라 속이면서 자신을 "두 번째 다윗"이라 칭하며 스스로 선지자인 체하는 레이던의 얀과 그를 추종하는 뮌스터주의자들을 향한 날선 비판이다.

시몬스는 뮌스터의 비극을 바라보면서 순진한 사람들을 미혹하여 잘못된 길로 인도하는 레이던의 얀을 비롯한 거짓 교사들에 대해 말할 수 없는 분노를 느꼈다. 그리고 자신이 이 일에 대해 더 이상 침묵하거나 방관할 수 없다는 책임감에 사로잡혔다.

> 지금까지는 아무 말도 하지 않았지만 이제는 말해야 할 때이다. 왜냐하면 더 이상 하나님을 대적하여 부끄러운 속임수와 신성모독을 일삼으면서 인간이 하나님의 자리에 앉는 것을 볼 수 없기 때문이고, 또 성서를 이용하여 다윗에 대한 거짓과 혐오스러운 이설을 옹호하는 것을 허용할 수 없기 때문이다.[9]

시몬스는 이사야 9:6을 인용하면서 그리스도만이 믿는 자들의 공동체인 교회의 머리요, 온 세상에서 평화의 왕이라고 강조한다. 그런데도 감히 인간이 자신을 '에녹'과 '다윗'을 참칭하면서 왕을 자처하는 것은 심각한 신성모독이 아닐 수 없다.

성서는 그리스도만이 "온 백성에게 미칠 큰 기쁨의 좋은 소식"(눅 2:10)

---

9 Menno Simons, "The Blasphemy of Jan van Leiden," 34.

이라고 선포하는데, "레이던의 얀이 바로 자신이 가련한 자들의 기쁨이라고 주장하는 것은 가장 큰 신성모독이다."[10] 시몬스는 레이던의 얀을 직접 거명하면서 그의 신성모독을 강력하게 비난한다.

거룩한 곳에 혐오스러운 것이 서 있는 꼴이 아닌가? 레이던의 얀이 스스로를 가련한 자들의 기쁨이 될 만민의 왕이라 떠벌리는 것도 모자라 자신이 바로 예언자들이 증언한 약속된 다윗이라고 주장하는 이보다 더 기막힌 일이 어디 있겠는가? 그리스도께서 약속된 분이라는 것을 인정하지 않는 것인가?[11]

시몬스는 얀을 가리켜 "거짓 예언자"일 뿐만 아니라 "적그리스도"라고 규정한다.[12] 레이던의 얀이 아니라 그리스도만이 우리의 기쁨이며, 목자이고, 약속된 다윗이다. 시몬스는 그리스도가 약속된 다윗이라는 사실을 호세아, 이사야 등 여러 예언자들의 입을 통해 다시 한 번 확인하며 얀을 비판한다.

뮌스터에서 신성모독을 일삼으며 많은 사람을 잘못된 길로 끌고 가는 레이던의 얀을 논박한 후, 시몬스는 뮌스터주의자들이 칼에 의지하여 폭력과 전쟁을 일삼는 것에 대해 강력하게 비판하면서 무저항 평화주의 원칙을 주창한다. 시몬스는 이렇게 주장한다.

우리가 전쟁에 관해서도 잠깐 언급할 수 있는 것은 하나님의 은혜이다. 그리스도인은 칼로 싸울 것을 허락받지 않았으므로 다윗의 갑옷을 육적 이스라엘에게 위임해야 한다. 예루살렘에 장차 다가올 것의 그림자인 스룹바

---

10 Menno Simons, "The Blasphemy of Jan van Leiden," 36.
11 Menno Simons, "The Blasphemy of Jan van Leiden," 37.
12 Menno Simons, "The Blasphemy of Jan van Leiden," 37.

벨 성전을 세우는 사람에게는 스룹바벨의 칼을 주어야 한다.[13]

여기서 시몬스가 말하는 스룹바벨의 칼은 물리적인 칼이 아니라 영적인 칼이다. 그리스도인이 들고 싸워야 할 무기는 무엇인가? "우리의 싸우는 무기는 육신에 속한 것이 아니요 오직 어떤 견고한 진도 무너뜨리는 하나님의 능력이라."(고후 10:4) "성령의 검 곧 하나님의 말씀을 가지라."(엡 6:17) 여기에서 말하는 칼은 다름이 아니라 성령의 검 즉 하나님의 능력의 말씀이다. 다시 시몬스의 말을 들어보자.

"그러므로 회개하라 그리하지 아니하면 내가 네게 속히 가서 내 입의 검으로 그들과 싸우리라."(계 2:16) 만일 그리스도께서 그의 입의 검으로 대적들과 싸운다면, 그의 입의 채찍으로 이 땅을 치신다면, 그 입술의 숨결로 악한 자들을 벌하신다면, 그분의 형상을 닮아야 하는 우리가 어떻게 다른 칼을 가지고 대적들과 싸울 수 있단 말인가? 사도 베드로도 "이를 위하여 너희가 부르심을 받았으니 그리스도도 너희를 위하여 고난을 받으사 너희에게 본을 끼쳐 그 자취를 따라오게 하려 하셨느니라 그는 죄를 범하지 아니하시고 그 입에 거짓도 없으시며 욕을 당하시되 맞대어 욕하지 아니하시고 고난을 당하시되 위협하지 아니하시고 오직 공의로 심판하시는 이에게 부탁하시니"(벧전 2:21-23)라고 말하지 않았는가? 그리스도 안에 거하는 자는 그리스도와 함께 걷는 자라는 사도 요한의 말도 이것과 일치한다. 그리스도께서도 친히 "누구든지 나를 따라오려거든 자기를 부인하고 자기 십자가를 지고 나를 따를 것이니라"(막 8:34)라고 말씀하셨다. 또한 "내 양은 내 음성을 들으며 나는 그들을 알며 그들은 나를 따르느니라"(요 10:27)라고 하셨다. 이것이 그리스도의 목소리이다. "눈은 눈으로, 이는 이로 갚으라 하였다는 것을 너희가 들었으나 나는 너희에게 이르노니 악한 자를 대적하

---

[13] Menno Simons, "The Blasphemy of Jan van Leiden," 42.

지 말라 누구든지 네 오른편 뺨을 치거든 왼편도 돌려 대며."(마 5:38-39) 또한 "네 이웃을 사랑하고 네 원수를 미워하라 하였다는 것을 너희가 들었으나 나는 너희에게 이르노니 너희 원수를 사랑하며 너희를 박해하는 자를 위하여 기도하라 이같이 한즉 하늘에 계신 너희 아버지의 아들이 되리니 이는 하나님이 그 해를 악인과 선인에게 비추시며 비를 의로운 자와 불의한 자에게 내려주심이라 너희가 너희를 사랑하는 자를 사랑하면 무슨 상이 있으리요 세리도 이같이 아니하느냐 또 너희가 너희 형제에게만 문안하면 남보다 더하는 것이 무엇이냐 이방인들도 이같이 아니하느냐 그러므로 하늘에 계신 너희 아버지의 온전하심과 같이 너희도 온전하라."(마 5:43-48) 보라! 이것이 그리스도의 목소리이다. 그리스도의 양이라면 누구나 그의 목소리를 들을 것이다. 그러나 그분의 양이 아닌 자들은 그의 목소리를 듣지 않을 것이다.[14]

시몬스는 그리스도인은 그리스도를 닮고 따르는 제자여야 한다고 말한다. 그의 메시지는 분명하다. 그리스도께서 입의 검과 입의 채찍을 사용하셨는데, 그리스도인이라 자처하는 자가 영적 검이 아니라 철로 만든 칼을 휘두른다면 그는 더 이상 그리스도인이 아니다. 그리스도는 고난을 당할 때조차 상대방을 위협하거나 복수하지 않고 하나님께 복수를 맡겼는데, 그리스도인이라 우쭐거리는 자들이 스스로 복수하려고 나선다면 그는 더 이상 그리스도인이 아니다. 그리스도께서 친히 우리에게 원수까지도 사랑하고 원수를 위해서 기도하라고 말씀하시는데도, 우리가 그 말씀을 따르지 않고 원수에게 보복하려고 계획하고 있다면 우리는 더 이상 그리스도의 양이 아니다.

시몬스는 우리에게 되묻는다. 그리스도인은 육체의 칼을 가지라고 가르침을 받지 않았으며, 또한 악으로 악을 갚으라고 명령받지 않았다. 그런데

---

14 Menno Simons, "The Blasphemy of Jan van Leiden," 44.

"어떻게 그리스도인이 전쟁 무기를 가지고 싸울 수 있단 말인가?" 그리스도는 칼을 들고 있는 베드로를 옹호하지 않았다. 그런데 "어떻게 그리스도인이 칼을 가지고 자신을 방어할 수 있단 말인가?" 오히려 그리스도는 아버지께서 주시는 고난의 잔을 마시기를 원했다. 그런데 "어떻게 그리스도인이 고난을 회피할 수 있단 말인가?"[15] 시몬스의 질문에서 우리는 그의 무저항 평화주의가 철저히 그리스도의 삶과 가르침에 기초한 것임을 알 수 있다.

그리스도인이라 뽐내는 자가 영적 무기는 제쳐두고 육체적 무기를 갖는 것이 어떻게 하나님의 말씀과 어울릴 수 있겠는가? 바울은 "주의 종은 마땅히 다투지 아니하고 모든 사람에 대하여 온유하며 가르치기를 잘하며 참으며 거역하는 자를 온유함으로 훈계할지니 혹 하나님이 그들에게 회개함을 주사 진리를 알게 하실까 하며 그들로 깨어 마귀의 올무에서 벗어나 하나님께 사로잡힌 바 되어 그 뜻을 따르게 하실까 함이라"(딤후 2:24-26)라고 가르치지 않는가! …주의 종이 되고자 하는 자라면 종이 품어야 할 마음가짐을 보여주는 이 말씀을 생각해야 한다. 다투지 아니하려는 사람이 어떻게 전쟁을 할 수 있겠는가? 모든 사람에 대하여 온유하고자 하는 사람이 어떻게 사람들을 미워하고 악을 행할 수 있겠는가? 가르치기를 잘 하는 사람이 어떻게 사도들의 병기를 도외시할 수 있겠는가? 거역하는 자를 온유함으로 훈계하려는 사람이 어떻게 그들을 멸망시킬 수 있겠는가?[16]

시몬스는 그리스도인들이 그들의 주인인 그리스도를 따르지 않고 넓고 편안한 길로만 가려고 하는 것에 대해 안타까움을 느꼈다. "그리스도께서 칼로써 그의 나라를 시작한 것이 아니라, 고난을 통해서 그 나라에 들어가셨다. 그럼에도 그들이 칼로써 그것을 이루려고 힘쓰다니! 아, 인간의 무지함

---

[15] Menno Simons, "The Blasphemy of Jan van Leiden," 45.
[16] Menno Simons, "The Blasphemy of Jan van Leiden," 46.

이여!"17 그뿐만 아니라 사람들을 미혹하여 그릇되고 어그러진 길로 인도하는 레이던의 얀과 같은 자들에 대해 분노를 느꼈다. 그리하여 그는 그리스도인들을 향해 애끊는 마음으로 하나님의 말씀만을 붙들고 그리스도께서 가신 길을 묵묵히 따라가라고 호소한다.

그러므로 나는 모든 사랑하는 형제들에게 권면한다. 우리 주 예수 그리스도 하나님의 은혜로 그대가 하나님의 말씀에 유념하고 그것을 버리지 않기를 기도한다. 왜냐하면 그대가 우리 주인이신 그리스도를 믿음의 눈으로 보았고, 그의 목소리를 들었기 때문이다. 이것이 참된 길이니 그 길로 걸어가고 좌로나 우로나 치우치지 말라.18

클라센(Walter Klaassen)이 지적한 것처럼 시몬스가 쓴 글은 다른 사람들의 것과 비교할 때 감성적 호소가 강하다는 특징이 있다.19 예를 들면 또 다른 네덜란드 아나뱁티스트 디르크 필립스의 저술은 시몬스의 것보다 훨씬 조직적이고 체계적이지만, 바로 그런 이유 때문에 감성적 호소는 약하다. 시몬스의 글은 지나치게 반복적이라서 지루할 때도 없진 않지만, 그의 글을 읽고 있으면 어느새 감정적으로 그에게 동화된다. 시몬스 작품의 또 다른 특징은 성서 인용이 넘친다는 점이다. 이것은 그의 장점인 동시에 단점으로 지적되기도 한다. 클라센은 시몬스 글이 마치 성서구절들을 모아 엮어 놓은 다발처럼 보인다고 평가하기도 한다.

메노 시몬스는 『레이던의 얀의 신성모독』에서 얀과 그를 따르는 뮌스터주의자들의 오류를 비판하였다. 그들은 칼로써 자신들만의 왕국을 세우기를 원했지만, 그것은 세속적이고 육체적인 왕국이었다. 그러나 그리스도인

---

17 Menno Simons, "The Blasphemy of Jan van Leiden," 49.
18 Menno Simons, "The Blasphemy of Jan van Leiden," 49.
19 Walter Klaassen, "Menno Simons: Molder of a Tradition," *The Mennonite Quarterly Review*, 62 no 3(Jul. 1988), 371.

은 하나님의 말씀으로 다스려지는 천상적이며 영적인 왕국을 만들어야 한다. 이 왕국은 칼이 아니라 말씀으로 다스려지는 나라이며, 전쟁이 아니라 평화가 넘실거리는 나라이다.

4. 다른 저술들에 나타난 시몬스의 무저항 평화주의

뮌스터의 비극을 겪으면서 시몬스는 새로운 교회개혁 운동은 그 방법에 있어서도 복음적이며 평화적이어야 한다는 확신을 갖게 되었다. 그리고 『레이던의 얀의 신성모독』에서 칼을 사용하여 폭력적인 방식으로 새 예루살렘을 건설하고자 하는 자들의 시도가 잘못된 것이며, 새로운 공동체는 철저히 성서에 근거한 무저항 평화주의의 방법으로 세워져야 한다고 주장하였다. 이와 같은 시몬스의 무저항 평화주의 입장은 그의 생애 마지막까지 변함없이 유지되었다.

시몬스가 로마가톨릭교회와 결별한 후 얼마 지나지 않은 1537년에 집필한 『신생』(New Birth)에서도 그리스도를 향해 새롭게 태어난 사람이라면 이전의 삶의 방식을 버리고 그리스도께서 모범을 보여주신 새로운 삶의 방식을 따라야 한다고 말한다.

악을 악으로 갚지 말고 선으로 갚으라. 자신의 유익을 구하지 말고 이웃의 유익을 구하라. 주린 자에게 먹을 것을 주고, 목마른 자에게 마실 것을 주라. 궁핍한 자에게 베풀고, 갇힌 자를 자유하게 하고, 병자를 돌아보고, 상심한 자를 위로하고, 실수한 자에게 권면하고, 주인의 모범을 따라 형제를 위해 자신의 생명까지 주라.[20]

---

[20] Menno Simons, "New Birth," CWMS, 93.

이제는 세상의 윤리가 아닌 그리스도께서 가르쳐 주시고 몸소 보여주신 산상수훈의 윤리가 새로운 삶의 방식이 되어야 한다.

1539-40년에 출판된 『기독교 교리의 토대』(Foundation of Christian Doctrine)는 시몬스의 작품 중 가장 중요한 것으로 간주되는데, 여기에서도 그의 무저항 평화주의는 그대로 드러난다.[21] 메노나이트는 이 책이 자신들에게는 개혁교회에서 칼뱅의 『기독교강요』가 차지하고 있는 지위에 버금가는 중요성을 지닌다고 말한다. 이 책은 뮌스터의 비극 이후에 목자 잃은 양과 같이 방황하던 아나뱁티스트를 복음적이며 평화주의적인 개혁 운동으로 이끌어 준 안내서의 역할을 했다.

이 책의 서문은 책이 집필될 당시에도 여전히 뮌스터의 오류가 팽배했음을 보여준다. 그렇기 때문에 시몬스는 올바른 신앙의 길이 무엇인지를 기록하여 제시할 수밖에 없었다. "사탄이 빛의 천사를 가장하여 주님의 밀밭에 가라지를 뿌렸으니, 칼, 일부다처제, 세상 왕국과 왕과 같은 오류들 때문에 순진한 사람들이 많은 고통을 겪게 되었다. 따라서 우리는 우리 신앙과

---

21 1539-40년 처음 출판된 초판은 현재 암스테르담 아나뱁티스트 교회(Verenigde Doopsgezinde Gemeente)에 2권, 암스테르담 대학도서관에 1권, 헤이그의 왕립도서관에 1권, 런던의 대영박물관에 1권, 함부르크의 시립도서관에 1권, 모두 6권이 남아 있다. 시몬스는 이 책을 1554년 개정하였고, 1554년과 1558년에 다시 출판되었다. 이 책은 20개 항목으로 나누어 아나뱁티스트 신앙에 대해 간략하면서도 분명하게 설명하고 있다. 항목들을 보면 책의 내용을 짐작할 수 있을 것이다. 1부는 "제자도로의 부름"이란 주제 아래 은혜의 날, 진정한 회개, 신앙, 공직자들을 향한 간청, 세례, 유아세례 옹호자들에 대한 논박, 유아세례 옹호자들을 향한 권면 등 7개 조항을 담고 있다. 2부는 "로마가톨릭교회에 대한 논박"이란 주제 하에 주의 만찬, 성만찬의 왜곡, 바빌론(악)을 피해야 할 의무, 설교자의 소명, 설교자의 교리, 설교자의 행위, 바빌론의 항변에 대한 논박 등 7개 조항을 포함한다. 3부는 "관용을 호소함"이란 주제 하에 공직자를 향한 권고, 학자들에 대한 호소, 백성들에 대한 호소, 타락한 분파에 대한 호소, 주님의 교회에 대한 호소, 결론 등 6개 조항으로 구성되어 있다. John C. Wenger, "Introduction of Foundation of Christian Doctrine," CWMS, 104; 그리고 http://www.mennosimons.net/foundationbook.html을 참고하였다. 이 사이트는 메노 시몬스의 생애, 작품, 이미지 등 유용한 정보를 담고 있다.

가르침을 공표할 수밖에 없다."²² 시몬스가 아나뱁티스트 신앙의 기초가 무엇인지, 아나뱁티스트가 추구하는 바가 무엇인지, 그리고 아나뱁티스트가 왜 무저항 평화주의를 지향하는지를 밝히게 된 근본 동기도 뮌스터 사건 때문이었다.

이 책에서 시몬스는 '공직자를 향한 권고'를 다루는 항목에서 평화주의의 입장을 분명하게 드러낸다.

> 우리는 그리스도의 왕국이나 그리스도의 교회에서는 칼이나 폭동을 알지 못한다고 가르치며 고백한다. 우리 저술에서 이미 충분히 보여준 것처럼 성령의 날카로운 칼, 즉 하나님의 말씀 이외의 칼은 알지 못한다. 주님의 입에서 나오는 그 말씀이야말로 어떤 양날 칼보다 더 예리하다. …세상 정치의 칼은 그것을 위임받은 사람에게 맡기라. 모든 그리스도인은 칼로써 망하지 않으려면 칼을 들지 말라.²³

이와 같은 시몬스의 무저항 평화주의 입장은 이미 우리가 앞에서 살펴본 그의 첫 번째 작품인 『레이던의 얀의 신성모독』에서 제시한 것과 다르지 않다.

이뿐만 아니라 시몬스 생애의 후기인 1552년에 쓴 『거짓 비난에 대한 대답』(*Reply to False Accusations*)에서도 그의 평화주의는 여전하다. 그는 진정한 아나뱁티스트는 칼에 의존하는 혁명적 아나뱁티스트와는 달리 평화를 추구하는 사람임을 분명히 하였다.

> 예수 그리스도는 평화의 왕이다. 그의 나라는 평화의 나라, 곧 그의 교회이다. 그의 사도는 평화의 사도이다. 그의 말씀은 평화의 말씀이다. 그의 몸

---

22 Menno Simons, "Foundation of Christian Doctrine," *CWMS*, 107.
23 Menno Simons, "Foundation of Christian Doctrine," 200.

은 평화의 몸이다. 그의 자녀들은 평화의 씨앗이다. 그의 유산과 보상은 평화의 유업과 보상이다. 결국 평화가 왕이신 그분과 함께 그의 나라를 통치한다. 보고, 듣고, 행한 모든 것이 평화이다.[24]

예수 그리스도는 평화이며, 그의 가르침, 그의 삶, 그의 몸인 교회, 그의 제자, 그의 나라 모든 것의 핵심은 평화이다. 시몬스는 계속하여 말한다.

베드로는 칼을 칼집에 꽂으라는 명령을 받았다. 모든 그리스도인은 원수를 사랑하라는 명령을 받았다. 핍박하고 박해하는 자들에게 선을 행하라는 명령을 받았다. 겉옷을 달라면 속옷을 주고, 한 쪽 뺨을 때리면 다른 쪽을 내어주라는 명령을 받았다. 도대체 그리스도인이 어떻게 보복, 반란, 전쟁, 폭동, 살해, 고문, 도적질, 강도질, 약탈을 자행하고, 도시를 불태우고, 나라를 정복할 수 있는 것인지, 그것이 어떻게 성서적으로 정당화할 수 있는지 나에게 말해달라.[25]

그리스도인들의 무기는 칼과 창이 아니라 인내와 침묵과 소망과 하나님의 말씀이다. …그들은 복수를 알지 못한다. …그들은 평화를 깨지 않는다. …그들은 칼을 쳐서 보습을 만들고, 창을 쳐서 낫을 만든다. 그들은 돈이나 재물이나 손상이나 피를 찾지 않고, 하나님의 영광과 찬양 그리고 당신 영혼의 구원을 원한다.[26]

이처럼 폭력에 대한 거부, 전쟁 없는 세상, 무저항 평화주의는 예수께서 우리에게 주신 새 계명이며 시몬스가 남긴 유산이기도 하다. 하나님의 평화를 마음에 담고 살아가는 사람은 '평화를 만드는 자'(peacemaker)가 될 수

24　Menno Simons, "Reply to False Accusations," *CWMS*, 554.
25　Menno Simons, "Reply to False Accusations," 555.
26　Menno Simons, "Reply to False Accusations," 555-556.

밖에 없다. 그리스도인이라면 어떤 형태의 정당전(正當戰)이나 성전(聖戰)의 유혹과 위협에 대해서도 "아니오!"라고 말할 수 있어야 한다.

5. 결론

20세기 아나뱁티스트 전통의 대표적 학자인 헤럴드 벤더는 1944년 「메노나이트 계간지」(Mennonite Quarterly Review)에 "아나뱁티스트의 비전"이라는 논문을 발표하였다. 여기에서 벤더는 아나뱁티스 비전의 세 가지 특징을 제시하였다. 첫째는 제자도를 기독교의 본질로 새롭게 파악하는 것이고, 둘째는 교회를 자발적 멤버십에 기초한 형제애의 관점에서 새롭게 이해하는 것이며, 셋째는 사랑과 무저항을 새로운 윤리로 받아들이는 것이다.[27] 벤더는 아나뱁티스트의 무저항 평화주의 비전이 그들이 본격적으로 박해를 받기 이전부터 아나뱁티스트 운동의 핵심 원리였다고 주장하였다. 그러면서 1524년 스위스형제단의 지도자였던 콘라트 그레벨이 농민전쟁의 지도자였던 토머스 뮌처에게 보낸 편지, 1544년 남부 독일 아나뱁티스트의 지도자였던 필그람 마르펙의 성서주석, 1545년 후터파 아나뱁티스트 지도자였던 피터 리드만의 글, 그리고 메노 시몬스의 저술을 광범위하게 인용하며 아나뱁티스트의 무저항 평화주의 윤리를 강조했다.[28] 비록 모든 아나뱁티스트가 무저항 평화주의를 주창한 것은 아니지만,[29] 시몬스를 비롯한 메노나이트, 스위스형제단, 후터라이트는 전쟁에 대한 반대와 더불어 무저항 평화주의

---

[27] Harold S. Bender, "The Anabaptist Vision," *The Mennonite Quarterly Review*, 18 no. 2(1944), 78.

[28] Harold S. Bender, "The Anabaptist Vision," 86; "Pacifism of Anabaptists," *The Mennonite Quarterly Review*, 30 no 1(Jan. 1956), 5-18.

[29] 예를 들면 아나뱁티스트 지도자 중 발타자르 후프마이어는 니콜스부르크에 있을 때 (1526-1528), 투르크족과의 전쟁에 참여하거나 전쟁을 위한 세금을 내는 것을 허용하였다.

를 주장하였다. 이것은 산상수훈의 가르침을 문자적으로 따르고자 했던 그들의 성서 중심 원리의 결과였다.

메노 시몬스를 따르는 메노나이트는 메노의 무저항 평화주의 윤리를 자신들의 삶의 방식으로 진지하게 받아들인다.[30] 현대 메노나이트는 "평화에 대한 헌신을 복음의 본질적 차원"으로 인식하며, "아나뱁티스트 전통은 평화에 관한 전통이며, 평화주의 또는 비폭력이라는 용어가 이 전통의 독특한 면"이라고 확신하고 있다.[31] 하지만 최근에는 메노나이트 내부에서도 평화를 만드는 방법을 두고 몇 가지 변화와 논쟁이 있다.

과연 극단적 무저항주의가 현실적인가 하는 질문이 있다. 철저한 무저항주의자인 20세기 메노나이트 역사가 허쉬버그(Guy F. Hershberger)는 무저항을 "어떤 부분에서든 전쟁에 참여할 수 없으며, 모든 억지력 심지어는 비폭력적인 억지력도 수용하지 않음을 의미한다."라고 정의한다.[32] 따라서 허쉬버그는 간디의 비폭력 투쟁조차 무저항이 아니며 "전쟁의 한 형태"라고 말한다.[33] 간디의 비폭력 투쟁은 정치의 변화와 혁명을 추구했기 때문에 메노나이트의 무저항 정신과는 전혀 다른 성격의 운동이라는 것이다. 그러나 갈등 상황에 있는 현실에서 극단적 무저항이 과연 실제적인 대안이 될 수 있는지는 의문이다.

또한 교회와 국가의 철저한 분리가 과연 복음의 원리에 합당한 것인가

---

30 현대 메노나이트의 간략한 역사와 신앙고백을 위해서 Rudy Baergen, *The Mennonite Story*, 김복기 옮김, 『메노나이트 이야기』(춘천: 한국아나뱁티스트출판사, 2005); *Mennonite Church General Board, Confession of Faith in a Mennonite Perspective*, 김경중 옮김, 『메노나이트 신앙고백』(춘천: 한국아나뱁티스트출판사, 2007)을 참고하라.
31 Stuart Murray, *The Naked Anabaptist*, 강현아 옮김, 『이것이 아나뱁티스트다』(대전: 대장간, 2011), 179, 66.
32 Guy F. Hershberger, *War, Peace & Non-Resistance*, 최봉기 옮김, 『전쟁, 평화, 무저항』(대전: 대장간, 2012), 240.
33 *Ibid.*, 43.

하는 질문이 있다. 콘스탄티누스 이후 크리스텐덤(Christendom) 체제에서 교회가 세상에 너무 많이 적응했고 폭력에 조율되었다는 아나뱁티스트의 비판은 귀기울일 만하다. 하지만 아나뱁티스트가 국가를 칼이 다스리는 육체의 왕국이라고 규정하고, 따라서 영적 왕국에 속한 그리스도인은 국가로부터 완전히 분리되어야 한다고 주장하며, 심지어 국가를 위해 봉사하는 공무원이 되는 것조차 금하는 것은 지나치다고 할 만하다. 예수 그리스도가 하늘을 떠나 세상 한복판으로 성육신하신 것처럼 그리스도인도 이 땅에 하나님의 나라를 건설하기 위해 세상 한복판으로 달려가야 하는 것이 아닌가? 교회와 국가의 이원론적 분리를 넘어서 그리스도인인 동시에 애국시민일 수는 없는가? 교회가 세상으로부터 분리된 게토가 될 것이 아니라 세상 안에서 빛과 소금의 역할을 해야 하지 않는가? 이를 위해서는 소극적이며 수동적인 무저항에서 적극적이며 능동적인 비폭력 저항으로 나가는 것이 필요하다. 구별된 공동체로 변화산에만 머물 것이 아니라, 사람들의 희로애락이 교차하는 광장으로 내려가야 하는 것도 필요하다.

 남북한이 대치하고 있는 한반도 상황에서는 메노나이트의 무저항 평화주의의 한 특징인 '양심적 병역거부'도 논쟁의 중요한 주제이다. 한반도에서는 이것이 단순한 윤리 논쟁이 아니라 공동체의 안위와 생존과 직접 관련된 심각한 논쟁이다. 섣부르게 하나의 입장을 택한다는 것이 정전(停戰) 상태에 있는 한반도에서는 매우 어렵다. 그러나 우리 사회의 성숙도를 고려한다면 이제는 대체복무를 허용하는 방안을 모색하는 것이 바람직할 것이다. 병역을 회피하려는 의도가 아니라 자신의 신앙과 양심 때문에 군대를 갈 수 없는 사람이라면 현역복무보다 더 어렵고 긴 시간의 대체복무라도 받아들일 준비가 되어 있을 것이다. 군인들 중에는 전방에서 총을 들고 철책을 지키는 사람도 있고 후방에서 보급을 담당하는 사람도 있다. 현역병도 있고 흔히 방위병이라 불리는 상근예비역과 사회복무요원도 있다. 따라서 대체복무의 엄격한 기준을 마련한다면 양심적 병역거부자가 감옥에서 그 기간을 보내는 것이 아니라 보다 의미 있는 장소에서 전쟁을 막고 평화를 만드는 일에 복무할 수 있을 것이다.

메노나이트의 평화에 대한 헌신은 메노 시몬스에게서 유래되었다. 그는 뮌스터의 비극을 겪으면서 무저항 평화주의를 아나뱁티스트의 비전으로 제시하였다. 시몬스는 아나뱁티스트 운동이 로마가톨릭교회뿐만 아니라 주류 프로테스탄트 교회의 결함까지 극복하고, 예수 그리스도와 초대교회의 원형을 회복하는 운동이 되기를 원했다. 시몬스는 네덜란드 지역뿐 아니라 독일어를 사용하는 지역에 이르기까지 아나뱁티스트 공동체를 위기에서 구하고 새롭게 세우는 데 가장 중요한 역할을 했다. 시몬스는 자신의 책 『기독교 교리의 토대』에서 이렇게 고백한다.

> 내 기쁨과 내 마음의 소원은 이것이다. 하나님 나라를 확장하는 것, 진리를 드러내는 것, 죄를 책망하는 것, 의를 가르치는 것, 배고픈 영혼들을 주의 말씀으로 먹이는 것, 길 잃은 양들을 바른 길로 인도하는 것, 성령과 능력과 은혜의 역사로 많은 영혼들을 주께로 인도하는 것이다. 그래서 나는 주홍빛 보혈로 비참한 죄인인 나를 값 주고 사시고, 은혜의 복음으로 내게 이런 마음을 주신 분, 즉 예수 그리스도께서 가르치신 대로 나의 약함 중에도 이 일들을 계속해나갈 것이다.[34]

메노 시몬스를 따르는 메노나이트는 오늘도 급진적 제자도와 형제애에 근거하여 전쟁 없는 평화로운 세상을 만들기 위한 증언과 실천을 하고 있다.

---

34 Menno Simons, "Foundation of Christian Doctrine," *CWMS*, 189.

참고문헌

1차 자료

메노 시몬스의 저작은 *The Complete Writings of Menno Simons*. trans. Leonard Verduin. ed. John C. Wenger. Scottdale, PA: The Mennonite Publishing House, 1956을 참고하였고, 저작 연대순으로 배치하고 쪽수를 표기하였다.

Simons, Menno. "The Blasphemy of Jan van Leiden(1535)." 31-50.
_____. "New Birth(1537)." 87-102.
_____. "Foundation of Christian Doctrine(1539-1540)." 103-226.
_____. "Brief and Clear Confession and Scriptural Declaration Concerning the Incarnation(1544)." 419-454.
_____. "Reply to False Accusations(1552)." 541-577.
_____. "Reply to Gellius Faber(1554)." 623-781.

2차 자료

김승진. 『근원적 종교개혁』. 대전: 침례신학대학교 출판부, 2011.

Baergen, Rudy. *The Mennonite Story*. 김복기 옮김. 『메노나이트 이야기』. 춘천: 한국아나뱁티스트출판사, 2005.
Bender, Harold S. "A Brief Biography of Menno Simons." *The Complete Writings of Menno Simons*. trans. Leonard Verduin. ed. John C. Wenger. Scottdale, PA: The Mennonite Publishing House, 1956, 3-29.
_____. "Pacifism of Anabaptists." *The Mennonite Quarterly Review*. 30 no 1(Jan. 1956): 5-18.

_____. "The Anabaptist Vision." *The Mennonite Quarterly Review*. 18 no. 2 (1944): 67-88.

Estep, William R. *The Anabaptist Story*. 정수영 옮김.『재침례교도의 역사』. 서울: 요단출판사, 1998.

Hershberger, Guy F. *War, Peace & Non-Resistance*. 최봉기 옮김.『전쟁, 평화, 무저항』. 대전: 대장간, 2012.

Klaassen, Walter. "Menno Simons: Molder of a Tradition." *The Mennonite Quarterly Review*, 62 no 3(Jul. 1988): 368-386.

Krahn, Cornelius. "Menno Simons." *The Mennonite Encyclopedia III*. Scottdale, PA: The Mennonite Publishing House, 1973, 577-584.

Mennonite Church General Board. *Confession of Faith in a Mennonite Perspective*. 김경중 옮김.『메노나이트 신앙고백』. 춘천: 한국아나뱁티스트출판사, 2007.

Murray, Stuart. *The Naked Anabaptist*. 강현아 옮김.『이것이 아나뱁티스트다』. 대전: 대장간, 2011.

제5장

1919년 서울 3·1운동의 '독립선언서'에 반영된 기독교의 평화[1]

임 희 국
장로회신학대학교, 역사신학

1. 글의 동기, 서술방향, 자료

이 글은 기미년(1919) 3·1운동의 100주년을 4년 앞둔 2015년에, 이 운동에 대한 역사적·신학적 성찰에서 착상하였다. 먼저는 3·1운동에 기독교가 어떤 동기와 계기로 참여했으며 또 이 운동 기간에 기독교가 무슨 역할을 했는지 좀 더 자세히 살펴봐야 한다는 역사적 성찰이었고, 그 다음엔 3·1운동의 독립선언서에 나타난 평화사상에 대한 신학적 성찰이었다. 이와 관련해서, 8·15광복 70주년이자 민족분단 70주년인 2015년에 한반도의 평화통일에 대한 국민의 관심이 뜨거워졌고, 한반도를 둘러싼 현재의 국제 정세가 3·1운동 당시의 그것과 매우 유사하다는 관찰이 독립선언서에 나타난 평화사상으로 관심을 집중하게 했다.

---

1 이 글은 장로회신학대학교 논문집 『교회와 신학』(2015년)에 게재된 것이다.

이에 따라 이 글은 기미년 3·1운동 독립선언서의 작성 과정과 내용을 살펴볼 것이다. 또한 독립선언서에 나타난 평화사상을 살펴보되 이것이 성서에 증언된 기독교의 평화와 상응하며 조화를 이루었는지 알아보고자 한다. 이것을 살펴보려는 이유는 한반도의 평화통일을 위한 교회의 과제 때문이다.

이 글을 서술하는 과정에서 흥미로운 자료들을 찾게 되었다. 독립선언서의 초안을 작성한 최남선(1890-1957)의 글을 찾아내어 논문의 1차 자료로 읽었다. 그리고 월남 이상재(1850-1927) 선생의 옥중 집필기록인 『공소산음』(共嘯散吟)을 읽었다.[2] 공소산음은 "함께 모여 읊고 흩어져 홀로 음미하다."라는 뜻이다. 이것은 이상재가 의금부 옥사(獄舍)에 수감된 기간(1902-04)에 지은 논설문(論說文)을 비롯하여 옥중 동지들과 함께 나눈 시(詩) 등을 묶어 책으로 만든 필사본이다. 이 집필기록은 소위 "옥중 개종자"로 불리는 구한말 정부의 고위직 공직자 이상재·이원긍·홍재기·김정식 등이 감옥에서 기독교 신앙인이 되는 과정을 파악하게 해주는 귀중한 자료이다.

2. 기미년(1919) 서울 3·1운동의 독립선언서

1) 서울 3·1운동의 발단과 준비

기미년(1919) 3·1운동은 그 해 3월부터 약 2개월 동안 전국으로 확산되었고 또 국외(國外) 여러 곳에서도 일어났다. 이와 더불어 국내외 여러 곳에서 '독립선언서'가 발표되었다.[3] 이 가운데서 몇몇을 간추려보면, 2월 8일

---

2 이 기록이 2012년 1월에 숭실대학교 기독교박물관에서 단행본으로 발간되었다. 이상재, 『월남 이상재 선생 옥사기록(獄舍記錄) 공소산음(共嘯散吟)』(서울: 숭실대학교 기독교박물관, 2012).
3 국내외에서 발표된 '독립선언서' 일람표는 다음의 책에 수록되었다. 金素眞, 『韓國

일본 동경 유학생들 가운데서 '조선청년독립단대표'(11명)의 명의로 발표된 독립선언서, 만주 길림에서 역시 2월에 발표된 대한독립선언서, 3월 1일 서울에서 '민족대표 33인'의 명의로 발표된 독립선언서, 3월 13일 북간도 용정에서 발표된 독립선언포고문, 러시아 연해주 블라디보스토크에서 3월 17일 발표된 조선독립선언서, 같은 기간에 만주 훈춘에서 발표된 선언서 등이 있다.

서울의 3·1운동은 1919년 1월에 안국동 안동교회의 장로 박승봉의 자택(북촌 계동 135번지)에서 기독교 지도자들과 천도교 지도자들이 모여 의논하면서 발단이 되었다.[4] 당시 15세(중학교 2학년)였던 박승봉의 아들 박용서의 증언에 따르면,[5] 서울의 3·1운동은 송진우·김성수 등 청년 지사들이 기획하여 발단되었다. 송진우는 최남선의 동의를 가장 먼저 얻어내고자 했고, 그 다음에 현상윤을 통해 천도교의 최린을 움직여 천도교 대중이 3·1운동의 불씨를 지피게 하겠다고 기획했다. 그런데 이 계획이 첫 단계에서 좌절되었는데, 최남선이 전면에 나서지 않겠다고 거절해버린 것이다. 그러나 송진우는 포기하지 않았고, 그는 현상윤과 함께 기독교 장로 박승봉을 찾아가

獨立宣言書硏究』(서울: 國學資料院, 1999), 309-326.

4 박승봉은 조선시대 임금 순조의 외가 직계 자손으로 조선이 미국과 외교조약을 맺고(1882) 그 나라에 외교관을 파송했을 때(1885) 주미참사관이 되어 4년 동안 외교관으로 지냈다. 1907년에 그는 궁내부 협판이었고, 이때 그는 조선에 대한 일제의 침략야욕을 천하에 알리고자 이준으로 하여금 황제의 밀서를 갖고 네덜란드(화란) 만국평화회의에 참석하게 했다. 그러나 그 일이 성사되지 못했고, 이준은 자결하였으며, 박승봉은 서북지방(영변) 관찰사로 좌천되었다. 이 무렵에 그는 기독교에서 새로운 희망을 발견했다. 그는 이승훈에게 기독교 학교인 오산학교를 설립하게 했다. 박승봉은 이렇게 위기에 처한 나라를 되살리기 위해 기독교 신식학교 설립을 독려했다. 기독교 신앙인이 된 그는 1909년 3월 서울의 북촌에서 안동교회를 설립하는 데 동참했다. 여기에 북촌의 양반들이 동참했는데 민준호, 한필상, 홍운표, 유창겸, 서병철, 김시제, 안기선, 이주완, 박주완, 현채, 조종만 등이었다.

5 박용서의 증언은 "월남 선생과 3·1운동"이란 글에 기록되었는데, 이 증언이 다음의 책에 실려 있다. 전택부, 『토박이 신앙산맥. 한국교회 사도행전』 제1권(서울: 대한기독교출판사, 1977), 90-91.

서 그동안의 사정을 아뢰며 기독교 대중의 궐기를 간청했다. 박승봉이 이상재를 만나서 이 문제를 협의했다. 그런데 이 일이 워낙 크고도 무거운 사안이라고 파악되기에 이들은 정주에 있는 이승훈에게 함께 협의하자고 제안했다. 상경(上京)하여 박승봉의 집에 여장을 푼 이승훈이 송진우, 현상윤, 이상재, 박승봉과 만나서 협의한 끝에 거사(巨事)를 일으키기로 결정했다. 이때가 1월 상순이었다. 좌장 노릇을 맡은 이승훈은 박승봉의 집에서 여러 기독교 지도자들을 만나서 거사를 기획했다. 그가 만난 인물들은 함태영, 장붕, 현순, 박동완, 김도태, 김지환, 박희도, 김필수 등이었다. 1월 중순부터는 천도교 지도자들인 최린, 오세창, 김도규, 권동진 등을 만나서 담화했다. 불교 지도자 한용운도 그를 찾아왔다.

전택부에 따르면,[6] 기독교 지도자들과 천도교 지도자들이 3·1운동에 서로 합류하여 연합하게 된 것은, 황성기독교청년회(YMCA) 지도자들의 노력으로 성사되었다. 그들은 이승훈, 이상재, 오하영, 이필주 목사 등이었는데, 이들의 지도력으로 양측의 연합이 이루어졌다. 이때 천도교 측과 기독교 측을 오가며 연락 임무를 맡은 이가 최남선이었다.

2) 독립선언서의 초안을 작성한 최남선

당시 29세의 청년지사(志士)로서 독립선언서의 초안 작성을 맡은 최남선에 따르면, "기미년(1919) 운동을 독립선언 형식으로 하며 그것을 3월 1일에 거행하기로 결정한 때가 2월 초순이었다."라고 회고했다.[7] 이때 그에게 문서 작성에 관한 총괄책임을 맡겼는데 거기에는 독립선언서 작성도 포함

---

6 전택부, 『토박이 신앙산맥. 한국교회 사도행전』 제2권(서울: 대한기독교출판사, 1982), 168.
7 최남선, "내가 쓴 독립선언서," 『육당 최남선 전집』 제9권(서울: 현암사, 1974), 67-69. 최남선은 이 글을 1955년에 작성했다. 따라서 이 글은 36년 전에 일어난 기미년(1919) 3·1운동에 대한 회고이다.

되었다. 그는 약 2주 동안 독립선언서를 작성했는데, 낮에는 거사 준비에 바빴고, 밤에는 문서 작성에 몰입했다. 또한 일본 정부에 보낼 통고문, 미국 대통령 윌슨에게 보낼 의견서, 그리고 파리강화회의에 보낼 메시지도 작성했다. 그의 회고에 따르면, "독립선언이란 것이 전 세계에서 그 유례를 찾지 못했기에, 3·1운동 독립선언서 작성을 위해 참조한 문헌이 전혀 없었고, 그러므로 이 독립선언서는 완전히 '독창적'이었다."[8]

독립선언서 작성에 착수한 최남선은 다음과 같이 4개의 서술기준을 세웠다.

(1) 조선 민족의 독립정신과 그 정신의 유래는 철두철미 민족 고유의 양심과 권능으로부터 발동한 것이라 밝힌다.
(2) 조선인의 독립운동은, 단순히 일본을 배척하는 배일(排日) 정신이나 일본의 문물을 거절하는 데서 나온 것이 결코 아니라, 민족의 생존과 발전을 위하여 마땅히 필요한 독립적 지위를 요구한 데서 발생된 것임을 밝힌다. 한일 강제병합(1910) 이후에 조선인들이 애국심(愛國心)과 배일심(排日心)을 혼동하여 구별하지 못하고 그저 감정에 치우쳐 일본을 증오하는 상황이기에, 그래서 독립선언서의 문장을 온건하게 표현하고자 한다.
(3) 조선인의 독립운동은 동양(아시아)의 평화를 위하여 타당한 것이며, 또한 (제1차 세계대전과 더불어 전개되는) 세계의 변화와 추세(趨勢)에 비추어봐도 역시 타당한 것임을 주장하려 한다. 현재(1919) 한국이 일제의 식민 지배를 받고 있는 현실은 중국인에게도 위의심(危疑心)을 유발(誘發)시켰고, 이 현실은 또한 동양(3개국-한국, 중국, 일

---

8 위의 글. 이제까지는 동경의 독립선언서가 서울의 선언서에 직접 영향을 끼쳤다고 알려졌는데, 최남선의 이 글은 이러한 견해를 다시 살펴보게 한다. 참고. 趙東杰, "3·1運動의 理念과 思想; 독립선언서와 선언자의 비교분석," 『3·1운동과 민족통일』(서울: 동아일보사, 1989), 12-43.

본)의 평화를 파괴(破壞)시켰다. 이러한 국면은 [세계 인류가 인도(人道)정신의] 도의(道義)로 (나아가려는) 진보(進步)를 가로막는 일대오점(一大汚點)이라고 주장한다.

(4) 조선인의 독립운동은 한때의 감정으로 일어났다가 사그라질 것이 아니고, 그 목적을 완수하기까지 지속될 성질임을 밝힌다. 파리의 강화회의가 세계 평화를 (실현하는) 새로운 국제기구를 탄생시키는 데 성공하거나 말거나, 이번 3월 1일에 거사하는 조선인의 독립운동이 실현되거나 말거나 묻지 않고, 조선의 불합리한 정치적 지위(일제 식민지배)가 개정되기까지 끝까지 조선인의 독립운동이 줄기차게 진행될 것이라 강하게 주장한다. 이것을 독립선언서에 "양심(良心)이 오등(吾等)과…"로 표현한다. 그리고 선언서의 말미에는 "착수(着手)가 곧 성공(成功)이라."라는 문구를 넣기로 한다.

최남선은 독립선언서의 초안을 묵필로 작성했다.

3) 독립선언서 초안을 검토한 사대부 출신 기독교 지도자들

최남선이 작성한 독립선언서의 초안을 오세창이 박승봉의 자택(계동 135번지)으로 가져왔고, 그 자리에는 기독교 지도자인 이상재, 이승훈, 박승봉만이 있었다.[9] 오세창이 그 초안을 느린 속도로 또박또박 낭독했고, 세 사람은 최남선이 기초한 독립선언서를 검토하고 교정했다. 이 장면이 역사적

---

9 계동 135번지(박승봉의 집)가 기미년 3·1운동을 준비한 밀회장소였고 또 최남선이 기초한 독립선언서가 이 자리에서 검토 교정되었으므로, 이 집은 3·1운동의 역사 보전을 위해 보존할 만한 가치가 충분하다고 본다. 이 집이 거사의 밀회장소였다는 사실은, 그 밀회의 주모자들이 경찰에 체포된 이후 취조에서도 일절 발설되지 않았고, 오늘까지 베일에 가려져 있었다. 당시에 이 집은 김성수의 집과 담장이 붙어 있었다고 한다. 참고. 전택부, 『토박이 신앙산맥. 한국교회 사도행전』 제1권, 91.

으로 매우 중요한데, 그것은 서울의 3·1운동 독립선언서 작성에 기독교 지도자들이 참여했다는 사실이다. 이들 기독교 지도자 세 사람은 한 마음 한 뜻으로 모인 우국지사(憂國之士)였으며, 이상재는 구한말 시대에 고위 공직자였고, 박승봉은 미국에서 외교관으로 지낸 자로서 국내 정세는 물론 국제 정세도 꿰뚫어보고 있었다.

앞에서 언급한 대로, 서울 북촌의 양반인 박승봉은 1880년대 중반에 4년 동안 미국에서 외교관(주미참사관)으로 근무했으며 1907년 전후에는 정부의 고위직 공무원(궁내부 협판)이었다. 이때 그는 조선에 대한 일제의 침략 야욕을 천하에 알리고자 이준으로 하여금 황제의 밀서를 갖고 네덜란드(화란) 만국평화회의에 참석하게 했다. 또한 그는 1909년에 서울 북촌에서 장로교 안동교회를 창립하는 데 앞장섰다.

이상재는 충청도 출신으로서 고종 황제가 러시아 공관에서 집무하던 '아관파천' 기간(1896-97)에 고위직 공무원(학부참사관 겸 외국어학교 교장, 학부아문 참의, 학무국장)이었다. 그는 이때(1896. 7. 2.) 서재필, 윤치호 등 30여 명의 인사(人士)들과 '독립협회'를 결성했고, '만민공동회'도 주도했다. 그러나 1902년 6월에 역모행위를 도모하려 했다는 소위 '개혁당사건'에 연루되어 김정식, 유성준, 이원긍, 홍재기 등과 함께 국사범(정치범)으로 투옥되었다. 그런데 이들이 의금부 감옥에서 그리스도인이 되었다.[10] 1904년에 출옥한 이들은 모두 함께 장로교 연동교회의 교인이 되었다. 이때부터 이상재는 지난날 독립협회에 함께 몸담았던 우국지사들과 '황성기독교청년회'(YMCA)에서 활동했다.[11] 이상재의 탁월한 인품과 지도력에 대하여 최남선이 훗날 다음과 같이 회고했다.[12] "(이상재) 선생은 기독교청년회를 배경

---

10 이상재, 『월남 이상재 선생 옥사기록(獄舍記錄) 공소산음(共嘯散吟)』(서울: 숭실대학교 기독교박물관, 2012).
11 '황성기독교청년회'가 1903년 10월 28일 서울 유니온회관에서 창립되었고, 청년회 회장에 연동교회 담임목사 게일이 맡았다.
12 최남선, "大韓中央基督敎靑年會 半世紀," 『육당 최남선 전집』 제10권(서울: 현암사,

으로 하여 인격이 더욱 광휘하고, 기독교청년회는 선생을 힘입어 투영이 더욱 지대하였다."

이승훈(李昇薰)은 1907년에 박승봉의 지원에 힘입어 오산학교를 설립했고, 1910년 기독교(장로교) 신앙인이 되었다. 1911년에 일제가 서북 지역 장로교를 탄압하고자 조작한 이른바 '105인사건'으로 체포되어 모진 옥고를 치렀다. 그는 – 앞에서 언급한바 – 1919년 3·1운동의 대표로 활동했다. 오산학교의 교육이념인 '애국애족'(愛國愛族)의 정신은 학생들에게 기독교 신앙과 애국이 하나[合一]라는 의식을 강하게 심어주었다.

이렇게 우국지사(憂國之士)이며 기독교 지도자인 이승훈, 이상재, 박승봉이 서울의 독립선언서 작성에 참여했다는 역사적 사실에 근거하여 주장할 수 있는 것은, 이 독립선언서에 기독교의 신앙정신이 반영되었을 개연성이 매우 크다는 것이다. 이에, 이 글은 계속해서 독립선언서가 선포한 평화 사상에 기독교의 평화가 반영되었는지 살펴보고자 한다.[13]

독립선언서 작성의 마지막 단계에 이르러서, 그 말미에 기록되는 발기인 명단 작성에서는 기독교 지도자들이 – 스스로 양보하여 – 천도교 인사들을 맨 앞으로 내세워 기재하자고 제안하여 그렇게 되었다. 앞에서 말한 것처럼 사대부(학자 관료) 출신 장로교 장로 박승봉의 자택은 기미년 3·1운동을 준비하는 밀회장소였다. 그리고 독립선언서 발기인 명단에 기재된 민족대표 33인 가운데서 16명이 기독교 지도자였고, 이들 가운데서 9명이 YMCA 지도자였다.

1974), 553-562. 이 글은 1953년에 작성되었다.
13 최남선이 독립선언서를 작성하는 가운데서 성서를 많이 읽었다고 전해온다. 참고. 崔正善, 『南滿 傳道의 先驅者 崔聖柱 牧師』(서울: 學一出版社, 2000), 66.

3. 독립선언서에 나타난 평화사상

1) '세계개조'에 대한 희망

1919년 3·1운동은 제1차 세계대전 과정에서 시작된 세계 변화에 대한 인식을 갖고서 전개되었다. 이 기간에 발표된 서울의 독립선언서에는 그 인식이 표현되어 있다. 그 표현의 대략은 러시아 혁명, 몇몇 약소민족의 독립, 미국 대통령 윌슨이 제창한 민족자결주의 등이었다. 이러한 인식을 바탕으로 한 독립선언서는 지금이야말로 바야흐로 세계의 변화와 더불어 한국의 국권이 회복되는 '세계개조'의 시기라고 파악했다. 그래서 "威力의 時代가 去하고 道義의 時代가 來하도다."라고 선언했다.

독립선언서에 표현된 "위력의 시대"란 제국주의 약육강식(弱肉強食)이 전 세계를 지배하던 시대였다. 제국주의는 대략 1880년대 중반부터 1910년대 말까지 산업화를 이룬 서유럽 강대국들이 자국의 세력을 해외로 무한대 확장시켜 나간 지배정책이었다. 제국주의의 지배는 식민지배 민족을 정치 군사적으로 통제하고 또 경제적으로 수탈했다.[14] 여기에는 전쟁을 부추기는 광기 어린 민족주의와 사회진화론이 결합되어 있었다.[15] 사회진화론에 따른 힘의 논리가 지배하던 제국주의 시대에는 강한 놈이 약한 놈을 잡아먹는 약육강식이 국제적으로 통용되었다. 약육강식이란 강대국이 약소국을 정치적으로 경제적으로 침략하여 식민지배하는 것을 뜻한다. 이 시대에는 유럽 제국주의 강대국들 사이에서 식민지 쟁탈(원료공급, 상품시장)을 위한 힘겨루기가 치열하게 전개되었다. 처음에는 영국이 독점적 우월권을 차지했는데, 여기에 프랑스와 후발주자인 독일 등이 거세게 도전했고, 그 결과 영국의 위

---

14 "Imperialismus," *RGG* 제4판, Bd. 4, 61–62.
15 Joseph Boesch, *Weltgeschichte. Die neueste Zeit* (2. Teil)(Erlenbach-Zuerich, Eugen Rentsch Verlag, 1958), 158ff.

상이 흔들리게 되었다. 이 과정에서 국제 갈등관계가 조성되었고 그것이 폭발하면서 1914년 제1차 세계대전이 일어났다. 이 전쟁의 중심에는, 독일 개신교(루터교회) 목사 블룸하르트(Chr. Fr. Blumhardt)의 선포대로, 국제적인 "이권다툼"이 있었다. 그는 이 전쟁의 배후에서 활동하는 "맘몬"의 지배를 경고했다.[16]

제1차 세계대전은 이 전쟁에 동원된 병력과 군수물자로 파악하면 사상 초유의 엄청난 규모였다. 전쟁이 진행된 4년 4개월 동안 28개국 약 8억 인구가 전쟁의 소용돌이로 휩쓸려 들어갔고, 전쟁에 투입된 병력이 약 7,000만 명이었으며 이 중에서 사상자가 약 3,000만 명이었다. 유럽이 초토화하는 어마어마한 화력이 퍼부어졌다. 1917년에 이 전쟁을 종결짓는 결정적인 사건이 일어났는데 3월에 미국이 전쟁에 참전했고, 10월에 러시아에서 혁명이 일어났다. 이 혁명에서 선언된 민족자결의 원칙이 식민지배를 받던 약소국가들의 국민에게 강력한 영향을 끼쳤다. 이 선언이 적용될 지역은 대체로 제정 러시아의 지배를 받는 유럽 지역과 중앙아시아 지역이었는데, 아시아와 아프리카의 식민지 민족들 역시 그 영향을 받아 독립에 대한 기대를 걸게 되었다. 러시아혁명의 민족자결 선언은 미국 대통령 윌슨이 제안한 민족자결 선언(1918. 1. 8.)보다 앞섰다.

이 전쟁이 독일의 패전으로 기울어지던 때에, 이 나라에서도 혁명이 일어났다. 1918년 11월 3일 키일(Kiel)에서 일어난 수병반란으로 혁명이 시작되었다. 곧 이어서 혁명이 전국 각 지역으로 파급되어 노동자와 병사 대표 중심의 (국민)평의회가 성립되었다. 11월 9일 독일 사민당(SPD) 소속 스파르타쿠스단과 혁명적 노동자 계급이 베를린을 장악했고 이어서 구정권을 전복시켰다. 이 혁명을 한용운(3·1운동의 민족대표)은 러시아혁명의 영향이라 평가했다. 그는 3·1운동 직후 감옥에서 쓴 논설문 "조선독립의 서"에

---

16 Chr. Fr. Blumhardt, *Ansprachen, Predigten, Reden, Briefe: 1865-1917*, Bd.3, (Hg.) J. Harder, 2. Aufl.(Neukirchen-Vluyn, 1982), 172.

서 이 점을 밝혔다.[17]

이렇게 제1차 세계대전의 과정에서 시작된 세계의 변화가 독립선언서에 표현되었는데, 특히 러시아혁명의 영향으로 일어난 독일혁명이 1919년 2월 동경 독립선언서 작성에 영향을 끼쳤다고 한다.[18] 독일혁명이 개척한 새로운 시대는 식민지배를 받는 민족에게 '민족자결'의 시대를 각성시킨 것이다. 민족자결이 성사되려면 식민지 국민에게 국권회복과 독립이 선행되어야 했다. 그리고 윌슨이 제창한 민족자결주의는 단지 식민지 국민의 열망을 반영한 것일 뿐이지 그 제창이 성사되도록 주도한 것은 아니었다고 한다.[19]

2) '정의인도'(正義人道)에 기초한 '민족자결'(民族自決)

독립선언서는 세계개조라는 국제 변화에 동승하기 위해 한국의 민족자결을 세계 앞에 선언했다. 민족자결은 이와 함께 국내에서 최근까지 실력양성론에 기반을 둔 사회진화론을 극복해 나가는 논리로 등장했다. 사회진화론은 구한말 시대 지식인(유림)들에게 수용되었는데, 그것은 역사의 흐름을 진보와 발전의 논리로 설명하면서 힘이 미약하고 열등한 민족은 도태되고, 힘이 센 국가와 민족이 생존하며 번창한다는 논리였다. 그 당시에 유길준 등이 그 이론에 영향을 입었다. 그는 1883년에 미국 매사추세츠 덴버아카데미에 유학하여 모스(Edward Morse)의 지도 아래 사회진화론을 배웠다. 모스는 다윈(Darwin)의 진화론을 인류의 사회진화에 적용하였다. 사회진화론은 또한 양계초의 『음빙실문집』(飮氷室文集)을 통해 국내 지식인들

---

17 한용운의 이 논설문은 상해에서 발간된 「독립신문」(1919. 11. 4.) 부록에 "조선독립에 대한 감상의 개요"라는 제목으로 게재되었다. 참고. 조민, "제1차 세계대전 전후의 세계정세," 『3·1민족해방운동연구』, 한국역사연구회 역사문제연구소 엮음(서울: 청년사, 1989), 51.
18 강재언, 『근대 한국 사상사연구』(서울: 한울, 1983), 255.
19 위의 책.

에게 체계적으로 소개되었다.

청일전쟁(1894) 이후로 한국(조선)의 지식인들은 힘센 나라의 위력을 실감하면서 사회진화론을 받아들였고, 이들은 한국에 대한 세계 강대국들의 각축과 일제의 침략을 목도하면서 이런 정세 아래에서 살아남는 길은 오직 대중을 깨우쳐 사회를 진보하게 하는 것 외에 다른 대안이 없다고 보았다. 그런데 이 사회진화론이 한일병합 이전에는 실력을 양성하여 나라의 힘을 강성하게 하는 근거 논리였으나 한일병합 이후에는 일제의 한국 침탈을 정당하게 만드는 논리가 되었다. 사회진화론은 진화 혹은 퇴화를 당연한 것으로 받아들이게 했으므로, 그 사상은 대한제국의 퇴화, 도태, 패망을 당연시하게 했다. 그런데 일제의 진화, 발전, 한국 침탈도 당연하다고 여기게 했다. 결국 제국주의 논리로 드러난 사회진화론은 일제의 한국침탈에 대하여 어떠한 비판과 대안을 제시하지 못하게 했다. 1910년 한일병합 이후에, 사회진화론에 갇혀버린 국내 지식인들은 국권회복의 논리를 제안할 수 없는 사상적 위기에 빠지고 말았다.[20]

이러한 상황에서 러시아혁명과 독일혁명이 식민지배 아래 있는 민족의 해방을 위한 세계개조를 시작했는데, 그것이 바로 민족자결이었다. 이것은 지구상 각 민족에게 주어져 있는 고유한 권리인 동시에 세계 모든 민족에게 해당되는 보편 원리라는 것이다. 민족자결은 사회진화론에 갇혀 있던 지식들이 그 논리를 벗어버리고 거기에서 빠져나올 수 있게 한 대안이었다. 민족자결주의는 인도주의 곧 정의(正義)와 인도(人道)에 입각해서 한국의 독립은 천부(天賦)의 권리라는 논리를 형성하게 했다. 이와 관련해서, 경북 안동 예안의 3·1운동 주동자 유림 선비 이원영은 체포되었을 때 법정진술에서 "세계 모든 민족이 각기 정의를 바탕으로 사람 됨의 길[人道]을 걷는 것은 하늘이 내린[天賦] 권리이므로 내가(이원영) 민족 독립을 위해 나선 것

---

20 일제의 간계(奸計)를 경계하고 이를 방어하고 있던 경상북도 안동의 유림(척사유림, 혁신유림)도 이 논리에 갇혀서 꼼짝할 수 없는 처지가 되었다. 참고. 임희국, 『선비 목사 이원영. 유림 선비에서 기독교 목회자로』(파주: 조이웍스, 2014), 49-52.

은 대한민족의 천만 분의 일로서 지극히 당연한 일이다."라고 주장했다.[21]

그리하여서 3·1운동 참여자들은 정의인도를 한국 자주독립의 전제로 파악했다. 더 나아가서 한국의 민족자결은 일본을 구원하고 아시아 대륙도 구원하여 동양평화를 이루는 대전제로도 인식되었다. 3·1운동의 독립선언서에는 다음과 같이 선포되었다.

二千萬 含憤蓄怨(함분축원)의 民을 威力으로써 拘束함은 다만 東洋의 永久한 平和를 保障하는 所以가 아닐 뿐 아니라, 此로 因하야 東洋安危의 主軸인 四億萬 支那人[중국인]의 日本에 對한 危懼와 猜疑를 갈수록 濃厚케 하야, 그 結果로 東洋 全局이 共倒同亡의 悲運을 招致할 것이 明하니, 今日 吾人의 朝鮮獨立은 朝鮮人으로 하야금 正當한 生榮을 遂케 하는 同時에, 日本으로 하야금 邪路로서 出하야 東洋 支持者인 重責을 全케 하는 것이며, 支那로 하야금 夢寐에도 免하지 못하는 不安, 恐怖로서 脫出케 하는 것이며, 또 東洋平和로 重要한 一部를 삼는 世界平和, 人類幸福에 必要한 階段이 되게 하는 것이라.

3) '동양평화'와 '세계평화'

한국 민족의 자결, 곧 한국의 독립이 동양평화를 반드시 이루어내고 더 나아가서 세계평화에도 기여할 수 있다는 확신은 구한말 시대의 '삼화'(三和)사상을 계승한 것이었다. 삼화는 한국, 중국, 일본이 동아시아 지역에서 이루는 화평을 일컫는 것이었고, 그 화평은 사람의 화합 곧 '인화'(人和)를 바탕으로 이룬다는 사상이었다. 이 사상을 개화파의 김옥균과 위정척사파의 최익현이 각각 주장했다.[22] 그런데 이 시기에는 서양 제국주의가 아시아

---

21 임희국, 위의 책, 61.
22 강재언, 『조선의 양이(攘夷)와 개화』(東京: 平凡社, 1977), 193; 재인용, 강재언, 같은 책, 260.

로 세력을 뻗어오던 때였으므로, 이때의 삼화사상은 19세기 말 서양 세력의 아시아 진출 곧 서세동점(西勢東漸)에 대한 동북아시아 3개국의 경각심과 경계를 촉구하였다. 이 3개국이 공존상재(共存相在)하는 가운데서 연합하여 서양 세력을 방어하자는 논리였다.

그러나 일본이 청일전쟁(1894), 러일전쟁(1904), 한일병합(1910) 등을 거치면서 강력한 제국으로 부상했고 더 나아가서 서양 제국주의 세력에 편승하였다. 이 과정에서 한국-중국-일본의 삼화연대를 통한 동양평화는 동북아시아 지역에서 완전히 깨지고 무너졌다. 장인성에 따르면,[23] 강대국으로 부상하기 전의 일본은 동북아시아 3개국의 동양평화(연대)로 서세동점을 방어하고자 했는데, 이제 강대국이 된 일본은 동아시아 지역패권과 제국주의 팽창정책을 정당화하는 동양평화를 만들어냈다. 이렇게 '앞선 세대'의 동양평화와 '그 다음 세대'의 동양평화는, 그 추구하는바 제국주의를 지향한다는 점에서 동일하다. 그러나 거기에 담긴 내용은 완전히 달랐다. 이 과정에서 일본은 러일전쟁의 명분으로 "한국의 독립과 극동의 평화를 보존하기 위함"이라고 공포했다.[24] 그러나 6년 뒤에 한일병합을 통해 일제가 한국을 식민통치함으로써 이 공포는 기만(欺瞞)이요 사기(詐欺)였음이 판명되었다.

한편, 한국이 본래 추구한바 동북아시아 3개국 연대에 바탕을 둔 동양평화는, 장인성에 따르면,[25] 한국-중국-일본이 '정족안녕'(鼎足安寧)의 '관계'에서 유지되어야 했다. 정족의 관계란 발이 3개 달린 가마솥을 상정하면

---

23 장인성, "근대 한국의 평화 관념: 동양 평화의 이상과 현실", 『한국, 일본, '서양'』, 와타나베 히로시·박충석 편(서울: 아연출판부, 2008), 56-57.
24 "윌슨 대통령에게 보내는 탄원서."(1919년 2월 20일, 중국 북경) 한국의 자유(독립)를 호소한 이 탄원서를 선교사 소안론(William L Swallen)이 수집했고 김윤찬 목사가 보관하였는데, 최근 김혜성 목사의 번역으로 아래의 책에 수록되었다. 소안련(소안론) 수집, 김윤찬 보관, 김혜성 옮김, 『삼일운동과 일제의 박해. 3·1운동 당시 외국 선교사들이 목격, 보고한 참혹한 실상』(양주: FCJC출판사, 2012), 17-20. 이 책은 3·1운동에 관련한 방대한 증언이자 자료모음이다.
25 장인성, "근대 한국의 평화 관념: 동양 평화의 이상과 현실", 68-72.

서 솥발 3개 가운데서 하나가 빠져 달아나면 솥이 기우뚱 넘어지고 나머지 두 개의 발도 함께 무너지게 되어 결국 솥 전체가 망가진다는 뜻이다. 이것은 솥에 달린 발 3개가 각각 건실해야만 솥이 온전한 상태로 유지된다는 얘기이다. 이 얘기는 한국-중국-일본 3개국의 국제관계를 설명한 비유이다. 이 비유로 말하는 동양평화는 한국-중국-일본의 개체존중과 상호평등을 통한 공존관계를 뜻하고, 또 3개국의 세력균형과 상호연대를 통해 유지되는 평화를 뜻한다. 그렇다면 동양평화는 동북아시아 3개국의 자주독립이 보장되어야만 유지되는 것이다. 그런데 실상 구한말의 정족평화론은 약소국의 "평화논리이자 생존논리"였고 이 논리는 서양 제국의 서세동점과 일본의 패권주의를 견제하면서 한국(조선)의 생존을 모색한 담론이었다.[26] 아무튼 간에 정족평화론은 청일전쟁 이후부터 일제강점기까지 널리 통용되던바 한국이 모색하고 추구하던 동양평화였다. 이 논리는 또한 국가폭력이나 제국주의를 비판하는 유교의 규범과 결부되어 있다.[27]

또 다른 한편, 일본은 청일전쟁(1894)을 일으켜 동북아시아 지역의 동양평화인 정족안녕을 파기했고, 10년 뒤에는 러일전쟁(1904)을 통해 유럽 제국주의 대열에 합류했으며, 그리고 한일병합(1910) 어간에는 약육강식의 사회진화론 국제질서에 편승했다. 이 과정에서 일본제국이 내세운 동양평화는 평화의 옷을 걸치고 그 옷 속에 살상무기를 감춘 위장이었다. 이 무장평화론은 계속 패권주의 세력팽창을 추구했고 또 군사력으로 유지되는 힘의 논리에 의지했다. 그러하기에, 약자를 힘으로 누르고 식민지 국민을 무력으로 통제하여 입을 다물게 하고 사회를 조용하게 만들어 놓은 평화였다. 제국주의 식민 지배를 평화라고 속인 포장이었다.

그러나 한일병합 7년 후, 국제질서가 다시 한 번 뒤집히는 계기가 찾아왔는데, 그것이 – 앞에서 살펴본 대로 – 제1차 세계대전이었다. 전쟁과 혁명

---

26 장인성, "근대 한국의 평화 관념: 동양 평화의 이상과 현실", 71.
27 정족평화론이 유교 규범에 결부된 한국의 평화사상이기에, 장인성에 따르면, 서양의 평화사상이나 기독교의 평화사상과 쉽게 결부될 수 없다고 한다.

(러시아, 독일)은 제국주의 옛 질서를 무너뜨리고 새로운 국제질서를 형성하는 계기가 되었다. 이 변화를 통찰한 3·1운동 참여자들은 "위력의 시대가 지나가고 도의의 시대가 왔다."라는 '기운'(氣運)을 파악하면서 구한말의 삼화사상과 정족평화론을 새롭게 구성한 민족자결을 주장했다.

3·1운동에서 내세운 동양 평화를 위한 민족자결은 일본의 동양평화론(무장평화론)과 크게 충돌했다. 식민지 한국은 정의인도의 민족자결을 선언했고, 제국주의 일본은 약육강식 힘의 논리로 대처했다. 그러하기에 3·1운동은 일본의 일방적인 무력진압으로 종결되었다.[28] 통계에 따르면, 3·1운동의 시위에 참가한 군중의 수를 약 51만 명으로 추정하였고 이 기간에 체포되어 공소(公訴)된 사람의 수가 1만 9,054명이었다.[29] 이 독립운동의 배후세력으로 교회를 지목한 일제는 경찰과 헌병의 병력으로 교회를 파손하고 불태우고 교인들을 잡아 가두었다. 가장 대표적인 경우가 수원(水原) 부근의 제암리(提岩里) 교회의 소실사건이다. 3·1운동과 관련하여 파괴된 교회의 수가 17[棟]이고, 건물 일부가 파괴된 것이 24개이며, 체포된 교인의 수가 1919년 6월 30일 현재 2,190명이었다.[30]

이상의 통계가 말하는 사실은, 일본이 내세운 동양평화란 힘의 논리에 의지한 무장평화라는 것이었다. 그리고 한국이 추구한 정족안녕의 동양평화는 한일강제병합(1910)을 통해서 좌절되었고 그리고 또 한 번 더 3·1운동(1919)에서도 뜻을 이루지 못했다.

---

28 3·1운동에 대한 일제의 잔혹한 박해를 증언한 방대한 자료모음이 다음의 책, 소안련(소안론) 수집, 김윤찬 보관, 김혜성 옮김, 『삼일운동과 일제의 박해. 3·1운동 당시 외국 선교사들이 목격, 보고한 참혹한 실상』에 수록되어 있다.

29 민경배, 『大韓예수교 長老會 百年史』(서울: 大韓예수교長老會 總會, 1984), 321. 실제로 체포된 사람의 수는 이보다 훨씬 더 많으리라고 추정하면서, 적게 잡아도 4만 명 이상이 체포되었고 6,000여 명이 참살된 것으로 보고 있다.

30 민경배, 위의 책, 325. 각 지역 교회들의 자세한 피해 통계는 다음의 책에 수록되어 있다. 대한예수교장로회 총회 역사위원회 편, 『대한예수교장로교회사, 상』(서울: 대한예수교장로회 총회, 2002), 269-283.

3·1운동이 한국의 독립으로 연결되지 못한 채 미완의 만세시위로 종결된 지 1년이 지난 1920년 5월에, 3·1운동의 동양평화론이 다시 목소리를 내기 시작했다. 이것은 『동아일보』의 "동양평화(東洋平和)의 요체(要諦)"라는 제목의 사설에서 발견된다.[31] 이에 따르면 동양평화란 한국, 일본, 중국 등 3개국의 관계 속에서 이루는 평화인데, 그 평화는 일본만의 평화와 발전이 아니라 한국, 중국, 일본의 평화와 발전을 의미한다고 전제했다. 이 신문은 동양평화의 지름길이 3개국의 '평등'한 지위와 각 민족/국가의 '자유'를 기반으로 한 '연합'(연대)에 있다고 주장했다.

4. 독립선언서에 선포된 평화와 기독교의 평화

1) 성서에 증언된 기독교의 평화

이제까지 우리는 3·1운동의 독립선언서에 선포된 평화사상을 살펴보았는데, 이제부터는 기독교의 관점에서 이 평화를 파악해보려고 한다. 기독교의 평화는, 성서의 증언에 기초하여, 인간이 자력(自力)으로 만들어낼 수 있는 것이 아니고 하나님이 주시는 선물이다.("은혜와 평강", 롬 1:7) 세상에 임하는 그 평화는 예수의 탄생과 더불어 하늘에 계신 하나님의 영광과 상응(일치)하였고(눅 2:14), 예수 그리스도의 십자가와 부활을 통한 화해사건으로 말미암아 평화가 성취됨과 동시에 새로이 시작되었다. 부활하신 그리스도는 제자들에게 "나의 평화(평안)"를 주셨는데, 이 평화는 세상이 주는 평화와 "같지"(동일하지) 아니하다고 하셨다.(요 14:27) 여기에서 뜻하는 예수의 평화는 물리력 곧 군대의 힘으로 침묵케 하여 조용한 세상을 만든 로마

---

31 "동양평화(東洋平和)의 요체(要諦)," 『동아일보』(1920. 6. 25.). 이 사설을 글(논문)에서 소개하신 장인성 교수께 감사드린다.

제국의 평화(Pax Romana)와 같지 않다.

평화는 기독교의 관점에서 하나님의 선물이므로 우리가 하나님의 뜻에 순종하고 하나님이 우리와 함께하실 때에만 주어진다. 구약성서에서, 예언자 이사야는 전쟁에 허덕이는 아하스 왕(735 BC)에게 임마누엘의 신앙, 즉 하나님이 우리와 함께하심으로 전쟁의 위기를 극복하고 평화를 얻을 수 있는 신앙을 권면했다. 그러나 아하스 왕이 이를 거부하여 전쟁의 희생물이 되었다.(사 8:7) 이로써 이 사건은 하나님의 현존이 평화의 조건임을 증언했다.[32] 하나님의 현존과 함께 임하는 평화는 하나님의 계약을 준행하는 인간에게 주어지며 공의, 복, 구원으로 완성된다. 즉 인간이 옳게 행하는 의로움(정의)에 평화가 깃든다는 뜻이다.(사 32:17)

평화(샬롬)[33]에는 '옳다'(미쇼르)는 뜻(말 2:6)과 '신실-성실'(에무나)하다는 뜻(삼하 20:19) 그리고 '진리'(에메트)의 뜻(에 9:30)이 내포되어 있다. 따라서 참된 평화는 하나님의 계약 아래에서 인간이 '바르고 성실하게 진리를 행하는' 곳에 깃든다.(사 59:8, 스 8:16)[34] 여기에 하나님의 축복도 주어진다. 그 복은 건강과 안전, 기쁨과 행복을 동반하는 평화이다. 여기에 또한 하나님의 구원이 있다.

2) 구약성서 이사야 11장에 선포된 평화와 독립선언서의 동양평화론

구약성서 이사야 11:6-9(사 65:25)에는 정의와 성실함이 지배하는 평화의 세상을 그림처럼 그렸다.[35]

---

32 강사문, 『구약의 하나님』(서울: 한국성서학연구소, 1999), 284.
33 헬라어 구약성서인 70인역은 '샬롬'을 거의 대부분 '에이레네'로 번역했다.
34 강사문, 앞의 책, 285.
35 강성렬은 "평화가 정의로부터 생겨나는 것"임을 구약성서 본문에서 밝혔다. 시편 34:13-14, 72:7, 85:10, 이사야 32:16-18 등. 이 본문들은 평화를 얻기 위하여 정의가 실현되어야 한다는 선포이다. 강성렬, "구약성서에서 보는 전쟁과 평화"(미간행 논문, 2006년 5월 9일 대전에서 발표).

그때에 이리가 어린 양과 함께 살며 표범이 어린 염소와 함께 누우며 송아지와 어린 사자와 살진 짐승이 함께 있어 어린아이에게 끌리며 암소와 곰이 함께 먹으며 그것들의 새끼가 함께 엎드리며 사자가 소처럼 풀을 먹을 것이며 젖 먹는 아이가 독사의 구멍에서 장난치며 젖 뗀 어린아이가 독사의 굴에 손을 넣을 것이라 내 거룩한 산 모든 곳에서 해 됨도 없고 상함도 없을 것이니 이는 물이 바다를 덮음 같이 여호와를 아는 지식이 세상에 충만할 것임이니라

위의 본문을 풀이하면, "그때에",[36] 즉 창조주 하나님이 모든 피조물의 주님으로 오시는 그날에는 이른바 약육강식의 먹이사슬이 해체되고 육식 동물이 채식으로 만족하게 될 것이다. 그때에는 이제까지와 전혀 다른 세계가 시작된다. 이제까지는 이리가 양을 잡아먹고 표범이 염소를 사냥하고 사자가 송아지를 노리는 '위험한' 세상이었는데, 임박한 장래의 그때에는 사나운 육식 짐승과 연약한 초식 짐승이 더불어 사는 '안전한' 세상이 오게 될 것이다. 또 사자가 소처럼 풀을 먹는 체질의 변화가 올 것이다. 여기서 뜻하는 평화는 위험한 세상이 안전한 세상으로 변화되는 현실이다. 또한 어린아이가 독사와 더불어 화평하게 지냄으로써, 하나님이 뱀에게 내린 저주(창 3:14)가 해소되고 또 뱀과 여인의 후손(인류)이 서로 원수가 된 관계(창 3:15)도 해소된다. 여기에 임하는 평화는 인류의 시조인 아담이 지은 죄를 씻음으로써 실현된다.(죄 용서) 아담의 죄는 사람이 하나님처럼 되려는 경계이탈(교만)이었다. 그러고 나서, 모든 피조물은 – 힘이 센 짐승이든 나약한 가축이든 – 각각 '자유'를 누리고 살면서 모두 다 '평등'한 관계에서 더불어 이웃으로 살며 평화를 누리게 될 것이다. 그 평화는 "내(하나님의) 거룩한 산"에서 이루어지고 또 그 평화의 세상에서는 "여호와를 아는 지식"으로

---

36 이 본문의 풀이에 다음의 주석을 크게 참고했다. Otto Kaiser, *Das Buch des Propheten: Isaiah, Kapital 1-12*, 5nd Ed., tr. John Bowden, *Old Testament Library Isaiah 1-12*, 2nd Ed.(SCM Press LTD, 1983), 259-261.

충만할 것이다. 그 지식은 하나님의 공의가 세상에서 정의로 실현되게 할 것이다.

구약 이사야 11장에 선포된 평화의 세상은 인간으로 하여금 살아가는 방식을 바꾸게 한다. 이제까지 인간의 생존방식은 다른 피조물을 희생시켜서 나의 발전을 도모했고 또 이웃 나라를 정복해서 나의 번영을 추구했다. 더 나아가서 인간은 다른 생명체를 밟고 죽여야 자신이 생존하고 발전하고 번영한다고 생각했다. 근세 시대 이래로 과학과 기술의 발전이 정복의 도구로 사용되었고 또 이를 바탕으로 지난 세기에는 힘센 제국들이 약소국을 식민지로 지배했다. 지금도 역시 그 형태만 달라졌을 뿐이지 지배욕망은 여전하다. 이러한 생존방식은 전적으로 자기중심적이고 반생명적이다. 이러한 인간에게 이사야 11장 말씀은 회개와 변화를 촉구하고 있다. 그것은 인간과 인간의 관계가 또 인간과 모든 피조물의 관계가 정의를 바탕으로 각각 자유를 누리고 수평적 평등 속에서 평화의 세계를 추구하라는 말씀이다.

이상은 3·1운동 독립선언서가 추구한 동양평화론과 조화를 이룬다고 본다. 이 본문 말씀을 기원후 1910년대 국제 정세에 조명해보면, 그 말씀은 당시 제국주의 국가들에게 약소국을 식민지배하는 데 대한 심판을 선포하며 회개를 촉구했다. 아무런 거리낌 없이 약육강식에 나선 제국에 대한 심판을 선포하고 그 제국으로 하여금 돌이켜 회개하도록 촉구했다. 또한 3·1운동 독립선언서에 나타난 동양평화사상인 삼화사상과 동북아시아의 정족안녕의 관계는, 위의 말씀대로, "이리가 어린 양과 함께 살며 표범이 어린 염소와 함께 누우며 송아지와 어린 사자와 살진 짐승이 함께" 지내는 화평의 세상이다. 이것은 강대국과 약소국이 더불어 사는 평화의 세상을 그린 것이다. 그래서 이제부터는 약육강식이 지배하는 '위력의 시대가 지나가고' 정의와 인도가 지배하는 '도의의 시대'가 와야 했다. 그리하여서 3·1운동 이후의 한국은 민족자결의 독립국가가 되어야 했고, 이와 함께 동북아시아 3개국은 상호 평등한 지위를 바탕으로 각각의 자유를 누리면서 서로 연합해야 했다.

그런데 3·1운동이 추구한 동양평화는 현실로 이루어지지 않았다. 한국은 그 이후에도 여전히 수십 년 동안 일본 제국에게 식민지배를 받았다. 따라서 이사야 11장에서 선포된 평화는 오늘 당장이 아니라 임박한 장래에 주어지는 종말론적 성격을 갖고 있다. 이 평화는 전적으로 하나님의 선물이므로, 한국 민족은 그 선물을 향해 서두름과 기다림으로 나아갔는데, 1945년 8·15 광복을 통해 그 선물이 오기까지 서두르며 기다렸다.

5. 정리

기미년 3·1운동이 그 해 3월부터 약 2개월 동안 전국에서 일어났고 또 국외(國外) 여러 곳에서도 일어난 가운데 서울의 3·1운동은 사대부(士大夫) 출신 기독교 지도자 이상재·박승봉·이승훈의 지도력으로 일어났다는 사실을 이 글에서 밝혔다. 이들이 독립선언서의 초안 작성을 최남선에게 맡겼고 또 그 초안을 검토하고 교정했다는 점도 이 글에서 밝혔다. 이것은 서울 지역 3·1운동에 관한 연구를 좀 더 심화시킨 것이라 자평한다. 최남선의 독립선언서 초안 작성 경위는 본인의 글을 통해 파악했는데, 그러나 그 초안을 검토한 기독교 지도자들의 1차 문헌을 파악하지 못했다. 이 점에 관하여는 연구과제로 남겨두고자 한다.

독립선언서의 작성에 사대부 출신 기독교 지도자 세 사람이 참여했다는 점에 근거하여서, 이들은 당시의 국제정세를 두루 파악했을 뿐 아니라 동양평화에 대한 이론도 탄탄하게 갖추었음이 분명하다. 이들은 또한 독립선언서에 서술된 동양평화를 기독교의 관점에서 파악하면서 자신들의 평화사상을 그 선언서에 반영했을 것으로 본다. 그렇게 보려는 까닭은 독립선언서에 선포된 동양평화[=삼화사상(三和思想)]와 동북아시아 한-중-일의 평화를 이루는 정족안녕(鼎足安寧)이 구약성서 이사야 11장에 선포된 화평과 서로 상응하면서도 조화를 이루기 때문이다.

독립선언서에 선포된 평화사상은 당시의 국제정세와 그 변화에 대한 인식이 배경에 깔려 있다. 그때에 식민지배 아래에서 신음하는 약한 민족들이 러시아혁명과 독일혁명에 자극을 받아 독립에 대한 기대를 걸고 독립운동을 일으켰는데, 이때 한국도 3·1운동을 통해 민족의 독립운동을 이루고 세계의 평화에 기여하고자 했다. 이와 더불어 3·1운동은 일제 식민지배의 부당함과 그동안(1910-19)의 학정을 온 세계에 알리면서 세계의 개조를 주장했다. 세계의 개조란 사회진화론에 입각한 제국주의 약육강식의 세상이 종식되고 정의와 인도에 기초한 민족자결을 통해 이루는 평화의 세상을 뜻했다. 그 평화는 전혀 낯선 것이 아니었고 이미 구한말 시대의 삼화사상과 정족평화론에 기반한 동양평화였다.

그러나 평화를 위해 일어난 1919년 3·1운동이 당시에는 한국의 독립으로 성사되지 못했고 국제정세도 크게 변화시키지 못했다. 이로써 이 평화는 — 기독교의 관점에서 — 인간이 인위적으로 만들어낼 수 있는 평화가 아니라 하나님이 선물로 주셔야 이루어진다는 점을 확인하게 되었다.

광복 70주년과 분단 70주년을 맞이한 2015년에 한반도의 평화 통일과 세계의 평화질서가 보다 더 절실한 상황인데, 이러한 때에 한국교회는 하늘로부터 종말론적으로 임하는 평화를 '서두름 속에서 기다린다.' 즉 세계 모든 민족/나라가 상호 '평등'한 지위를 유지하는 가운데 각각 '자유'를 누리면서 서로 '연대하고 연합'하는 정의로운 평화를 간절히 기다린다.

참고문헌

강사문. 『구약의 하나님』. 서울: 한국성서학연구소, 1999.
강성렬. "구약성서에서 보는 전쟁과 평화." 미간행논문, 2006.
강재언. 『조선의 양이(攘夷)와 개화』. 동경: 평단사, 1977.
_____. 『근대 한국 사상사연구』. 서울: 한울, 1983.
金素眞. 『韓國獨立宣言書硏究』. 서울: 국학자료원, 1999.
대한예수교장로회 총회역사위원회 편. 『대한예수교장로교회사』 Vol. 1. 서울: 대한 예수교장로회 총회, 2002.
"동양평화(東洋平和)의 요체(要諦)." 「동아일보」 1920. 6. 25.
민경배. 『大韓예수교 長老會 百年史』. 서울: 대한예수교장로회 총회, 1984.
"3·1독립선언서." 『3·1운동과 민족통일』. 서울: 동아일보사, 1989, 307-309.
소안련 수집. 김윤찬 보관. 김혜성 옮김. 『삼일운동과 일제의 박해. 3·1운동 당시 외국 선교사들이 목격, 보고한 참혹한 실상』. 양주: FCJC출판사, 2012.
이상재. 『월남 이상재 선생 옥사기록(獄舍記錄) 공소산음(共嘯散吟)』. 서울: 숭실대학교 기독교박물관, 2012.
임희국. 『선비목사 이원영. 유림 선비에서 기독교 목회자로』. 파주: 조이웍스, 2014.
전택부. 『토박이 신앙산맥』 1, 2권. 서울: 대한기독교출판사, 1977, 1982.
최남선. 『육당 최남선 전집』 9, 10권. 서울: 현암사, 1974.
崔正善. 『南滿 傳道의 先驅者 崔聖柱 牧師』. 서울: 학지출판사, 2000.
장인성. "근대 한국의 평화관념: 동양평화의 이상과 현실." 『한국, 일본, '서양'』. 와타나베 히로시·박충석 편. 서울: 아연출판부, 2008.
趙東杰. "3·1運動의 理念과 思想: 독립선언서와 선언자의 비교분석." 『3·1운동과 민족통일』. 서울: 동아일보사, 1989.
조민. "제1차 세계대전 전후의 세계정세." 『3·1민족해방운동연구』. 한국역사연구회 역사문제연구소 엮음. 서울: 청년사, 1989.
『평양노회지경각교회사기』(平壤老會地境各敎會史記). 평양노회, 1925.

한용운. "조선독립에 대한 감상의 개요." 「독립신문」 1919. 11. 4.(상하이)

"Imperialismus." *RGG* 4th. ed. Bd. 4:61-62.

Blumhardt, Chr. Fr. *Ansprachen, Predigten, Reden*, Briefe: 1865-1917. Bd. 3(Hg.) J. Harder, 2. Aufl., Neukirchen-Vluyn, 1982.

Boesch, Joseph. *Weltgeschichte. Die neueste Zeit*(2. Teil). Erlenbach-Zuerich, Eugen Rentsch Verlag, 1958.

Kaiser, Otto. *Das Buch des Propheten: Isaiah, Kapital 1-12*, 5nd Ed., tr. John Bowden, *Old Testament Library Isaiah 1-12*, 2nd Ed. SCM Press LTD, 1983.

제6장

온 신학의 평화 신학

김명용
장로회신학대학교, 조직신학

서언

평화는 하나님 나라의 상징적 개념이다. 구약성서는 샬롬(shalom)의 세계에 대한 희망과 동경으로 가득 차 있고 이 샬롬의 세계를 하나님의 통치와 메시아의 탄생과 연결하고 있다. 신약성서는 예수 그리스도를 평화의 왕으로 묘사하고 있고, 예수 그리스도의 탄생은 하나님께는 영광이 되고 땅에는 평화가 임하는 사건으로 기술했다. 2001년 9월 11일 테러사건 이후 세계는 평화의 중요성을 실감하게 되었고, 평화의 세계를 어떻게 건설할 수 있을까에 대한 심각성을 깊이 느끼게 되었다. 최초의 시리아 난민 사태는 중동 지역에 평화의 길이 멀다는 것을 나타내고 있고, 동북아시아는 북한의 핵무기 개발과 미국과 중국 사이의 지배권을 둔 갈등 때문에 최근에 위험이 증폭되고 있다.

평화의 세계를 위해 하나님의 백성들은 어떤 정신으로, 어떤 삶을 살아야 할까? 그리고 평화에 대해 성서는 무엇이라고 말하고 있고 평화에 대한 바른 신학적 관점은 무엇일까?

1. 하나님 나라와 평화

1) 하나님 나라의 상징으로서의 평화

평화는 하나님의 통치의 결정적 상징이다. 하나님이 세상을 다스리시면 세상은 평화의 세계가 된다. 하나님은 세상 속에 평화를 수립하기를 원하신다. 그러므로 하나님의 통치의 상징인 메시아 왕국은 평화라는 상징으로 성서 속에 기록되어 있다.

흑암에 행하던 백성이 큰 빛을 보고 사망의 그늘진 땅에 거주하던 자에게 빛이 비치도다 주께서 이 나라를 창성하게 하시며 그 즐거움을 더하게 하셨으므로 추수하는 즐거움과 탈취물을 나눌 때의 즐거움 같이 그들이 주 앞에서 즐거워하오니 이는 그들이 무겁게 멘 멍에와 그들의 어깨의 채찍과 그 압제자의 막대기를 주께서 꺾으시되 미디안의 날과 같이 하셨음이니이다 어지러이 싸우는 군인들의 신과 피 묻은 겉옷이 불에 섶 같이 살라지리니 이는 한 아기가 우리에게 났고 한 아들을 우리에게 주신 바 되었는데 그의 어깨에는 정사를 메었고 그의 이름은 기묘자라, 모사라, 전능하신 하나님이라, 영존하시는 아버지라, 평강의 왕이라 할 것임이라(사 9:2-6)

메시아의 왕국은 싸움이 없고, 피와 죽음과 눈물이 없고, 칼을 쳐서 보습을 만드는 평화의 왕국이다. 바로 이 평화가 하나님의 통치를 극명하게 나타내주는 상징인 것이다.

하나님은 세상 속에 평화를 수립하기 원하시는 반면에 사탄은 세상 속에 분쟁을 일으키고 전쟁과 살인의 역사를 만든다. 요한복음 8:44에 따르면 사탄은 살인자로 규정되어 있다. 사탄은 세상 속에 미움과 증오의 씨를 뿌리고 전쟁을 일으키고 살인의 역사를 만든다. 요한복음 8:44는 살인이 죄의 원형임을 요한이 언급하고 있는 매우 중요한 구절이다. 요한은 이 본문에서 창세기 3장의 아담과 하와의 타락과 더불어 가인이 아벨을 살해한 두 개의 사건을 생각하면서 사탄을 거짓말하는 자로 그리고 살인자로 규정하고 있는 것이다. 즉 창세기에 언급되고 있는 중요한 두 개의 죄의 원형은 하나님을 향한 인간의 도전과 이웃 인간을 향한 폭력적 행위이다.

폭력은 죄의 원형이고 마귀의 도구이다. 창세기 6장에 나오는 반신-반인적인 존재는 몰트만(J. Moltmann)에 의하면 그 배후에는 바빌론의 폭력적 왕을 암시하는 신화에 있다. 땅이 폭력으로 가득 차는 현상은 죄로 가득 차는 것으로 노아 시대 홍수의 심판을 받아야 할 정도로 극한적인 반신적인 악의 현실이다. 히틀러나 스탈린 같은 자의 악의 폭력적 통치는 바빌론의 폭력적 왕의 악한 통치와 비견될 수 있는 반신적인 통치이고 악마적이다. 이런 통치 하에서 세상에는 기쁨이 없고 통곡과 눈물뿐이다. 압제자의 막대기를 꺾는다는 것은 평화와 기쁨의 상징이자 하나님의 통치의 상징이다.

사탄이 분열을 일으키고 전쟁과 살인의 역사를 만드는 데 반해 성령은 하나 되게 하고(엡 4:3), 분노를 없애고 참게 하고(갈 5:22), 평화의 열매를 맺게 한다. 그러므로 평화를 위해 일하는 자는 하나님의 아들이요(마 5:9) 성령의 일꾼이다.

사랑은 평화를 만드는 정신이다. 사랑이 있는 곳에는 증오와 분열과 살인의 역사는 존재하지 않는다. 사랑의 실천은 역사 속에 활동하는 사탄을 몰아낸다. 특별히 그리스도께서 가르쳐준 원수 사랑의 정신은 땅의 평화를 수립하는 결정적인 정신이다. 원수 사랑은 사탄의 최후의 날카로운 칼을 무디게 하고 사탄을 결정적으로 패배시키는 위대한 정신이다. 하나님은 원수 사랑의 정신의 실천을 통해 그의 평화의 나라를 만든다. 원수 사랑을 가르치신 그리스도의 죽음 속에는 민족과 민족 사이의 적대의 담을 헐고 하나님과 인간 사이의 적대의 담이 헐리는 역사의 깊은 비밀이 들어 있다는 것을 유념해야 한다.

그리스도께서는 우리의 평화이십니다. 그는 유대 사람과 이방 사람 사이에 막혔던 담을 허시고 둘을 하나로 만드시고 서로 원수 된 것을 자기 몸으로 해소시킨 분입니다. …그는 서로 원수 된 것을 십자가로 없이 하시고 그 십자가를 통하여 둘을 한 몸으로 만들어 하나님과 화해하시려는 것입니다. 그는 오셔서 멀리 있는 사람들과 가까이 있는 사람들에게 화평의 기쁜 소식을 전하셨습니다.(엡 2:14-17, 사역)

그리스도의 죽음 속에는 원수가 친구가 되는, 적대와 살인의 역사를 뒤바꾸는 화해의 공동체를 만드는 신비가 숨어 있다.

2) 개인과 구조를 사로잡고 있는 사탄의 세력

하나님의 통치가 실현되는 세상을 만들기 위해서 개인의 변화가 우선이냐, 구조를 변혁시키는 일이 우선이냐 하는 논쟁은 오랫동안 있었지만 이 논쟁은 잘못된 논쟁이고 부질없는 양자택일의 논쟁이었다. 하나님의 통치가 실현되는 세상을 만들기 위해서는 개인의 변화에도 힘을 쏟아야 할 뿐만 아니라 세상의 구조를 변혁하기 위해서도 노력해야 한다. 몰트만에 의하면 개인이 사회에 영향을 미치지만 동시에 사회가 개인에게 영향을 미친다. 사회의 모습은 변화된 개인에 의해 크게 새롭게 되기도 하지만, 악한 사회구조는 그 속에 존재하는 개인을 악의 도구로 전락시키기도 한다.

복음주의자들은 일반적으로 개인의 회심과 변화에 초점을 두고 있는 신학을 갖고 있고, 교회의 활동도 개인의 회심과 변화에 우선적인 가치를 두고 있다. 상당수 복음주의자들은, 회개는 개인이 하는 것이지 사회구조가 하는 것이 아니지 않느냐고 반문하기도 한다. 사회구조가 회개할 수 없기 때문에 교회의 사역은 당연히 개인의 회심과 변화에 초점을 두어야 하고, 사회의 세상의 변화는 변화된 개인이 사회 속에서 변화된 가치관과 변화된 행동을 행할 때 변화가 일어나는 것이라고 주장하고 있다. 즉 개인의 변화가 우선이고, 사회의 변화는 개인의 변화 다음에 일어나는 사건이라는 것이다.

그러나 이와 같은 복음주의자들의 관점은 온 신학적 관점이 아니다. 이와 같은 사고는 전체를 보고 있는 사고가 아니고 한 쪽으로 많이 치우친 편향된 사고이다. 20세기 가장 큰 사건인 제2차 세계대전을 생각해보자. 독일의 국민들은 그리스도인들이었지만 아돌프 히틀러(A. Hitler)의 명령 하나에 모두 살인의 병기가 되어 이웃 나라 사람들을 향해 총을 쏘기 시작했다. 독일의 군인들 가운데 그 누가 지도자 히틀러의 명령에 저항할 수 있었겠는가! 요한복음 8:44에 의하면 사탄은 살인자이고, 세계 역사 도처에서 발생하는 살인과 전쟁과 죽음의 역사 뒤에는 사탄이 존재하고 있다.

우리는 사탄이 개인을 사로잡고 있을 뿐만 아니라 세상의 구조도 사로잡고 있다는 점을 유념해야 한다. 세상의 정치구조나 경제구조만 사탄이 사로잡고 있는 것이 아니다. 세상의 악한 문화 속에도 악의 영의 활동이 존재하고 있고, 무신적 이데올로기 속에도 악의 영이 존재하고 있다. 사탄은 세상을 지배하는 권세이다. 요한계시록에 의하면 로마의 황제와 그가 통치하는 로마제국이 음녀이고, 사탄의 세력이다.

오늘날 한국의 공교육은 무신론적 이데올로기가 지배하고 있다. 과학 교과서를 창조론적 시각에서 기술하면 모두 거부당한다. 오직 무신론적 시각에서 기록된 과학 교과서만 객관적이고 이성적이며, 창조적 시각에서 기술된 교과에서는 특정 이데올로기를 반영하기 때문에 용납할 수 없다는 관점을 교육부는 갖고 있다. 그런 까닭에 학교에서 과학을 배우면 배울수록 아이들의 가슴속에는 무신론이 깊어지고 결국 교회를 떠나는 아이들도 많이 생긴다. 요한복음 8:44에 의하면 사탄은 거짓말하는 자이고, 디모데전서 4:1에 의하면 사탄은 미혹하는 영이다. 하나님의 존재와 창조를 부인하는 무신론적 이데올로기 배후에는 거짓말하는 영인 사탄이 존재하고 있고, 사탄이 이와 같은 이데올로기를 사용해서 사람들의 가슴속에 무신론을 심고 하나님을 예배하는 마음을 박탈한다.

공산주의자들은 공산주의의 붉은 이데올로기를 내세워 수많은 사람을 학살하고 처형했다. 정의감에 불타는 젊은이들이 공산주의의 붉은 이데올로기가 가르치는 증오심에 기초한 혁명이론에 사로잡히면서 자본가들을 증오하고, 지주들을 증오하고, 가진 자들을 증오하고, 종교인들을 증오하면서 그들을 학살하고 처형했다. 이 살인과 증오심의 배후에 무엇이 존재하고 있을까? 그 뒤에는 증오와 살인의 영인 사탄이 존재하고 있는 것이다.

2001년 9월 11일 아프가니스탄(Afkanistan)에 본부를 둔 오사마 빈 라덴(Osama Bin Laden)의 알 카에다 조직은 뉴욕(New York)의 세계무역센터 빌딩을 두 대의 비행기로 폭파시켰다. 이 엄청난 테러의 배후에 존재하는 미국과 아랍 세계 사이의 깊고 깊은 증오의 구조 뒤에 무엇이 존재하고 있을까? 끊임없이 계속되는 자살 폭탄 테러는 미국과 아랍 사이의 증오의 구조를 해결하지 않고서는 근본적으로 해결되지 않을 것이다. 사탄은 인종과 문화와 종교 사이에 비뚤어진 사고와 이데올로기를 만들고, 자국 이기심에 기초한 불의한 경제질서를 만들고 강압적 통치와 살인적 역사를 만들어 세계 속에 증오심을 깊게 하고 전쟁과 살인과 죽음의 역사를 만들고 있는 것이다.

교회가 하나님의 통치가 실현되는 세상을 만들기 위해서는 인간을 사로잡고 있는 악의 세력을 축출해야 하는 것과 마찬가지로 세상의 정치, 경제, 군사, 교육, 이데올로기와 문화 속에 존재하는 사탄의 힘을 축출해야 한다. 따라서 개인이냐 구조이냐의 양자택일은 잘못된 논쟁일 뿐이고, 교회는 개인을 악의 세력에서 구원해야 할 뿐만 아니라 세상의 질서도 하나님의 뜻에 맞게 변화시키도록 노력해야 하는 것이다.

3) 하나님 나라 건설을 위한 선한 이웃과의 협력

하비 콕스(H. Cox)에 의하면 교회는 하나님 나라의 전위대이다. 교회는 하나님 나라 건설을 위해 제일선에서 싸우는 존재라는 말이다. 교회는 이 땅 위에 존재하는 사탄의 통치를 파괴하고 하나님의 나라를 구체적으로 실현하기 위해 싸우는 하나님의 나라를 위한 결정적 도구이다.

그러나 교회는 하나님의 나라는 아니다. 교회와 하나님의 나라의 일치는 불가능하다. 옛 가톨릭교회는 한때 교회와 하나님의 나라를 일치시킨 적이 있었으나 그것은 잘못이었다. 하나님의 나라는 아직 역사의 미래에 있고, 교회는 하나님의 나라를 역사 속에 수립하기 위해 일하는 공동체일 뿐이다. 물론 교회 안에 하나님의 나라의 부분적인 모습은 나타날 수 있다. 큉(H. Küng)에 의하면 교회는 하나님의 나라의 전조일 수 있다. 교회 속에는 미래에 나타날 하나님의 어떤 모습이 미리 앞당겨 나타날 수 있다. 그러나 그것은 부분적인 일치 내지는 상응일 뿐이지 교회 속에 하나님의 나라의 모습이 완전히 나타나고 있는 것은 아니다.

교회는 하나님의 나라가 아닐 뿐만 아니라 교회를 통해서만 하나님의 나라가 도래하는 것도 아니다. 하나님의 나라가 교회를 통해서만 확장되어 나간다고 생각하는 것은 교회에 대한 지나친 과대평가이다. 하나님의 나라를 확장하시고 건설하시는 분은 하나님 자신이지 결코 교회는 아니다. 물론 교회는 이 하나님의 나라 건설에 매우 중요한 도구이다. 교회 없이 하나님의 나라 건설을 언급하는 것 역시 매우 위험하다. 그러나 하나님의 나라 건설을 위한 하나님의 활동은 교회 안과 밖에 동시에 존재한다는 점을 유념해야 한다. 하나님은 교회를 통해서 하나님의 나라를 확장시키기도 하지만 동시에 교회 밖에 존재하는 사람이나 기구를 통해서도 하나님의 나라를 확장시킨다. 하나님은 믿지 않는 사람도 정의를 확장하기 위한 하나님의 활동에 동참하도록 유도하신다. 하나님의 정의와 평화는 교회를 통해서만 확장되어 나가는 것은 결코 아니다. 하나님은 교회 밖의 많은 사람들을 이용해서 하나님의 나라를 위해 봉사하는 도구로 사용하신다. 구약에 의하면 하나님은 바사 왕 고레스를 통해 자신의 역사 계획을 성취하셨다.

따라서 교회는 교회 밖에 존재하는 하나님의 활동에도 유념해야 한다.

교회 밖에 존재하는 많은 선한 사람들은 하나님의 나라 확장 건설을 위해 매우 유익한 존재라는 점을 인식해야 한다. 예컨대, 자연과 인간의 조화라는 오늘의 창조신학이 가르치는 창조세계에 대한 교회의 책임을 생각해보자. 도교의 정신은 자연과 인간의 조화라는 기본 정신 위에 형성되어 있다. 자연과 인간의 조화로운 공동체를 위해 도교는 상당히 중요한 정신적 기능을 하고 있는 것이다. 또한 하찮은 미물의 생명까지 사랑하는 생명 존중의 정신은 불교에 많이 존재하고 있다. 슈바이쳐(A. Schweitzer)가 "생명 앞에서의 경외"를 외치기 오래전에 불교는 생명의 존중을 가르치고 있었던 것이다. 또 가난한 이웃에 대한 자비 역시 불교의 정신에 본질적으로 존재하고 있다. 이 모든 것은 다 선한 것이고 하나님 나라 건설에 긍정적으로 영향을 미치는 좋은 정신이다. 교회는 교회 밖에 존재하는 많은 사람들과 협력해서 하나님의 왕국 건설을 위해 일해야 한다. 교회 밖에 존재하는 모든 사람은 마귀라는 이원론적인 단견은 한시바삐 청산해야 한다. 이와 같은 단견은 교회 밖에 존재하는 성령의 활동을 인식하지 못한 데서 나온 단견이라고 볼 수 있다.

그러면 교회 밖에 있는 선한 사람들을 그리스도인이라고 부를 수 있는가? 가톨릭 신학자 칼 라너(K. Rahner)는 이들을 '익명의 그리스도인'이라고 칭했다. 그러나 이 익명의 그리스도인 개념은 구원론에 심각한 혼란을 야기할 수 있는 개념이다. 이들을 그리스도인이라고 부르는 것은 불가능하다. 왜냐하면 그리스도를 알지 못하는 그리스도인은 성서 속에 존재하지 않기 때문이다. 그리스도를 알지 못하는 그리스도인 개념은 구체적인 그리스도인 개념을 매우 추상적으로 만들고 그리스도 교회의 지상 과제인 전도를 종국적으로 불필요하게 만들 위험을 안고 있다.[1] 교회 밖에 있는 선한 사람은 선한 사람일 뿐이다. 우리가 분명히 알 수 있는 것은 그들을 통해서도 성령이 활동하고 있다는 점과 이들은 하나님 나라 건설을 위한 부분적인 동역자

---

1 참고. 김명용, "온 신학의 선교신학," 온신학회(편), 『온 신학』 vol.1(서울: 온신학회 출판부, 2015), 9-22.

의 기능을 갖고 있다는 점이다.

그러나 교회 밖에 많은 하나님의 나라 건설을 위한 선한 동역자들이 있다 할지라도 하나님의 나라 건설의 결정적 도구는 교회이다. 교회 이상 지상에 존재하는 하나님 나라의 결정적인 도구는 없다. 왜냐하면 교회만이 하나님의 뜻을 명시적으로 아는 공동체이기 때문이다. 교회를 통한 성령의 직접적인 지도가 없는 교회 밖의 선한 활동들은 순식간에 이기심에 물들고 잘못된 길로 나갈 가능성을 우리는 유념해야 한다.

2. 평화의 길[2]

1) 예수 그리스도의 평화주의와 힘의 사용의 제한성

20세기 교회론은 세상의 평화를 위해 일해야 할 교회의 책임을 매우 중요한 것으로 강조하고 있다. 교회는 세상의 평화를 위해 일해야 한다. 영적으로 성숙한 교회란 세상의 평화를 위한 역사적 책임을 감당하는 교회이다.

평화는 하나님 통치의 핵심 기능이다. 하나님께서 통치하시면 전쟁은 없어지고, 칼은 녹아서 삽이 되고, 사자와 어린양이 함께 뛰노는 평화의 세계가 온다. 구약이 예언한 메시아 왕국의 상징은 평화이다. 신약이 예언하고 있는 하나님의 나라는 눈물도, 애곡도, 슬픔도 없는 평화의 나라이다. 예수 그리스도는 평화의 왕이었고 하나님의 평화의 통치를 이 땅 위에 세우기를 원하셨던 분이었다. 그러므로 예수 그리스도는 "화평하게 하는 자는 복이 있나니 그들이 하나님의 아들이라 일컬음을 받을 것임이요."(마 5:9)라고 선언했다. 하나님의 아들은 평화를 위해 일해야 하고 교회는 평화를 위해 일

---

[2] 이 내용은 필자가 이미 발표한 "기독교와 평화," 『현대의 도전과 오늘의 조직신학』 (서울: 장로회신학대학교 출판부, 2011), 175-200의 내용을 발전시킨 것이다.

하는 공동체이다.

하나님은 평화를 이 땅 위에 수립하기를 원하는 데 반해 사탄은 하나님의 평화를 교란하는 자이다. 성령의 열매는 평화(갈 5:22)이지만 사탄은 분쟁을 일으키는 분쟁의 영이다. 사탄은 미움을 일으키고, 전쟁을 일으키고, 살인하게 한다. 모든 전쟁과 살인의 역사 배후에는 사탄이 존재하고 있다. 성서는 사탄을 살인의 영으로 규정하고 있다.(요 8:44)

사탄을 어두운 밤에 나타나는 그림자 같은 어떤 것으로 생각하는 사람은 아직 사탄을 매우 천진난만하게 이해하고 있는 사람이다. 사탄은 히틀러가 유대인 600만 명을 학살하던 그 역사 속에 숨어 있었다. 아우슈비츠(Auschwitz), 다하우(Dachau), 베르겐 벨젠(Bergen Belsen) 등의 수용소에서 유대인들이 비참하게 죽어갈 때 사탄은 유대인들의 시체 위에서 웃고 있었다. 캄보디아 크메르 루즈의 붉은 군대가 국민의 3분의 1을 학살할 때 그 학살의 역사 배후에도 사탄이 있었다. 사탄은 증오심을 불러일으키고 허울 좋은 이데올로기를 앞세워 사람을 죽인다. 살인과 전쟁의 역사는 사탄이 주도하는 역사이다.

교회는 역사 속의 사탄을 몰아내고 하나님의 평화의 통치를 이 땅 위에 이룩해야 할 중차대한 사명을 갖고 있다. 하비 콕스(H. Cox)는 문화 속에 있는 사탄을 쫓아내어야 할 교회의 책임을 강조한 바 있다. 그는 교회를 하나님 통치의 전위대로서 문화 속에 있는 사탄을 쫓아내고 하나님의 통치를 수립해야 할 공동체로 규정했다. 그런데 사탄은 문화 속에만 존재하고 있는 것이 아니다. 사탄은 정치적 영역 속에도, 군사적 영역 속에도 존재하고 있다. 자기 나라의 이기적 욕심의 충족을 위해 다른 나라를 침략하는 침략 전쟁 속에는 사탄의 활동이 명백히 존재하고 있다. 사탄의 통치는 세상 곳곳에 존재하고 있다. 교회는 세상 속에서 사탄의 통치를 종식시키는 하나님의 평화의 혁명에 동참해야 한다. 교회는 하나님의 평화를 이 땅 위에 수립해야 한다.

그런데 여기서 매우 중요한 문제는 그 방법론의 문제이다. 하나님의 평화를 수립하기 위해 그리스도인 공동체는 어떻게 해야 하는가? 폭력혁명에 동참해야 하는가? 여기에 대한 답은 다음과 같다. 하나님의 평화는 평화적인 방법으로 이룩된다. 평화를 세우는 방법은 결코 무력이 아니다. '칼을 쓰는 자는 칼로 망한다.'(마 26:52) 평화를 위해 일해야 할 교회의 책임은 평화적인 방법으로 일해야 할 책임과 직결되어 있다. 교회는 무력의 힘의 승리가 아닌 평화의 길의 승리를 믿고 이를 전해야 한다. 평화를 위해 일해야 할 교회의 책임이 폭력운동과 결탁하면 안 된다. 예수 그리스도의 길은 평화의 길이었고, 그의 부활은 평화의 길의 승리를 의미했다.

교회가 무력의 힘의 승리가 아닌 평화의 길의 승리를 믿고 이를 전해야 한다고 했을 때 옛날부터 제도적인 그리스도 교회의 중요한 정치적 이론인 정당한 전쟁 이론은 잘못된 것일까? 물론 상당 부분 잘못되었다. 정당한 전쟁 이론은 전쟁이 정당하다면 전쟁을 할 수 있다는 이론이데, 가장 핵심적인 문제점은 칼로 정의와 평화를 유지할 수 있다는 신념에 있다. 칼은 결코 진정한 평화를 만들어내는 도구가 아니다.

그리고 정당한 전쟁 이론의 또 하나의 핵심 문제점은 정당성 자체 속에 존재하고 있다. 우리에게 정당한 일이 상대방에게는 불의한 일이 되는 경우가 얼마든지 있을 수 있기 때문이다. 이는 특별히 갈등 관계에 있는 교전국 사이일 경우에는 더욱 자주 나타난다. 이때 정의를 위해 전쟁을 일으킨다면 땅의 평화는 요원할 것이고, 이 세계는 사탄이 뛰어 노는 운동장이 될 것이며, 사탄은 이른바 정의를 위한 전쟁으로 죽어간 무수한 시체 위에서 잔치를 벌일 것이다.

정당한 전쟁 이론이 갖고 있는 더 깊은 배후에 들어 있는 문제점은, 정당한 전쟁 이론의 정당성 혹은 정의라는 개념이 율법적인 정의 개념에 의해 지배되고 있다는 점이다. 이 율법적인 정의 개념은 예수 그리스도께서 가르치신 원수 사랑에 기초한 복음적인 윤리와 상당 부분 상충될 가능성이 존재한다. 그리스도 교회의 윤리는 율법이 아니고 철두철미 복음이어야 하고 사랑이어야 한다. 율법적인 정의 개념이 합리적일 수 있고, 인과응보적일 수는 있지만 율법적인 윤리는 결코 땅의 평화를 보장하는 진정한 길이 아니다. 율법은 구원에 이르게 하지 못한다는 바울의 가르침 그대로 율법적인 윤리는 세상을 구원에 이르게 하는 진정한 평화를 위한 윤리가 되지 못한다.

세상의 평화를 실현해야 하는 그리스도의 교회는 철두철미한 복음 윤리로 세상의 평화를 실현해야 한다. 이 복음적인 윤리는 사랑의 윤리이다.

2) 평화의 길

(1) 정의

사랑의 윤리에도 중심에는 정의 개념이 존재하고 있다. 왜냐하면 정의는 세상의 평화를 위한 기둥 중의 기둥이기 때문이다. '정의의 효과는 평화'(사 32:17)이고, 정의가 지배하는 세계에 평화는 종국적으로 틀림없이 오고야 만다. 그러므로 복음적인 윤리를 추구하는 교회도 정의를 위해 노력해야 하고, 정의를 위한 모든 활동과 연대해야 한다. 정의를 위한 모든 활동과 연대하는 것은 세상의 평화를 위한 교회의 당연한 책임이기도 하다. 그러나 우리의 정의와 상대방의 정의가 다른 경우에는 어떻게 해야 하는가? 우리는 상대방이 잘못을 고쳐야 한다고 생각하는데 상대방은 우리에게 잘못은 고칠 것을 요구하면 어떻게 해야 하는가? 물론 대화와 토론으로 공동의 정의 개념을 밝히는 노력을 해야 한다. 그러나 그것으로 과연 모든 문제가 해결되겠는가?

(2) 이웃 사랑

복음적인 그리스도 교회의 윤리는 이웃 사랑의 윤리이다. 이웃 사랑의 윤리는 정의의 윤리보다 한 단계 더 높은 윤리이다. 이웃 사랑의 윤리는 이웃에 대한 지원과 존경을 내포하고 있는 윤리이다. 정의의 윤리가 이제 이웃에게 아무것도 더는 할 필요가 없다고 말할 때에도, 이웃 사랑의 윤리는 무엇인가 선한 것을 이웃에게 하도록 요구한다. 그런데 바로 이 무엇인가 선한 것을 이웃에게 더 행하는 것에서부터 평화의 실마리가 풀리는 경우가 허다하다. 율법적인 단순한 정의보다도 복음적인 사랑 속에 세상의 평화를 만드는 폭발적인 힘이 더욱 강하게 존재하고 있다는 점을 그리스도의 교회는 유념해야 한다.

(3) 원수 사랑

복음적인 그리스도 교회의 윤리는 이웃 사랑을 넘어선 원수 사랑의 윤리를 요구한다. 왜 원수 사랑의 윤리가 필요할까? 그 이유는 갈등과 증오심이 깊은 곳에는 원수 사랑의 정신이 아니고는 진정한 세상의 평화를 수립하기 어렵기 때문이다. 정의는 평화를 만들어낸다. 이웃 사랑은 더 큰 평화를 만든다. 그런데 원수 사랑은 폭발적인 힘으로 평화를 만든다. 오늘날에도 세계 도처에는 종족간의 증오심으로 수십만 명을 서로 죽이는 학살이 끊임없이 일어나고 있다. 사탄은 인간의 가슴속에 증오심을 불러일으키고 이 증오심을 도구로 사람을 죽이고 전쟁을 일으킨다. 사탄과 싸우며 하나님의 평화를 이 땅 위에 수립해야 할 그리스도 교회는 증오심과 복수심을 녹이는 원수 사랑의 정신으로 무장해야 한다. 그것은 선으로 악을 이기는 길이다.(롬 12:21) 율법적인 정의의 정신은 이와 같은 깊은 갈등의 현장 속에서 증오심을 녹이기는커녕 오히려 증오심을 끓어오르게 만들 가능성이 매우 높다. 그러므로 원수 사랑이라는 복음적인 윤리만이 땅의 평화를 만드는 초석이라는 점을 그리스도 교회는 유념해야 한다.

세상의 평화를 위해 그리스도 교회가 가져야 할 정신은 율법주의적인 정신이 아닌 복음이 명하는 사랑의 정신이다. 즉 원수까지 사랑하는 사랑의 정신으로 무장하는 것이 평화를 위해 걸어가야 할 그리스도 교회의 길이다. 이 사랑의 정신은 폭력의 사용을 반대한다. 왜냐하면 폭력은 사랑과 반대되는 개념이기 때문이다. 폭력은 결코 평화를 만들어내지 못한다.

그러나 복음적인 사랑의 윤리가 폭력을 반대한다고 해서 힘을 사용하는 것은 어떤 것이든 반대한다고 이해하면 잘못이다. 왜냐하면 복음적인 사랑의 윤리 관점에서 보아도 정당한 힘의 사용이 있을 수 있기 때문이다. 예를 들면 6학년 아이가 1학년 아이를 부당하게 발로 차고 구타하고 있을 때, 마침 이 광경을 본 선생님이 6학년 아이를 강제로 잡고 폭력을 휘두르지 못하게 했을 때, 이때의 선생님이 사용한 힘은 정당하다. 그 행위는 학생들을 사랑하는 선생님의 행위이기 때문이다. 우리는 여기에서 우선 힘(Macht)과 폭력(Gewalt)을 구별해야 한다. 6학년 아이가 1학년 아이를 발로 차고 구타하는 것은 명백한 폭력이다. 그러나 이 아이를 강제로 잡은 선생님의 행위는 폭력이 아니다. 이때의 선생님의 행위는 책임적인 사랑의 힘을 사용한 것이다.[3]

복음적인 사랑의 윤리도 세상의 평화를 위해 정당한 사랑의 힘을 허용할 수 있다. 그런데 여기에서 유념해야 하는 것은 정당한 사랑의 힘의 사용을 언급할 때 그 정당성이 어디에 있는가 하는 점이다. 이때의 정당성이 율법적인 정의 개념에 지배되면 안 된다. 율법적인 정의 개념이 강한 것이 전통적인 정당한 전쟁 이론의 근본적인 문제점이다. 진정한 정당성은 정의와 이웃 사랑과 원수 사랑의 정신이 합쳐진 복음적인 사랑의 정신이 그와 같은 책임적인 힘의 사용을 요구할 때에만 얻을 수 있다. 즉 정당한 힘의 사용은 원수 사랑을 포함한 사랑의 정신에 의해 검증받아야 한다. 이렇게 검증된 힘의 사용은 대단히 제한적일 수밖에 없다. 오늘날 세상 도처에서 정당하다고 사용되는 힘의 사용은 대다수 벌거벗은 힘이고 폭력적인 힘이다. 그것은 원수 사랑에 기초한 사랑의 정신이 거부하는 힘이다.

평화의 세계는 사랑의 힘으로 건설된다. 선생님이 6학년 아이의 부당한 구타를 책임적인 힘으로 제재했다고 해서 그것이 그 학교의 평화로 이어지지 않는다. 그것은 그 학교의 혼란을 막기 위한 일시적인 방편일 뿐이다. 진

---

[3] 바르트(K. Barth)가 히틀러에 대한 저항과 관련해서 언급한 한계상황 혹은 긴급상황은 여기에 해당된다고 볼 수 있다. 참고. 김명용, "칼 바르트 신학에 있어서의 교회와 국가," 이형기 외 8인 공저, 『공적 신학과 공적 교회』(서울: 킹덤북스, 2010), 239-241.

정한 평화는 6학년 아이의 가슴속에 1학년 아이를 사랑하는 마음이 생겼을 때 가능하다. 그리스도 교회가 그리스도의 사랑을 가르치는 것은 마음에서 일어나는 참된 변혁과 깊은 관련이 있다. 교회는 사회 속에서 평화를 위한 구체적인 방법을 만들고 이를 추구해 나가야 하지만, 동시에 마음에서 일어나는 변혁도 간과해서는 안 된다.

(4) 대화와 설득

참된 평화의 길은 무력의 길이 아니고 대화와 설득의 길이다. 그런데 갈등이 깊어진 관계의 특징은 대화가 단절되어 있다는 점이다. 갈등 관계에 있는 양쪽 모두 상대방을 사탄적 존재로 규정하고 이성적인 대화의 가능성이 없다고 단정한다. 이 자리가 갈등이 깊어지는 자리이고 전쟁이 시작되는 자리이다. 그런데 과연 이성적인 대화의 가능성이 정말로 없는 것일까?

온 신학은 그리스도 안에 나타난 화해의 힘을 의지하는 신학이다. 그리스도 안에 나타난 화해의 사건은 적이 친구가 될 수 있다는 것을 계시하는 사건이다. 눈앞에 보이는 적을 믿는 것은 쉬운 일이 아니겠지만, 그리스도 안에서 친구가 되어 있는 적을 믿음으로 바라보아야 한다. 적을 적으로 보는 한 진정한 대화는 불가능하고 참된 화해의 가능성도 차단된다. 온 신학은 그리스도의 화해의 사건이 참된 대화와 설득을 가능하도록 만든 계시적 사건이라고 선언하는 신학이다. 우리는 믿음을 갖고 적을 적으로 보지 말고 친구로 만나야 한다. 그리고 참된 대화를 시작해야 한다. 그리스도 안에 나타난 화해의 능력이 불신과 적대감을 없앨 것이라고 믿어야 한다. 그리스도께서 우리의 화해라고 언급하면서 화해의 능력을 믿지 않는 것은 불신앙의 죄이다.

요더(John H. Yoder)나 하우워즈(Stanley Hauerwas)와 같은 신학자들은 비폭력과 원수 사랑 같은 그리스도의 정신은 세상에서 실천하기 어렵기 때문에 세상에서 실천하려는 노력보다는 이를 실천할 수 있는 대안공동체를 만드는 것이 옳다고 보았다. 이들에 의하면 교회는 이를 실천해야 하는 대안공동체이다. 이들의 오류는 대안공동체를 만들려는 노력이 아니고, 그리스도께서 세상을 화해하신 화해의 주라는 사실에 대한 망각이다. 산 위에 있는 빛나는 대안공동체는 필요하다. 그러나 그것으로 충분하지 않다. 그 대안공동체의 정신은 세상 속에서 구현되어야 하고 구현을 위한 실질적인 노력을 시작해야 한다. 이를 시작할 수 있는 것은 화해의 주께서 함께하시고 어둠의 세력을 무너뜨릴 것이기 때문이다. 물론 그런 대안공동체를 만드는 것도 어렵고 세상 속에서 화해의 사역을 시작하는 것은 더욱 어렵다. 그러나 우리가 하는 그만큼 세상은 변할 것이고 어둠을 이기는 엄청난 사역이 시작되고 있다.

대화와 설득에는 인내심이 필요하고 상대방을 무너뜨리겠다는 나쁜 마음을 가져서는 안 된다. 대화와 설득은 양측 모두가 살고 승리하는 길을 찾는 것이다. 냉전논리나 지배주의적 태도는 대화의 적이고 사탄적 태도이다. 대화와 설득은 서로가 참된 친구로 가는 길이지 한 쪽이 다른 쪽을 이기기 위한 길이 아니다. 온 신학은 하나님의 나라가 대화와 설득으로 건설된다고 생각하는 신학이다. 온 신학은 세상이 살 수 있는 가장 이성적인 길이 예수 그리스도의 화해의 사건에 계시되어 있다고 믿는 신학이다.

(5) 평화를 위한 기도

20세기 초 칼 바르트는 이미 하나님이 계신 것이 곧 평화요, 하나님이 계시지 않는 것이 곧 평화의 없음이라는 사실을 간파했다. 왜냐하면 하나님이 평화의 왕이요, 하나님만이 참으로 평화를 가져다 줄 수 있기 때문이었다.[4] 우리는 앞에서 평화를 도래케 하는 방법들을 언급했다. 그러나 그 방법들을 실천했다고 반드시 평화가 도래한다는 보장은 없다. 우리는 앞에 언급한 방법들을 실천하면서 끊임없이 평화의 왕이신 하나님께 기도해야 한다. 칼 바르트에 의하면 교회가 국가를 위해 할 수 있는 최고의 봉사는 국가를

---

4 김명용, 『칼 바르트의 신학』(서울: 이레서원, 2007), 58-72.

위해 하나님께 기도하는 것이다.

하나님에 대한 믿음이 있는 곳에 평화가 뿌리 내린다. 왜냐하면 세상을 지배하는 사탄의 힘이 강하기 때문에 인간이 평화를 만들어도 이내 사탄은 그 평화를 혼란과 위기로 변질시키기 때문이다. 온 신학은 세상을 지배하는 사탄의 현실을 깊이 인식하고 있는 신학이다. 온 신학은 칼과 병기가 평화를 만들어내는 것이 아니고 하나님께서 평화를 만들고 주변 강대국을 의지하는 것이 평화의 길이 아니고 하나님에 대한 전폭적인 신뢰가 평화의 길이라는 것을 선포하는 신학이다. 온 신학은 예수를 죽은 자 가운데서 부활시키신 성령께서 지금 이곳에서 역사하시고 전쟁과 죽음의 힘을 깨뜨리고 참된 평화를 만들고 계심을 믿는 신학이다.

온 신학은 독일의 평화통일이 라이프치히(Leipzig)의 니콜라이(Nikolai) 교회의 평화를 위한 기도회에서 시작되었다고 가르치는 신학이다. 독일의 평화통일은 세계의 어떤 정치인도 상상하지 못한 뜻밖의 일이었다. 그것은 기적이었다. 온 신학은 역사에 기적이 일어난다고 믿는 신학이다. 기적은 개인의 삶 속에도 일어나지만 갈등의 세계 역사 한복판에서도 일어난다. 오늘날 기적을 믿지 않는 신학들이 범람하는데 이는 신학의 타락이자 몰락이다. 기적은 하나님의 구원사의 중요한 항목이다. 여호와께서 성을 지키지 아니하시면 파수꾼의 깨어 있음도 헛되다.(시 127:1) 평화는 하늘에서 오고 평화를 위한 기도는 평화의 세계를 만드는 핵심이다.

결언

악의 억제를 위한 힘의 사용이 부분적으로 인정되는 경우는 있다. 그러나 참된 평화의 길은 강압적인 힘의 사용으로 오지 않는다. 참된 평화의 길은 정의와 사랑 위에 있고 대화와 설득의 길 위에 있다. 참된 평화는 위로부터 오는 것이 아니고 아래로부터 온다. 가슴에 새겨지는 성령의 법이 참된 평화의 길의 핵심이다. 그리고 새로운 사람들이 만들어가는 새로운 질서가 평화의 길의 핵심이다. 그리고 인간이 만들어가는 평화의 질서보다 더욱 중요한 것은 기도하는 것이다. 평화의 왕이신 예수 그리스도께서 계시지 않는 곳에는 결코 평화가 없다. 샬롬의 세계는 메시아의 활동과 깊이 연결되어 있다는 것을 결코 잊어서는 안 된다.

제7장

빼앗긴 마음에도 평화는 오는가
― 평화의 목회신학을 위하여[1]

정연득

서울여자대학교, 기독교상담학

1. 들어가는 말 ― 우리 시대에 평화의 신학은 가능한가

최근 북한이 수소폭탄 개발에 이어 인공위성을 발사함으로써 다시 한 번 냉전 기류가 한반도를 휩쓸고 있다. 이로 인해 우리 정부는 개성공단 폐쇄라는 강경책을 들고 나왔고, 사드 미사일 배치를 결정하면서 국제정세가 요동치고 있다. 그 움직임 뒤에 있는 복잡한 정치적 전략을 읽기란 쉬운 일이 아니겠지만, 이 일로 인해서 최근 가뜩이나 멀어진 남북 관계의 회복의 길은 점점 더 요원해지고 있다. 무엇보다 안타까운 상황은 주류 언론매체를 중심으로 북한에 대한 비판을 쏟아내고 있으며, SNS를 중심으로 보수와 진보로 분리된 여론이 대립하고 있다는 점이다.

---

[1] 이 글은 2016년 3월에 장로회신학대학교 공적신학과교회연구소에서 발표되었으며, 2016년 6월에 발행된 「신학연구」 제68집(한신대학교 신학연구소)에 게재된 논문을 수정한 것이다.

이 글은 이러한 남북 대치 상황에서 평화를 위한 신학적 성찰을 시도한다. 그동안 평화에 대한 신학적 추구는 주로 성서와 신학의 전통에서 평화에 대한 사상을 찾아서 우리의 분단 현실에 적용하는 시도였다.[2] 대체로 그 시도들은 성서와 신학 전통에서 찾은 이상적 평화의 모습을 이 땅에 어떻게 심어갈 것인가를 모색하는 것에 집중해 왔다. 목회신학자로서 필자는 이 글에서 평화에 대한 조금 다른 접근을 시도해보고자 한다. 그것은 오늘 우리가 살고 있는 현실에서 출발하는 평화에 대한 논의이다. 분단 70년을 넘겼고 6·25 한국전쟁 발발 65년이 지난, 지구상 마지막 남은 분단국가의 현실에서 출발하는 평화에 대한 논의이다. 최근 우리가 경험하고 있는 것처럼, 실제적인 전쟁의 위협과 이로 인한 정치적 대립이 삶의 한 부분이 되어 온 한반도의 현실에서 출발하고자 한다.

그러면 평화가 깨어버린 우리의 현실은 무엇인가? 이 글에서 필자가 주목하는 것은 70년의 분단 현실이 개인의 마음에 남긴 흔적이다. 물론 신학뿐만 아니라 일반 사회에서 이야기하는 평화는 주로 외적인 상태를 가리킨다. 필자 역시 외적 상태로서의 평화의 중요성을 간과하고 싶지는 않다. 하지만 현재 지속되고 있는 분단구조가 개인의 마음에 남긴 흔적과 그 영향 또한 무시할 수 없는 중요성을 가질 것이다. 우리가 모두 경험하듯이 외적 평화가 주어진다고 해서 자동적으로 평화의 상태가 되는 것은 아니다. 심리 내면에서 평화를 경험하는 것과 외부의 환경이 제공되는 것 사이에는 역동적 관계가 존재한다. 특히 준전시 상태인 휴전 상태가 63년째 이어지고 있으며, 여전히 첨예한 이데올로기 대립이 진행되고 있는 냉전 상황을 살아가고 있는 한국인들에게는 외적 현실보다 더 강력하게 작동하는 내면의 분단의 흔적이 존재하고 있음을 짐작하는 것은 그리 어려운 일이 아닐 것이다.

---

2 라인홀드 니버의 기독교 현실주의의 관점에서 남북한 통일의 길에 대해서 연구한 유경동, 『남북한 통일과 기독교의 평화』(서울: 나눔사, 2012)와 삼위일체 신학을 통해 통일의 길을 모색한 백충현, 『남북한 평화통일을 위한 삼위일체적 평화통일 신학의 모색』(서울: 나눔사, 2012) 등이 그 대표적 예라고 할 수 있다.

이 글은 이러한 문제의식에서 출발하고자 한다. 특히 이 글이 제시하는 몇 가지 연구 질문은 다음과 같다. 첫째, "장기간 지속되는 분단구조는 한국인들의 마음에 어떤 흔적을 남겼는가?" 둘째, "정신분석학을 통해 한국인들의 마음에 자리잡은 분단구조의 흔적을 어떻게 이해할 수 있는가?" 셋째, "사람들의 마음에 자리잡은 분단의 상처는 어떻게 치유할 수 있는가?" 넷째, "마음에 분단의 흔적을 안고 살아가는 사람들에게 평화란 무엇인가?"

이 글은 이런 질문들을 안고 다음과 같이 진행할 것이다. 우선, 분단이라고 하는 사회구조와 그 사회를 살아가는 개인들의 심리내적 역동의 연관성을 분석해볼 것이다. 이를 위해 한국 사회에 나타나는 몇 가지 현상을 분석해볼 것이다. 이어지는 공간에서 필자는 한국인들의 마음속에 자리잡은 분단구조에 대한 이해를 위해 정신분석학의 도움을 받아 설명을 시도할 것이다. 발달의 과정에서 아이의 마음속에 심리구조가 형성되는 과정을 연구한 정신분석학의 문헌은 장기간 지속되는 분단이라는 환경이 한국인들의 심리 내면에 어떤 성격구조로 자리잡게 되는지 이해하는 데 도움을 줄 것이다. 필자는 정신분석학의 도움을 받아 고착화된 분단구조가 사람들의 마음에 남긴 흔적을 '빼앗긴 마음'이라고 제시한다. 글의 마지막 부분에서, 우리 마음속에 자리잡은 분단구조의 치유의 가능성을 모색하면서 평화에 대한 목회신학적 비전을 제시할 것이다. 이 비전을 통해 우리 시대의 평화를 위해 신학과 신앙공동체가 어떤 역할을 해야 하는지 함께 고민해보는 장을 제시하고자 한다.

2. 사회구조와 심리내적 역동의 연관성

20세기 말부터 이미 세계는 신자유주의 경제체제에 흡수되어 가면서 이데올로기 논쟁이 경제논리에 그 주도권을 완전히 내어주게 되었다. 한국 사회 역시 사회학자 김동춘의 지적처럼 1997년 경험한 IMF 이후 '기업사회'

로 급격한 전환을 경험할 정도로 신자유주의 경제체제가 지배하게 되었다.[3] 하지만 한국 사회는 다른 경쟁 국가들과 크게 다른 점이 있다. 가장 최근에 일어난 예로, 2015년 한국 사회를 색깔론의 강풍으로 몰아넣은 역사교과서 국정화 논쟁이었다. 역사교과서 국정화 논쟁이 일어나자 여당 대표는 "대한민국 국사학자는 90%가 좌파"라고 말했고, 총리 역시 "고교의 99.9%가 편향성 논란이 있는 (좌파)교과서를 선택했다."라는 말로 색깔론에 기름을 끼얹었다. 역사교과서 국정화 시도의 필요성과 절차를 문제삼는 사람들에게 정부의 주요 공직자들이 선택한 대응은 색깔론이었다. 역사교과서 국정화를 반대하는 사람은 종북·좌파라는 프레임을 형성하기 위한 전략이었다. 그 전략은 성공을 거두었고, 국정화 추진 과정에 담긴 문제점들은 수면 아래로 가라앉았으며, 전국은 역사교과서 국정화를 반대하는 좌파와 찬성하는 우파로 양분되었다.[4]

자유민주주의를 표방하는 한국 사회에서 어떻게 이런 전근대적인 일이 벌어질 수 있을까? 이미 오래전에 종식된 냉전이 왜 한국 사회에서만 기성을 부리는 것일까? 시간을 조금만 거슬러 올라가면 노동법 개정과 세월호 참사를 비롯해서 지난 대선이 진행되는 과정에서도 색깔론은 기승을 부렸고 대한민국을 좌우로 첨예하게 갈라놓았다. 대선은 이미 전통적으로 색깔론으로 얼룩진 전쟁터였다고 하지만, 노동자들의 생존권이 걸린 노동법 개정과 꽃다운 우리 아이들이 어이없이 죽어간 세월호 참사에도 색깔론이 등장하는 것은 무언가 병리적 원인에 의한 것이 아니고는 이해하기 힘든 현상이라고 할 수 있다.

왜 한국 사회는 아직도 외적 분열뿐만 아니라 심각한 내적 분열의 상태에 머물러 있을까? 여기에 대해서는 여러 가지 관점에서 전문적인 설명이

---

3 김동춘, 『1997년 이후 한국 사회의 성찰: 기업사회로의 변환과 과제』(서울: 도서출판 길, 2006) 참고.
4 박구재, "참 나쁜 프레임," 『경향신문』 2015년 11월 25일, http://news.khan.co.kr/kh_news/khan_art_view.html?artid=201511252030475, 2016년 2월13일 접속.

가능할 것이다. 하지만 보다 학술적인 설명은 다음 장에서 진행하고, 여기서는 분단구조가 한국인들의 삶에 남긴 흔적이 드러난 현상에 초점을 맞추고자 한다. 색깔론을 조장하는 정치인들은 날선 비판의 대상이 된다. 하지만 그들은 왜 그런 비판을 받으면서도 위기 때마다 색깔론을 다시 꺼내드는 것일까? 그것은 그 전략이 통하기 때문이다. 정치적 후진성을 탓하기 전에 우리가 먼저 주목해야 할 것은 전근대적 전략이 통하는 현실을 돌아보는 일이다. 왜 한국인들은 색깔론만 나오면 지적 판단이 정지해버리고 감정적 판단이 시작되는 것일까?

미국의 도덕심리학자 조너선 하이트(Jonathan Haidt)는 『바른 마음』에서 사람들은 중요한 윤리적 판단을 할 때 지적 판단이 아니라 감정적 판단 혹은 직관적 판단을 내리기 쉽다는 것을, 실험을 통해서 증명하고 있다.[5] 하이트에 의하면 우리 마음에는 코끼리와 기수가 함께 작동하고 있다고 한다. 코끼리는 감정적 부분을 차지하고, 기수는 이성적 결정을 내리는 부분이다. 일반적으로 우리는 기수가 코끼리를 조종하는 것으로 생각하기 쉬운데, 실제 인간의 윤리적 판단과 행동을 연구해보면 기수가 코끼리를 조종하는 것이 아니라 코끼리가 기수의 주인 역할을 한다는 것이다. 코끼리 등 위에 탄 기수는 코끼리를 인도하는 것이 아니라 코끼리의 판단과 결정에 봉사할 뿐이라고 말한다. 우리의 이성은 우리가 직관적으로 내린 감정적 판단을 설명하는 역할을 할 뿐 이성이 감정적 판단을 주도하지는 못한다.

하이트의 주장은 이 글의 논의에 중요한 단서를 제공한다. 사람들은 어떤 윤리적 결정을 내릴 때 논리적 절차가 아니라 감정 혹은 직관에 따라 결정을 먼저 내린 다음, 그 결정의 정당성을 설명하기 위해 이성의 힘을 사용한다는 것이다. 일부 정치인들이 색깔론의 기수를 높이 들면, 그보다 높은 지적 능력을 갖춘 학자들과 교양인들은 무의식적으로 그 결정에 동조하며 자신들의 이성을 동원해서 감정적 판단에 논리적 옷을 입히기 위해 노력하게 된다.

---

[5] 조너선 하이트, 왕수민 옮김, 『바른 마음』(서울: 웅진싱크빅, 2014) 참고.

그러면 한국인들을 더 많이 사로잡는 감정적 요인은 무엇인가? 그들에게는 어떤 코끼리가 들어 있기에 색깔론만 등장하면 기수가 코끼리 밑으로 들어가 버리는 것일까? 70년간 지속된 분단 상황은 한국인들의 마음속에 정서 불안을 유발하는 무의식적 심리구조를 남겨놓았을 것으로 예상해볼 수 있다. 더욱이 냉전의 결과로 분단된 남과 북은 한민족이라는 동질성보다 더 강력한 이데올로기의 이질성을 내면화했다. 그 이질성은 무언가 불안 신호가 전달되기 시작하면 더 강력한 불안을 일으켜 코끼리가 크게 요동치게 만들어버린다. 이성이 아닌 감정과 직관에 의한 판단을 속히 내려버리고, 이질 집단에 대한 강한 적대감을 불러일으킨다. 현대 한국 사회를 이끌었던 대부분의 지도자들은 사람들 마음속에 있는 코끼리를 적절히 조종함으로써 사람들에게서 맹목적 지지를 이끌어내는 데 천재적 능력을 발휘한 사람들이었다. 그 어떤 숭고한 가치도 색깔론만 덧입혀지면 무가치하며 심지어 타도해야 할 대상으로 전락해버린다.

70년이라는 긴 시간 동안 불안한 분단구조에 노출된 한국인들은 자신도 모르는 사이에 그 불안을 자신들의 일부분으로 내면화했다. 외적 상황이 완전히 달라진 21세기에서조차 사람들이 내면에서 경험하는 불안은 여전히 위력을 떨치고 있다. 그 증거는 색깔론의 깃발 아래 감정적으로 동요하는 현상에서 잘 드러난다고 할 수 있다. 우리는 건강하지 못한 외부 환경이 개인들의 심리 내면에 중요한 흔적을 남겨놓았다는 사실을 오늘의 사회현상을 통해서 분명히 확인하게 된다. 하이트의 표현대로 그 흔적은 마치 우리 내면의 코끼리처럼 작동하면서 중요한 윤리적 판단과 행동을 할 때마다 이성이라는 기수를 자신의 종으로 삼고 있다.

이렇게 내면에 자리잡은 분단의 흔적은 외적 평화의 상태와는 상관없이 내면의 평화를 깨뜨리고 있다. 더 정확히 표현하자면 분단 상황의 두려움이 내면화하면서, 행여 평화가 깨질까 너무 두려워한 나머지 평화를 누릴 수 있는 기회를 걷어차 버리고 있는 것이다. 전쟁이 아닌 상황을 끊임없이 전쟁으로 만들어가고 있는 것이 우리의 현실이다. 세월호 참사로 잃어버린 아이들로 인해서 함께 슬퍼하고 아파해야 할 순간조차 색깔론을 들이대며 편을 나누어 더 큰 전쟁을 치르느라 여념이 없다. 애도를 위해 반드시 필요한 눈물의 시간이 반목과 미움으로 변질되어 버린다.

지금까지 남북한의 분단이 사람들의 마음속에 남긴 흔적과 영향력에 대해 논의했다. 색깔론이라는 냉전적 도식이 사람들의 마음속에서 여전히 강력하게 작동하고 있다는 것을 보았다. 덩치 큰 코끼리가 우리 마음속에서 우리의 이성적 판단에 강력하게 영향을 행사하고 있음이 분명하다.

그러면 그 코끼리는 어떤 모양을 하고 있기에 이처럼 우리를 사로잡고 있을까? 색깔론을 한마디로 표현한다면 편 가르기이다. '너는 좋은 우리 편이니, 아니면 사악하고 나쁜 저쪽 편이니?'라는 질문을 끊임없이 한다. 세상을 우파와 좌파 혹은 좋은 사람과 나쁜 사람으로 나눠서 보는 사고방식이다. 다양한 스펙트럼을 가진 사람과 세상을 이분법적 양자택일의 구조로 해석해버린다. 이것은 좌파나 우파 모두에게서 발견되는 현상이다. 정신분석에서는 이런 양자택일 도식을 자아가 사용하는 무의식 방어기제 혹은 역동으로 이해한다. 이어지는 공간에서는 멜라니 클라인(Melanie Klein)의 편집-분열적 자리의 개념과 경계선 성격구조의 관점에서 우리 안에 자리잡고 있는 코끼리의 실체에 접근해보고자 노력하고자 한다.

3. 편집-분열적 자리와 분단의 흔적

멜라니 클라인은 편집적 분열적 불안과 기제들이 유아가 경험하는 가장 초기의 핵심적인 심리 과정이며, 이후의 병리 형성과 건강한 발달을 위해 중요한 영향을 미치는 심리적 자리, 즉 편집-분열적 자리(paranoid-schizoid position)로 남는다고 말한다.[6] 이것은 분열성 상태(schizoid state) 혹은 분

---

6   Melanie Klein, "Notes on Some Schizoid Mechanisms(1946)," *Envy and Gratitude*

열적 자리(schizoid position)를 정신병리와 성격의 가장 기본적 자리로 이해한 영국의 대상관계 이론가 로널드 페어베언(W. Ronald D. Fairbairn)의 견해와 시각을 같이하는 것이다.[7] 클라인은 유아가 태어나서 최초로 사용하기 시작하는 방어기제로 투사(projection)/투사적 동일시(projective identification), 내사(injection), 분열(splitting)을 제시한다.[8] 이 기제들은 초기 유아가 경험하는 불안에 대응하는 과정에서 유아의 자아가 사용하는 것들이다. 이 글의 주제를 위하여 여기에서는 분열을 중심으로 살펴본다.

분열은 유아가 아직 전체로서 엄마를 인식하지 못하고 파편화한 부분대상으로서의 엄마와 관계를 맺고 있는 상태에서 경험하는 엄마의 젖가슴 경험과 관련이 있다.[9] 부분대상으로서의 엄마의 젖가슴은 유아에게 만족감을 주기도 하지만, 때론 유아에게 충족 경험을 주지 않는 나쁜 대상으로 경험된다. 하지만 아직 유아는 다른 경험을 주는 그 대상이 같은 어머니라는 사실을 인지하지 못하기 때문에, 상반되는 경험으로 인해 혼란스러워한다. 나쁜 젖가슴이 경험되는 시간에는 유아가 타고난 죽음본능이 활성화하기 때문에 엄마의 나쁜 젖가슴이 적대적인 것으로 경험되기 쉽다. 클라인은 유아가 구강기 가학적인 환상 속에서 좌절을 주는 엄마의 젖가슴을 깨물어서 파괴한 다음 바깥으로 투사한다고 보았다.[10] 유아의 가학적 공격성이 드러나는 것은 후기 구강기라고 보았던 프로이트(Sigmund Freud)와 아브라함(Karl Abraham)과는 달리, 클라인은 유아가 태어날 때부터 방어기제를 사용할 수 있는 응집력 있는 자아를 소유하고 있으며, 대상관계에서 경험되는 좌절이 촉발시키는 공격성과 죽음본능을 다룰 수 있다고 보았다.[11]

---

    and Other Works 1946-1963: The Writings of Melanie Klein, Vol III(New York: The Free Press, 1984), 1-2.
7 로널드 페어베언, 이재훈 옮김, 『성격에 관한 정신분석학적 연구』(서울: 한국심리치료연구소, 2003), 16-17.
8 Klein, "Notes on Some Schizoid Mechanisms(1946)," 6.
9 한나 시걸, 이재훈 옮김, 『멜라니 클라인』(서울: 한국심리치료연구소, 1999), 128.
10 Klein, "Notes on Some Schizoid Mechanisms(1946)," 5-6.

반면 좋은 젖가슴은 유아의 생명본능을 활성화함으로써 더욱 좋은 대상으로 경험된다. 만족을 주는 좋은 젖가슴 경험은 내사되어서 유아의 자아에 통합성과 응집력을 제공한다.[12] 좋은 경험에 충분히 잠길 사이도 없이 유아는 나쁜 젖가슴이 주는 파괴적인 경험에 의해 좋은 젖가슴 경험이 오염될 것이라는 불안을 경험할 것이다. 유아는 당연히 좋은 젖가슴을 지키고 싶어 할 것이다. 좋은 젖가슴을 지키는 방법은 나쁜 젖가슴으로부터 좋은 젖가슴을 분리시켜서 보호하는 것이다. 이때 유아가 사용하는 방어기제가 분열이다. 타고난 본능과 결합되어 강력히 분열된 좋은 젖가슴과 나쁜 젖가슴은 전혀 다른 두 개의 경험을 선사하게 된다. 끊임없는 본능 충족을 갈망하는 욕구의 영향으로 인해서 좋은 대상은 더욱 이상화(idealization)되기 쉽다. 이상화된 좋은 젖가슴은 과장되고 비현실적 만족을 주는 대상으로 높여진다.

반면 좌절을 주는 대상은 부인(denial)된다. 이상화가 심할수록 더 강한 부인이 일어나야 한다.[13] 이 과정에서 더욱 적대적으로 분열된 나쁜 젖가슴은 투사적 동일시 기제를 통해서 엄마에게 투척되고, 유아의 가학적 공격성에 의해 채색된 나쁜 대상은 엄마에게로 투사되어서 엄마의 부분으로 동일시된다.[14] 유아는 그 나쁜 대상을 내면에서 경험하는 것이 아니라 만족을 주지 못하는 엄마의 일부분으로 경험하게 되며, 그 투사된 나쁜 젖가슴에 의해 박해를 받고 있다는 불안을 경험하게 된다. 클라인이 생각한 초기 유아기의 핵심적인 불안은 유아 자신의 공격성을 투사한 박해자들이 내면의 좋은 대상과 자아를 파괴하지 않을까 하는 불안, 즉 박해불안이다.[15]

이상에서 간단하게 설명한 클라인의 분열기제는 유아의 심리 내면에 편

---

11 *Ibid.*, 5.; 한나 시걸, 『멜라니 클라인』(1999), 129-130.
12 Klein, "Notes on Some Schizoid Mechanisms(1946)," 6.
13 *Ibid.*, 7.
14 *Ibid.*, 8.
15 한나 시걸, 『멜라니 클라인』(1999), 130.

집-분열적 자리를 형성하는 기초가 된다. 편집-분열적 자리는 분열되어서 통합하지 못한 좋은 대상과 나쁜 대상 경험의 원형이 된다. 이 자리로 인해서 성인인 우리 역시 어떤 불안의 시기가 되면 대상의 좋은 측면과 나쁜 측면을 제대로 통합하지 못한 채 롤러코스터처럼 완전한 만족과 좌절 사이를 오르락내리락하는 경험을 하게 된다. 대부분의 유아는 지속적으로 존재하는 환경의 제공과 발달의 과정을 통해서 취득하는 전체 대상과 관계를 맺을 수 있는 능력의 습득을 통해 자신이 파편적으로 경험한 좋은 대상과 나쁜 대상이 같은 대상이라는 사실을 받아들이게 된다. 이 과정에서 나쁜 대상에게 투사하던 강한 공격성이 사실은 좋은 어머니에게도 향했다는 사실을 깨닫게 되며 좋은 대상을 파괴했을지 모른다는 불안을 경험하게 된다. 이것이 유아가 경험하는 죄책감의 원형이다. 불안을 감소시키기 위해 유아는 회복(reparation)을 위한 시도를 하게 되는데, 어머니가 계속 괜찮은 환경으로 남아 있게 되면 좋은 대상을 회복하려고 하는 유아의 회복 시도는 성공을 거두게 된다.[16] 클라인은 이 과정에서 경험하는 불안을 '우울불안'이라고 불렀다. 우울불안을 경험했다는 말은 자신이 상대방에게 투사했던 지나친 공격성에 대해 죄책감을 느꼈다는 말이다. 이 발달의 과정이 유아의 마음에 남긴 흔적을 '우울의 자리'(depressive position)라고 부른다. 우울의 자리를 형성함으로 유아는 부분적으로 파편화한 대상이 아니라 전체대상과 관계를 맺는 더 성숙한 대상관계를 맺을 수 있게 된다.

    클라인의 관점에서 색깔론은 전형적인 편집-분열적 자리의 불안을 나타낸다고 할 수 있을 것이다. 상대방이 가진 가치를 단지 내 편이 아니라는 이유로 평가절하해 버리는 것은 자신의 마음속에 있는 가학적 공격성을 대상에게 투사해서 그 대상이 가지고 있다고 믿는 투사적 동일시 기제의 표현이라고 할 수 있을 것이다. 편집-분열적 자리에 중간지대는 없다. 흑백논리만 있을 뿐이다. 좋은 사람과 나쁜 사람 두 종류만 있을 뿐이다. 좋은 사람은

---

16 Klein, "Notes on Some Schizoid Mechanisms(1946)," 14-15.

이상화하고 나쁜 사람은 부인하며 평가절하한다. 좋기도 하고 때론 나쁘기도 한 현실의 엄마가 아니라, 환상 속에서 경험하는 완벽하게 좋은 엄마와 완전히 나쁜 엄마만 있을 뿐이다. 전체대상이 아닌 파편화한 부분대상과의 관계만 존재할 뿐이다.

편집-분열적 자리에 고착된 사람에게 세상에는 나쁜 빨갱이와 좋은 자유민주주의자 두 종류의 사람만이 존재할 뿐이다. 우파에게는 좌파의 좋은 점과 나쁜 점 모두를 경험하는 것이 아니라 좌파의 나쁜 점만 극대화하여 경험할 뿐이다. 좌파에게는 보수주의자들이 가진 좋은 점과 나쁜 점을 함께 경험하는 것이 아니라 '수구꼴통'이라는 용어가 말해주듯이 그들의 나쁜 면만 극대화하여 경험할 뿐이다. 나아가 자신들이 나쁜 상대방에 의해서 박해를 받고 있다는 불안을 유발한다. 저 빨갱이들 때문에, 혹은 저 수구꼴통들 때문에 자기들이 피해를 입고 있다는 박해불안이 상승하게 된다. 사실 그 박해불안은 자신들의 가학적 공격성이 상대방에게 투사된 것에 지나지 않음에도 말이다. 박해불안은 분열구조를 더욱 첨예하게 만들어가며, 상대방을 무시무시한 괴물로 만들어간다.

남북한의 분단이 개인들의 마음에 남긴 흔적은 클라인의 편집-분열적 자리의 병리적 측면이 강화된 건강하지 못한 방어기제의 고착화라고 말할 수 있을 것이다. 전쟁이 멈춘 지는 62년이 지났지만 사람들의 마음의 전쟁은 여전히 진행중이다. 사람들의 마음은 지금도 분열되어 더욱 무시무시한 괴물로 채색된 적과 싸우고 있다. 그 영향은 실제로 전쟁을 경험하지 않은 세대에도 정도는 다르지만 비슷한 양상으로 나타난다. 이처럼 오늘도 지구상 마지막 남은 분단국가를 살아가는 한국인들의 마음에는 원시적 방어기제들에 의해 증폭된 전쟁이 진행중이며, 정치인들은 자신들의 권력 유지를 위해서 필요할 때마다 그 전쟁을 더욱 부추기고 있다.

필자가 여기서 지적하고 싶은 것은 분열의 자리가 일으키는 불안이 너무 강하고, 유아가 분열과 투사적 동일시라는 방어기제를 과도하게 사용하게 될 때 나타나는 병리 현상이다. 클라인은 방어기제에 의존하는 유아의 자아는 자꾸만 약해질 것이라고 말한다.[17] 연약한 자아를 가진 유아는 파편화한 내적 대상들을 통합하는 데 어려움을 겪게 될 것이며, 오히려 그 내적 대상들에 의해서 통제받는 결과를 낳을 것이다. 아울러 다양한 대상관계 경험을 통합해내서 자아의 통합성과 응집력을 기르는 데 실패할 것이다. 그 결과 자아는 더 많이 움츠러들고, 분열성 방어에 더 집착하게 될 것이다. 통합적이고 응집력 있는 자아는 현실세계에서 건강한 관계를 맺고, 대상관계에서 경험할 수 있는 좌절을 견디고 관계를 유지해 나갈 수 있는 바탕이 될 것이다. 반면 편집-분열적 자리에 고착된 자아는 끊임없는 박해불안에 노출되어 있어야 하며, 타인과의 건강한 대상관계가 아닌 투사적 동일시가 주도하게 되면서 타인을 자신의 심리적 도구로 대하게 될 것이다.

여기서 필자는 한국인 모두가 편집-분열적 자리에 상처를 입어서 분열성 성격구조를 가지고 있다고 주장하는 것이 아니다. 만약 그렇다면 한국 사회는 유지되기가 힘들 것이다. 클라인의 주장처럼 초기 유아기에 경험되는 편집-분열적 불안은 유아의 마음속에 하나의 자리(position)로 남아 있게 된다고 한다. 이것은 마치 우리 마음속에 자리잡은 하나의 관점과도 같은 것이어서 삶의 위기가 찾아오면 누구든 그 자리로 퇴행할 수 있으며, 세상을 흑백의 논리로 바라볼 위험이 있다. 하지만 분단구조라고 하는 사회적인 불안요인과 그것을 정치적 도구로 사용한 정치인들이 의도적으로 증폭시킨 불안 때문에 어느 정도의 외상을 받았으며, 그 외상은 고착(fixation)된 채 한국인들의 마음에 남아 있을 수 있다는 것이다. 그래서 사람들은 색깔론의 깃발만 보면 자동적으로 그 고착점으로 퇴행을 하게 된다. 퇴행한 개인은 환상 속에서 극대화된 박해불안에 사로잡혀서 지적인 능력과 상관없이 감정적 대응을 하게 되며, 분열과 투사적 동일시의 기제를 더 빈번하게 사용하게 된다는 것이다.

이러한 마음의 자리는 무의식의 깊은 곳에 자리잡고서 내적 전쟁을 불

---

17 *Ibid.*, 11.

러일으킨다는 점이다. 그 상처는 사람들의 마음의 한 부분을 분열시켜서 부인하도록 만든다. 필자는 그 부인된 마음의 부분을 '빼앗긴 마음'으로 표현하고자 한다. 빼앗긴 마음이 우리에게 남아 있는 한 우리 마음에는 진정한 평화는 기대하기 힘들 것이다. 완벽하게 이상화한 평화는 진정한 평화가 아니라 비현실적인 거짓 평화에 지나지 않을 것이다. 사람들은 이상화한 평화를 지키기 위해 지금도 내적 괴물과 힘겨운 전쟁을 치르고 있다. 평화가 이상화할수록 내적 괴물의 위협도 더욱 커져간다.

4. 경계선적 성격구조와 분단의 흔적

클라인은 분열과 내사 및 투사적 동일시의 기제가 주를 이루는 편집-분열적 자리가 생후 수개월 동안 유아의 대상관계 경험의 주요 특징이라고 주장했다. 반면 마가렛 말러(Margaret Mahler), 오토 컨버그(Otto Kernberg), 제임스 매스터슨(James Masterson), 그레고리 해밀턴(N. Gregory Hamilton) 등과 같은 미국의 대상관계 이론가들은 분열기제가 주로 작동하는 시기는 생후 16개월에서 24개월 정도에 나타나는 재접근(rapprochement) 단계라고 말한다.[18] 클라인과 해밀턴을 비롯한 다른 대상관계 이론가들이 바라본 분열기제의 기본 역동에는 큰 차이가 없지만, 분열기제를 주로 사용하는 시기와 그로 인해 야기하는 대상관계의 양상에는 차이가 있다.

엄마와 공생의 단계를 거친 아이는 분리 개별화의 첫 번째 하위 단계인 부화의 과정을 거쳐서, 말러와 그의 동료들이 유아의 심리적 탄생이라고 이름 붙인 '연습기'를 거쳐서 마지막 하위 단계인 '재접근기'에 도달한다. 이 시기는 유아가 엄마의 품을 떠나서 자신의 행동반경을 확대하는 자기애적

---

18 그레고리 해밀턴, 김진숙·김창대·이지연 옮김, 『대상관계 이론과 실제: 자기와 타자』(서울: 학지사, 2007), 113.

만족감에 빠져 있느라 잠시 잊고 있던 불안이 밀려오는데, 그것은 잠시 자기가 엄마 품을 떠나 있는 동안 엄마가 자신을 버린 나쁜 대상일 수 있다고 느끼는 불안감이다. '재접근 위기'라고 불리는 이 불안감으로 인해서 아이는 자신의 영역과 엄마의 품을 반복적으로 오가면서 심한 투정을 부리게 된다. 이것은 친밀성과 자율성 사이의 갈등 혹은 사랑의 상실과 자신의 위대함 사이의 양가감정이라고 볼 수 있다.[19] 이 시기에 유아는 양육하는 엄마에게 많은 좌절을 주게 된다. 강력하게 도움을 요구하면서 동시에 거절하며, 엄마가 마치 자기의 한 부분인 것처럼 강요와 조정을 일삼기 때문이다. 엄마는 유아 옆에 있어야 하면서 동시에 유아를 통제해서도 안 된다.[20] 이런 이유로 이 시기는 대부분의 엄마들에게 쉽지 않은 도전이 된다. 하지만 아이는 완벽한 엄마를 필요로 하는 것이 아니라, 이만하면 괜찮은 엄마가 필요로 한다. 때론 좌절을 주기도 하는 엄마가 있어야 아이가 엄마로부터 자연스럽게 분리될 수 있기 때문이다.

재접근 위기를 건강하게 극복하게 되면 아이에게 주어지는 발달의 성취물이 개별성(individuality)과 대상항상성(object constancy)이다.[21] 대상항상성의 성취를 위해서는 자기를 버렸을지도 모르는 나쁜 엄마와 자기를 안아주고 돌봐주는 좋은 엄마가 같은 엄마라는 통합된 대상 감각이 자리잡아야 가능해진다. 이를 위해서는 충분히 많은 좋은 경험이 축적되어야 한다.[22] 다시 말하면 엄마에 대해서 실망했을 때에도 엄마에 대한 좋은 감정을 떠올릴 수 있는 심리적 축적물이 필요하다는 말이다. 대상항상성은 자기항상성의 기초가 된다. 매스터슨은 재접근 위기에서 발생하는 가장 큰 심리적 도전으로 엄마로부터 버림받을지 모른다는 두려움, 즉 유기 공포(fear of aban-

---

19 마가렛 말러·프렛 파인·애니 버그만, 이재훈 옮김, 『유아의 심리적 탄생』(서울: 한국심리치료연구소, 1997), 138-146.
20 해밀턴, 『자기와 타자: 대상관계 이론과 실제』(2007), 81.
21 *Ibid.*, 84.
22 *Ibid.*, 87.

donment)를 제시한다.[23] 유기 공포는 아이로 하여금 엄마에게 병적으로 매달리게 만들며, 동시에 휘둘릴지도 모른다는 불안감을 유발해서 거리두기를 하게 만든다. 여기에 작동하는 방어기제가 분열이다. 아이는 재접근 불안과 유기불안에 직면해서 좋은 엄마와의 관계 경험을 보호해야 한다. 이를 위해서 좋은 대상과 나쁜 대상을 극단적으로 분리시키는 분열의 기제가 작동하며, 그 과정에서 좋은 대상을 내면화하는 내사의 기제와 나쁜 대상의 측면을 밖으로 투척하는 투사의 기제가 동시에 작동한다. 이것은 관계의 양상에서 극단적 이상화와 평가절하를 반복하는 모습으로 나타나게 된다.[24]

클라인과 비슷하게 재접근 단계에서 보이는 분열 역시 자아가 사용하는 방어기제이다. 자아는 분열을 통해서 절박하게 필요한 안녕감을 유지할 수 있다.[25] 전적으로 좋은 대상을 유지하기 위해 대상관계를 좋음과 나쁨으로 분열시켜야 하며, 나쁜 대상을 밖으로 투사함으로 결과적으로 분열된 채 통합하지 못한 대상관계에 매달려야 하는 것이다. 해밀턴은 이러한 분열이 반드시 병리적인 것만은 아님을 지적한다. 연인 관계와 가족과 국가에 대한 애정과 헌신을 형성하기 위해 분열을 통한 대상의 이상화와 대상의 나쁜 측면은 타인에게 투사하는 것이 어느 정도는 필요할 것이다.[26] 하지만 더 성숙한 관계로 발전하기 위해서는 초기의 분열 상태에만 머물러서는 곤란할 것이다. 연인과의 관계가 보다 안정되고 유지되기 위해서는 잠시 동안의 실망감을 견딜 수 있는 대상항상성이 필요하다. 국가에 대해서도 맹목적인 이상화만으로는 건강한 국가를 이룰 수 없으며 나치의 경우에서 보았던 것처럼 전

---

23 제임스 매스터슨, 임혜련 옮김, 『참자기』(서울: 한국심리치료연구소, 2000) 참고. 매스터슨은 아이가 엄마와의 관계에서 느끼는 유기의 위협을 표현하기 위해 유기공포라는 용어를 사용했다. 하지만 이 글에서는 공포라는 단어보다는 실제적인 유기의 위험이 없을 때에도 알 수 없는 형태로 활성화하는 유기의 위협을 표현하기 위하여 '유기불안'이라는 용어를 사용할 것이다.
24 해밀턴, 『자기와 타자: 대상관계 이론과 실제』, 122.
25 *Ibid.*, 116.
26 *Ibid.*, 121.

체주의의 위험성이 도사리고 있다. 분열에 기초한 사랑은 깨지기 쉬운 연약한 사랑이며, 그러한 사랑에 터 잡은 가족과 국가는 건강하고 개별적 국민을 키워낼 수 없는 폐쇄적인 체계가 되고 말 것이다.

좋은 대상과 나쁜 대상의 건강한 통합에 실패함으로 대상항상성과 자기항상성의 감각을 가지지 못한 사람들이 겪는 병리가 바로 경계선 성격장애이다. 이 글에서는 경계선 성격장애라는 표현보다는 경계선 성격구조라는 말을 사용하고자 한다.[27] 이것은 컨버그가 경계선 성격구성이라는 표현을 통해 발달의 과정을 통해 자리잡은 성격구조의 특성을 보여주고자 했던 것과 맥락을 같이한다.[28] 나아가 경계선 성격구조라는 개념은 클라인이 편집-분열적 자리라는 개념을 통해서 유아가 발달과정에서 경험한 자연스러운 과정의 하나로 그 시기의 경험을 이해한 것과 맥락을 같이한다. 어떤 특정한 환경 속에서 우리는 모두 어느 정도는 그 성격 특성으로 퇴행을 하게 된다. 해밀턴은 컨버그가 제시한 경계선 성격구성의 특성을 잘 요약해서 제시한다. 경계선 성격구성을 가진 사람들은 "충동적이고, 화를 잘 내고, 중독에 취약하고, 성적으로 문란하거나 도착적이고, 심인성 증상을 호소하고, 공포증을 갖고 있고, 만성적으로 막연한 불안에 시달린다. 또한 해리와 편집증적 사고 및 강박증 경향"을 많이 보인다. 이들은 분열, 투사적 동일시,

---

27 경계선 성격장애가 성격장애의 한 종류로 진단 기준으로 자리잡은 것은 1980년 DSM 3판에서부터다. 정신분석학자 모니카 맥윌리암스(McWilliams)가 지적하는 것처럼, 이것은 그동안 경계선 성격 조직에 대한 정신분석적 탐구의 결과를 인정받은 것이기도 했지만, 동시에 중요한 혼란을 안겨주는 결과가 되었다. 경계선 성격을 히스테리성 성격과 강박성 성격 등과 동등하게 위치해서 정신병리의 한 유형으로 이해하게 되면, 신경증과 정신병 사이에 존재하는 성격조직의 수준으로서의 경계선 성격구조를 이 개념을 통해서 알아차릴 방법이 없어지게 된다. 맥윌리암스의 제안에 따라 필자는 경계선 성격구조를 병리적 성격의 한 유형이면서 동시에 발달적 함의를 가지고 있는 성격조직의 수준을 나타내는 개념으로 이해한다. 필자가 제안하는 경계선 성격구조는 이러한 두 가지 의미를 동시에 담고 있다. 낸시 맥윌리암스, 정남운·이기련 옮김, 『정신분석적 진단: 성격구조의 이해』(서울: 학지사, 2008), 81.
28 해밀턴, 『자기와 타자: 대상관계 이론과 실제』, 206.

이상화와 평가절하의 방어기제를 주로 사용하며, 분열된 내적 대상을 가지고 있다.[29]

DSM-5의 경계선 성격장애 진단 기준을 보더라도 컨버그와 매스터슨의 연구가 중요하게 반영되어 있음을 알 수 있다.[30] 진단 기준으로 제시된 버림받지 않기 위해 필사적으로 노력하는 것과 이상화와 평가절하는 오가는 관계 양상과 자기 이미지의 결함 등이 분리개별화 단계에서 경험하는 불안이 제대로 다뤄지지 않은 결과이다. 이는 좋은 대상과 나쁜 대상으로 분열된 대상관계에 롤러코스터를 타듯이 매달릴 수밖에 없는 아이의 아픔을 잘 표현해주고 있다. 클라인이 주장하던 박해불안은 유기불안이라고 하는 더 관계적인 의미를 담은 불안으로 발전되었다. 클라인이 제시했던 원시적인 방어기제들은 이후의 발달단계를 거쳐나가는 아이에게도 여전히 경험되는 것으로 보고된다.

이 글의 목적을 위해 필자는 '경계선 성격구조'라는 말을 사용하고 있다. 분단이라는 외적 환경이 그 사회를 사는 개인들에게 남긴 흔적을 추적하는 것을 통해 사회의 불안요인이 생길 때마다 우리를 지배하는 내면의 코끼리에 대한 이해를 높이는 것은 평화에 대한 논의를 위해서 중요한 걸음이 될 것이다. 필자는 왜 사람들은 평화를 원하면서도 날마다 내적 전쟁을 치르고 있는지 이해하는 단초를 제공할 수 있을 것이라는 기대를 가지고 경계선 성격구조를 제시했다. 이 관점을 통해 클라인이 제시한 편집-분열적 자리 개념에서 얻은 통찰을 좀 더 밀고 나가도록 하겠다.

분단구조는 그 사회에 살고 있는 개인들에게 사상과 의사표현의 자유를 허용하지 않는다. 최근 일어난 역사교과서 국정화 논쟁에서도 보는 것처럼, 교과서 선택에 자유를 허용했더니 아이들이 편향된 이념에 의해 물들었다

---

29 *Ibid.*, 206. 여기에 대한 보다 자세한 논의를 보기 위해서는 오토 컨버그, 윤운임 외 옮김, 『경계선 장애와 병리적 나르시시즘』(서울: 학지사, 2008)을 참고하시오.
30 APA, 권준수·김재진 옮김, 『DSM-5 정신질환의 진단 및 통계 편람』(서울: 학지사, 2015), 723-725.

고 말한다. 현재 사용되는 검인정 교과서에는 분명 이념의 다양성이 존재하고 있다. 분단구조 아래에서는 다양성과 자유는 위험하다. 다양성을 허용하면 우리의 좋은 대상들이 나쁜 대상에 물들어 버린다는 것이다. 좋은 대상을 지키기 위해서는 끊임없는 이상화를 거쳐서 어떤 나쁜 흔적도 침입하지 못하도록 만들어야 한다. 하지만 이것은 구성원들의 성장을 가로막는 결과를 가져온다. 재접근 불안을 경험하고 있는 아이에게 엄마는 자유를 허용해야 한다. 아이가 마음껏 엄마 품에 안길 수 있도록 허용하면서 통제당한다는 느낌을 주어서는 안 된다. 아이는 자유롭게 자기 세계를 탐험하다가도 불안이 몰려오면 엄마 품으로 달려간다. 하지만 이내 휘둘린다는 느낌에 사로잡힌 아이는 그 품을 자유롭게 밀어내고 자기 세계로 돌아갈 수 있어야 한다. 그래야 아이의 마음속에 좋은 엄마와 나쁜 엄마가 같은 엄마라는 대상항상성의 감각을 가질 수 있게 된다. 대상항상성을 가진 아이라야 엄마가 잠시 보이지 않더라도 쉽게 유기불안에 휩쓸리지 않는다.

안타깝게도 경직된 분단구조는 개인들에게 재접근 불안을 해소할 수 있는 기회를 주지 않는다. 대신 자칫 버림받을 수 있다는 더 강력한 메시지로 구성원들을 통제한다. 여전히 없어지지 않고 있는 국가보안법이 개인들의 재접근 불안을 통제하는 역할을 해 왔을 것이다. 그 결과 개인들은 대상관계의 분열과 투사적 동일시와 내사라는 원시적 방어기제에 기댈 수밖에 없게 되었다. 한국인들이 가장 흔하게 사용하는 원시적 방어기제들은 여러 형태의 편 가르기와 이념적 배경으로 사람의 전체를 판단하는 행동에서 잘 드러난다. 이것은 도무지 타협을 이루지 못하는 정당 정치에서도 잘 드러난다. 아울러 건강한 내적 비판의 기회를 허용하지 않는 사회문화에서도 잘 나타난다. 이들 병리적 행동 뒤에는 버림받음에 대한 불안이 도사리고 있다.

컨버그가 제시한 경계선 성격구성의 특징들이 한국 사회에서 만연하고 있는 것도 분단구조가 개인의 내면에 남긴 흔적을 보여주는 증거가 될 수도 있을 것이다. 컨버그가 지적한 '충동성'과 '화를 잘 내는' 특징은 우리 사회에 만연한 묻지 마 폭력, 가정폭력, 일상폭력, 댓글폭력, 국가폭력 등에서 잘 드러나고 있다. '중독에 취약'한 특성은 OECD 국가 중 1위를 달리고 있는 술 소비와 간질환 사망률로 잘 보여준다. '성적으로 문란하거나 도착'이 많은 부분도 음란물 소비와 매춘에서 OECD 국가 중 부동의 1위를 달리는 측면에서 잘 드러난다고 할 수 있다. 물론 개인의 병리적 행동 특성을 국가 통계에 적용하는 것에는 한계가 있을 수 있겠지만, 컨버그가 제시한 경계선 성격구성의 특성이 다른 사회보다 한국 사회에 만연해 있다는 것은 분단이라고 하는 사회 구조적 불안이 개인들의 병리적 행동에 영향을 미치고 있음을 유추해볼 수 있는 여지도 있을 것이다.

우리 안에 자리잡은 경계선 성격구조는 어떤 내적·외적 위협이 발생하면 우리도 모르는 사이에 특정한 방향으로 우리의 사고와 행동과 감정을 이끌어간다. 그 이면에는 무의식에서 강력하게 활성화되고 있는 유기불안이 존재하며, 좋은 대상과 나쁜 대상의 분열과 이로 인한 투사적 동일시와 이상화와 평가절하가 존재한다. 물론 유기불안과 재접근 불안으로 한국인의 모든 병리적 행동을 설명할 수는 없을 것이다. 그럼에도 불구하고 정신분석 문헌을 통해서 분단구조가 개인들에게 남긴 흔적을 이해하는 작은 도구가 될 수 있을 것이다.

목회신학자로서 필자는 정신분석 문헌을 통해서 우리가 추구하는 신학적 평화를 위한 출발점을 새롭게 제시했다. 그것은 남북한의 대치 상황이나 국제정세가 아니라 분단구조에서 70년 이상을 살아온 국민들의 마음이다. 그 마음은 분단구조에서 중요한 영향을 받아왔으며, 그 영향으로 인해서 사람들의 마음속에서는 날마다 어떤 전쟁이 일어나고 있는지 보여주고자 노력했다. 그 전쟁의 현실은 무의식의 영역에서 사람들의 마음속에 자리잡은 편집-분열적 자리와 경계선 성격구조이다. 이것은 우리 사회를 병리 모델로 설명하고자 하는 시도가 아니다. 성격장애로 진단을 받은 사람들조차 때론 정상적인 생활을 하기도 하고 때론 병리가 활성화되는 때가 있다. 필자는 개인들의 마음속에 자리잡은 분단의 흔적은 지금도 지도자들에 의해서 병리적 형태로 발현되도록 부추김을 받을 수 있으며, 때론 그것을 잘하는 지도자들이 권력을 차지하기도 한다. 동시에 개인의 삶에서 경험하는 좌절과 역경이 그러한 병리가 활성화하는 데 영향을 줄 수가 있다. 평화를 위한 신학적 노력은 사람들이 마음속에서 경험하는 전쟁의 현실을 이해하는 데서 시작할 필요가 있다. 지금 갑작스러운 통일이 오더라도 사람들의 마음속의 전쟁은 계속될 위험이 있다. 분단의 구조가 사람들의 마음속에 분열이라는 흔적을 남겼다면, 그것은 빼앗긴 마음이라고 할 수 있을 것이다. 왜냐하면 사람들은 자신들의 마음의 한 부분, 좀 더 정확히는 자신들의 내적 대상관계의 한 부분을 부인하고 있기 때문이다. 부인하고 외부로 투사되었지만 그것은 투사가 향한 대상의 것이 아니라 자신의 마음의 한 부분이다. 부인된 마음의 부분과 이상화한 마음의 부분이 통합되지 않는다면, 그의 마음은 여전히 빼앗긴 상태에 놓여 있을 것이다. 빼앗긴 마음에 평화는 없다. 그러면 그 평화를 회복하는 시도는 어떻게 진행되어야 하는가? 빼앗긴 마음의 회복으로부터 시작해야 할 것이다.

5. 빼앗긴 마음의 회복을 위하여

지금까지 필자는 분단구조가 개인들의 마음에 남긴 상처와 흔적을 정신분석적 관점을 통해 조사하면서 그 흔적을 '빼앗긴 마음'이라는 용어로 표현했다. 분단구조가 유발한 박해불안과 유기불안에 대처하기 위해서 방어기제로 사용한 분열이 심리구조로 고착되면서 온전한 성장을 위해 통합해야 할 마음의 일부분을 부인하면서 생긴 빼앗긴 마음의 상태가 바로 분단 사회를 사는 개인들의 아픔임을 제시했다. 그러므로 우리의 평화에 대한 논의는 빼앗긴 마음의 회복으로부터 시작해야 할 것이다. 빼앗긴 마음의 회복은 어떻게 가능한가? 정신분석의 지혜는 목회상담적 평화의 추구를 위해 어떤 통찰을 전해줄 수 있을까?

클라인의 제자였던 한나 시걸(Hanna Segal)의 말처럼 편집-분열적 자리는 심리발달의 단계로 이해할 수 있다.[31] 편집-분열적 자리에서 유아가 경험하는 가학적 공격성과 박해불안은 자연스러운 발달의 과정이다. 이것 자체가 병리적인 것이 결코 아니다. 성인들도 삶의 위기 상황에서 견디기 힘든 가학적 공격성과 편집불안을 경험할 수 있다. 문제는 불안이 유아가 견디기 힘들 정도로 커질 때 발생한다. 유아의 타고난 기질 때문일 수도 있지만, 클라인이 보다 중요하게 생각한 것은 환경의 중요성이다.[32] 적절한 환경이 제공되면 아이들은 자연스럽게 이 단계를 지나간다. 만약 환경의 영향으로 박해불안이 과도하게 커지게 되면 아이는 다음 단계인 우울의 자리를 경험하는 데 방해를 받게 된다. 우울의 자리에서 아이가 경험하는 것은 부분대상에서 전체대상으로의 이행이며, 좋은 젖가슴과 나쁜 젖가슴을 분열된 상태가 아니라 하나의 전체로 받아들이기 시작하는 것이다. 이 단계가 되어서야 비로소 아이는 자신의 과도한 공격성이 좋은 젖가슴마저 파괴했을 수 있다는 죄책감을 가지게 되며 이것이 우울의 자리가 전면에 등장하는 계기가 된다.[33]

    빼앗긴 마음의 회복을 위해서 필요한 것은 편집-분열적 자리에 멈춰버린 발달의 과정을 계속하도록 도와주는 것이다. 엄마가, 아이가 표현하는 가학적 공격성에 파괴되지 않고 계속 괜찮은 엄마로 살아남아 줄 때 아이는 비로소 전체 대상으로서의 엄마와 관계를 맺을 수 있다. 마찬가지로 분단구조에서의 개인들이 경험하는 가학적 공격성과 좋은 대상과 나쁜 대상의 분열로 인해 자신들이 가했던 나쁜 대상에 대한 공격이 사실은 피하고 싶었던 자신의 부분이었다는 사실을 받아들일 필요가 있다. 자신들이 박해불안에 쫓겨서 미워했던 그 대상들이 사실은 우리의 한 부분이었다는 것을 받아들이고, 어쩌면 그렇게까지 나쁘지 않은 그들을 자신의 공격성 때문에 지나치게 나쁘게 생각하고 상처를 입혔다는 미안함 혹은 죄책감을 가질 수 있어야

---

31 한나 시걸, 『멜라니 클라인』(1999), 136.
32 Klein, "Notes on Some Schizoid Mechanisms(1946)," 15.
33 Ibid., 14.

할 것이다.

하지만 안타깝게도 아직 우리 사회에는 그동안 우리가 지목해 온 나쁜 대상들이 사실은 그렇게 나쁜 대상들이 아니었으며, 우리의 한 부분이었다는 사실을 받아들이는 노력이 이루어지지 않고 있다. 명백하게 조작으로 드러난 인혁당 사건이나, 마녀사냥식 색깔론으로 빨갱이로 낙인 찍힌 수많은 사람들이 사실은 우리 공동체의 한 부분이었다는 사실을 인정하는 집단적 노력이 없었다. 나아가 우리가 그들을 그렇게 미워한 것은 실제 그들이 나쁜 대상이어서가 아니라 우리의 불안이 야기한 자신의 가학적 공격성이 표출된 것임을 받아들이고 공식적으로 사죄하는 국가적 제의가 이루어진 적이 없다. 오히려 지금도 과거의 실수는 묻어둔 채 또 다른 형태의 색깔론이 확대 재생산되고 새로운 피해자가 생겨나고 있는 실정이다. 박해불안은 줄어들지 않고 있다. 빼앗긴 마음의 회복을 위해서는 다음 단계로 발달해 나갈 수 있도록 개인들의 공격성을 적절하게 견뎌주는 안전한 환경의 제공이 필요하다.

병리적으로 극대화한 경계선 성격구조로 인해 빼앗긴 마음을 회복하는 길은 무엇일까? 이미 살펴본 것처럼 아이는 좋은 대상표상과 나쁜 대상표상의 통합을 통해 대상항상성을 가질 수 있게 된다. 재접근 단계에서 유발되는 불안을 적절하게 해소할 수 있는 환경이 제공되어야 아이는 유기불안을 극복하고 대상항상성을 획득할 수 있다. 재접근 단계에 유기불안이 활성화하는 이유는 엄마 품에 안긴 아이는 엄마에 의해서 휘둘릴 수 있다는 불안감을 느끼며, 엄마를 떠나서는 엄마에 의해서 버림받았다는 불안을 느끼는 정서적으로 요동치는 시기를 지나기 때문이다. 이런 이유로 양육자 역시 아이를 성가신 존재로 경험하기 쉬우며, 아이는 유기불안에 휩쓸릴 위험에 더 많이 노출된다. 이때 필요한 적절한 환경에 대해서 매스터슨은 "물리적으로는 고무적이면서도 안전해야 하고, 사회적으로는 도전해볼 만한 동시에 아이의 발달단계에서 제어 가능하고, 지적으로는 아이의 관심을 끌 만큼 흥미진진해야 하며, 정서적으로는 안정감"이 제공되어야 한다고 말한다.[34] 아이의 지적, 정서적, 물리적 욕구에 적절하게 반응하면서도 자유로움과 함께 안정감을 제공해 주어야 한다는 것이다.

재접근 단계의 상황은 어쩌면 분단 상황과 일치하는 측면이 많다. 우리에게는 자유가 주어져 있지만, 사실 우리는 자유롭지 않은 세상에 살고 있다. 우리는 평화의 시기를 살고 있지만, 사실은 전쟁의 위협과 함께 호흡하며 살고 있다. 국가는 우리를 보호해주지만, 근현대사를 통해서 국가의 방향에 순응하지 않은 개인들은 탄압을 받아 왔다. 정서적 동요를 쉽게 느낄 수밖에 없는 환경이 우리의 현실이다. 지금도 광화문에는 세월호 유가족들과 그 아픔을 함께하는 사람들이 천막을 치고 농성을 하고 있다. 그 옆을 지나가는 수많은 사람들은 아무 일 없었다는 듯이 일상을 살아가고 있다. 이 장면이 웅변적으로 보여주는 한국 사회의 이미지는 일상을 살아가는 국민 누구든 그 천막에 들어가 농성을 하게 되는 위치에 놓일 위험성이 언제나 도사리고 있는 위험사회 혹은 불안사회라는 사실이다. 좋은 대한민국과 헬조선[35]이 공존하는 세상에 우리는 살고 있다.

대상항상성은 좋은 대상표상과 나쁜 대상표상의 통합을 통해 형성된다. 좋은 자기표상과 나쁜 자기표상의 통합이 자기항상성의 형성을 가능하게 해준다. 우리 사회의 자화상은 통합이 아닌 여전히 양자택일의 요구가 강하게 작용하고 있다. 유기불안이 해소되는 것이 아니라 너도 잘못하면 저들과 같이 버림받을지 모른다는 메시지가 서울의 중심부에서 송출되고 있다. 너도 자칫 잘못하면 빨갱이로 몰릴 수 있다는 두려움이 예술을 하는 사람과, 글을 쓰는 사람, 심지어 SNS에 개인적인 의견을 올리는 사람의 손끝을 짓누르고 있다. 사회는 발전하고 있지만 유기불안은 해소되지 않고 높아만 간

---

34 매스터슨, 『참자기』(2000), 82.
35 위키백과에 의하면 헬조선은 2015년 하반기부터 SNS 등을 통해 본격적으로 퍼져나간 용어로서 청년실업, 경제적 격차의 심화, 가난의 대물림 등의 문제가 심화되고 있는 한국 사회를 지칭하는 말이다. https://ko.wikipedia.org/wiki/%ED%97%AC%EC%A1%B0%EC%84%A0, 2016년 2월 13일 접속.

다. 분단구조가 우리에게 남긴 아픔이다. 건강한 발달을 위해서 필요한 적절한 환경은 요원하기만 하다.

병리적으로 활성화한 경계선 성격구조로 인해서 빼앗긴 마음의 회복은 버림받을지 모른다는 불안감을 해소시켜 주는 환경을 제공하는 것이다. 이를 통해서 대상항상성이 자리잡아야 매달리기와 거리를 두고 분노를 표출하기 사이를 오가는 극단적 형태의 대상관계가 아니라 보다 안정된 관계가 가능할 것이다. 이를 위해 요구되는 환경은 좋은 대상과 나쁜 대상을 함께 경험할 수 있는 안전한 환경이다. 하지만 국가는 휴전이라는 준전시 상황에서 이러한 역할을 제대로 감당하는 데 한계가 있을 것이다. 물론 남북한의 화해가 이루어지고 사회가 더욱 성숙해지면 기대할 수 있겠지만 여전히 분단구조를 통해서 권력을 유지하는 정치인들과 기득권 세력이 있는 한 그 길은 멀기만 하다.

이런 이유로 이 글의 초점이 자연스럽게 국가에서 신앙 공동체와 신학으로 옮겨진다. 빼앗긴 마음이 회복을 돕는 신학과 신앙 공동체의 역할은 무엇일까? 위에서 제시한 좋은 환경을 제공하기 위해 신앙 공동체와 신학은 어떤 역할을 할 수 있을까? 필자는 바로 평화를 위한 신학이 출발점이라고 생각한다.

6. 빼앗긴 마음의 회복과 평화를 이루기 위한 신앙 공동체

『믿음의 역동성』에서 신학자 폴 틸리히(Paul J. Tillich)는 믿음은 확실성과 불확실성, 의심과 확신의 요소를 함께 포함하고 있다고 말한다. 그에게 역동적 믿음은 용기 있게 불확실성 위에 서 있을 때 가능하다.[36] 비슷한 관점에서 틸리히는 거룩 역시 신성한 것과 악마적인 것의 역동적 관계 속에서

---

36 폴 틸리히, 최규택 옮김, 『믿음의 역동성』(서울: 그루터기하우스, 2005), 51.

그 역동적 의미를 가질 수 있다고 보았다. 악마적인 것이 사라진 거룩은 그 역동성을 잃어버리고, 단지 윤리적으로 선하고 논리적으로 옳은 것으로 굳어져 버린다.[37] 완전히 선한 것, 완전히 의로운 것, 완벽한 신앙의 모습을 고수하는 것은 믿음과 거룩의 역동적 의미를 잃어버릴 위험이 있다. 이런 면에서 틸리히는 프린스턴의 목회신학자 시워드 힐트너(Seward Hiltner)가 잘 지적한 것처럼 삶의 역동적 현실과 긴밀한 관계를 가지는 신학을 추구한 좋은 모델이다.[38] 필자가 보기에 틸리히가 그의 책 『믿음의 역동성』에서 보여주는 것과 힐트너가 *Theological Dynamics*에서 주장하는 것은 모두 삶의 현실은 긴장(tension)과 역설(paradox)을 피할 수 없다는 사실이다. 사람들의 삶에 도움을 주는 신앙과 신학은 그 긴장과 역설을 없애는 것이 아니라, 그것을 마주하고 살아낼 수 있도록 도와줄 수 있어야 한다. 왜냐하면 긴장과 역설을 없애는 순간 신앙은 삶과 괴리된 맹목적이며, 틸리히의 지적처럼 그 자체로 악마적인 것이 될 위험성이 있기 때문이다.

빼앗긴 마음들이 힘들어하는 것은 통합되지 않은 채 그들 안에 존재하는 좋은 대상관계와 나쁜 대상관계 혹은 좋은 대상표상과 나쁜 대상표상이 함께 있기 때문이다. 분열은 이들이 일으키는 박해불안과 유기불안으로 인해서 사용하는 방어기제이다. 분열을 통해 좋음은 취하고 나쁨은 부인하는 것이다. 만약 신학이 우리 삶의 긍정적 요소만 취하고 부정적 요소를 거부한다면 분열적 신앙에 빠질 위험이 있다. 그 결과 신학은 긍정적 요소들을 지키기 위해 과도한 이상화를 해야 하며, 분열된 부정적 요소는 투사적 동일시를 통해서 타자의 것으로 치부해야 한다. 이것은 교회 내 갈등 상황이 발생하거나 교파 간 대립이 일어날 때 상대방을 마귀라고 저주하며 원색적인 싸움을 하는 장면에서 확인할 수 있다. 분단구조의 영향으로 총선과 같은 정치적 쟁점 앞에서 한국 교회들은 이념적으로 분열된 양상을 보이는 경우가 많

---

37 *Ibid.*, 49.
38 Seward Hiltner, *Theological Dynamics* (Nashville: Abingdon Press, 1972), 183, 187.

다.[39] 이것은 분단구조가 낳은 편집-분열적 자리와 경계선 성격구조의 영향에서 교회도 자유롭지 못하다는 것을 드러내 주는 예가 될 것이다. 교회가 사회의 분열성 기제를 안아주는 것이 아니라, 오히려 조장할 때가 많다. 이러한 편 가르기와 분열이 존재하는 한 교회가 추구하는 평화의 노력은 삶과 진정으로 연결되지 못한 채 공허한 외침에 머무르고 말 것이다. 겉으로는 평화를 외치지만 그들의 마음속의 전쟁은 여전히 진행중이기 때문이다.

필자는 평화를 위한 신학적 노력은 우리 각자의 마음속에 드리운 분단의 그림자를 받아들이는 것에서부터 시작해야 한다고 주장한다. 분단구조가 낳은 분열이라는 심리적 현실은 공격성의 과도한 표출과 아군과 적군을 첨예하게 분리시키는 결과를 가져왔다. 이 현상은 단지 남한과 북한 사이에서만 이루어지는 것이 아니라 우리의 일상에 깊숙이 침투해 있다. 좋음과 나쁨, 전쟁과 평화는 아직도 우리의 마음속에서 첨예하게 갈라진 채 우리의 마음을 빼앗아 가고 있다. 신학적 평화 추구는 평화의 이상이 아니라, 이런 전쟁의 현실에서부터 출발해야 한다. 지금도 일어나고 있는 전쟁의 현실이 우리가 평화에 대한 고민을 시작해야 하는 자리이다. 평화는 나쁜 전쟁을 몰아내는 것이 아니라, 전쟁을 그 안에 통합시킬 수 있는 것이어야 한다. 전쟁은 평화의 반대가 아니라 평화의 한 부분이다.

크로아티아 출신으로 예일대학교에서 가르치고 있는 신학자 미로슬라브 볼프(Miroslav Volf)는 『배제와 포용』에서 '포용'(embrace)이라는 은유를 통해서 정체성과 타자성의 주제를 신학적으로 풀어낸다.[40] 볼프는 이 은유를 통해서 "우리 자신을 다른 사람에게 내어 주고, 그들을 '받아들이고', 그들을 위한 자리를 마련하기 위해 우리의 정체성을 재조정하려는 의지는, 그들의 인간성을 인식하려는 목적을 제외한 그들에 대한 그 어떤 판단보다 중

---

39 유민환, "'종교가치 현실정치 실현' 명목… 與野지지로 갈려 '종파갈등'," 「문화일보」 2016년 2월 2일, http://www.munhwa.com/news/view.html?no=2016020201070212054001, 2016년 2월 13일 접속.
40 미로슬라브 볼프, 박세혁 옮김, 『배제와 포용』(서울: IVP, 2012), 43.

요"하다는 점을 강조한다. 볼프는 "포용하려는 의지는 다른 사람들에게 관한 그 어떤 '진리'보다, 그들의 '정의'에 대한 그 어떤 판단보다 우선"해야 한다고 주장하며, "세계를 '선'과 '악'이라는 도덕적 범주로 구별하려는 시도를 초월"한다는 것을 분명하게 제시한다.[41] 결국 볼프에게서 십자가의 길을 따르는 신학의 최우선의 과제는 옳음과 그름, 좋음과 나쁨, 아군과 적군, 자유민주주의와 공산주의, 진보와 보수를 나누기 전에 먼저 포용하고 품어내는 것이다.

좋은 엄마와 나쁜 엄마의 역설적 공존은 초기 유아의 삶에서부터 이미 중요한 삶의 도전으로 경험된다. 그 도전 앞에서 누구든 방어기제를 사용하게 된다. 역설적 경험과 방어기제의 사용에는 어떤 윤리적 판단이 주어져도 안 된다. 그것은 삶의 기초 현상에 대한 본능적 반응이기 때문이다. 이 시기에 필요한 것은 판단이 아니라 아이의 공격성을 견뎌주는 좋은 대상관계의 제공(클라인)이고, 재접근 불안을 견뎌주면서 동시에 아이에게 자유를 허용해주는 안전한 환경의 제공(매스터슨)이며, 포용하는 신학과 신앙공동체의 제공(볼프)이다. 정신분석가들은 좋은 환경이 제공될 때 아이는 함께 자연스럽게 발달의 과정을 거쳐나간다고 주장한다. 신앙공동체 역시 포용해주고 안아주는 공동체를 제공해줌으로 구성원들이 타자를 품어주는 성숙한 정체성을 갖춘 신앙인으로 성장해 나갈 것이다.

7. 나가는 말 – 역동적 평화를 향하여

목회상담학자로서 필자는 평화의 신학적 추구는 우리 안에 존재하는 전쟁의 현실에 대한 직시와, 그 전쟁 역시 평화의 한 부분임을 받아들이고, 포용해주는 과정에서 출발한다고 생각한다. 이를 통해 우리 안에 존재하는 다

---

41 *Ibid.*, 44.

름에 대한 혐오를 없앨 수 있으며, 분열의 기제로 퇴행하는 것이 아니라, 다름 역시 우리의 한 부분이며, 하나님의 창조세계의 한 부분임을 받아들이는 성숙함으로 나아갈 것이다. 평화는 전쟁의 끝이 아니라, 전쟁의 한 가운데에서 시작되는 것이다. 평화는 우리 사회의 괴물을 없애는 것이 아니라, 그 괴물이 우리의 한 부분임을 받아들이는 것에서 시작한다. 악마도 거룩함의 한 부분이라고 말했던 틸리히처럼, 필자는 전쟁도 평화의 한 부분이라고 주장한다.

    빼앗긴 마음의 회복은 잃어버린 것을 되찾아 오는 것을 통해서 이루어지는 것이 아니라, 안아줌과 포용을 통해서 거부되었던 자신의 모습을 받아들이는 과정을 통해서 가능해진다. 우리의 평화는 전쟁을 몰아냄을 통해서가 아니라, 현재의 전쟁 상황이 우리의 모습임을 인정하고 우리 안에 존재하는 다름과 나쁨과 괴물이 곧 우리의 공격성이 투사된 대상이었다는 사실을 받아들이는 것에서 시작된다. 그 거부했던 것들이 우리의 모습이라는 사실을 받아들이는 힘겨운 노력을 통해서 빼앗긴 마음의 평화는 시작될 것으로 기대한다. 삶의 현장에서 시작하는 신학적 평화는 어떤 상태나 유토피아적 기대가 아니라 역동적 삶의 과정이다.

참고문헌

김동춘. 『1997년 이후 한국사회의 성찰: 기업사회로의 변환과 과제』. 서울: 도서출판 길, 2006.
박구재. "참 나쁜 프레임." 「경향신문」 2015년 11월 25일. http://news.khan.co.kr/kh_news/khan_art_view.html?artid=201511252030475, 2016년 2월 13일 접속.
백충현. 『남북한 평화통일을 위한 삼위일체적 평화통일 신학의 모색』. 서울: 나눔사, 2012.
유경동. 『남북한 통일과 기독교의 평화』. 서울: 나눔사, 2012.
유민환. "종교가치 현실정치 실현' 명목… 與野지지로 갈려 '종파갈등'." 「문화일보」 2016년 2월 2일. http://www.munhwa.com/news/view.html?no=2016020201070212054001, 2016년 2월 13일 접속.

APA. 권준수·김재진 옮김. 『DSM-5 정신질환의 진단 및 통계 편람』. 서울: 학지사, 2015.
그레고리 해밀턴. 김진숙·김창대·이지연 옮김. 『대상관계 이론과 실제: 자기와 타자』. 서울: 학지사, 2007.
낸시 맥윌리암스. 정남운·이기련 옮김. 『정신분석적 진단: 성격구조의 이해』. 서울: 학지사, 2008.
로널드 페어베언. 이재훈 옮김. 『성격에 관한 정신분석학적 연구』. 서울: 한국심리치료연구소, 2003.
마가렛 말러·프렛 파인·애니 버그만. 이재훈 옮김. 『유아의 심리적 탄생』. 서울: 한국심리치료연구소, 1997.
미로슬라브 볼프. 박세혁 옮김. 『배제와 포용』. 서울: IVP, 2012.
오토 컨버그. 윤운임 외 옮김. 『경계선 장애와 병리적 나르시시즘』. 서울: 학지사, 2008.

제임스 매스터슨. 임혜련 옮김. 『참자기』. 서울: 한국심리치료연구소, 2000.
조너선 하이트. 왕수민 옮김. 『바른 마음』. 서울: 웅진싱크빅, 2014.
폴 틸리히. 최규택 옮김. 『믿음의 역동성』. 서울: 그루터기하우스, 2005.
한나 시걸. 이재훈 옮김. 『멜라니 클라인』. 서울: 한국심리치료연구소, 1999.

Hiltner, Seward. *Theological Dynamics.* Nashville: Abingdon Press, 1972.
Klein, Melanie. "Notes on Some Schizoid Mechanisms(1946)." *Envy and Gratitude and Other Works 1946-1963: The Writings of Melanie Klein*, Vol. III. New York: The Free Press, 1984.

제8장

평화의 영성을 향하여
― 내적 평화와 사회적 평화의 관계[1]

최 승 기

호남신학대학교, 영성학

1. 들어가는 말

"화평하게 하는 자는 복이 있나니 그들이 하나님의 아들이라 일컬음을 받을 것임이요."(마 5:9) 예수의 산상수훈 팔복 중에서 유일하게 행동과 관련된 복은 평화에 관한 복이다. 다른 모든 복은 영적인 태도를 의미한다.[2] 예수 그리스도는 평화의 왕자이다.[3] 그의 소명은 하나님과 모든 피조세계 사이에 평화를 일구는 것이다. 따라서 그를 따르는 자는 그와 함께 평화를 일굼으로써 그와 더불어 하나님의 아들이라 일컬음을 받을 자이다.

1　이 논문은 2016년 10월 공적신학과교회연구소에서 발표한 후에 수정을 거쳐 「신학과 실천」 52(2016), 473-500에 게재된 글이다.
2　Henry Wansbourgh, "Blessed are the Peacemakers," *The Way* 22, no. 1(1982), 15.
3　John R. Donahue, "The Good News of Peace," *The Way* 22, no. 2(1982), 89.

평화를 언급할 때 흔히 내적 평화와 외적 평화의 차원을 구분한다. 다른 말로 하면 수직적 평화와 수평적 평화이다. 전자는 하나님과 인간 사이의 평화이고, 후자는 인간과 인간 사이의 평화, 인간과 피조세계 사이의 평화이다. 한국교회에 개인의 내적 평화에 대한 강조가 많은 것이 사실이다. 이에 반하여 외적 평화에 대한 강조는 적거나 극히 미미하다. 개인의 내적 평화를 강조하거나 경험한 사람들이 자연스럽게 그 평화의 지평을 사회적 영역으로까지 확장한 경우를 찾는 것도 쉽지 않다. 여기서 개인의 내적 평화를 추구하는 한국의 그리스도인들이 어떻게 평화의 지평을 사회적, 국제적, 생태적 영역으로까지 확장하여 내적 평화와 외적 평화를 통합적으로 추구하는 삶을 살아갈 수 있을까라는 질문이 제기된다. 또한 외적 평화를 추구하는 한국의 그리스도인들이 직면할 수 있는 문제는 평화를 일구기 위해 저항하는 과정에서 어떻게 내적 평화를 유지할 수 있는가라는 질문이다. 내적 평화가 없거나 혹은 그 뿌리가 깊지 않다면, 외적 평화를 추구하는 저항의 과정에서 우리 마음은 쉽게 폭력적으로 될 수 있기 때문이다. 이 질문들에 대한 응답을 시도함으로써 평화의 영성을 위한 디딤돌을 마련하고 싶은 것이 이 글의 목적이다.

2. 내적 평화와 외적 평화의 통합을 향하여

한국 그리스도인들의 평화 추구가 개인화한 내적 평화의 한계를 넘어서 공공의 영역으로까지 나아가기 위해서는 평화와 관련하여 확장 혹은 수정되어야 할 몇 가지 인식이 존재한다. 다시 말하면, 평화란 무엇인가에 대한 인식의 확장, 내면성에 대한 새로운 인식, 그리고 기도와 행동에 관한 이분법적 인식의 수정이 요구된다.

1) 평화의 정의

일반적으로 평화는 국가나 집단 간에 전쟁이 없는 상태를 말한다. 평화를 개인적 차원에 적용하면 소란이나 불화로부터의 자유를 의미한다. 이는 국립국어원이 편찬한 『표준국어대사전』의 정의와 일치한다. 『표준국어대사전』은 평화를 "(1) 평온하고 화목함, (2) 전쟁, 분쟁 또는 일체의 갈등이 없이 평온함 또는 그런 상태"로 정의한다.[4] 그런데 평화에 대한 정의 (2)는 부정적 관점에서 정의한 것이다. 그러나 평화는 단지 전쟁이나 갈등의 부재에 한정된 것이 아니다.

역사적으로 살펴보면 평화의 의미가 시대적 정황에 따라 동적으로 변화했다는 것을 알 수 있다. 구약에서 평화는 하나님이 수여한 복으로 간주된다. 즉 평화는 메시아 통치가 가져다주는 복의 한 부분이다. 평화는 메시아니즘과 연결된다. 메시아니즘은 하나님께서 언젠가 모든 것을 새롭게 하고, 악을 씻어내고, 모든 인간의 갈망을 성취할 것을 신뢰하는 것이다. 메시아니즘과 평화의 갈망을 분리 불가능하게 묶은 것은 예언자 운동이다. 예언자의 역할은 이스라엘이 직면한 위협의 본질과 목적을 설명하는 것이다. 외부의 적대적 위협은 이스라엘을 고치고, 정화하고, 하나님을 참되게 섬길 수 있는 상태로 되돌리는 도구가 된다. 예언자들은 평화가 하나님과의 연대를 새롭게 함으로 주어지는 것임을 역설한다. 그리고 이 평화는 모든 피조세계로까지 확장된다. 즉 평화는 전쟁과 다툼으로부터의 자유라는 차원을 넘어서 하나님과 인간과 모든 피조물 사이에 존재하는 긍정적 연대이며, 이 모두를 결합하는 것이다. 평화는 단지 전쟁만이 아니라 타락의 결과인 모든 공격성과 경쟁심들이 초월한 상태이다. 그러기에 예언자들이 언급한 평화는 반드시 회개를 전제한다.[5]

4　http://stdweb2.korean.go.kr/search/List_dic.jsp
5　Wansbrough, "Blessed are the Peacemakers," 11-12.

신약에서 평화는 평화의 왕자인 예수 그리스도를 통하여 이루어진다. 예수의 치유와 회복의 기적들은 평화의 시작을 의미한다. 마태는 주로 형제 간의 평화로운 관계, 즉 수평적 평화를 말한다. 반면 누가의 평화 개념은 주로 하나님과 인간의 화목을 말하는 수직적 개념이다. 또한 바울의 평화는 하나님께로부터 오며, 구원의 모든 복을 축약한 용어이다. 바울은 수평과 수직의 평화 모두를 말한다. 로마서의 평화는 인간을 하나님에게서 분리하는 장애물을 극복하는 것이다. 이것은 예수 그리스도의 복종으로 얻고 각 사람이 믿음으로 얻게 된다. 고린도서의 평화는 수평적 평화이다. 에베소서의 평화는 수직과 수평의 평화 모두를 말한다. 예수 그리스도께서 파스카의 신비를 통해 하나님과 인간 사이의 평화를 이루시고, 유대인과 이방인을 한 새 사람으로 결합한다. 히브리서와 요한계시록은 평화가 종말의 한 측면임을 말한다. 하늘의 도성 예루살렘 안에 평화의 비전이 있다.[6]

레나(Renna)는 서구에서 평화에 관한 의미의 변천을 다섯 시기로 구분하여 설명한다. 첫째, 대략 300년까지 로마의 평화(Pax Romana) 시기이다. 이 시기 로마의 평화는 단순히 평화의 부정적 이해에만 머물지 않았다. 로마법의 옹호자들은 평화를 우주적 화합과 긴밀하게 연결시켰으며, 그 우주적 화합 안에서 지상의 사회가 자연질서와 조화를 이룬다고 주장했다. 둘째, 약 300-1150년의 중세 초기 시기이다. 콘스탄티누스 치하의 기독교 평화가 새로운 사회질서를 출범시켰다. 콘스탄티누스는 하나로 통합된 교회, 신적 승인을 받은 정치적 질서, 하나님의 뜻에 따라 통치하는 보편적 제국과 결합된 평화의 유산을 중세에 남겼다. 콘스탄티누스 이후에 서구의 평화 개념은 수도자들의 평화, 주교들의 평화, 왕들의 평화로 흘러가게 된다. 이 시기의 모든 평화 이론은 질서의 개념과 긴밀하게 연결되어 있다.[7] 셋째, 약 1150-1450년의 중세 중기 시기이다. 교황의 평화가 형성되었다가 약화되고, 제국

6　*Ibid.*, 14-16.
7　Thomas Renna, "The Idea of Peace in the West, 500-1150," *Journal of Medieval History* 6, no. 2(1980), 148.

의 평화는 종말을 고하고, 수도원의 금욕적 평화도 영향력을 상실하게 된다. 가장 중요하게는 세속적인 공공의 평화의 발전이 이루어진다. 넷째, 약 1450-1800년의 시기는 왕정이나 국가 차원의 평화와 자연법에 기초한 국제적 차원의 평화가 주도권 다툼을 벌이는 시기이다. 다섯째, 1800년 이후부터 평화에 관한 언급은 국제적 차원의 평화가 주류를 이룬다. 국제적 협력을 통한 전쟁 방지가 평화 언급의 목적이었다. 20세기 들어 평화 이론은 중세와는 달리 특정한 사회 그룹이나 종말론과 관련이 없다.[8]

20세기 중반 이후 주로 전쟁의 부재라는 단일 요소에 의해 정의되던 평화의 개념은 다수의 요소에 의해 정의된 개념으로 대치된다. 전쟁의 부재는 모든 평화의 필요조건이지만 충분조건은 되지 못한다. 평화는 전쟁의 부재, 힘의 균형, 구조적 폭력의 부재, 여성의 평화, 다른 문화 간 평화, 지구 생태적 평화, 내적 평화라는 다수의 요소들이 포함된 통전적이고 복합적인 관점에서 정의된다. 이러한 평화의 정의는 점점 더 긍정적인 평화의 개념들을 강조한다. 즉 더 평화로운 세상의 모습에 대한 비전에 초점을 맞추어 평화를 정의한다. 이러한 경향은 우리 모두가 국가와 문화, 종교적 전통의 차이에도 불구하고 상호 연결되어 있고 상호 의존되어 있다는 깨달음에 기인한 바가 크다. 우주의 공간에서 보면, 지구는 국가, 문화, 종교의 경계가 없는 하나의 복합체계이다.[9]

통전적이고 복합적인 차원에서 이루어진 평화의 정의는 영성의 관점에서 본 평화의 의미와 일맥상통한다. 영성의 관점에서 본 평화의 의미를 살피기 위해선 우선 평화의 두 유형을 구분해야 한다. 먼저 팍스(pax) 유형의 평화이다. 이는 특정 국가나 세력의 지배 아래서 폭력, 전쟁, 갈등이 없는 상태를 말한다. 팍스 로마나(Pax Romana)가 대표적 예이다. 물론 로마제국의 힘에 의해 달성된 평화는 번영, 법률에 의한 통치, 로마 사회의 번창의 기반

---

8 *Ibid.*, 143-145.
9 Linda Groff, "Religion and Peace, Inner-Outer Dimensions of," in *Encyclopedia of Violence, Peace & Conflict*, ed. Lester Kurtz(Amsterdam: Elsevier, 2008), 1852.

이 되었다. 그러나 이러한 팍스의 평화는 독재, 억압, 착취와 양립하기 쉽다. 따라서 이는 오히려 참된 영성의 본질인 인간 생명이 온전히 충일하게 꽃피우는 것을 저해할 수 있다.[10]

평화의 또 다른 유형은 샬롬(shalom)이다. 기독교 영성에서 가장 핵심적인 평화 개념이다. 샬롬의 어원은 전체, 온전(whole)을 의미하며, 웰빙(wellbeing)을 지칭한다. 웰빙은 영적인 조화와 육체적 건강이 있는 생명의 충일함을 의미한다. 샬롬은 단순히 사회적 상태만도 혹은 개인의 마음 상태만도 아니다. 샬롬은 개인과 사회적 행동의 모든 차원을 통합한 것을 의미한다. 샬롬은 사회-문화와 정치-경제적 차원, 공동체적 차원, 개인적 차원, 생태적 차원, 종교적 차원 그 모두의 조화를 의미한다.[11] 혹자는 세 번째 유형의 평화로 내적 평화를 말한다. 내적 평화는 하나님의 평화를 수용하여 내면화함으로써 도출된 내면의 고요, 평온을 의미한다. 이 내적 평화는 참 영성의 토대이다. 그러나 내적 평화를 세 번째 유형의 평화로 간주하기보다는 샬롬의 개인적 내재화로 이해하는 것이 다수의 견해이다.[12]

샬롬은 하나님과의 관계, 자신과의 관계, 타인과의 관계의 질을 표현한다. 평화는 타인과의 바른 관계인 정의의 문제로 연결된다. 샬롬을 기독교 영성의 강력한 토대로 삼는 것은 바로 내적인 삶과 우리의 사회적 존재의 통합이다. 개인의 내적 생활을 하나님의 뜻과 통합하는 것이 회개의 토대이다. 회개는 하나님과의 화해, 자신과의 화해, 타인과의 화해이다. 이 바탕 위에서 그리스도인은 평화의 삶을 살 수 있으며 모든 이해를 넘어선 하나님의 평화의 복을 누릴 수 있다.[13]

---

10 Philip Sheldrake, ed., *The New Westminster Dictionary of Christian Spirituality* (Louisville: Westminster John Knox, 2005), 481.
11 Donald Dorr, *Integral Spirituality: Resources for Community, Justice, Peace, and the Earth*(Maryknoll: Orbis Books, 1990), 207.
12 Sheldrake, *The New Westminster Dictionary of Christian Spirituality*, 482.
13 *Ibid.*, 482.

지금까지 본 것처럼, 평화의 개념은 역사적 정황에 따라 동적으로 발전해 왔다. 평화는 부정적 차원에서 부정과 긍정의 차원을 모두 포함하는 방향으로, 수평과 수직의 차원을 통합하는 방향으로, 내적 평화와 외적 평화를 통전적으로 이해하는 방향으로 발전해 왔다.

2) 내면성(interiority)의 재인식

한국교회에서 내적 평화에 대한 강조와 추구는 많지만, 내적 평화의 추구가 자연스럽게 외적 평화의 추구로 확장되는 경우는 적은 것이 사실이다. 특별히 한국교회에서 강조되는 내적 평화는 개인의 안일과 무사로 한정된 개인화한 평화를 의미하는 경우가 다수이다. 내적 평화와 외적 평화의 추구가 상호 연결되기 위해서는 진정한 내적 평화가 무엇인지를 명확히 해야 한다. 즉 내면성(interiority)의 진정한 의미가 무엇인지를 밝힐 필요가 있다.

내면성을 바르게 이해하려면 먼저 일반적인 오해를 제거해야 한다. 그것은 내면성을 개인적 내면 성찰로만 간주하는 것이다. 즉 인간의 삶을 내적 생활과 외적 생활로 구별하는 이원론적 틀 안에서 내면을 이해하는 오류이다. 이 관점에서 보면, 영성은 내면성을 추구하는 것, 즉 일상의 생활과는 동떨어진 개인적 영적 체험을 추구하는 것이 되고 만다. 그러나 영성생활이란 개인의 내적 생활에 관한 것만이 아니며 공동체, 전통, 사회 정치적 책임 등의 외적 생활도 필수 요소로 포함한다. 영성생활이란 일상의 삶 전체를 말한다.

우선 내면성을 이원론적 틀에서 구원하기 위해서 영성의 정의에 관해 살펴보고자 한다. 영성(spirituality)이란 용어는 라틴어 spiritualitas에서 파생되었다. 같은 어족에 속한 단어로 불가타 역본에 사용된 용어는 '영'(spiritus)과 '영적인'(spiritualis)이다. 이 두 라틴어는 바울서신에 나타난 헬라어 '프뉴마'(pneuma)와 '프뉴마티코스'(pneumatikos)를 각각 번역한 것이다. 바울서신에서 영(pneuma)과 대립하는 것은 몸(soma, body)이나 물질(hylē, matter)이 아니라 육체(sarx, flesh, 갈 3:3, 5:13, 5:16-24)나 동물적인 것(psychikos, animal, 고전 2:14-15)이다. 여기서 육체(sarx)는 타락한 인간 본성을 의미한다. 따라서 바울서신에서 대립하는 것은 영과 육(몸)의 이원론적 대립이 아니라 두 가지 서로 다른 삶의 방식의 대립이다. 하나는 영적인 삶으로서 성령을 따르는 삶이고, 다른 하나는 육적인 삶으로서 성령을 거슬러 타락한 인간 본성을 따르는 삶이다. 따라서 바울서신에 따르면, 영성은 하나의 삶의 방식을, 특별히 성령의 인도를 따르는 삶의 방식을 의미한다. 그러기에 영성은 개인적인 영적 체험이나 내적 성찰만이 아니라 통전적 삶 전체를 다룬다.[14]

영성의 정의는 다양하다. 그 가운데 보편적 지지를 획득한 정의들 중 하나는 산드라 슈나이더스(Sandra M. Schneiders)의 정의이다. 그녀에 따르면, 영성은 "자신이 감지한 궁극적 가치에 합당하게끔 고립이나 자기 함몰의 방식이 아니라 자기 초월의 방식으로 자신의 삶을 통합하기 위해 의식적으로 노력함으로써 얻게 되는 체험(experience)"이다.[15] 다시 말하면, 영성은 하나님(궁극적 관심, 궁극적 존재)과의 만남이 제공하는 가치에 합당하게끔 의식적으로 자신의 삶 전체를 재조정하는 체험을 통해 형성된 하나의 삶의 방식이다. 이 정의는 영성이 통전적 삶 전체를 다룬다는 점에서 바울서신에 나타난 영성의 의미와 일치한다.

다음으로, 서구 기독교 영성 전통이 이해한 내면성의 의미를 살펴보자. 필립 쉘드레이크(Philip Sheldrake)는 서구 기독교 영성 전통을 전체로 이해하면, 특별히 아우구스티누스(Augustinus)의 전통을 이해하면, 내면성이 결코 이원론적 틀에 갇혀 있는 개념이 아니라는 것을 알 수 있다고 주장한다.

---

14 Philip Sheldrake, "What is Spirituality?" in *Exploring Christian Spirituality: An Ecumenical Reader*, ed. Kenneth J. Collins(Grand Rapids: Baker Books, 2001), 23-24.
15 Sandra M. Schneiders, "Theology and Spirituality: Strangers, Rivals, or Partners?" *Horizons 13*, no. 2(1986), 266.

그는 먼저 초기 그리스도인들의 삶에는 개인과 공동체 사이의 깊은 연대의식이 있다는 사실을 상기시킨다. 이 연대의식은 유대교의 유산을 이어받은 것이다. 개인의 존재(자아)는 본질적으로 공공선과 연결되어 있었다. 유대교의 저자들은 타인들과의 연대의 상태를 인간의 운명으로 이해했다. 그들은 이 연대의 상태를 갈라지지 않은 마음이라는 이미지를 사용하여 표현했다.[16]

아우구스티누스는 초기 그리스도인들의 전통을 이어 자아 표현의 상징으로 마음을 채택한다. 그는 종종 기독교 영성을 내면의 세계로 몰아넣은 장본인이라는 비판을 받지만, 이 비판은 적절하지 않다. 그에 의하면, 마음은 내 자신이 있는 곳, 참 자아, 하나님께서 거하시는 곳이다. 이 마음은 바울이 겉사람이라고 언급한 것과 구별된다.(고후 4:16) 여기서 겉사람은 순간적인 것을 영원한 것으로 여기며 표피적인 삶을 살아가는 유혹을 의미한다. 아우구스티누스는 하나님의 형상이 우리의 참된 자아이며, 죄는 우리를 참된 자아로부터 분리시킨다고 본다. 그래서 그는 우리의 참된 자아인 마음으로 돌아가라고 권면한다. 마음은 하나님의 형상이 그곳에 있기 때문에 하나님을 만날 수 있는 곳이다. 그러기에 마음으로의 여정은 하나님과 연대하며, 하나님 안에서 타인들과 연대하는 참 자아로 나아가는 여정이다. 결코 하나님과 타인들과 단절되어 있는 개인적인 상태로 나아가는 여정이 아니다. 따라서 내면성은 우리가 인류 전체의 가족과 연합하는 곳이다. 즉 자기 성찰은 역설적으로 내면과 외면의 구별을 넘어서서 하나님의 영원한 무한성으로 나아가는 것이다.[17]

이러한 아우구스티누스 전통을 따른 수도규칙은 사랑과 공동체를 영성생활의 이상으로 제시한다. 이 수도 전통은 "말과 모범으로 가르치라."라는 모토를 지니며, 자신의 영역으로의 퇴거가 아니라 타인과의 의사소통을 강

---

[16] Philip E. Sheldrake, "Christian Spirituality as a Way of Living Publicly: A Dialectic of the Mystical and Prophetic," *Spiritus 3*, no. 1(2003), 20-21.
[17] Ibid., 20-23.

조한다. 따라서 이 전통에 따른 외면에서 내면으로의 여정은 외적 행동과의 단절이 아니라 하나님과의 만남이 이루어지는 마음에 주의를 집중하는 것이다. 우리의 마음은 공정한 판단자로서 외적 행동을 주관한다. 즉 내면성은 외적 행동의 원천 역할을 한다. 아우구스티누스 전통을 따른 중세 신앙인들은 내면성의 목적을 개인적 체험의 내적 세계를 개발하는 것으로 간주하기보다 외적 행동으로 이해했다. 예를 들면, 침묵의 동기 안에 개인 훈련의 차원만이 아니라 유용한 연설을 위한 준비라는 차원까지 포함하였다.[18] 이처럼 내면성은 그 안에 타인과의 연대와 외적 행동을 포함하고 있는 개념이다.

3) 기도(관상)와 행동 : 신비가(mystic)와 예언자(prophet)

대부분의 한국교회는 내적 평화를 위해 기도하라고 가르친다. 그러나 기도의 강조 또한 기도와 행동의 대립이라는 이원론적 틀 안에 갇힌 경우가 많다. 내적 평화를 위한 기도가 외적 평화의 추구 행동으로까지 발전하기 위해서는 기도와 행동에 관한 이분법적 인식을 수정해야 한다.

데이비드 트레이시(David Tracy)는 여러 종교들을 검토하면서 '현현'(manifestation)과 '선포'(proclamation)라는 용어를 채택한다. 그에 의하면, 전통적인 종교적 표현들은 대립된 것처럼 보이지만 사실은 상호보완적인 두 개념으로 구분될 수 있다. 그 두 개념은 바로 '현현'과 '선포'이다. 종교적 표현의 전체적 실재가 그 자체를 드러낼 때, 참여(participation)와 비참여(non-participation)라는 두 개의 주된 순간이 종교적 표현의 매순간에 변증법적으로 작동한다. 그는 종교적 체험의 전체적 실재 안에서 '참여'를 근본적으로 경험할 때, 그 종교적 체험의 표현을 '현현'으로 지칭한다. 반면 그 안에서 '비참여'를 근본적으로 경험한다면, 그 종교적 체험의 표현은 '선포'라고 불린다. 자아가 전체적 실재에 참여하는 것이 변증법적이라는 사실은

---

18 *Ibid.*, 22.

참여가 주도적인 상황에서도 비참여가 여전히 존재한다는 것을 의미한다. 역으로, 자아의 비참여는 '선포'에 대한 자아의 신뢰와 순복이라는 반응을 통해, 즉 믿음을 통해 참여로 이동해간다. '현현'과 '선포'는 전체적 실재에 대한 종교적 체험을 변증법적으로 표현하는 데 서로를 필요로 한다. 그러므로 '현현'과 '선포'는 상호 배타적이지 않다. 비록 종교들 간에, 혹은 한 종교 내에서조차 주요한 강조점의 차이가 있을 수 있지만, 완전히 배타적으로 현현 중심적인 종교나 선포 중심적인 종교가 존재한다는 것은 환상이다.[19]

트레이시는 '현현'과 '선포'의 변증법이 기독교에 적용될 때 '신비적'(mystical)과 '예언자적'(prophetic)인 용어로 번역되는 것이 신학적으로 최선이라고 주장한다.[20] 예언자는 자신의 말이 아니라 하나님의 말씀을 듣는 사람이다. 하나님은 예언자에게 자신의 에고(ego)를 넘어서는 새로운 연합의 중심을 요구하는 말씀이다. 이 말씀의 실재에 응답하기 위해선, 예언자는 반드시 타인과 역사와 우주에 책임성을 지닌 새로운 자아가 되어야 한다. 왜냐하면 말씀이신 하나님께서 예언자를 책임성 있는 자아로 변혁시키기 때문이다. 예언자가 연합의 새로운 중심인 새 자아를 얻기 위해서는 자신의 에고를 상실할 필요가 있다. 새로운 연합의 중심, 바로 그곳이 예언자가 새로운 신비가의 수사법을 필요로 한 장소이다. 반면 예언자적 전통 안에 있는 신비가는 하나님의 말씀이 견고한 기구와 제도 안에 있는 타인들에 의해 사소한 것으로 전락하게 될 위험에 직면하는 경향이 있다. 신비가들은 예언자들이 선포했어야만 하는 것들을 말하고 싶어한다. 이 순간이 바로 신비가가 예언자들의 수사법을 채택하여 하나님의 말씀을 선포할 필요가 있

---

19 David Tracy, *The Analogical Imagination: Christian Theology and the Culture of Pluralism* (New York: Crossroad, 1981), 202-205.
20 David Tracy, *Dialogue with the Other: The Inter-Religious Dialogue* (Grand Rapids: Wm. B. Eerdmans, 1991), 7. '현현'과 '선포'는 또한 '성례전'과 '말씀' 혹은 '신비적-제사장적-형이상학적-미학적'과 '예언자적-윤리적-역사적'인 용어로 각각 지칭될 수 있다. Tracy, *The Analogical Imagination*, 203.

는 순간이다.²¹ 그러므로 신비적인 것과 예언자적인 것은 상호 배타적이 될 수 없다.

기독교는 신비적인 것과 예언자적인 것 양자의 변증법적 틀 안에 존재한다. 이 점에서 배타적으로 신비적 중심의 기독교는 항상 우상숭배, 신성모독, 마술, 혹은 미신에 빠지게 될 위험에 직면한다. 반면 배타적으로 예언자적 중심의 기독교는 건조하거나 이지적이거나 추상적인 것이 되는 위험에 놓이게 된다.²² 게다가 예언자적 토대를 갖지 않은 신비적 체험은 단지 사적인 것으로 전락하기 쉽다. 역으로, 신비적 토대를 배제한 정의와 자유를 위한 투쟁은 항상 자기 의와 영적 탈진에 빠져들 위험을 지닌다.²³ 헨리 나우웬(Henri Nouwen)은 이 점을 명확하게 지적한다. "사회변화를 추구하는 그리스도인들, 평신도들, 사제들, 목회자들은 항상 사회 활동가와 내면 지향적 사람 사이의 창조적 종합을 추구하는 도전에 직면한다. …그리스도인의 생활은 행동의 시기와 관상의 시기로 구분된 삶이 아니다. 절대로 아니다. 참된 사회적 행동은 관상의 길이고, 참된 관상은 사회적 행동의 핵이다."²⁴

그리스도인의 영성 생활이 신비적이면서 동시에 예언자적이어야 한다는 사실은 점점 더 폭넓게 학자들에 의해 수용되고 있다. 에블린 언더힐(Evelyn Underhill)에 따르면, 기독교 신비주의를 규정하는 특징은 하나님과의 연합이며, 이 연합은 신비가를 순전히 수동적이고 내적인 생활보다는 오히려 활동적이고 외적인 생활로 이끈다.²⁵ 위르겐 몰트만(Jürgen Moltmann)은 하나님과의 관상적 연합의 중심에는 사랑으로 자기를 내어준 십자가에 달리신 그리스도의 연합이 자리한다는 것을 강조한다. 따라서 몰트만은 "그리스

---

21 Tracy, *Dialogue with the Other*, 21-26.
22 Tracy, *The Analogical Imagination*, 211-214.
23 Tracy, *Dialogue with the Other*, 118.
24 Henri Nouwen, *Creative Ministry, in Ministry and Spirituality* (New York: The Continnum, 1996), 78.
25 Evelyn Underhill, *Mysticism: The Nature and Development of Spiritual Consciousness* (Oxford: One World Publications, 1993), 172.

도와 함께 영적으로 죽는 것이 실제로 그와 함께 죽는 것의 대체물이라고 생각하지 않는 한, 신비주의는 행동과의 별거를 의미하지 않는다. 신비주의는 공공의 영역, 정치적 영역에서의 제자도를 위한 하나의 준비"라고 주장한다.[26] 디크만(Dyckman)과 캐롤(Carroll)은 그리스도인의 소명은 사람들, 사건들, 내 자신, 세상 안에서 하나님의 지속적 신비적 임재를 즐거워하는 것이며, 동시에 아직 온전히 구속되지 않은 세상에 예언자적 말씀을 선포하는 것이라고 말한다. 디크만과 캐롤은, 신비가는 예언자가 되며 예언자는 신비가가 된다고 믿는다. 왜냐하면 참된 기도는 참여로 인도되며, 참된 참여는 기도로 인도되기 때문이다.[27]

이처럼 기도와 행동은 상호 대립적이지 않고 오히려 상호 보완적이며, 참된 기도는 참된 행동으로 인도되고 참된 행동은 참된 기도로 인도되는 선순환적 상호 관계를 지니고 있다는 것을 알 수 있다. 신비가와 예언자, 마리아와 마르다는 그리스도인의 영성생활에 함께 통전적으로 확보되어야 할 영역이다. 따라서 내적 평화와 외적 평화는 통전적으로 추구되어야 한다.

3. 평화를 위한 영성

지금까지 내적 평화의 추구가 외적 평화의 추구로까지 나아가기 위해서 요청되는 지평의 확장과 이해의 수정이 무엇인지 살펴보았다. 이제 외적 평화의 추구가 깊은 내적 평화에 뿌리를 둔 평화 일구기가 되기 위해서는 영성적 관점에서 무엇이 필요한가를 살펴보아야 한다. 이 점에서 헨리 나우웬은 중요한 통찰을 제공한다. 그는 평화를 일구기 위해 일하는 사람들을 위한 영성을 발전시켰다. 그는 특별히 평화를 위해 저항하는 사람들이 저항의 대

---

26 Jürgen Moltmann, *Experiences of God* (Philadelphia: Fortress Press, 1980), 73.
27 Katherine Marie Dyckman and L. Patrick Carroll, *Inviting the Mystic and Supporting the Prophet* (New York: Paulist, 1981), 77-86.

상들처럼 되지 않기 위해선 세 가지 중요한 사항을 실행하라고 권면한다. 이 세 가지는 그가 발전시킨 평화를 일구는 자를 위한 영성의 본질적인 요소들이다. 그것은 바로 기도, 저항(resistance), 공동체(community)이다.

1) 기도

나우웬이 평화 일구기를 위한 영성의 첫 번째 요소로 '기도'를 제시한 근거에는 그의 인간 이해가 있다. 우리 인간은 모두 상처 입은, 그리고 욕구를 지닌 존재들이다. 우리는 관심, 애정, 영향력, 힘을 원하는 욕구를, 그리고 무엇보다도 가치 있는 존재로 인정받고 싶어하는 욕구를 지닌다. 우리의 모든 행동, 심지어 선을 행하는 행동 안에도 이러한 욕구가 스며들어 있다. 우리의 행동 안에 배태된 욕구는 사실 우리의 숨겨진 상처에 깊게 뿌리를 두고 있다. 미움받음, 무시당함, 거부당함 등은 우리의 상처에 고통을 가한다. 세상은 상처와 욕구를 지닌 사람들이 갈등을 빚으며 그것들을 타인에게 전가하는 곳이다. 세대를 넘어 전해지는 상처와 욕구의 악순환은 평화를 증오하는 사람들의 환경을 창출한다.[28]

장 바니에(Jean Vanier) 또한 상처와 욕구에 기초한 두려움을 인간의 비극으로 본다. 사랑받지 못하고, 성공하지 못하고, 인정받지 못하고, 가치 없는 존재로 간주될까 두려워서, 우리는 스스로 세운 마음의 장벽 뒤에 숨어 우리의 욕구 성취를 방해하는 자들을 찾아낸다.[29] 폭력, 탐욕, 고문, 살인, 성폭력 등은 깊이 상처 입은 인간이 더 이상 안전한 거주 공간을 발견하지 못한 채 방황하며 사랑과 위안을 필사적으로 찾고 있다는 울부짖음이다. 평화는 오직 사회의 더 약한 구성원들이 온전히 환영받고, 사랑받고, 존중받을

---

[28] Henri Nouwen, *Peacework: Prayer, Resistance, Community* (Maryknoll: Orbis, 2005), 27–29.
[29] Jean Vanier, *Finding Peace* (Canada: Anansi Press, 2003), 22.

때 찾아온다.[30] 따라서 그리스도인들이 평화를 일구는 삶을 살기 위해서는 상처와 욕구에 감염되지 않을 수 있는 공간의 확보, 즉 기도가 필요하다. 기도는 평화 일구기의 시작과 끝이며 원천과 결실이다. 왜냐하면 평화는 기도 가운데 수여되는 하나님의 선물이기 때문이다.[31]

나우웬의 기도 정의는 먼저 사랑하신 하나님과의 교제(communion) 안으로 들어가는 것이다. 이 교제는 우리에게 세상과는 전혀 다른 공간을 제공한다. 그 공간은 폭력과 전쟁과 미움의 악순환의 고리를 혁명적으로 깨뜨리고 온전히 새로운 삶의 방식을 창출하는 공간이다. 평화를 일구기 위한 기도는 평화를 미워하는 거주 공간에서 벗어나서 하나님의 집으로 옮겨가는 것을 의미한다. 하나님의 집에 거하는 것은 바로 새로운 삶의 방식, 지금 이곳에서 하나님과 함께 사는 것을 의미한다. 기도 안에서 우리는 갈등과 전쟁, 성공과 실패, 찬사와 비난 대신에 하나님의 먼저 사랑과 수용을 발견한다. 평화 일구기는 사랑의 사역이다. 그래서 기도는 모든 평화 일구기의 토대이다. 왜냐하면 기도 안에서 우리는 갈등과 전쟁이 발생하는 세상에 속하지 않고, 오히려 참 평화를 제공하는 분께 속한다는 깨달음을 얻기 때문이다.[32]

기도는 결코 직면한 구체적인 문제들에서 도피하거나 그것들을 영적인 것으로 환원시키는 것(spiritualizing)이 아니다. 나우웬은 기도가 구체적인 행동임을 강조한다. 만약 기도가, 우리가 세상에 속하지 않고 하나님께 속하였다는 것, 즉 세상에 대하여 죽고 새롭게 태어나는 실제적인 행위라면, 그 기도는 우리를 세상 한복판으로 인도하여 행동하게 한다. 기도의 행위는 우리의 모든 행동의 토대이며 원천이다. 그는 기도가 행위임을 밝힘으로써 내적 평화와 외적 평화 사이의 직접적인 연관성을 강조한다. 세상의 평화는 마음의 평화 없이는 이루어질 수 없다.[33]

---

30 *Ibid.*, 30.
31 Nouwen, *Peacework*, 27-32.
32 *Ibid.*, 36-37.
33 *Ibid.*, 42-45.

하나님과의 사랑의 교제인 기도는 우리를 하나님과의 연합으로 인도한다. 하나님과의 연합은 우리 자신의 죄악성을 깨닫게 할 뿐 아니라, 사회-문화와 정치-경제 구조 또한 우리의 타락한 본성과 깊은 연관이 있음을 깨닫게 한다. 타락한 본성의 보편적 형태는 이기주의이다. 하나님과의 연합은 우리로 하여금 참 사랑의 빛 아래에서 거짓 자아에 대해 죽음을 선포하도록 이끈다. 즉 하나님의 연합은 에고이즘의 거짓 자아로부터 참 자아로 이끌어 간다. 참 자아의 회복은 내면의 깊은 평화를 제공하며, 그 내면의 평화는 거짓된 사회와 정치구조에 저항하는 평화 일구기의 원천이 된다.[34]

2) 저항

평화를 일구는 자들을 위한 영성의 두 번째 요소는 '저항'이다. 나우웬은 평화를 일구는 자의 일상생활의 중심을 차지하는 단어는 저항이라고 말한다. 그는 저항 행위를 두 국면으로 구분한다. 첫째 국면은 전쟁과 갈등을 야기하는 모든 죽음의 세력에 "아니오"라고 말하는 것이다. 예수 그리스도의 사랑의 계명에 반하는 죽음의 세력에 "아니오"라고 말하지 못하는 것은 믿음 없음의 표시이다. "아니오"라는 저항은 내적 평화와 외적 평화를 연결하는 끈이다. 다시 말하면, 세계의 평화를 위해 죽음의 세력에 "아니오"라고 말하는 것은 우리의 마음과 생각 안에 감추어진 죽음의 세력에 "아니오"라고 말하는 것이다. "아니오"라고 말할 대상은 깊은 자아의 모퉁이에 숨겨진 부분에서 가장 복잡한 국제관계까지 포함한다. "아니오"라고 말할 대상은 타인을 판단하기 혹은 타인을 정형화하기, 자신을 수용하지 못하는 자기혐오의 영적 자살, 핵무기, 전쟁, 국제 갈등 등 죽음이 활동하는 모든 곳을 포함한다. 그는 참 저항은 우리 자신이 저항하고 있는 바로 그 악의 협조자라

---

[34] Wayne Teasdale, "Contemplation as a Way to Peace," *The American Benedictine Review 42*, no. 1(1991), 84-85.

는 겸비한 고백이 필요하다고 말한다.[35] 즉 평화를 일구는 것이 가능하기 위해서는 우리의 지속적 변화가 요청됨을 겸손하게 인정해야 한다는 것이다.[36]

저항의 두 번째 국면은 생명을 살리는 모든 행위와 세력들에게 "그렇다"라고 말하는 것이다. 평화는 지속적인 생명의 경축이다.[37] 생명이 발견되는 곳이면 어느 곳이든지 지지하고 육성하는 것이다. 생명을 지지하고 긍정하는 것은 하나의 중요한 저항이다. 이 생각의 이면에는 그의 현실적 관찰이 자리잡고 있다. 그는 죽음의 힘의 강력함을 깊이 이해한다. 평화를 일구는 자가 홀로 그 죽음의 힘에 부딪힐 수 있다고 생각하는 것은 순진한 생각이다. 죽음의 힘은 평화를 일구는 자를 점점 두려움, 분노, 적대감이라는 덫으로 끌어들여, 저항의 대상을 적으로 간주하게 만든다. 그는 적지 않은 사람들이 평화운동에 의구심을 갖는 이유 중의 하나가 종종 평화를 일구는 자들 안에서 평화를 발견하지 못하기 때문이라고 말한다. 따라서 그는 생명 살리는 일에 "그렇다"라고 말하는 것이 저항의 중요한 본질임을 설파한다.[38]

이 점에서 나우웬은 "원수를 사랑하며"(눅 6:27)라는 예수의 말씀이 평화를 일구는 자의 진위를 판별하는 기준임을 주장한다. 우리의 원수들이 받아 마땅한 것은 우리의 화, 거부, 분노, 무시가 아니라 우리의 사랑이라는 말이다. 두려움의 상처를 지닌 우리는 세상을 우리 편과 적 편으로, 친구와 원수로 나눈다. 이러한 구분은 타인들이 우리의 정체성을 결정하고, 우리의 존재는 그들의 말과 생각과 행동에 달려 있다는 환상의 소산이다. 이 환상은 오직 원수를 사랑함으로써, 즉 하나님께서 모든 사람을 사랑한다는 인식에 따라 행동함으로써 제거된다. 그러므로 오직 사랑의 마음, 계속해서 생명을

---

35 Nouwen, *Peacework*, 58-63.
36 Vanier, *Finding Peace*, 32.
37 John Dear, *Living Peace: A Spirituality of Contemplation and Action* (New York: Doubleday, 2001), 110.
38 Nouwen, *Peacework*, 68-70.

지지하는 마음만이 죽음의 세력에 오염되지 않은 채 "아니오"라고 말할 수 있다. 이 점에서 평화를 일구는 자가 가장 먼저 그리고 중요하게 해야 할 과업은 죽음의 세력과 싸우는 것이 아니라 생명의 신호들을 불러일으키고, 지지하고, 육성하는 것이다.[39] 바니에 또한 이 점을 강조한다. 그는 평화가 서로를 알아가는 것, 서로의 존재를 감사하는 것, 타인의 가치를 인정하는 것, 서로를 수용하는 것이라고 말한다. 이러한 평화는 마음의 교제, 연합을 통하여 흘러나온다. 이 마음의 연합 안에서 우리 모두가, 심지어 원수조차 인간이란 동일한 존재 안에 속하는 형제자매라는 사실을 발견한다.[40] 평화를 일구는 자는 바로 이 단순하고 기본적인 비전에서 시작해야 한다. 모든 인간이 평화의 하나님의 자녀들로서 동등하고, 모든 생명은 거룩하다는 비전에 근거하지 않은 채 외적 평화를 추구하는 자는 저항의 대상처럼 되기 쉽다.[41]

나우웬은 죽음의 세력과 완전 대비되는 생명의 세 가지 측면을 언급한다. 그것은 겸손, 긍휼, 기쁨이다. 따라서 생명의 활동에 "그렇다"라고 말하는 저항도 이 세 특징을 지닐 수밖에 없다. 그래서 그는 겸손의 "그렇다", 긍휼의 "그렇다", 기쁨의 "그렇다"를 평화를 일구는 자의 저항으로 제시한다.

겸손의 "그렇다"는 우리가 피조세계에 속해 있고, 피조세계의 모든 생명과 친밀하게 연결되어 있다는 것을 기쁘게 인정하는 겸손에 기초한다. 이러한 친밀한 연결을 인식하고 경축하는 것이 평화에 이르는 길이다. 겸손의 "그렇다"는 우울한 친구와 함께 있기, 병든 자를 방문하기, 죽어가는 자를 위로하기, 굶주린 자를 먹이기, 노숙자에게 쉼터를 제공하기 등과 같은 것이 놀라운 평화운동만큼이나 중요한 평화 일구기라는 사실을 인식하는 것이다.[42]

긍휼의 "그렇다"는 이슈보다 사람에게 더욱 초점을 맞추는 평화운동이다. 억압, 가난, 전쟁 등을 야기하는 구조에 대한 분석이 필요하지만, 그 분

---

39 Ibid., 70-72.
40 Vanier, *Finding Peace*, 43-44.
41 Dear, *Living Peace*, 70.
42 Nouwen, *Peacework*, 75-76.

석에 대한 관심이 구체적 개인의 일상적 아픔과 필요에 더 이상 관심을 갖지 않도록 만든다면 우리는 이미 죽음의 세력의 유혹에 넘어간 것이다. 왜냐하면 이슈 지향적인 평화운동은 우리로 하여금 손쉽게 마음을 잃어버리고, 차가워지고, 계산적이 되고, 비인격적이 되게 하기 때문이다. 우리는 이슈를 사랑할 수는 없지만, 사람은 사랑할 수 있다. 사람을 사랑하면 그 사랑이 이슈를 다룰 수 있는 길을 보여준다. 긍휼의 "그렇다"는 예수처럼 가장 혁명적 방식으로 세상의 문제를 이해하면서도 사람들의 구체적인 필요에 응답하는 것이다.[43]

마지막으로 기쁨의 "그렇다"는 겸손과 긍휼의 "그렇다"의 열매이다. 기쁨보다 더 분명한 참 평화를 일구는 자의 징표는 없다. 왜냐하면 생명을 지지하고 긍정하는 것은 항상 기쁨을 가져오기 때문이다. 여기서 기쁨은 고통, 슬픔, 괴로움의 배제를 의미하지 않는다. 오히려 십자가 위에서 피어난 기쁨, 씨름의 한가운데 숨겨진 기쁨, 결국에는 악과 죽음이 우리를 지배할 수 없다는 것을 아는 기쁨을 의미한다. 죽음의 세력에 "아니오"라고 말하는 것은 오직 생명에 대해 겸손, 긍휼, 기쁨의 "그렇다"라고 말하는 정황 안에서만 열매를 맺을 수 있다.[44]

3) 공동체

평화를 일구는 자를 위한 영성의 세 번째 요소는 '공동체'이다. 앞서 언급한 두 요소인 '기도'와 '저항'이 그리스도인의 평화 일구기가 되려면 그것들이 공동체 안에 뿌리를 내리고 있어야 한다. 그렇지 않다면, 기도와 저항은 쉽게 개인적 영웅주의 형태로 전락한다. 나우웬은 우리 시대의 가장 큰 비극으로 소외를 든다. 소외의 치료제는 공동체이다. 평화 일구기를 우리 홀

---

43 *Ibid.*, 77-79.
44 *Ibid.*, 79-82.

로 우리의 주도권으로 행한다면, 그것은 소외를 영속화할 뿐이다. 평화를 일구는 자가 공동체에 속해 있지 않다면, 그의 평화는 거짓 평화이다. 기독교 공동체의 본질은 상호 죄의 고백과 용서의 삶이다. 용서를 얻기 위해선 회개가 요청된다. 죄의 고백이 회개의 구체적인 형태이다. 계속된 고백과 용서의 과정을 통하여 소외로부터 해방되며, 무장 해제된 새로운 삶의 방식의 가능성을 발견한다. 두려움은 우리를 타인으로부터 분리시켜 자기 보호라는 감옥 안에 가둔다. 이 두려움의 경계를 깨뜨리도록 하나님께서 수여한 방법이 바로 고백과 용서이다.[45]

고백과 용서의 공동체는 소외감을 제거할 뿐만 아니라 새로운 용기와 자신감을 제공하여 희망을 갖게 한다. 이 희망은 모든 사람을 향한 하나님의 용서의 약속에 기초한다. 우리는 오직 이 희망을 통해서만 패배감과 절망감에 빠지지 않고 죽음의 세력에 저항하며 평화를 일구어 나갈 수 있다. 고백과 용서의 기독교 공동체는 부활하신 예수 그리스도의 재현이며 희망의 표식이다. 왜냐하면 이 공동체는 소멸될 수 없는 빛과 살해될 수 없는 생명을 나타내기 때문이다. 이 점에서 기독교 공동체는 참 저항의 공동체이다.[46]

평화를 일구는 자의 공동체는 저항의 공동체일 뿐만 아니라 기도의 공동체이다. 헨리 나우웬은 기도란 무엇보다 먼저 우리가 받은 것에 대한 감사의 표현이라고 믿는다. 따라서 평화를 일구는 자의 공동체는 감사의 공동체이다. 또한 평화를 일구는 자의 생활의 특징은 감사이다. 평화를 일구는 자는 자기와 공동체 안에서 끊임없이 하나님의 평화를 인지하여 경축하는 사람이다. 고통을 겪는 사람도 감사의 신비를 안다. 고난의 그리스도를 만나는 그곳에서 바로 평화의 그리스도를 만난다. 우리는 폭력과 파괴의 악마를 홀로 만날 때 쉽게 무력감을 느낀다. 이 무력감은 내면에 분함(resentment)으로 자리잡고, 이 분함은 굳은 마음을 야기하며, 굳은 마음은 더 이상 새로운

---

[45] Ibid., 98-106.
[46] Ibid., 106-108.

것을 기대하지 않는다. 이 분함은 우리가 어둠의 희생물이 되었다는 표식이다. 이 분함의 정반대는 감사이다. 감사는 우리의 삶 가운데서 살아 계신 그리스도를 발견할 때 솟아오르며, 공동체 안에서 서로가 무언가 새로운 것이 발생하는 것을 구체적인 방식으로 보여줄 때 솟아오른다. 따라서 우리가 서로에게 줄 수 있는 가장 큰 섬김은 분함에서 감사로의 회심이 이루어지도록 서로 돕는 것이다.[47]

나우웬은, 평화는 예수 그리스도 안에서 우리에게 주신 하나님의 선물임을 명확히 한다. 그는 그 어떤 세력도 이 거룩한 평화를 우리에게서 빼앗아갈 수 없다는 확신이 평화 일구기에 중요하다고 여긴다. 왜냐하면 우리는 그 확신에 기초하여 더욱 용감하게 죽음의 세력에 저항할 수 있으며, 하나님께서 평화의 주님임을 선포할 수 있기 때문이다.[48]

4. 평화의 영성을 촉진하기 위한 훈련

나우웬은 기도와 공동체가 참된 저항을 할 수 있도록 우리를 변혁시키는 공간이 될 수 있음을 잘 보여주었다. 기도와 공동체는 이기적 에고에서 벗어나 참 자아를 발견하는 회심의 공간을 제공한다. 참된 저항을 가능하게 하는 기도와 공동체는 기도(관상)와 행동, 신비가와 예언자가 통합된 영성을 지닌다.

자네트 러핑(Janet Ruffing)은 공동체 안에서 기도와 행동이 통합된 관상적 행동을 증진시키기 위해서 특정 훈련이 필요하다는 것을 지적한다. 이 지적은 그녀의 관상에 대한 이해에 근거한다. 그녀는 관상을 실행(practice), 상태, 만남이라는 세 개의 서로 다르지만 상호 연관된 방식으로 이해한다.

---

[47] Ibid., 114–117.
[48] Ibid., 127.

첫째, 관상은 "고려한다, 숙고한다, 조사한다, 연구한다, 묵상한다, 우리의 모든 주의를 어떤 것에 집중한다, 우리의 마음을 우리가 바라보는 어떤 것을 향해 연다, 특별히 우리의 주의를 실제적인 것으로 방향을 돌린다" 등과 같은 실행을 의미한다.[49]

둘째, 관상은 인간 경험의 기저의 차원으로서, 앞서 언급한 실행을 통해 현실로 드러난 의식의 상태이다. 여기서 관상은 강화된 주의집중, 직관적 이해, 깊고 온전한 느낌, 더 큰 실재와의 연합의 체험이란 특징을 지닌다. 그러기에 관상은 실행만이 아니라 우리 안에 일깨워진 것을 체험하는 방식이다. 관상은 우리가 개방하고, 비방어적이고, 즉각적으로 현존할 때 우리 모두에게 발생할 수 있다. 관상가들(contemplatives)은 이런 순간들의 확장을 추구하고, 그러한 현존의 질 안에서 더욱 충일하게 지속적으로 살아가길 갈망하는 사람들일 뿐이다.

셋째, 관상은 그런 체험들 안에서 드러나고 접근 가능해진 실재(reality)를 의미한다. 이것은 은혜의 영역이며, 하나님의 신비라 불린다. 이 점에서 관상은 단지 실행, 상태만이 아니라 또한 만남이다. 이 만남을 통해 자신을 발견한다. 이 만남 안에서 하나님 사랑과 이웃 사랑의 본질적인 일치를 경험한다. 성령이 부어주신 사랑으로 인해 충동적 에고의 통제를 벗어나 우리의 참된 자아를 수용한다. 사회가 주입하는 외부의 소리나 그것이 내재화한 내부의 목소리를 거부한다. 여기서 특정한 영성훈련이 필요하다. 우리가 침묵과 고독 가운데 관상의 시간을 갖고 있지 않을 때에도 우리 마음을 하나님께 개방할 수 있기 위해서는 성찰, 기도, 여가의 시간을 갖는 것, 우리의 의식을 전환하는 법을 배워야 한다.[50]

영성훈련 중에서 특별히 빠뜨리지 말아야 할 것은 자기 성찰이다. 자기

---

[49] Janet Ruffing, "Socially Engaged Contemplation: Living Contemplatively in Chaotic Times," in *Handbook of Spirituality for Ministers*, vol. 2, ed. Robert J. Wicks (Mahwah: Paulist, 2000), 419.

[50] *Ibid.*, 419-420.

성찰은 내적 평화와 외적 평화의 통전을 위해서도 반드시 필요하다. 돔 헬더 카마라(Dom Helder Camara)와 마하트마 간디(Mahatma Gandhi)는 자신들의 가장 큰 적이 무엇인가라는 질문에 자기 자신이라는 공통의 답을 했다. 자신이 최악의 적이고, 가장 힘겨운 싸움을 해야 할 적이다. 그러기에 평화를 일구는 사람들은 규칙적인 자기 성찰의 시간을 가져 자신과의 평화를 이루어야 한다. 또한 자기 성찰은 자신이 전 지구적 폭력의 공모자라는 사실을 인식하도록 돕는다. 전 지구적 멸절 위협의 뿌리가 우리 각자 안에 있다는 사실을 인정하는 것은 우리 내면에 숨어 있는 폭력을 하나님께서 무장해제시키도록 허락하는 것이다. 그리고 이 인정은 모든 사람이 동등하며 평화의 하나님의 자녀라는 평화 일구기의 근본 토대가 되는 비전을 제공한다.[51] 평화는 이러저러한 재난을 멈추는 문제가 아니라 하나의 비전, 즉 모든 인류를 위한 희망의 길을 재발견하는 것이다. 이 비전은 오직 우리 모두의 아버지이며 어머니이신 하나님을 발견할 때 가능하다. 왜냐하면 키르케고르(Kierkegaard)의 주장처럼, 모든 인간의 동등성은 우리 모두가 동등하게 하나님의 사랑을 받는다는 사실에 기초하기 때문이다.[52]

자기 성찰의 방식은 로욜라의 이그나티우스(Ignatius of Loyola)의 양심성찰(examen of conscience)을[53] 현대에 맞게 변형한 의식성찰(examen of consciousness)의 기도를 원용할 수 있다. 의식성찰 기도는 하루의 삶 속에서 하나님의 임재와 인도를 발견하는 것을 목적으로 한다. 이 기도는 다섯

---

51 Dear, *Living Peace*, 10, 15, 70.
52 Vanier, *Finding Peace*, 50.
53 Ignatius of Loyola, *The Spiritual Exercises of St. Ignatius*, tr. Louis J. Puhl(Chicago: Loyola Press, 1951), [43]. 이그나티우스의 양심성찰은 감사, 죄의 성찰과 청산을 위한 하나님의 은혜 구함, 생각과 말과 행함에 대하여 양심성찰, 하나님께 용서를 구함, 은혜를 힘입어 잘못을 고칠 결심의 다섯 가지 요점으로 구성된다. 양심성찰이 지나치게 도덕적으로 잘한 것과 잘못한 것의 구별로 흐를 가능성이 높아 현대에 와서는 하루 중에 하나님의 임재를 발견하는 의식성찰의 형태로 변형되어 즐겨 사용된다.

가지 요점으로 구성된다. 첫째 요점은 감사이다. 하루 중 감사할 내용을 떠올리며 하나님께 감사한다. 둘째 요점은 성령의 빛의 조명을 구하기이다. 성령의 빛의 조명으로 하나님께서 내가 보기 원하는 것들을 꼭 볼 수 있도록 도움을 구한다. 셋째 요점은 모든 것 가운데서 하나님을 발견하기이다. 하루를 돌아보며 하나님의 임재를 발견한다. 그리고 그 하나님의 임재에 대한 나의 반응이 어떠했는지 살핀다. 넷째 요점은 하나님께 응답하기이다. 하루를 성찰한 나의 느낌을 대화를 하며 주님께 아뢴다. 다섯째 요점은 내일을 위한 도움과 인도를 하나님께 요청하는 것이다.[54] 이 의식성찰을 평화를 위한 자기성찰 기도로 원용하면 셋째 요점이 다음과 같이 변형되며 나머지 요점들은 동일하다. 변형된 셋째 요점은 하루 중 모든 생명을 살리는 움직임 그리고 죽음과 폭력의 움직임이 언제 어디에 있었는지를 발견하는 것이다. 그리고 나는 그 움직임에 어떻게 반응했는지를 살핀다. 생명의 세력에 "그렇다"와 죽음의 세력에 "아니오"를 명확하게 표현하는 저항을 했는지를 살핀다. 그 반응에 따른 나의 내면의 정서들도 살핀다. 이 기도를 가칭 '평화성찰 기도'라고 부를 수 있겠다.[55]

5. 나가는 말

지금까지 내적 평화를 추구하는 한국의 그리스도인들의 평화 추구의 지평을 공공의 영역으로까지 확장하도록 돕기 위해서는 평화에 대한 인식의 확장, 내면성의 재인식, 기도와 행동에 대한 이분법적 이해의 수정이 필요하

---

54 John Veltri, *Orientations*, vol. 1(Guelph: Loyola House, 1996), 159-160.
55 이 외에도 도널드 도르(Donald Dorr)가 제안한 평화운동가들을 위한 몇 가지 훈련이 있다. 그것들은 '절망과 역량 강화', '죽음 명상', '미래 명상', '안기'(cradling), '승-패 게임'이다. 이 훈련의 자세한 방식은 다음을 참고하라. Dorr, *Integral Spirituality*, 211-223.

다는 것을 살펴보았다. 또한 외적 평화를 추구하는 한국의 그리스도인들이 내적 평화의 견고한 토대 위에서 외적 평화 일구기를 지속하기 위해서는 기도, 저항, 공동체가 요청됨을 확인했다.

평화를 사랑하는 것보다 평화를 위해 일하는 것이 더 어렵다. 더군다나 모두가 하나님의 사랑을 받는 형제자매이며 동등하다는 비전과 나 또한 폭력의 공모자라는 인식을 파지하며 평화 일구기에 투신하는 것은 더욱 어렵다. 이것은 많은 씨름을 내포한 긴 여정, 즉 일생에 걸친 여정의 이야기이다. 총대주교인 콘스탄티노플의 아테나고라스(Patriarch Athenagoras of Constantinople)는 이 여정의 이야기를 〈나는 무장해제되었다〉라는 고백적 시를 통해 잘 표현한다.[56]

> 나는 수많은 세월 동안 나 자신과 싸워왔다.
> 그것은 끔찍했다.
> 그러나 이제 나는 무장해제되었다.
> 나는 더 이상 어떤 것에도 두려워하지 않는다.
> 왜냐하면 사랑은 두려움을 내어쫓기 때문이다.
> 내 자신이 항상 옳아야 할 필요로부터,
> 타인을 깎아내림으로 나를 정당화할 필요로부터 무장해제되었다.
> 나는 더 이상 부를 고수하기 위해 방어적이지 않다.
> 나는 단지 부를 환영하고 나누길 원한다.
> 나의 아이디어와 프로젝트를 고수하지 않는다.
> 만일 다른 사람이 좀 더 나은 것을 제시한다면 –
> 아니다, 더 나은 것이라기보다 좋은 것이라고 말했어야 한다.
> 나는 그 좋은 것을 어떤 후회도 없이 수용한다.
> 나는 더 이상 비교하지 않는다.

---

56 Vanier, *Finding Peace*, 59.

좋은 것, 참된 것, 실제적인 것이 항상 내게 최선이다.
이것이 바로 내가 두려움을 갖지 않는 이유이다.
우리가 무장해제되고 자아로부터 자유로울 때
만일 우리가 마음을 신-인간인 분에게 열면,
그분은 모든 것을 새롭게 하고
과거의 상처를 제거하고
새로운 시간을 계시한다,
모든 것이 가능한 시간을.

평화의 영성은 바로 이 시의 고백과 같이 무장해제된 존재로서 평화를 위한 저항의 수행을 지향하는 것이다. 즉 내적 평화와 외적 평화의 통전적 추구를 지향하는 것이다. 한국교회 안에 이러한 통전적 평화 추구와 평화의 영성에 대한 논의가 더욱 왕성해지길 소망한다.

참고문헌

Dear, John. *Living Peace: A Spirituality of Contemplation and Action.* New York: Doubleday, 2001.

Donahue, John R. "The Good News of Peace." *The Way 22*, no. 2(1982): 88-99.

Dorr, Donal. *Integral Spirituality: Resources for Community, Peace, Justice, and the Earth.* Maryknoll: Orbis Books, 1990.

Dyckman, Katherine Marie · L. Patrick Carroll. *Inviting the Mystic and Supporting the Prophet.* New York: Paulist, 1981.

Edwards, Tilden. "Spiritual Perspectives on Peacemaking." *Hinson, Spirituality in Ecumenical Perspective.* 141-159.

Groff, Linda. "Religion and Peace, Inner-Outer Dimension of." Kurtz. *Encyclopedia of Violence, Peace & Conflict.* 1846-1859.

Hinson, E. Glenn(ed.). *Spirituality in Ecumenical Perspective.* Louisville: Westminster, 1993.

Ignatius of Loyola. *The Spiritual Exercises of St. Ignatius.* Translated by Louis J. Puhl. Chicago: Loyola Press, 1951.

Kurtz, Lester(ed.). *Encyclopedia of Violence, Peace & Conflict.* Amsterdam: Elsevier, 2008.

Michael, Downey(ed.). *The New Dictionary of Catholic Spirituality.* Collegeville: Liturgicla, 1993.

Nouwen, Henri. *Ministry and Spirituality.* New York: The Continnum, 1996.

_____. *Peacework: Prayer, Resistance, Community.* Maryknoll: Orbis, 2005.

Pieper, Christopher. "Peace, Definitions and Concepts of." Kurtz. *Encyclopedia of Violence, Peace & Conflict.* 1548-1557.

Renna, Thomas. "The Idea of Peace in the West, 500-1150." *Journal of Medieval History 6*, no. 2(1980): 143-167.

Ruffing, Janet. "Socially Engaged Contemplation: Living Contemplatively in Chaotic Times." *Handbook of Spirituality for Ministers*, vol. 2, edited by Robert J. Wicks, 418-441. Mahwah: Paulist, 2000.

Sheldrake, Philip(ed.). *The New Westminster Dictionary of Christian Spirituality*. Louisville: Westminster John Knox, 2005.

_____. "Christian Spirituality as a Way of Living Publicly: A Dialectic of the Mystical and Prophetic." *Spiritus 3*, no. 1(2003): 19-37.

_____. "What is Spirituality?" *Exploring Christian Spirituality: An Ecumenical Reader*. Edited by Kenneht J. Collins, 21-42. Grand Rapids: Baker Books, 2001.

Teasdale, Wayne. "Contemplation as a Way to Peace." *The American Benedictine Review 42*, no. 1(1991): 73-99.

Underhill, Evelyn. *Mysticism: The Nature and Development of Spiritual Consciousness*. Oxford: One World Publications, 1993.

Veltri, John. *Orientations*, vol. 1. Guelph: Loyola House, 1996.

Wansbrough, Henry. "Blessed are the Peacemakers." *The Way 22*, no. 1(1982): 10-17.

제9장

남북한교회가 함께 부를 노래[1]

이상일

장로회신학대학교, 교회음악학

1. 서론

2012년 8월에 KBS에서 실시한 "국민통일의식조사"에 의하면, 전체 응답자의 73.8%가 통일 문제에 관심을 갖고 있고, 68.4%가 통일을 바라는 것으로 나타났다. 그리고 거의 모든 응답자(88.8%)가 통일의 가능성을 염두에 두고 있었다.[2] 그리스도인들만을 대상으로 조사를 했으면 그 비율이 아마더 높았을 것이다. 왜냐하면 대부분의 남한교회가 북한선교에 관심을 갖고있기 때문이다. 이처럼 통일에 대한 관심과 기대감이 크지만, 분단된 지 70

---

1 이 논문은 「장신논단」 44-4(2012)에 실린 글임을 밝힌다.
2 "2012 국민통일의식조사," [온라인 자료], http://office.kbs.co.kr/tongil/7321, 2012년 8월 26일 접속. 한편 북한 주민들은 통일의 가능성을 비교적 낮게 보는 것으로 나타났다. "KBS 스페셜 통일 대기획," [온라인 자료], http://office.kbs.co.kr/tongil/7050, 2012년 8월 26일 접속.

년 가까이 지나면서 남한과 북한이 너무나도 다른 사회로 변했을 뿐만 아니라, 여전히 서로의 실상과 문화에 대해 잘 모르고 있다는 것이 큰 문제이다.[3] 남북한 주민이 서로를 잘 모른 채 대비가 부족한 상태에서 이루어진 통일은 불행일 수 있다. 독일 통합 직후인 1993년 5월에 열린 한독교회협의회에서 당시 서독교회협의회 총무였던 헬무트 감독은 다음과 같이 말했다.

> 분단되어 있을 때에는 우리는 무척 그리워했습니다. (중략) 그러나 막상 통일이 되고 나니 우리는 서로 불편을 느끼기 시작했고, 또한 우리는 서로에 대해 너무 모르고 있었다는 것을 깨닫게 되었습니다. 우리는 이제야 너무 준비가 부족했다는 것을 깨닫게 되었습니다.[4]

통일이 되기 전에 서로의 문화를 알아가고 모든 영역에서 철저히 대비해야 통일의 후유증을 줄일 수 있다. 통일을 위한 대비와 노력은 정치인이나 정부뿐 아니라, 북한선교를 위해 기도하고 있는 남한교회에도 필요하다. 그리고 목회자, 신학자, 기독교교육학자들뿐 아니라 교회음악학자들도 통일을 대비해야 한다. 일반 음악학자들과 음악교육학자들은 오래전부터 북한의 음악과 음악교육을 연구하여 통일을 대비해 오고 있는데, 안타깝게도 교회음악학자들 중에서는 남북한교회의 음악에 대해 관심을 갖고 통일을 대비하는 전문가가 거의 없어 보인다.[5]

---

3 2001년에 탈북자들을 대상으로 실시한 어느 설문조사에 의하면, "남한 사람들이 북한 사회를 잘 이해하고 있는 것 같은가?"라는 물음에 대해 79%가 "아니다"라고 응답했다. 조용관, "탈북자 전도전략과 북한선교," 『통일한국포럼』(인천: 바울, 2006), 90.

4 김영주, "6·15 선언과 기독교 남북통일운동 방향," 『기독교사상』, vol. 45, no. 6(2001): 90.

5 통일을 대비한 남북한교회의 음악에 대한 연구논문은 다음의 세 편뿐인 것으로 보인다. 조숙자, "분단 50년 남·북한교회의 공동 찬송가," 『장신논단』 11(1995): 154-179; 김철륜, "통일 후의 교회음악에 관한 연구 — 한국음악을 중심으로," 『신학지

음악이 얼마나 중요한가? 음악은 심지어 인종과 언어의 차이도 뛰어넘어 수많은 사람들을 하나로 묶어주는 힘이 있고, 예배에서 차지하는 비중이 크다. 그런데 남북한의 음악은 언어 못지않게 서로 많이 다르다. 사회주의의 북한과 자본주의의 남한은 음악의 본질에 대한 이해가 서로 다르기 때문에 음악의 기능, 음악의 창작과 보급 방식, 음악 양식, 가사의 주제, 심지어 발성법도 서로 다르다. 이 차이가 굳어지고 심화되기 전에 북한 사회와 교회의 노래를 이해하고 함께 부를 수 있는 노래를 발굴하고 창작하고 함께 노래할 기회를 마련하기 위한 노력을 남한교회가, 특히 교회음악학자들이 지금부터라도 시도해야 한다. 음악은 감성에 영향을 미치기 때문에 가슴과 가슴을 연결해주는 힘이 있다. 함께 노래할 수 있다면 정서적으로 이미 하나가 된 것이다.

이 연구의 목적은 북한의 음악론과 노래의 실제, 그리고 북한교회가 부르고 있는 노래에 대한 연구를 바탕으로, 앞으로 남북한교회가 어떤 노래를 함께 불러야 하고, 함께 부를 노래를 북한교회에 보급하기 위해 남한교회가 어떤 노력을 기울여야 할지에 대해 제언하는 것이다. 북한의 공인교회에서 사용하는 찬송가뿐만 아니라 지하교회에서 부르는 찬송과, 모든 북한 음악의 창작과 보급의 지침이 되는 음악론과 북한에서 인기를 얻고 있는 노래 등 여러 부분에 대한 다각적이고 통합적인 연구가 이루어질 때에야 더 실제적이고 효과적인 실천 방안을 제언할 수 있을 것이다. 이 연구가 남북한교회가 함께 부를 노래에 대한 관심을 불러일으키고 이 주제에 대한 후속 연구의 시발점이 되기를 기대한다.

평」 14(2001): 207-231; 김명환, "통일 후 남북교회의 이질성 극복을 위한 남북한 찬송가 연구"(감리교신학대학교 석사학위 논문, 2009).

2. 북한의 음악론

주체사상을 지도이념으로 삼는 북한의 음악론은 한마디로 주체음악론이다. 김일성이 주창한[6] 주체음악론은 1960년대부터 북한의 문화예술을 주도한 김정일이 계승 발전시켰고, 1991년에 김정일이 발표한 『음악예술론』[7]에 집대성되고 체계화되어 있다.[8] 김정일의 『음악예술론』은 현재까지도[9] 북한 음악의 이론과 실제를 결정하는 최고 지침서 역할을 하고 있기 때문에 북한의 음악을 이해하려면 꼭 연구해야 하는 자료이다. 『음악예술론』은 주체음악론에 입각해 창작과 연주의 상세한 부분까지 다루고 있어서 음악에 대한 김정일의 전문가적인 식견을 보여줄 뿐만 아니라, 북한 당국이 그만큼 철저하게 음악을 통제하고 있음을 보여준다.[10] 김정일은 『음악예술론』에서 "우리의 모든 예술창조사업은 어디까지나 당의 지도와 통제 밑에서 진행하여야 하며 우리의 예술인들은 누구나 당의 방침과 요구대로 예술활동을 벌여 나가야 한다."라고 분명히 말한다.[11] 이 책은 전체 네 장으로 구성되어 있다.

---

6 김일성의 주체음악론은 다음의 연설에 잘 드러나 있다. "혁명적문학예술을 창작할데 대하여(1964)," 『김일성 저작집』 18권(평양: 조선로동당출판사, 1982); "깊이있고 내용이 풍부한 영화를 더 많이 창작하자(1966)," 『김일성 저작집』 20권(평양: 조선로동당출판사, 1982); "혁명적이며 통속적인 노래를 많이 창작할데 대하여(1966)," 『김일성 저작집』 20권(평양: 조선로동당출판사, 1982); "민족문화유산계승에서 나서는 몇가지 문제에 대하여(1970)," 『김일성 저작집』 25권(평양: 조선로동당출판사, 1983).
7 김정일, 『음악예술론』(평양: 조선로동당출판사, 1992).
8 김정일은 이미 1973년에 『영화예술론』을 집필하였고, 『가극예술론』과 『연극예술론』을 거쳐 1990년부터 1992년 사이에는 『음악예술론』을 비롯해 『무용예술론』, 『건축예술론』, 『미술론』, 『주체문학론』 등 문화예술 전반에 관한 이론서를 내놓았다.
9 배인교, "북한 음악과 민족음악 – 김정일 『음악예술론』을 중심으로," 『남북문화예술연구』, vol. 8(2011): 41.
10 문화체육부 편, 『김정일 문예관 연구』(서울: 문화체육부, 1996), 248.
11 김정일, 『음악예술론』, 161. 이 책의 인용문은 원문에 충실하기 위해서 한글맞춤법

(1) 주체음악, (2) 작곡, (3) 연주, (4) 음악후비육성. 제1장이 총론에 해당된다면 나머지 장은 각 영역에서 어떻게 적용할지를 밝혀놓은 각론에 해당된다.[12] 이 글에서는 북한 음악의 성격을 이해하기 위해 앞의 두 장의 내용만 요약해 설명하겠다.

1) 주체음악

(1) 주체시대는 새형의 음악을 요구한다

김정일은 서문에서 "음악은 사람들을 자주적인 존재로 키우기 위한 사상정서적교양에 적극 이바지하고 인민대중의 창조적인 생활과 투쟁에 복무하여야 하며 인간의 자주적인 사상을 반영하고 인민대중이 누구나 다 리해하고 즐길수 있는것으로 되어야 한다."라고 역설한다.(1) 이러한 요구와 사명에 이바지하는 음악이 바로 주체음악이다. "음악은 사람들을 혁명적으로 교양하는 힘있는 무기이며 당사상사업의 중요한 수단의 하나"로 여겨진다.(48) 음악의 본질에 대한 이해가 남한과는 전혀 다르다.

주체음악은 내용과 형식에서 다른 것과 구별되는 고유한 특성을 가진다고 말한다. 첫째, 내용이 혁명적이다. 혁명성이 없는 순수음악은 별 의의를 갖지 못한다고 주장한다.(6-7) 여기에서 말하는 혁명성의 기본 내용은 "수령에 대한 끝없는 충실성과 그것을 핵으로 하는 당과 근로인민대중에 대한 충실성"이라고 규정한다.(8) 둘째, 주체음악은 형식이 인민적이다. 즉 "인민대중의 감정정서에 맞고 그들이 알아듣고 즐길수 있는 것이 주체음악"이 지향하는 인민적인 형식이다.(8) 형식이 인민적이려면 대중성과 통속성이 보장되어야 한다. 전문가들만 이해할 수 있는 고전음악도 아니고, "썩어빠진 〈대중음악〉, 쟈즈나 로크, 디스코 같은 음악"도 아닌, 주체시대의 요구를 만

에 맞게 고치지 않고 원문 그대로 두었으며(띄어쓰기 포함), 이하 쪽수만 밝히기로 한다.
12 문화체육부 편, 『김정일 문예관 연구』, 233.

족시키는 "고상한" 대중음악을 창조해야 한다고 강조한다.(11) 그러나 대중성과 통속성을 추구한다고 해서 예술적 수준을 떨어뜨려서는 안 된다고 말한다. 위의 조건을 다 만족시키고 "가장 혁명적이며 인민적인 음악예술의 참다운 본보기"가 바로 김일성이 만든 항일혁명음악이라고 칭송한다.(16)

(2) 주체는 우리 음악의 생명이다

김정일은 민족과 국가를 초월한 "범세계적인 음악"은 없다고 단언한다.(19-20) 민족마다 감정과 정서가 다르기 때문에 우리 민족은 우리에게 맞는 음악을 발전시켜야 한다고 주장한다. 그렇다고 서양 음악을 무조건 거부하지는 않는다. 그것을 받아들이되 주체의식을 갖고 "민족음악과 민족악기를 위주로 발전시키면서 거기에 양악과 양악기를 복종"시켜야 한다고 강조한다.(22) 음악에서도 "조선민족제일주의정신"을 확고히 지녀야 하기 때문이다.(195) 그런데 여기에서의 민족음악은 예부터 내려온 전통음악뿐만 아니라 "자기 인민의 민족적 정서와 감정에 맞게 발전해나가는 모든 음악을 포괄"하는 폭넓은 개념이다.(21) 남한의 민족음악 개념과 상당히 다르다.

민족음악을 장려한다고 해서 옛것을 그대로 되살려서는 안 되고 현 시대의 계급적 요구와 현대적 미감에 맞게 발전시켜야 한다고 주장하며(25), 민요[13]의 개작과 민족악기의 개량[14]을 음악가들에게 요구한다.(25-28) 또한 음악의 현대화를 위해 전자악기를 이용해야 한다고 말한다.(29) "전자악기는 민족음악의 특색을 살리는데 필요한 모든 조건을 다 갖추고있는 현대적인 악기"라고 그 장점을 높이 평가한다.[15] 서양악기와 마찬가지로 전자악기

---

13 북한에서는 전래민요뿐만 아니라 당대의 인민들 속에서 널리 불리는 노래는 모두 민요라고 할 수 있다. 전영선, 『북한의 문학과 예술』(서울: 역락, 2004), 125-126.
14 민족악기가 어떻게 개량되었는지에 대해서, 김지연 외, "북한 개량악기의 현황," 권오성 외, 『북한 음악의 이모저모』(서울: 민속원, 2001), 255-295를 보시오.
15 김정일, "민족음악을 현대적미감에 맞게 발전시킬데 대하여(1993)," 『김정일 선집』 13권(평양: 조선로동당출판사, 1998), 378.

도 주체적 입장을 가지고 "우리 인민의 취미와 정서에 맞게 우리 식으로 음악을 창조하고 발전"시켜야 한다고 강조한다.(30) 전자악기를 우리 식으로 쓰면 "청년들이 다른 나라의 디스코, 로크와 같은 퇴폐적인 음악에 귀를 기울이지 않고 우리 음악을 좋아할것이다."라고 말한다.(90)

(3) 혁명에 필요한 것이 명곡이다

김정일은 명곡, 즉 잘된 음악이란 "들을수록 좋고 인상깊은 음악"이라고 설명한다.(32)[16] 명곡의 두 가지 기본 징표로 제시되는 것이 사상성과 예술성이다. 사상성의 기본주제는 김일성 수령에 대한 것이고, 당 정책을 잘 반영하는 것도 중요시된다.(34) 그리고 음악이 사회적 기능을 수행하려면 예술성이 사상성과 밀접히 결합되어야 한다.(37-38)

(4) 음악을 대중화하여야 한다

김정일은 "광범한 인민대중을 음악예술창조활동에 널리 참가시키고 그들의 대중적인 힘과 지혜에 의거하여 음악예술을 창조하고 발전시키며 사회의 모든 성원들이 음악을 마음껏 즐길수 있게" 해야 한다고 강조한다.(41) 전문가가 아닌 인민대중이 음악예술의 참 주인이 되어야 한다는 의미이다.(42)

2) 작곡

(1) 음악은 선률의 예술이다

김정일은 음악의 기본을 선률이라고 본다.(50) 그리고 "음악이 사람에

---

[16] 김정일은 어느 담화에서, "수령이 좋아하고 인민이 좋아하는 노래면 다 국보적인 노래"라고 말했다. 김정일, "사회주의는 우리 인민의 생명이다(1992)," 『김정일 선집』 13권(평양: 조선로동당출판사, 1998), 238.

게 고상한 정서를 안겨주고 깊은 감흥을 불러일으키자면 선률이 아름답고 유순하여야 한다."라고 말한다.(56) 선률을 아름답고 유순하게 하려면 절가식 선률을 창조하고, 선률에서 오르내림과 굴곡이 심한 것을 없애고, 인민음악의 우수한 특성을 창조적으로 살리고 발전시켜야 한다고 주장한다.(58-61) 우리 민족의 특성이 민요의 선률에 뚜렷이 살아 있다고 높이 평가한다. 우리 시대 음악의 선률은 "밝은 양상으로 일관되여야" 하지만 너무 가벼우면 "음악이 경박해지고 천해질수 있다."라고 주의를 준다.(73-74)

(2) 절가는 인민음악의 기본 형식이다

절가는 "형상적으로 완결된 선률이 반복되면서 가사내용의 변 발전에 따라 형상이 전개되여 나가는 음악형식"이다.(75) 그래서 절가형식은 선률이 반복적이고 구조가 간결하다. 김정일은 이 절가형식이 "인민에 의하여 발생 발전되여온 인민적인 음악형식"이라고 말하며(76), 절가로 된 노래가 중심이 되게 하여야 한다고 강조한다.(83)

(3) 악기 편성에서 기본은 민족악기와 서양악기를 배합하는 것이다

김정일은 민족악기와 서양악기를 배합하되 민족악기를 위주로 하고 서양악기를 민족음악 발전에 복종시켜야 한다고 악기 편성의 원칙을 규정한다.(84-87) 배합하기 위해서는 민족악기를 현대적으로 개량해야 할 필요가 있었고, 북한에서는 1960년대 말부터 악기 개량을 시작하여 이미 완성했다. 관현악이나 기악중주에서뿐만 아니라 경음악에서도 민족악기와 서양악기를 배합해야 한다고 말한다.(88-90)

(4) 편곡은 창작이다

편곡은 음악형상을 풍부히 하기 때문에 중요시된다. 편곡도 우리 식으로 해야 하는데, 그 말은 선률 본위로 하고 선률의 본색을 놓치지 않는 것을 의미한다.(94-96) 김정일은 인민성과 민족적 특성을 편곡에서도 강조한다.

(5) 다양한 종류와 형식의 음악을 창작하여야 한다

북한에서는 기악보다 가사를 통해 사상적 내용을 전할 수 있는 성악을 더 중요시한다. 김정일은 그중에서 대중생활과 가장 가깝고 대중을 혁명투쟁으로 불러일으키는 데에 큰 역할을 하는 가요를 우선적으로 발전시켜야 한다고 강조한다.(115) "당과 수령을 위한 송가를 비롯하여 행진가요와 서정가요, 로동가요, 무곡가요" 등을 많이 창작해야 한다고 말한다.(116-119) 또한 우리 식의 기악음악을 발전시켜야 한다고 말하며 여러 기악 분야의 발전 방향을 구체적으로 설명한다.(122-127) 그중에서 경음악은 인민적이고 민족적이며 참신하고 건전하고 재미나고 가볍게 창조하여야 한다고 말한다.(128)

3. 북한의 가요

1) 북한 가요의 종류와 일반적 특징

북한에서 말하는 가요의 정의는 다음과 같다. "가요란 가사와 선률이 하나로 결합된 가장 간결한 성악작품형식을 말하며 일명 노래라고도 한다."[17] "북한의 음악사는 곧 가요의 역사"라고 할 정도로 북한에서 가요는 매우 중요하다.[18] 가요의 종류에는 김일성과 김정일을 찬양하는 송가 외에 당 정책 선전가요, 서정가요, 혁명가요, 민요, 동요 등이 있는데, 그중에서 송가가 가장 큰 비중을 차지한다.[19]

북한의 가요는 일반적으로 절가 형식으로 되어 있어서 반복적이고 단조

---

17 장기범, "북한의 음악: 철학, 형식, 종류에 대한 고찰," 「음악교육연구」, vol. 19(2000), 171.
18 김문환 편, 『북한의 예술』(서울: 을유문화사, 1990), 198.
19 통일부 통일교육원, 『북한 이해 2012』(서울: 양동문화사, 2012), 208.

롭다. 누구나 이해할 수 있고 부를 수 있어야 하기 때문에 선률이 쉬운 편이고 화성이 단순하다. 그리고 선률이 유순해야 하기 때문에 리듬이 강하거나 까다롭지 않다. 4/4박자의 행진곡풍이나 6/8박자의 민요풍의 가요가 대부분이다.[20]

2) 1980년대 중반 이후의 변화

(1) 생활가요의 등장과 전자악기를 사용한 경음악의 인기

김정일은 1990년에 음악인들과 한 담화에서, 생활적인 노래가 얼마 없음을 지적하며 가정생활이나 청춘들의 사랑 등 여러 가지 생활적인 주제의 노래를 창작할 것을 지시했다.[21] 이런 공백을 틈타 퇴폐적인 노래가 침습할 것을 우려했기 때문이다. 김정일의 방침에 따라 1990년대 이후 생활적인 주제, 특히 남녀의 연애 감정에 대한 노래가 많이 등장해 선풍적인 인기를 끌었다. '생활가요'라고 칭하는 이러한 노래의 등장은 사상성을 강조하는 북한에서 이례적인 것이라고 볼 수 있다.[22] 음악적으로는 대부분 템포가 빠르고 곡조가 경쾌하여 남한의 신나는 트로트를 연상시킨다.

생활가요는 전자악기를 사용한 경음악단을 통해 창작되고 보급되었다. 이미 1983년에 북한 최초의 경음악단인 '왕재산경음악단'이 결성되었고 1985년에는 '보천보전자악단'이 결성되었다. 기존의 관현악에 전자악기를 배합한 '왕재산경음악단'과 달리 전자악기로만 구성된 '보천보전자악단'은 〈휘파람〉[23]을 비롯한 수많은 생활가요를 창작하여 대중으로부터 선풍적인

---

20 임효진, "남북 통일 후 학교 음악교육의 대처방안"(경북대학교 석사학위 논문, 2004), 48.
21 김정일, "음악 창작과 보급 사업을 개선강화할데 대하여(1990)," 『김정일 선집』 10권(평양: 조선로동당출판사, 1997), 445-446.
22 민경찬, "북한의 음악," 경남대학교 북한대학원 편, 『북한 문화, 둘이면서 하나인 문화』(서울: 한울, 2006), 363.
23 〈휘파람〉(1990년 발표)의 1절 가사는 다음과 같다. "어제밤에도 불었네 휘파람 휘파

인기를 얻었다. 최근에 김정은의 지시로 조직된 '모란봉악단'은 더욱 파격적인 모습을 보여주고 있다. 지난 7월의 시범공연에서 미국의 대표적인 가요 중의 하나인 〈My Way〉와 영화 〈록키〉의 주제가를 연주했을 뿐만 아니라 디즈니의 여러 캐릭터들을 등장시켜 국내외에 큰 반향을 일으켰다.[24]

북한가요의 이러한 변화는 제한적이나마 다른 나라의 문화예술을 접하고 세대가 바뀌면서 북한사회의 음악 취향과 의식이 많이 달라졌음을 시사한다. 앞으로도 북한가요의 이러한 서정성과 오락성과 대중성의 경향이 지속되고 더 심화될 것이다. '보천보전자악단'과 '모란봉악단'이 생활가요만 창작, 연주하는 것도 아니고 북한 당국은 주민의 취향에 맞추면서 가요를 통한 혁명성 고취를 계속해서 추구하겠지만, 북한 주민은 혁명적인 가요를 점점 더 외면할 것으로 보인다.[25]

(2) 남한 가요의 확산

북한 주민의 취향과 의식에 변화를 가져온 요인 중의 하나로 꼽히는 것이 남한의 대중문화이다. 남한의 대중문화가 믿기 어려울 정도로 광범위하고 깊숙하게 북한 사회로 파고들었다는 것을 많은 탈북자들로부터 확인할 수 있다. 그들의 증언에 의하면 북한 주민의 90% 이상이 남한의 영상물을 본 적이 있고,[26] 가요는 전달 방식이나 이용이 간단해서 영상물에 비해 확산 속도와 범위가 더 큰 것으로 나타난다.[27] 중국 국경 지방에서 유입되는 것과

람/벌써 몇달째 불었네 휘파람 휘파람/복순이네 집앞을 지날 땐 이 가슴 설레여/나도 모르게 안타까이 휘파람 불었네/(후렴) 휘휘휘 호호호 휘휘 호호호/휘휘휘 호호호 휘휘 호호호."

24 유튜브에서 공연 전체를 볼 수 있다. http://www.youtube.com/watch?v=n_sVY-hdiiTc&feature=related.
25 이우영, "김정일 문예론의 지속과 변화," 북한연구학회 편, 『북한의 방송언론과 예술』(서울: 경인문화사, 2006), 161.
26 YTN, 2010년 12월 11일 보도 내용 중.
27 강동완·박정란, 『한류, 통일의 바람』(서울: 명인문화사, 2012), 126, 133.

연변방송이 남한 가요 확산의 가장 주된 매체이고, 직접 남한 방송을 시청하기도 한다.[28] 남한의 가요가 북한 주민들에게 큰 인기를 끄는 이유 중의 하나는 북한의 생활가요처럼 남녀의 사랑 등 실생활을 그리기 때문이다.[29] 송대관과 주현미를 비롯한 트로트 가수들의 노래가 모든 연령층에서 인기를 끌고 있고, 최근 들어 일부 젊은이들 사이에서는 아이돌 그룹의 노래와 춤이 유행이라고 한다.[30] 북한 당국은 남한 가요의 확산을 차단하려고 하지만 이미 도저히 막을 수 없는 상황에 이른 것으로 보인다. 가요를 비롯한 남한 대중문화의 확산은 북한 사회 변화의 촉매 역할을 할 뿐만 아니라, 나중에 통일이 이루어질 때 남북한 사회의 문화 통합에 기여할 것으로 기대된다.[31]

4. 북한의 교회

1) 북한교회의 역사와 현황

해방 당시 30만 명이던 북한 지역의 개신교 인구는 1950년 이전에 20만 명 정도로 감소했고, 한국전쟁을 거치면서 10만 명으로 축소된 것으로 추산된다.[32] 이후에도 북한당국은 계속해서 종교탄압정책을 전개하다가 1970년대에 남북대화가 시작되면서 대외적 선전을 위해 조선기독교도련맹(1999년에 '조선그리스도교련맹'으로 개칭)이 활동을 재개하도록 해주었다. 그리고 1980년대 들어 북한교회사에 획기적인 사건들이 일어났다. 1983년과 84

---

28 위의 책, 126.
29 위의 책, 107, 123.
30 오양열, "북한 내 외래문화 유입으로 인한 영향과 전망," 「플랫폼」, vol. 26(2011), 17.
31 위의 글, 23.
32 김병로, "북한 종교인가족의 존재양식에 관한 고찰," 「통일정책연구」, vol. 20, no. 1(2011), 164.

년에 성서와 찬송가가 발행되고, 1988년에 봉수교회가 세워진 것이다. 그리고 1989년에는 칠골교회도 세워졌다.

북한교회는 크게 공인교회와 비공인교회로 나눌 수 있다. 공인교회에는 봉수교회와 칠골교회, 그리고 500여 개의 가정예배처소가 포함되고, 교인수는 1만 2,000여 명 정도 되는 것으로 알려져 있다.[33] 비공인교회, 즉 지하교회 교인의 수는 정확하게 추산하기 어렵지만 수십만 명에 이르는 것으로 보인다.[34]

2) 북한교회의 노래

북한이 1983년에 처음으로 발행한 찬송가에는 가사만 나와 있고, 1990년이 되어서야 악보판이 1만 부 발행되었다. 2004년에도 1만 부 발행되었지만, 약 6,000부는 북한교회 방문객에 의해 해외로 빠져나간 상태이다. 그리고 2010년에 추가 발행되어 일부 보급되었다.[35] 이 찬송가 모두가 "1939년 조선예수교장로회 총회 종교교육부에서 발행한 신편찬송가를 조선 문화어의 표기법에 기초하여 다시 편집한" 것이고,[36] 400곡을 수록하고 있다. 봉수교회와 칠골교회의 예배에서 이 찬송가를 사용한다. 가정교회 예배에서도 북한 찬송가를 사용하지만, 외국의 방문객이 참관하지 않을 때에도 매주 사용하는지는 의문이다. 그런데 봉수교회와 칠골교회 예배의 특송 순서에는 찬송가에 없는 최근 노래들도 불린다. 남한교회에서 보내준 CD와 악보집을

---

33 위의 글, 177.
34 여러 선교회의 추정치에 대해서, 김병로, "북한 종교인가족의 존재양식에 관한 고찰," 177-179를 보시오.
35 북한 찬송가의 제작과 발행에 직접적으로 관련한 K씨와의 전화 통화(2012년 9월 4일).
36 조선그리스도교련맹 중앙위원회, 『찬송가』(평양: 평양종합인쇄공장, 2010), 서문. 북한 찬송가 설명에 대해서, 조숙자, "분단 50년 남·북한교회의 공동 찬송가," 154-179를 보시오.

통해 배운 것으로 보인다.[37]

지하교회 교인들이 부르는 노래에 대해서는 단편적인 증언으로만 파악할 수 있을 뿐이다. 북한찬송가를 비롯한 노래책을 갖고 있는 경우가 별로 없을 것이기 때문에 지하교회 교인들이 부르는 노래는 지역마다 서로 많이 다를 것으로 추정된다. 그들 중에는 한국전쟁 전부터 불렀거나 구전으로 전해져 내려오는 찬송가를 암기해 부르는 이들도 있고, 중국에 방문했다가 찬송가를 밀반입해서 사용하는 이들도 있다.[38] 국내의 모 선교단체에서는 특수 제작한 통일찬송가(1983) 인쇄본을 이미 10여 년 전에 북한에 들여보냈고, MP3로도 찬송가 전곡을 담아 보급했다고 한다.[39] 김일성 송가나 영화 주제가, 동요 등을 개사해 부르기도 한다는 증언이 있지만,[40] 이것은 찬송가를 부르는 것보다 더 위험할 수 있기 때문에 흔한 일은 아닌 듯하다.[41]

중국과의 국경 지역에 있는 친척집에 방문했다가 신앙훈련을 받고 그곳에서 배운 노래를 필사해 북한 지하교회에 가서 가르쳐주는 경우도 있고, 선교단체에서 자체적으로 북한인의 목소리로 녹음한 찬양곡과 메시지를 CD, MP3, USB 등의 형태로 북한 지하교회로 보내주면 지하교회에서 그것을 복사해 교인들에게 나누어주고 교인들은 자기의 전자기기를 통해 노래를 듣

37　서울대 통일평화연구원 김병로 교수와의 전화 통화(2012년 9월 3일).
38　중국에서 탈북자들을 대상으로 활동하는 K선교사와의 전화 통화(2012년 8월 10일). 그들이 밀반입하는 찬송가는 아마 대부분 통일찬송가일 것이다. K선교사에 의하면, 중국 조선족교회에서는 아직도 거의 다 통일찬송가를 사용하고 있다.
39　그 선교회 간사와의 전화 통화(2012년 9월 12일).
40　백중현, 『북한에도 교회가 있나요?』(서울: 국민일보, 1998), 186-188.
41　모퉁이돌선교회 이사야 부장의 이메일(2012년 8월 29일). 남한에 있는 탈북자들은 요즘도 북한 노래를 개사해 부르기도 한다. 〈하늘처럼 믿고 삽니다〉가 대표적이다. '장군님'이라는 가사를 '하나님'으로 바꾸기만 하면 내용이 자연스럽다. 1절 가사는 다음과 같다. "품고 있는 생각도 모두 다 말을 하고/움 트나는 희망도 터놓습니다/하늘처럼 믿고 삽니다/장군님 믿고 삽니다/천년세월 흐른대도/김정일 장군님만을."

고 수첩에 가사를 적어 예배 시간에 함께 부르기도 한다.[42] 또한 제주극동방송을 비롯한 대북라디오방송을 통해 노래를 배우는 이들도 있다. 여러 형태의 디지털 매체와 라디오방송을 통해 지하교회에 많이 알려진 노래로는 찬송가 외에 고형원의 〈주님 다시 오실 때까지〉, 이권희의 〈사명〉, 최배송의 〈사나 죽으나 주님의 것〉, 〈이제 내가 살아도〉, 최용덕의 〈나의 등 뒤에서〉 등이 있다.[43]

5. 남북한교회가 함께 부를 노래를 위해 남한교회가 추진할 일

1) 공동 찬송가 발간

남북한교회가 함께 부를 노래를 위해 남한교회가 북한교회와 우선적으로 협력하고 추진해야 할 일이 공동 찬송가를 발간하는 것이다. 이 작업은 통일이 될 때까지 기다리지 말고 지금부터라도 시작할 만한 가치가 있는 일이다. 다행히 현재 남북한교회의 찬송가에 공통적으로 들어가 있는 노래가 많다. 북한 찬송가의 400곡 중 283곡(전체의 약 70%)이 21세기 찬송가에도 수록되어 있다. 공동 찬송가를 만들 때 이 노래들이 중심이 되어야 할 것이다. 〈나 같은 죄인 살리신〉, 〈내 영혼이 은총 입어〉, 〈주 안에 있는 나에게〉 등의 "옛날"[44] 찬송들이 중심이 되어야 하는 다른 이유는 곡조가 북한 주민들

---

42 J선교회 S선교사와의 인터뷰(2012년 9월 9일). J선교회에서는 중국에서 북한 사람들을 훈련시킬 때 CD 복사하는 기술도 가르쳐서 다시 북한으로 돌려보낸다고 한다. 그리고 그 기술과 복사기계를 가진 지하교회 교인이 남한의 영화나 드라마를 복사한 CD 등의 매체에 찬양곡도 삽입해 장마당(시장)에서 유통시킨다고 한다. 이러한 방법은 비단 J선교회에서뿐만 아니라 다른 북한 대상 선교회에서도 사용하는 것으로 추정된다.
43 모퉁이돌선교회 이사야 부장의 이메일(2012년 8월 29일).
44 북한 찬송가는 1939년의 신편찬송가와 내용이 거의 같기 때문에 해방 이후의 노래

의 정서에 잘 맞기 때문이다. 물론 세대마다 사람마다 차이는 있겠지만, 본 연구자가 대화를 나눈 여러 탈북자들이 중국에서 처음 신앙생활을 할 때 찬송가를 배운 이후 현재 남한에서도 요즘 노래보다 찬송가를 더 좋아한다고 고백한다. 곡조가 쉬워서 배우기 어렵지 않았다고 그들은 말한다. 어떤 탈북자는 찬송가를 처음 들었을 때 김일성 송가와 비슷하다는 느낌을 받았다고 한다. 일반적으로 찬송가는 선율이 쉽고 화성이 단순한 데다가 절가 형식으로 되어 있기 때문에 북한 가요와 음악적으로 유사하고, 북한의 주체음악론에서 지향하는 인민적인 음악 형식에 여러모로 부합한다. 앞으로 새로 신앙생활을 하게 될 수많은 북한 주민들도 옛날 찬송가 곡조들을 좋아할 것이다. 현재 박사과정에서 작곡을 전공하고 있는 어느 탈북자는 "우리[북한 주민들]한테는 찬송가가 제일 북한틱해요."라고 단언한다.[45]

같은 찬송가라도 번역 가사가 다른 경우가 많지만,[46] 이것은 큰 문제가 되지 않는다. 남북한교회의 공동 찬송가 편찬위원들이 협의하여 가사를 통일할 수 있다. 서로 많이 달라진 남북한의 언어를 통일하는 일이 그 전에 먼저 이루어져야 하는데, 다행히도 겨레말큰사전 남북공동편찬사업이 2005년에 시작된 이래 2019년 발간을 목표로 남북한의 국어학자들이 계속해서 이 작업을 진행하고 있다.

남북한교회의 찬송가에 공통적으로 수록된 곡들 외에 공동 찬송가에 포함해야 할 곡들이 많다. 외국의 좋은 곡들도 필요하지만 무엇보다도 한국인의 창작곡을 많이 수록해야 한다. 남북한교회의 찬송가에 공통적으로 수록된 283곡 중에는 한국인의 창작곡이 거의 없다. 21세기 찬송가에는 한국인

는 없다.
45 탈북자 출신 선교사 L 씨와의 인터뷰(2012년 8월 3일).
46 예를 들어, 21세기 찬송가 36장 1절 앞부분의 가사가 "주 예수 이름 높이어 다 찬양하여라"인데, 북한 찬송가 32장에는 "예수의 이름 권세여 엎디세 천사들"로 되어 있다. 북한에서는 '하나님'을 '하느님'이라 부르고 두음법칙을 인정하지 않는 등 남북한 언어에 큰 차이가 있다. 자세한 차이점에 대해서는, 조숙자, "분단 50년 남·북한교회의 공동 찬송가," 319-321을 보시오.

이 작사, 작곡한 찬송가가 128곡으로 전에 비해 대폭 늘어난 반면, 북한 찬송가에는 한국인의 찬송시가 많아야 8편에 불과하고,[47] 한국인의 곡조는 김활란의 시 〈캄캄한 밤〉에 맞춰 이동훈이 작곡한 〈풍랑서 구하심〉(325장)이 유일하기 때문이다.[48] 신편찬송가가 발행된 1939년 당시만 해도 한국인의 창작곡이 거의 없었기 때문에 북한 찬송가가 그 문제를 고스란히 지니고 있는 것이다. 신편찬송가와 달리 북한 찬송가에 작사자와 작곡자 이름이 빠져 있는 것은 이러한 문제점을 숨기기 위해서일 것이다.

북한은 주체음악을 강조하기 때문에, 음악교과서에 수록된 곡의 대부분이 북한 작곡가의 작품이고, 음악회 연주곡은 약 70%가 북한 작곡가의 작품이다.[49] 이를 보더라도 공동 찬송가에는 현재 남한교회의 21세기 찬송가보다도 한국인의 창작곡 비중을 더 높이는 것이 바람직하다. 한국인의 창작곡을 많이 수록하자고 남한교회에서 제안하면 북한교회가 원칙적으로는 찬성할 것으로 보이지만, 북한교회에는 현재 창작 찬송가가 없다는 것이 문제이다. 김일성 부자를 찬양하는 곡을 개사해서 찬송가로 활용하자는 의견이 있을 수 있다. 김일성이나 김정일의 이름과 호칭을 하나님/예수님으로 바꾸기만 하면 찬송가 가사로 무리가 없어 보이는 곡들이 있지만, 그것은 여러모로 실현되기 어렵고 바람직하지 않다. 왜냐하면 북한 체제가 바뀌지 않는 한 그것은 "수령님"에 대한 모독이라고 북한에서 크게 반발할 것이고, 김일성 부자를 찬양하기 위해 만들어진 노래는 아무리 개사해도 기독교 예배에 적합하지 않다고 주장하는 이들이 많을 것이기 때문이다. 그보다는 북한교회에서도 새로운 찬송가를 창작할 것을 제안하고, 남한교회에서는 공동 찬송가가 발간되기 전부터 그 곡들을 남북연합예배나 남한교회 자체 예배에서 불러보는 것이 바람직하다.

한국인의 창작곡 중에서 특히 전통음악 형식으로 된 곡들이 남북한의

---

47 문옥배, 『한국 찬송가 100년사』(서울: 예솔, 2002), 485.
48 신편찬송가에는 김활란의 이 시가 다른 곡조와 결합되어 있다.
49 노동은, 『노동은의 세 번째 음악상자』(파주: 한국학술정보, 2010), 415.

민족 동질감을 확인하고 강화하기 위해서라도 공동 찬송가에 많이 수록되어야 한다. 북한에서는 음악에서도 조선민족제일주의를 부르짖으며 노래의 선율과 음계와 리듬과 화성에서 우리 민족의 특성이 뚜렷이 나타나야 한다고 강조하기 때문에, 전통음악 형식으로 된 곡들이 많이 수록되면, 기독교가 우리 민족의 정서에 맞을 수 있음을 북한 주민들에게도 보여주며, 기독교가 "승냥이 미제의 종교"라는 잘못된 이미지에서 많이 벗어날 수 있을 것이다. 전통음악 형식으로 된 곡들이 앞으로 더욱 많이 창작되고 보급되도록 통일을 앞두고 남한교회가 더욱 관심을 갖고 지원해야 한다.

그러나 꼭 전통음악 형식의 곡만 창작하고 부를 필요는 없다.[50] 현대적이면서도 한국인의 정서에 잘 맞는 창작곡도 공동 찬송가에 많이 포함되어야 한다. 최용덕의 〈나의 등 뒤에서〉와 〈낮엔 해처럼 밤엔 달처럼〉, 안철호의 〈세상에서 방황할 때〉처럼 음악 분위기가 트로트와 유사하고 개인의 신앙고백을 담은 1970-80년대 복음성가(이른바 '은혜찬양')와, 이권희의 〈사명〉, 고형원의 〈주님 다시 오실 때까지〉, 〈오직 주의 사랑에 매여〉처럼 한국의 정서가 담긴 근래의 노래는 남한교회의 중장년층뿐만 아니라 탈북자들과 북한의 지하교회 교인들도 선호하고 있다. 이러한 곡들이 현재 21세기 찬송가에도 수록되지 않은 상태이지만, 앞으로 개편될 남한 찬송가와 남북한 공동 찬송가에는 포함되어야 찬송가가 교회현장에서 많이 사용될 것이다.

가사 면에서 볼 때, 한국의 상황을 다루고 애국심을 표현하는 곡들이 많이 창작되고 공동 찬송가에 포함될 필요가 있다. 21세기 찬송가에 이러한 곡이 별로 없다. '나라사랑'이라는 주제에 속한 다섯 곡(580-584장)에다가, 김활란이 일제강점기에 쓴 〈캄캄한 밤〉(345장)과 석진영이 한국전쟁 중에 쓴 〈눈을 들어 하늘 보라〉(515장)가 고작이다. 현재 남북한교회가 애국심을

---

50 생활가요와 전자음악의 등장 이후 북한 주민의 취향이 변해서인지, 본 연구자와 대화를 나눈 몇몇 탈북자는 남한에서 접한 전통음악이 오히려 낯설었다고 의외의 고백을 했으며, 북한의 30-40대는 전통음악 형식의 찬송가를 좋아하지 않을 것이라고 응답한 이도 있었다.

갖고 함께 부를 수 있는 유일한 찬송가는 남궁억이 1907년에 쓴 〈삼천리 반도 금수강산〉뿐이다. 게다가 그 곡조는 이탈리아 오페라의 합창곡에서 가져온 것이다. 이 나라의 정의와 평화와 통일을 노래하는 사회참여적 기독교 노래가 1980-90년대에 일부 노래공연단체와 개인에 의해 만들어졌지만,[51] 찬송가에 실리지 않았을 뿐만 아니라 대부분의 교회에 소개조차 되지 않았다. 이들보다 훨씬 큰 영향력을 1990년대 말부터 지금까지 끼치고 있는 이가 바로 '부흥한국'의 대표인 고형원이다. '부흥한국'은 1997년에 〈부흥〉이라는 음반을 발표하여 특히 청년들로부터 폭발적인 반향을 일으킨 후 잇달아 〈부흥2000〉, 〈부흥2003〉, 〈부흥2006〉을 통해 북한과 통일에 대한 관심을 일깨우는 곡들을 많이 발표했다.[52]

그 외의 다른 작곡가들도 이제는 통일을 기원하는 노래뿐만 아니라 남북한의 하나 됨과 통일된 한민족을 향한 하나님의 비전을 노래하는 곡들을 많이 창작하도록 교회가 격려하고 투자할 뿐만 아니라, 그러한 곡들을 찬송가에 포함시키고 통일되기 전부터 남북한교회가 함께 부를 수 있게 해야 한다. 어려서부터 주체사상을 세뇌교육 받아 온 북한 주민은 일반적으로 조국에 대한 긍지와 사랑의 마음이 투철하고 내 조국이 최고라는 가사의 노래에 익숙하기 때문에, 공동 찬송가에도 애국적인 노래가 많이 필요하다. 기독교가 조국에 무관심하지 않다는 것을 보여주기 위해서도 그렇다.

지금까지 한국인의 창작곡이 공동 찬송가에 많이 필요함을 지금까지 강조했다. 사실상 종교의 자유가 없고 교인이 공식 통계상 1만여 명밖에 되지 않는 북한의 현실을 볼 때, 공동 찬송가의 발간은 요원해 보이고 어쩌면 통

---

51 기독노래운동 '뜨인돌,' '새하늘 새땅,' 주현신, 백창우 등이 대표적이다.
52 북한이나 통일에 관한 그의 대표곡으로는, 〈그날〉(사망의 그늘에 앉아), 〈한라에서 백두까지 백두에서 땅끝까지〉, 〈한민족 한핏줄 형제의 사랑으로〉 등이 있다. '부흥한국' 음반의 수록곡은 '부흥한국' 홈페이지에서 악보와 함께 들을 수 있다. http://revivalkorea.org/category/revivalmusic. 고형원은 그리스도인뿐 아니라 비그리스도인도 함께 한민족의 비전을 나누기 위해 〈하나의 코리아 United Korea 4 the World〉라는 앨범을 2016년에 발매하였다.

일 전에 이루어지기가 불가능할 수도 있지만, 지금부터 계속해서 이 일을 시도하고 준비해야 한다. 공동 찬송가 발간을 북한교회에 제안하기 전에 먼저 남북한교회의 교류가 확대되고 신뢰와 협력 관계가 발전해야 한다. 남한의 찬송가학자들과 교회음악가들도 북한교회를 방문해 함께 예배하고 연주도 하고 연구 결과를 발표하고 북한교회의 음악지도자들을 남한에 초대하는 등 북한교회와의 교류에 적극적으로 동참할 필요가 있다. 공동 찬송가 발간은 남북한 교계 대표자들의 일만은 아니다.

2) 라디오방송을 통한 노래 전파

큰 안테나를 설치해야 하는 위험 부담 때문에 북한에서 기독교 TV 방송을 시청하는 것은 사실상 거의 불가능하다.[53] 반면에 라디오 방송은 많은 북한 주민이 듣는 것으로 알려져 있다. 현재 북한에 보급된 라디오는 100-300만 대로 추산되며, 북한 주민의 대북 라디오 방송 청취율이 점점 높아가는 추세라고 한다.[54] 남한에서 대북 라디오 방송을 송출하는 대표적인 기독교 방송국은 극동방송이다.[55] 제주극동방송(AM 1566khz)은 출력이 가장 커서 (250kw) 북한 전역은 물론 중국에서도 들을 수 있다. 극동방송만 듣고서도 신앙을 갖게 된 이들이 있고,[56] 통일부의 하나원 통계에 의하면 탈북자 10명 중 7명이 제주극동방송을 들었다고 하니, 그 영향력이 대단하다.[57]

---

53 CGN과 CTS와 달리 CBS의 텔레비전 프로그램을 시청하는 북한 주민이 있다고 한다. CBS, CGN, CTS 기술국장들과의 전화 인터뷰(2012년 9월 10일).
54 김익환, "대북 라디오 방송 청취 실태 및 효과에 관한 연구"(서강대학교 석사학위 논문, 2011), 67-68.
55 CBS 기술국장에 의하면, CBS 라디오방송을 들은 북한 주민이 있다는 말을 들은 적이 있다고 하나 그 수는 매우 적을 것으로 보인다.
56 "남포 '극동방송' 지하교인 102명 처형·정치범수용소행," 『미래한국』, 2008. 12. 16, [온라인 자료], http://www.futurekorea.co.kr/news/articleView.html?idxno=18322, 2012년 9월 11일 접속.

남한 가요가 북한 전역에 확산된 가장 주된 매체 중의 하나가 바로 연변 라디오방송인 점을 봐도,[58] 라디오 방송은 노래를 전파하기에 아주 효과적이고 영향력이 큰 수단이다. 사람은 자유롭게 북한 지역에 들어가지 못하지만 라디오 전파는 자유롭게 북한 국경을 넘어 각 집의 방 안까지 들어갈 수 있다. 남북한교회가 함께 부를 노래, 남북한 공동 찬송가에 들어갈 만한 노래를 창작하고 선정하여 라디오 방송을 통해 계속 들려주면 북한의 교인들이 그 노래에 익숙해지고 쉽게 그 노래를 익힐 수 있을 것이다. 북한의 교인들이 좋아할 만한 노래가 무엇인지 탈북자들에게 의견을 구하는 것도 좋다. 북한에는 악보를 읽을 줄 아는 이가 거의 없을 것이기 때문에, 찬양 악보를 전해주는 것보다 방송을 통해 노래를 전파하는 것이 더 안전하고 효과적이다. 그리고 이러한 노래의 확산은 나중에 통일이 이루어질 때 남북한교회의 이질감 해소와 통합에도 기여할 것이다.

---

57 모퉁이돌선교회 이사야 부장과의 인터뷰(2012년 7월 27일). 모퉁이돌선교회의 "광야의 소리" 방송은 제주극동방송을 통해 대북방송을 한다. 주일 새벽과 밤 시간에는 매주 금요일에 공개방송으로 진행되는 탈북 성도들과의 남북연합예배를 녹음하여 북한 성도들에게 '배달'한다. 남북연합예배의 회중찬송곡을 선정하는 이사야 부장은 너무 북한교인 위주로 선곡하지 않고 남한교회의 노래도 소개한다고 한다. 절반은 찬송가, 다른 절반은 기도로 하나님께 올려드릴 수 있는 노래를 고르려고 하는데, 하나님의 주 되심과 왕 되심을 찬양하는 노래와 이 땅의 회복을 기도하는 노래를 선호한다고 한다. 그리고 선곡을 위해 탈북자들에게 의견을 구하기도 하는데, 그들은 "우리나라의 흘러간 노래풍," 즉 안철호의 〈세상에서 방황할 때〉와 같은 1970-80년대 복음성가와 고형원의 노래를 좋아한다고 한다. 지난 2008년 6월부터 2012년 7월까지 남북연합예배에서 부른 노래 제목과 횟수를 본 연구자가 조사해보니, 고형원의 〈주님 다시 오실 때까지〉가 181회로 압도적인 1위를(2위는 찬송가 29장 〈성도여 다 함께〉로 58회) 차지했다. 이 노래가 북한 지하교회에도 많이 알려져 있는데, 이사야 부장은 라디오방송을 들으며 이 노래를 배웠다는 북한 분들이 적지 않은 듯하다고 말한다.
58 강동완·박정란, 『한류, 통일의 바람』, 126.

6. 결론

정치적 통합보다 더 어려운 것이 정서적 통합이다. 통일 후에도 남북한이 분단의 상처를 치유하고 안정적으로 통합을 성취하는 데 2-3세대 이상의 시간이 필요할 것으로 예상된다.[59] 분단의 기간이 길어질수록 치유의 기간도 그만큼 더 길어질 것이다. 남북한 국민이 가장 쉽고 깊게 정서적으로 통합할 수 있게 하는 역할을 담당하는 것이 음악이다.[60] 교회에서도 음악이 그런 역할을 담당할 것이다. 함께 부를 노래를 찾아내고 창작하고 보급하기 위해 지금부터라도 노력해야 한다. 남북한의 음악문화가 서로 많이 다르기에 더욱 시급하다. 교회에서도 이러한 작업이 꼭 필요하다. 그렇지 않으면 통일 후에 북한선교에도 지장이 있을 것이고, 북한 출신 교인들이 남한인 교회에 오지 않고 따로 모일 가능성이 높다. 탈북자가 중심이 되어 개척한 교회가 남한에 이미 여럿 있다. 앞으로 남북한교회가 협력하고 잘 대비하여, 통일 후에 전국 방방곡곡에서 남북한의 교인들이 함께 노래할 수 있기를 바란다.

---

[59] 임현진·정영철, "사회문화적 접근을 통한 남북통합의 모색: 현실과 과제," 「통일연구」, vol. 3, no. 1(1999), 366.
[60] 강민지, "통일 시대를 대비한 남북한의 음악교육 연구: 음악교과서 분석을 중심으로" (건국대학교 석사학위 논문, 2008), 73.

참고문헌

강동완·박정란. 『한류, 통일의 바람』. 서울: 명인문화사, 2012.
김문환 편. 『북한의 예술』. 서울: 을유문화사, 1990.
김병로. "북한 종교인가족의 존재양식에 관한 고찰." 「통일정책연구」, vol. 20, no. 1 (2011): 157-184.
김영주. "6·15선언과 기독교 남북통일운동 방향." 「기독교사상」, vol. 45, no. 6 (2001): 82-94.
김익환. "대북 라디오 방송 청취 실태 및 효과에 관한 연구." 서강대학교 석사학위 논문, 2011.
김정일. 『음악예술론』. 평양: 조선로동당출판사, 1992.
노동은. 『노동은의 세 번째 음악상자』. 파주: 한국학술정보, 2010.
문옥배. 『한국 찬송가 100년사』. 서울: 예솔, 2002.
문화체육부 편. 『김정일 문예관 연구』. 서울: 문화체육부, 1996.
민경찬. "북한의 음악." 경남대학교 북한대학원 편. 『북한 문화, 둘이면서 하나인 문화』. 서울: 한울, 2006.
배인교. "북한음악과 민족음악-김정일 『음악예술론』을 중심으로." 「남북문화예술연구」, vol. 8(2011): 39-73.
백중현. 『북한에도 교회가 있나요?』. 서울: 국민일보, 1998.
오양열. "북한 내 외래문화 유입으로 인한 영향과 전망." 「플랫폼」, vol. 26(2011): 16-23.
이우영. "김정일 문예론의 지속과 변화." 북한연구학회 편. 『북한의 방송언론과 예술』. 서울: 경인문화사, 2006.
임효진. "남북 통일 후 학교 음악교육의 대처방안." 경북대학교 석사학위 논문, 2004.
장기범. "북한의 음악: 철학, 형식, 종류에 대한 고찰." 「음악교육연구」, vol. 19(2000): 161-180.

조선그리스도교련맹 중앙위원회. 『찬송가』. 평양: 평양종합인쇄공장, 2010.
조숙자. "분단 50년 남·북한교회의 공동 찬송가." 『장신논단』 11(1995): 154-179.
조용관. "탈북자 전도전략과 북한선교." 『통일한국포럼』. 인천: 바울, 2006.
통일부 통일교육원. 『북한 이해 2012』. 서울: 양동문화사, 2012.

제10장

북한 인권 문제와 통일의 상관성[1]

주승현

전주기전대학교, 군사학과

1. 서론

오늘날 인권 문제는 인류의 보편적 가치로 받아들여지고 있으며 유엔을 중심으로 국제사회는 전 세계적 차원에서 인권에 대한 논의와 활동을 오랫동안 전개해 왔다. 국제사회는 "세계인권선언"(1948. 12)을 통해 인간이라면 누구나 마땅히 누려야 하는 권리와 존엄성에 대한 기본적인 기준을 규정하였는데 "모든 인간은 태어날 때부터 자유롭고 평등하며 존엄과 가치를 갖는다."라고 선언했다. 이 선언에서 천명된 인권의 내용은, 인간이라면 누구나 국가의 부당한 간섭이나 차별을 받지 않고 마땅히 누려야 하는 권리에 대한 최소한의 보편적 기준이다. 이런 권리는 생명권, 자유권, 의사표시의

---

[1] 이 글은 '한국기독교목회자협의회'와 '한국기독교학술원'이 개최한 세미나에서 진행한 필자의 토론문을 참고한 것이다.

권리, 법 앞의 평등 등 시민·정치적 권리와 문화 활동 참가권, 존경과 존엄을 받을 권리, 노동권, 교육권 등 경제·사회·문화적 권리까지도 포함한다.(통일교육원, 2014, 331)

국제사회는 이러한 기본적 인권의 내용을 법적·제도적으로 보장하기 위하여 1966년 12월, 제21차 유엔총회에서 "자유권규약 및 사회권규약(양대 국제인권규약)"을 채택하였고(통일연구원, 2015, 32) 따라서 개인과 관련한 인권 문제를 국내 문제로 취급하던 국제사회는 더 이상 국내에 국한된 문제가 아닌 인류 보편의 권리로 국제적 인권논의를 마주하게 되었다.

인권 문제가 국제사회의 공통 관심사가 되면서 국제사회의 일원인 개별 국가들은 여러 개의 국제인권조약에 비준, 가입하여 다양한 활동을 전개하고 있다. 북한도 유엔 회원국으로, 각종 인권조약의 당사국으로 가입[2]하고 활동을 진행해 왔지만 정작 국제사회에서는 인권 상황이 아주 열악한 국가로, 인권후진국으로 낙인찍히고 있다. 북한은 지금까지 사회주의와 집단주의적 세계관에 기초하여 문화상대주의 원칙에 따른 인권의 상대성을 주창하며 국제사회의 북한 인권 문제제기에 대응해 왔는데,[3] 실제에서는 북한 특유의 수령제와 수령을 정점으로 한 일당 독재체제 유지를 위해 다양성이 부정되고 정치참여가 제한될 뿐만 아니라 공산주의 경제체제와 사회주의 집단체제로 인해 최소한의 인권마저 보장되고 있지 못하고, 포괄적이고도 복합적이며 광범위한 인권침해가 지속 발생되고 있다.

이에 국제사회는 유엔, 미국, EU, 국제 NGO를 중심으로 북한의 인권개선을 위한 다양한 활동을 강화하고 추진해 왔음에도 불구하고 북한당국의

---

[2] 한국은 1990년에 국제인권규약에 가입했으며 북한은 1981년에 가입했다.
[3] 북한은 사회주의와 집단주의적 세계관에 기초하여 개인의 인권보다는 사회와 집단을 위한 인권이 우선이며, 따라서 '서구식' 인권의 개념으로 북한의 인권상황을 평가하지 말아야 한다고 주장한다. 그뿐만 아니라 과거에 존재한 사회주의권 국가들이 그러했듯이 개별적 인권보다는 집단적 인권, 자유권보다는 국가주권의 중요성을 더 강조한다.

인권개선 의지와 노력은 요원한 상태이다. 오히려 북한 인권의 심각성에 우려의 목소리는 커지고 있으며 인권침해 실태가 조직적이고 광범위하게 지속되고 있어 북한 인권 상황에 대한 국제사회의 우려와 관심은 나날이 고조되고 있다. 유엔은 인권위원회(Commission on Human Rights, 이하 'UNCHR'이라 한다.)와 총회에서 2003년 이후 "북한인권결의"를 채택해 오고 있으며 2004년에는 북한인권특별보고관을 임명하여 북한 인권 상황을 구체적으로 조사하고 그 결과와 권고사항을 유엔에 보고하고 있다. 2013년 3월에 개최된 유엔 인권이사회는 특별보고관의 권고에 따라 1년 임기의 북한인권조사위원회(Commission of Inquiry on Human Rights in the Democratic People's Republic of Korea, 이하 'COI'라 한다.)를 설치하여 집중조사를 진행했고,[4] COI 보고서의 결론 및 권고사항을 반영하여 유엔인권이사회와 유엔총회는 2014년 3월과 12월에 "북한인권결의"를 채택했다. 그리고 채택된 결의안에 따라 결정된 북한인권사무소가 대한민국 서울에 설치되었고, 2016년 3월에는 한국의 국회가 북한인권법안을 통과시켰다.

북한인권의 심각성에 대한 국제사회의 노력과 대한민국의 우려에도 북한은 자신들의 존엄을 훼손하고 사회주의 제도를 전복하려는 불순한 의도라는 강경한 입장을 보이고 있으며 남북관계 단절과 국제적 고립이 심화되는 상황에서도 인권개선을 위한 노력은 가시적이지 않다고 할 수 있다.[5] 특히 체제 유지를 위한 북한 내부에서의 처형 및 숙청으로 공포적인 인권유린

---

4   유엔 북한인권조사위원회(COI)는 1년간의 북한인권 상황에 대한 전반적인 조사활동을 통해 북한의 정부와 기관 및 당국자들에 의해 조직적이고 광범위하며 중대한 인권침해가 이루어져 왔으며 많은 인권침해 사례들이 인도에 반한 죄(crimes against humanity)를 구성한다고 평가하고 보고했다.
5   북한은 부분적으로나마 국제인권기준을 의식한 법규 제정을 진행한 바 있다. 1998년에 헌법에 거주 이전의 자유 및 종교의 자유를 명시했고(공민은 거주·려행의 자유를 가진다 – 1998년 헌법 제75조), 2009년 4월 개정헌법에서는 인권조항을 신설(…근로인민의 리익을 옹호하며 인권을 존중하고 보호한다 – 2009년 헌법 제8조)했다. 그러나 실제에서는 개정된 법 규정이 제대로 지켜지지 않고 있다.

이 북한 전역에서 횡행하고 있으며, 고립에 따른 경제상황 악화와 주민들의 동요가 다시 인권침해의 악순환으로 이어져 체제의 내구성을 나날이 약화시키고 있다. 이러한 상황에서 올해 3월에 제정된 한국의 북한인권법은 북한 주민들에게는 인권보호 및 증진을 통한 기대와 희망의 메시지가 되지만 당국에게는 심각한 체제붕괴를 고민하게 하는 딜레마가 되고 반인도적 범죄행위를 체계적으로 기록·보존하여 경고와 경각심을 고취시키고, 추가적인 인권침해를 억제하고 북한 주민을 보호하는 수단이자 제도가 된다.

따라서 이 논문에서는 북한의 열악하고도 심각한 인권악화, 경제파탄, 수동적인 통일의지 속에 이를 개선하고 주도할 수 있는 한국 정부와 사회, 교회의 역할을 살펴보고 광범위하게 침해되고 있는 인권 문제로 인해 대두될 예기치 않은 사태나 체제전환의 가능성까지도 염두에 둔 실질적인 대비와 통일준비 과제를 함께 모색하고자 한다.

2. 북한 인권의 쟁점사항별 실상

1) 시민·정치적 권리 실태

시민·정치적 권리는 생명권, 평등권, 참정권, 신체의 자유 및 고문금지, 언론·출판·집회·결사의 자유, 거주·이전·여행의 자유, 종교 및 사상의 자유 등 제반 권리를 포함한다. "시민·정치적 권리에 관한 국제협약"(ICCPR)이 규정하고 있는 인권기준으로 볼 때 북한의 인권 실태는 거의 모든 부분에서 억압된 상황이라고 할 수 있다.(통일교육원, 2014, 331-332) 모든 부분의 심각한 상황에서도 크게 쟁점이 되고 있는 사항은 생명권에 관한 것이며, 최고의 권리인 생명권이 보장되지 않는다면 다른 권리들도 의미를 가질 수 없다.

(1) 생명권

북한인권 침해에서 부각되는 생명권의 내용에는 공개·즉결 처형, 미성년자 및 임산부에 대한 사형집행, 정치범 수용소 운영과 교화소 내 인권 유린, 자의적·불법적 체포 및 구금, 불공정한 재판절차 등을 들 수 있다. 생명권은 최고의 권리이며 사형은 중대한 범죄에 대해서만 부과되어야 하나 북한은 조국반역죄, 국가전복음모죄를 비롯하여 불량자 행위죄, 교화인 도주죄와 같은 일반범죄에도 사형을 부과할 수 있게 하였고 한국 녹화물 시청·유포행위, 밀매행위 등에 대해서도 사형을 진행하고 있다.[6] 특히 미성년 범죄와 임산부에 대한 사형집행도 이루어진 것으로 파악되며 이는 자유권 규약 제6조 제5항의 "18세 미만의 자가 범한 범죄에 대한 사형선고 금지"와 "임산부에 대한 사형집행 금지"에 대한 명백한 규정위반에 해당한다.[7]

그 밖에 통일연구원은 2000년부터 2014년까지 북한에서 공개처형한 주민의 수는 1,382명에 달한다고 밝혔다.(통일연구원, 2015, 60) 또한 북한인권조사위원회(COI)는 2014년 북한인권 조사보고서를 통해 북한의 정치범 수용소에서 고의적 굶주림, 강제노동, 처형, 고문, 성폭행, 처벌에 의해 부과

---

[6] 미 국무부는 2016년 4월에 발간한 "2015 국가별 인권보고서"에서 북한이 정치범이 아닌 일반 시민까지 공개처형했다고 밝혔다. 심지어 옷을 벗긴 상태에서 기관총으로 난사해 처형했다는 내용을 보고서에 추가하였다. 보고서에는 지난 2015년 4월 북한 은하수 관현악단의 총감독과 3명의 단원이 "400-500명의 예술계 인사들이 지켜보는 가운데 나체 상태로 세워진 채 기관총 난사로 처형됐다."라고 적시했다. 그뿐만 아니라 미 국무부는 보고서에서 "북한은 김 씨 일가가 60년 넘게 이끄는 독재국가"라며 "수용자들이 살아나올 것으로 기대할 수 없는 정치범 수용소를 운영하고 있다."라고 밝혔다.

[7] 국무총리실 산하 통일연구원이 2015년에 발간한 『북한인권백서 2015』에 따르면, 북한이탈주민 000는 2007년 8월 국가안전보위부 구류장에서 끌려나온 15세 전후로 보이는 남녀 5명이 경제사범과 사회 일탈을 이유로 처형되는 것을 목격했다고 증언(통일연구원, 2015, 61)했고 또 다른 북한이탈주민 000에 따르면 2003년 양강도 보천군에서 통신선을 잘라 판매한 혐의로 부부가 공개 처형되었는데, 당시 임신 중이던 부인에 대해서는 재판 전에 유산을 시킨 다음 공개재판을 하고 총살하였다고 증언한 바 있다.(통일연구원, 2015, 61)

되는 생식권 박탈, 강제낙태 및 영아살해 등으로 지난 50년 간 수십만 명의 정치범이 죽어갔을 것(COI 조사보고서, 2014, 60)이라고 적시했다.

(2) 평등권·자유권

평등권의 침해 내용으로는 성분 및 계층에 따른 신분차별, 월남자·탈북자 가족 및 종교인 차별, 장애인 격리수용 등이 제기된다. 북한은 해방 이후 여러 차례에 걸쳐 주민등록사업을 실시하여 주민들을 3계층 56부류로 분류하고, 별도로 25개의 성분으로 구분한 후 성분 및 계층분류에 의한 신분차별을 체제유지와 주민통제의 수단으로 활용(통일연구원, 2015, 142)하고 있는데 이는 자유권규약과 사회권규약에 반한다. 자유권에서는 언론·출판·집회·결사의 자유, 거주·이전·여행의 자유, 정보통신의 자유 등의 침해가 주요 문제로 부각되어 있다. 특히 종교의 자유는 법적으로 명문화하였으나 대외선전용 가짜 종교시설[8]을 제외하고 종교의 자유는 지켜지지도, 인정하고 있지도 않다.

(3) 참정권 및 기타 시민·정치적 권리 침해(취약계층: 여성, 아동, 장애인 등)

참정권은 자유의사에 따라 투표할 자유, 공직을 비롯해 정치활동을 할 수 있는 자유 등 모든 면에서 제한되며 이에 따른 자유의 침해가 쟁점이다. 북한에서의 투표는 대부분 100% 투표에 100% 찬성의 형태로 조선노동당이 지명하는 단일후보에 대하여만 당선이 가능하며, 선거는 통제기관들의 철저한 감독과 감시 하에 진행되어 거부조차 시도할 수 없다. 그 밖에 사회 취약 계층인 여성과 아동, 장애인에 대한 차별과 방치, 착취와 학대가 국제

---

8   북한 당국이 선전하는 대표적인 종교시설로 봉수교회(1989), 칠골교회(1992), 제일교회(2005) 등이 있지만 이는 통일전선부 소속 조선그리스도교련맹이 북한의 기독교를 대표하여 내세운 교회이며 1990년대부터 기독교와 교회를 대외선전용으로 이용하려는 정책으로 세운 교회들이다.(임창호, 2013, 278)

사회의 우려를 자아내고 있다.

2) 경제·사회·문화적 권리 실태

경제·사회·문화적 권리는 식량, 의복, 주택, 의료를 비롯해서 살아가는 데 필요한 기본적인 의식주를 제공받을 수 있는 식량권, 건강권, 노동권, 교육권을 비롯하여 개인과 가족의 안녕에 적합한 생활수준을 누릴 제반의 권리를 포함한다. 그러나 시민·정치적 권리와 마찬가지로 경제·사회·문화적 권리 또한 이를 규정하고 있는 국제협약(ICCPR) 기준으로 볼 때 북한의 인권실태는 심각한 상황이라고 할 수 있다.

(1) 식량권

1980년대부터 시작된 북한의 식량난은 1990년대 초중반 상당수의 주민이 기아로 아사하는 '고난의 행군'을 겪었고 지금까지 이어진 만성적인 식량난으로 건강과 생존권을 심각하게 위협받고 있다. 1980년대 물질체계 붕괴와, 1990년대 배급중단과 자연재해 후 식량부족 문제는 여전히 지속되고 있으며 차등적 배급정책과 식량에 대한 접근성의 양극화, 즉 배급이 우선 공급되는 특정집단(군, 당, 통치기관, 군수산업 등)을 제외하고 취약계층은 굶주림과 영양실조와 싸워왔다. 7·1개선조치와 포전담당책임제 등 식량개선을 위한 일련의 조치에도 분배체계의 왜곡과 가용재원의 약취(군량미, 핵·미사일 개발 등)로 전반적으로 식량생산량은 부족하며 여전히 어려움을 겪고 있다. 유엔 북한인권조사위원회(COI)는 북한이 굶주리는 주민들에게 식량을 공급하기 위해 자국의 가용자원이 허용하는 최대한도를 동원할 의무를 저버렸다면서, 주로 무기개발 및 핵 프로그램에 사용되는 군사적 목적의 지출이 항상 우선시되었고 굶주리는 주민들에게 식량이 사용되기보다는 사치품과 개인숭배를 위해 식량과 기금이 쓰였다(COI 조사보고서, 2014, 51)고 보았다.

(2) 건강권·노동권

북한은 공식적으로 무상치료제를 유지하고 있으나 만성적인 식량난과 경제적 궁핍으로 주민의 건강권이 침해받고 있다. 특히 경제난 이후 계급·계층성분에 따른 자연배분의 불균등으로 인해 일반 주민을 대상으로 한 의료체계는 제대로 작동하지 않는 것으로 파악되고 있다. 또한 노동권의 목적은 개인과 그 가족의 생존을 보장하기 위한 것으로, 국가는 자국민에게 일할 권리와 직업선택의 자유, 그리고 희망과 재능에 따라 자유로이 노동을 선택하고 노동환경과 실직을 보호받을 적절한 조치와 의무를 취해야 하지만 현실은 그렇지 못하다. 좋은 직장과 일자리는 특권계층에게 우선 배치되며 직업선택에서 개인의 의사는 무시되고 당의 인력수급 계획에 따라 진행된다. 특히 '무리배치'라는 개인의 의사와는 어긋나는 집단배치로 강제노동에 가까운 직장에 배치되며, 북한 주민들은 소속된 직장에 일정하게 나가지 않는 경우 노동단련형, 조직적 처벌 등 법적·정치사회적 불이익을 받게 된다.

(3) 교육권 및 기타 경제·사회·문화적 권리 침해

북한은 현재 12년간의 무상의무교육(취학 전 교육 1년과 초등 및 중등 교육 11년 포함)을 법적으로 보장하고 있다고 하지만 경제난 이후 교육환경과 질이 상당히 저하되었고 교과서와 교복조차 제대로 공급되지 못하고 있는 상황이기에 무상의무교육의 제도와 기능이 현저하게 약화되었다고 볼 수 있다. 그뿐만 아니라 경제·사회·문화적 권리도 자의로 침해받고 있는데 일상생활에서조차 수령중심주의와 집단사고를 요구받고 있으며 하루일과도 획일화된 규범을 준수해야 한다. 북한인권조사위원회(COI)는 북한에서 허용된 유일한 정보제공자는 당국의 통제를 받는 매체뿐이고, 텔레비전 시청 및 라디오 청취, 그리고 인터넷 접속은 엄격히 제한되어 있다고 보고한다. 또 모든 대중매체의 내용은 빈틈없는 검열을 거치며 외국 방송을 시청·청취하면 처벌받고, 외국 영화나 드라마도 예외는 아니라고(COI 조사보고서, 2014, 29) 밝혔다.

3) 북한 당국의 대응과 논쟁의 쟁점

북한은 지금까지 사회주의와 집단주의적 세계관에 기초하여 문화상대주의 원칙에 따른 인권의 상대성을 주창하며 국제사회의 북한인권문제 제기에 대응해 왔다고 볼 수 있다. 북한은 사회주의와 집단주의적 세계관에 기초하여 개인의 인권보다는 사회와 집단을 위한 인권이 우선이며, 따라서 '서구식' 인권의 개념으로 북한의 인권상황을 평가하지 말아야 한다고 주장한다. 과거에 존재한 사회주의권 국가들이 그러했듯이 개별적 인권보다는 집단적 인권, 자유권보다는 국가주권의 중요성을 더 강조하고 있는 것이다.[9] 그러나 실제에서는 북한 특유의 수령제와 수령을 정점으로 한 일당 독재체제 유지를 위해 다양성이 부정되고 정치참여가 제한될 뿐만 아니라 공산주의 경제체제와 사회주의 집단체제로 인해 최소한의 인권마저 보장되지 못하고 광범위하며 중대한 인권침해가 지속하여 발생되고 있다.

북한은 국제사회의 인권문제 제기에 대해 크게 '문화적 상대성'과 '우리식 인권' 논리로 대응하고 있다. 문화적 상대성이란 북한은 집단주의에 기초한 사회주의체제이며 북한 주민들은 자신들이 선택한 체제에서 살며 봉사하고 있기에 자본주의식 인권 개념으로 사회주의 인권을 평가할 수 없다는 주장이다. 더욱이 북한은 수령-당-인민대중이 일심단결된 인민대중 중심의 사회에서 모든 인민이 참다운 권리와 자유를 누리고 있다고 주장한다.

---

9 북한은 유엔 회원국으로 여러 개의 국제인권조약에 비준·가입하였는데 1981년 자유권규약 및 사회권규약에 가입한 이후 1990년 아동권리협약, 2001년 여성차별철폐협약 등의 당사국이 되어 정기보고서를 제출하는 등 나름의 활동을 하고 있다. 2009년과 2014년에는 유엔인권이사회의 보편적 정례인권검토를 수검하였고, 2013년 7월 장애인권리협약에 서명, 2014년 11월에는 아동의 매매·성매매·아동음란물에 관한 아동권리협약 선택의정서를 비준했다. 그러나 정작 북한은 유엔이 결의한 북한인권특별보고관의 존재를 인정하지 않고 있으며 북한인권특별보고관의 방북은 물론 국제인권기구 및 인권 관련 국제비정부기구의 방북도 불허하고 있다.(통일연구원, 2015, 『북한인권백서』, 32)

(통일교육원, 2014, 339) 이러한 논리를 기초로 우리식 인권 개념을 전개하고 있는데 사회주의체제에서는 애초부터 인권문제는 존재하지 않으며 사회주의 기본적 특성과 특별한 인권상황을 특수한 체제의 내부문제라고 주장한다. 따라서 사회주의 체제운영 방식에서 북한의 인권상황을 평가해야 함에도 서방 국가들은 자신들의 기준으로 북한식 인권을 함부로 평가하는 내정간섭을 하고 있으며, 이는 인권 문제와는 무관한 정치적 목적, 즉 사회주의체제를 붕괴시키려는 목표 아래 인권문제를 이용하고 있다고 주장한다. 특히 자주적으로 생존하며 발전하려는 북한체제의 주권을 침해할 뿐만 아니라 외부로부터 붕괴시키는 데 인권문제를 통해 개입하고 있다고 주장하고 있다.

그러나 국제사회는 '내재적 접근'으로 볼 수 있는 문화적 상대성이나 우리식 인권 논리는 인류 보편의 인권가치를 부정하고 침해하는 것이며, 인류가 보편적으로 추구해야 할 과제에 역행하는 것으로 보고 북한의 인권침해에 관해 시정할 것을 지속, 촉구하고 있다. 북한의 인권개선을 촉구하는 국제사회와 한국 정부의 노력과 입장에 대해 북한은 자신들의 존엄을 훼손하고 사회주의 제도를 전복하려는 불순한 의도라는 강경한 입장을 보이고 있다. 또한 남북관계 단절과 국제적 고립이 심화되는 상황에서도 인권의 상대성과 우리식 인권논리를 주장하면서 인권 개선 노력에 소극적인 태도를 보이고 있으며 국제사회의 요구를 지속적으로 거부하고 있다.

3. 북한인권 개선을 위한 노력

1) 인권개선의 활동과 동향

북한의 심각한 인권상황이 국내외에 알려지기 시작하면서 국제사회와 한국에서는 북한의 인권침해에 관한 개선촉구와 함께 유엔을 중심으로 인권개선을 위한 결의안들을 꾸준히 채택해 왔다. 유엔은 인권위원회

(UNCHR)와 총회에서 2003년 이후 "북한인권결의안"을 계속하여 채택하고 있으며 2004년에는 북한인권특별보고관을 임명하여 북한 인권상황의 조사 보고를 전담하게 하였다. 유엔 북한인권특별보고관은 그 해부터 활동을 시작하여 2005년부터 현재까지 해마다 북한의 인권침해 실태를 유엔에 보고하고 있으며, 유엔 총회는 이 보고서에 기초하여 매년 북한인권결의안을 채택해 왔다.

그리고 2013년에 유엔에서 인권위원회가 열렸고 여기에서 고문과 강제노역 등 반인도 범죄 행위에 대해 포괄 조사 권한이 있는 COI의 설치를 결정했다. 아울러 북한인권조사위원회는 안전보장이사회에 대하여 북한정권의 책임자를 국제형사재판소에 기소하는 문제를 심의할 것을 권고하고, 인권고등판무관에 대하여 북한정권의 반인륜적 범죄행위에 대하여 기소를 하거나 책임을 추궁하는 데 필요한 자료를 수집하기 위하여 현장사무소를 설치할 것을 권고하였다. 서울 북한인권현장사무소의 역할과 기능은 국제형사재판소에 공소를 제기하는 것을 전제로 하여 조사활동을 하는 것이므로 사실상 북한지도부를 타깃으로 보는 것이다.

국제사회와 마찬가지로 한국 정부와 시민단체의 활동도 활발해졌는데 우선 한국 정부는 2008년 유엔총회부터 북한인권결의안을 공동제안하는 등 꾸준한 노력을 보여 왔고 유엔 인권최고대표사무소(OHCHR)의 북한인권현장사무소를 서울에 설치하기 위한 제안에 동의했다. 그뿐만 아니라 2000년 이후 북한인권 단체들이 증가하며 보수진영뿐만 아니라 종교단체, 그리고 일부 진보진영에서도 북한인권 개선을 위한 뚜렷한 목적을 가지고 북한인권 문제를 범국민적 관심사로 확산시키는 데 집중하고 있다. 특히 2005년 12월 북한인권단체들이 주최한 '북한인권국제회의'가 국내외 많은 관심을 받았고 2007년 12월 북한인권단체의 참여로 '북한인권정책협의회'가 결성되었으며 북한인권단체에 의한 '북한자유주간', '북한인권주간', '북한인권법주간' 등의 행사가 한국뿐만 아니라 전 세계를 무대로 진행됐다.

이러한 흐름과 함께 북한의 인권을 개선하기 위하여 북한인권법을 법률로 제정하려는 움직임이 국내외에서 추진되었고 국제사회에서는 미국과 일본이 각각 2004년과 2006년에 북한인권법을 제정·공포하였고, 한국은 2005년에 당시 한나라당 의원이던 김문수 의원이 처음으로 북한인권법안을 대표 발의했다.

2) 북한인권법 성과와 과제

한국의 북한인권법은 지난 2003년 유엔 인권위원회가 북한인권 문제를 규탄하는 결의안을 최초로 채택하고, 이듬해 미 의회가 북한인권법을 통과(2004년 9월 상원 통과, 10월 하원 통과)시키면서 2005년 8월에 처음 발의됐다. 하지만 법안의 실효성과 남북관계에 미칠 영향 등을 둘러싼 여야 간의 입장 차이로 13년 넘게 국회 본회의 문턱을 넘지 못했다. 이 때문에 한국 정부가 직접적인 당사국임에도 북한인권 문제에 소극적이라는 비판을 받아왔다. 2014년 4월 심재권 의원이 "북한인권증진법안"을, 11월에는 김영우 의원이 "북한인권법안"을 발의했으며 여당과 야당의 발의 법안이 2014년 11월 외교통일위원회에 상정되었고 그 해 12월 공청회를 거쳐 2014년 12월과 2015년 1월, 2월에 법안소위 등이 개최되었다. 2015년 8월에는 여당과 야당의 외교통일위원회 간사간 협의를 통해 주요 쟁점사안만을 남겨두고 절충안 마련에 들어갔고 2015년 12월부터 2016년 2월까지 국회에서 북한인권법 쟁점사항에 대한 협의와 타결이 진행되었고, 마침내 2월 26일 외교통일위원회 법안소위를 통과하고 전체회의 법제사법위원회에서 가결되었다.

한국의 북한인권법 제정은 정부가 향후 일관되고 체계적인 북한인권 정책을 수립할 수 있는 제도적 기반을 구축했다는 점에서 큰 의미가 있다.(통일부 "북한인권법 설명자료" 참고) 북한인권법 제정의 의의를 살펴보면 첫째, 북한 주민들의 인권개선에 대해 포괄적으로 규율한 최초의 법률이라는 점이다. 이것은 북한 주민들의 열악한 인권상황을 개선하고 삶의 질을 증진시키는 첫걸음이며, 인권이라는 인류 보편의 가치 실현에 동참하고, 북한 주민들에게는 행복한 통일에 대한 기대와 희망의 메시지를 전달할 수 있다. 둘째, '북한인권기록센터'와 '북한인권재단' 설치를 통해 직·간접적으로 북한 주민의 인권보호 및 증진에 기여할 수 있게 되었다. 북한 당국의 조직적이고 반인도적 범죄행위에 대해 체계적으로 기록·보존하여 당국의 경각심을 고취시키고, 추가적인 인권침해를 예방할 뿐만 아니라 북한인권재단 출범으로 민·관 협력을 통해 북한 주민에게 실질적으로 도움이 될 수 있는 다양한 인권증진 사업에 대한 지원이 가능해진 것이다. 셋째, 국민적 합의를 바탕으로 체계적이고 균형 잡힌 대북인권정책의 추진이 가능한 점이다. 북한인권정책의 추진과정에서 국회가 추천한 분야별·계층별 다양한 인사들을 포함하도록 하여, 균형 잡힌 대북인권정책의 추진이 가능하고 '북한인권증진기본계획' 등을 통해 중장기 차원에서 일관되고 체계적인 대북인권 정책의 수립·추진을 위한 제도적 기반이 마련되었다는 점에서 북한인권법 제정의 의의를 찾아볼 수 있다.

북한인권법의 주요 내용을 살펴보면 크게 다섯 가지로 접근할 수 있는데 한국 정부가 북한 주민의 인권보호 및 증진을 위하여 3년마다 '북한인권증진기본계획'을 수립하고(북한인권법 제5조), 매년 수립된 '집행계획'을 국회에 보고하며(북한인권법 제6조), 북한인권 증진에 관한 정책자문을 위하여 통일부에 '북한인권증진 자문위원회' 설치를 규정하고 있다. 또한 국제기구·단체 및 외국 정부 등과의 협력과 북한인권 증진에 대한 국제사회의 관심과 제고를 위해 외교부에 '북한인권대외직명대사'를 두도록 규정하고 있다.(북한인권법 제9조) 그뿐만 아니라 북한인권 및 인도적 지원 관련 조사·연구, 정책 개발, 시민사회단체 지원 등을 위해 '북한인권재단'을 설치하며(북한인권법 제10-12조) 북한인권 관련 정보의 수집·기록·연구 등을 위해 통일부에 '북한인권기록센터'를 설치하고(북한인권법 제13조), 3개월마다 법무부에 자료이관(동 자료를 보존·관리를 위해 법무부에 담당기구 설치)하는 내용을 포함하고 있다.[10]

그러나 일각에서는 북한인권법 제정 이후의 쟁점과 갈등에 대한 우려도 제기되고 있는데 북한인권법 통과로 신설되는 정부 내 북한인권 전담부서와 민간단체 사이에 갈등이 일어나거나 예산지원을 목적으로 한 인권단체의 난립이 일어날 수 있다는 우려이다.(뉴시스, 2016. 3. 9.) 이뿐만 아니라 북한인권기록센터가 전문적인 범죄수사기관인 법무부가 아닌 남북대화의 주무부처인 통일부에 설치되는 것과 법안에 북한주민의 정보접근권과 한국 국민들을 대상으로 한 북한인권 교육이 구체적으로 명시되지 않은 점에 대한 지적도 있다.(VOA, 2016. 4. 5.) 따라서 북한인권법이 실효를 거두기 위해서는 통일부와 법무부 등 유관 부처 간의 긴밀한 협력체계 구축과 함께

한·미·일 북한인권법안 비교

	한국	미국	일본
명칭	북한인권법	북한인권법 (North Korean Human Rights Act of 2004)	납치 문제와 기타 북한 당국에 의한 인권침해 문제 대처에 관한 법률
현황	2014년 3월 3일 공포	2004년 10월 발효	2006년 6월 공포
주요 내용	- 북한인권증진기본계획 수립, 국회에 보고 - 북한인권증진 자문위원회 설치(통일부) - 북한인권대외직명대사 설치(외교부) - 북한인권재단 설치 - 북한인권기록센터 설치 (3개월, 법무부에 자료 이관)	- 대북 민간단체 지원 - 대북 라디오 방송 후원 - 북한인권담당특사 임명 - 의회가 대북 인도적 지원 전달 감시 - 탈북난민 보호지원	- 일본인 납치 문제 해결 노력 - 국제적 연계 강화 - 북 인권 상황 개선 안 될 경우 선박 입항 금지, 외국환 및 외국무역법에 따른 제재 조치
특징	- 북한인권기록보존서 설치	- 최초의 북한인권법 - 북 인권 상황 강도 높게 비판	- 자국인 납치 문제 해결에 초점

10 북한인권법 [시행 2016.9.4.] [법률 제14070호, 2016.3.3., 제정] 참고.

북한인권단체들의 전문성과 경험을 활용하기 위한 방안을 마련할 필요가 제기된다. 이와 함께 북한인권법 제정으로 국제사회와의 협력을 더욱 강화하는 계기로 삼아야 하며 북한인권기록센터를 통해 파악된 북한 내 열악한 인권 실태를 국제사회에 알리는 통로로 유엔 북한인권현장사무소를 적극 활용할 필요도 거론되고 있다.

4. 북한인권과 통일의 함의

1) 통일 상황과 통일 준비

(1) 수령제와 체제의 불안정성 증대

북한은 외부의 인권 압력을 수용하고 있지 않고 있으나 내부의 모순과 외부세계의 자극으로 상황은 악화되고 있으며 불안정한 상황은 예기치 않은 사태로 이어져 도둑과 같은 통일이 올 수도 있다. 국제사회의 인권 압박에 대한 인류 보편적인 관점과 현실적인 판단에도 북한이 인권 문제를 최종적으로 수용하여 해결하지 못하고 있는 것은 북한인권 개선이 체제붕괴로 이어질 수도 있다는 정치적 판단과 우려가 있기 때문이다.

북한체제의 특징을 크게 세 가지로 볼 수 있는데, 첫째가 당과 국가 위에 수령이 신과 같은 절대권력으로 군림하는 수령독재체제라는 점이다. 둘째는 국가와 협동단체가 생산수단을 독점하는 계획경제체제이지만 다른 사회주의 국가보다 훨씬 강력한 중앙집권적 계획경제 제도를 채택한 체제이다. 셋째로는 전체주의 사회로 수령을 어버이로 섬기고 복종할 것을 강요하는 '사회주의 대가정'의 집단주의체제이다. 따라서 이러한 체제를 지탱 유지하기 위해서는 시민·정치적 권리를 제한하여 복종을 유도하고, 집단주의를 내세워 개인의 자유를 억압하며, 거주 이전 및 여행의 통제를 통해 체제유지를 도모해야 하는 것이다.

무엇보다도 북한체제는 수령을 중심으로 하는 체제로서 모든 인권과 권리는 매우 광범위하게 제한될 수밖에 없을 뿐만 아니라 앞에서 살펴본 대로 많은 제약이 가해진다. 수령제를 떠받들고 있는 특징은 권력의 절대성(수령이 갖는 무소불위의 권력)과 무오류성(신과 같은 수령이 잘못할 수도 없고, 잘못할 리도 없고, 잘못해서도 안 되고, 잘못한 적도 없는), 그리고 피포위의식(사방에 적들로 포위되어 있으므로 수령의 주위에 뭉쳐야 하는) 등으로 수령제가 정당화되며, 따라서 수령제 유지를 위해 구조적으로 인권이 억압·지속되어 온 것이다.(폴리뉴스, 2015. 7. 21.) 따라서 수령제 아래에서 인권개선은 수령제의 안정성을 위협하는 요소이다. 그러나 지속되어 온 인권문제를 포함하여 체제의 내부적 모순으로 이를 고민할 수밖에 없는 딜레마에 처해 있으며 시간이 감에 따라 내구성은 균열되고 체제의 불안정성을 지속적으로 야기할 소지는 더욱 높아지고 있는 것이다.

　현재 북한은 3대 세습 수령제를 유지하면서 공포정치, 폭압통치로 권력구조가 구축되고 소멸되기를 반복하고 있다. 특징적인 것은 잦은 숙청과 잔인한 방식으로의 처형으로 엘리트들과 주민들의 공포와 두려움이 확산되고 있다. 이러한 '김정은식' 공포정치는 단기적으로는 응집력을 높여 정권의 안정성이 확보되지만 장기적으로는 불신감과 두려움이 심화되면서 지도자를 향한 불안정성을 야기할 소지가 있으며 수령체제가 위협받을 수 있다. 김정은 1위원장은 2012년에 공식 권좌에 오른 후 후견인이던 리영호 군총참모장을 비롯하여 최측근 3명을 처형한 것을 시작으로 2013년에는 30명, 2014년에는 31명을 숙청했으며 특히 고모부인 장성택 국방위 부위원장을 처형하고 2015년 4월에는 현영철 인민무력부장을 처형했다. 지금까지 처형된 숫자는 4년간 150명에 달하며 이 같은 처형은 김정일 위원장이 1994년 집권한 이후 4년간 처형한 인원이 10명인 것에 비교하면 너무 많은 숫자이다.[11] 처형방식 또한 잔인하며 처형 대상자 가족까지 참관시킨 가운데 대공

11　김정은 정권에서 숙청된 주요 인사들은 리영호 인민군 총참모장(2012. 7.), 장성택

무기인 14.5mm고사포를 사용하고, "반역자가 묻힐 곳은 없다."라며 화염방사기를 동원하여 시신까지 없앨 뿐만 아니라 참관인들에게 소감문을 작성하도록 강요하는 것으로 전해진다. 그뿐만 아니라 최고위 간부들은 물론이고 중앙당 과장이나 지방당 비서 등 중간 간부들을 처형하며, 일반 주민들까지 법절차를 무시한 불법적이고도 즉흥적인 처형이 자행되고 있다.

또한 북한은 최악의 식량난으로 아사자와 함께 수많은 탈북자들이 생겼으며 식량배급의 축소와 공급체계의 붕괴로 북한 주민들은 심각한 기근을 겪고 있다. 인간의 최소 생존 필요량에도 미치지 못하는 식량배급으로부터 주민들은 장마당을 통한 생존을 도모했고 시장 폐쇄와 복원의 반복 속에서 현재 계획경제와 장마당이 불편하게 동거하는 이중 경제구조를 지속하고 있다. 400개가 가까운 북한의 장마당은 오랫동안 계획통제로 존재해 온 북한체제에 불안정요소로 자리매김하고 있다.[12] 그뿐만 아니라 사회·문화적 분야에서 눈에 띄는 변화들이 북한체제에 영향을 주고 있는데 개인주의 및 비공식문화 등이 만연하고 외부정부의 유입과 돈주(붉은자본가 혹은 신흥부유층)의 등장을 통한 사회계층의 재구조화로 사회 전반에 걸친 체제 불확실성의 징후들이 높은 수준에서 감지되고 있다.[13]

국방위 부위원장(2013. 12.), 현영철 인민무력부장(2015. 4.), 변인선 총참모부 작전국장(2015. 1.), 마원춘 국방위원회 설계국장(2014. 11.), 한광상 노동당 재정경리부장(2015. 3.)이 있다.

[12] 국가정보원은 2015년 10월 국회 정보위원회 국정감사에서 북한에 휴대전화 370만 대가 보급됐으며, 장마당 380개가 존재하고 있다고 보고했다. 이와 함께 김정은 1위원장과 북한 권력층의 공동체 동질의식이 약화되고 있으며, 충성도를 김일성 주석 당시를 100으로 본다면, 김정일 위원장은 50, 김정은 1위원장은 10 정도 되는 것으로 평가했다. 특히 북한 주민들은 북한에 당이 2개 있는데, 장마당은 도움이 되는데 노동당은 도움이 안 된다는 동향도 함께 보고한 바 있다.

[13] 북한 사회의 변화와 진행 과정은 놀랍고도 역동적이다. 이미 북한 내에는 장마당으로 불리는 일반 시장이 400여 개에 달한다. 장마당에서는 각종 농산품, 생필품, 공산품 등이 거래되고, 심지어 한국, 일본의 상품들까지 거래되며 한류를 유포시키는 불법 CD도 기본인 것으로 파악된다. 이뿐만 아니라 하나에 100-400달러에 상당하

(2) 북한인권법을 통한 노력과 통일

북한체제 내부로부터의 불안정성 증대와 함께 외부로부터의 압박은 북한 당국을 당황시키고 있다. 무엇보다도 북한인권법은 북한 주민들에게는 인권보호 및 증진을 통한 기대와 희망의 메시지가 되지만 당국에는 심각한 체제붕괴를 고민하게 하는 딜레마가 되고 반인도적 범죄행위를 체계적으로 기록·보존하여 경고와 경각심을 고취시키고, 추가적인 인권침해를 예방하는 수단이자 제도가 된다.

현재 북한은 삼중구조의 딜레마에 처해 있다고 볼 수 있다. 첫째, '개혁개방의 딜레마'로 계획경제와 장마당(시장)이 불편하게 동거하는 이중적 경제구조 속에서 경제난을 해결해야 할 숙제를 안고 있다. 장마당에 대한 국가와 주민의 의존도는 돌이킬 수 없게 되었고 장마당을 통해 확산되고 있는 체제의 위협요소 또한 방관할 수 없게 되었다. 다시 말하면 개혁개방을 하면 '북한식 사회주의체제'가 위협에 처하고 문을 닫아걸면 안으로부터 파탄을 맞을 딜레마에 처해 있는 것이다. 둘째로, '인권문제의 딜레마'이다. 인권개선에 대한 국제적 압박이 거세지고 있는 상황에서 내부에서의 구조적인 인권침해의 지속으로 인한 체제의 불안정성이 증대되고 있다. 외부정보와 사회변화 등을 통한 북한 주민들의 의식변화는 나날이 바뀌고 있으며, 내부의 인권 환경에 대한 주민들의 동요가 커지고 있다. 이 같은 상황에서 인권개선의 요구를 수용하면 불합리한 체제에 대한 북한 주민들의 요구가 거세질 수밖에 없으며, 지금처럼 인권문제를 방치하면 안으로부터 '수령체제'가 붕괴할 수 있다는 딜레마에 처해 있다. 셋째로, '통일 문제의 딜레마'이다. 분단 71년이 경과한 현금에 한반도 통일에 대한 민족의 갈망과 국제사회의 관심이 고조되고 있는 상황에서 체제경쟁과 국력경쟁에서 자신감을 잃은 북한이 더 이상 통일을 주도할 수 없게 되었다. 통일 문제의 수세적이고 방어적

는 손전화(핸드폰)가 370만 대를 넘어섰다. 전당포, 배달업소 등 각종 자본주의식 직업도 늘어나고 평양에는 1,000여 대의 영업용 택시가 달리고 있다. 이중 80% 정도가 '돈주'(신흥부유층)의 소유로 전해진다.

인 입장에서 통일 주도권과 담론을 외부(한국)에 내준 북한은 주민들이 새로운 통일 열망과 의식을 분출하며 나올 때 더 이상 독일의 그것처럼 감당할 능력이 없으며, 때문에 '조선민주주의인민공화국'으로 불리는 국가가 소멸할 수도 있다는 최악의 딜레마이다.

이 같은 북한의 경제파탄, 인권악화, 수동적인 통일의지 속에 이를 개선하고 주도할 수 있는 주체로 한국의 위상과 역할이 주목받고 있다. "동독 주민의 자유와 인권신장 문제에 일관되게 역점을 두고 온 것이 동독의 정치적 민주화를 부추겼고 이것이 결국 통일 문제로 이어졌다."라고 했던 독일통일의 주역인 헬무트 콜의 명제에서 북한 주민들의 인권과 통일은 분리될 수 없는 불가분의 사안이자 한민족 통일의 지대한 과제와 직결되어 있음을 인식해야 한다.

2) 우리의 역할과 통일 준비

(1) 북한 주민 돕기와 통일 노력

북한 주민 돕기와 통일을 위해 우리가 해야 할 노력은 첫째로, 북한 주민에 대한 관심이다. 북한 주민은 우리의 동족이고, 한반도의 통일은 우리 민족의 소망임에도 오랜 분단을 거치면서 그 사실마저 잊고 살고 있다. 많은 북한 주민들이 굶어죽고 지금까지 고통스럽게 살고 있어도 독재정권의 탓으로만 치부하고 그들을 방관하지 않았는지 뒤돌아볼 때이다. 작년에 한국의 한 해 음식물 쓰레기가 22조 원 규모이며(약 200억 달러), 먹지 않아 버려지는 식재료만 3조 원, 음식물 처리비용도 8,000억 원이라는 환경부의 조사가 있었다. 음식물 쓰레기의 몇십 분의 일 정도면 북에서 기아로 굶어죽는 사람이 없었을 것이다. 지난해 정부 양곡 재고량이 190만 톤으로 적정 수준인 80만 톤의 2배를 웃돈다는 통계도 나왔다. 보관비용만 4,000억 원, 창고엔 쥐들이 득실댄다는 소식과 함께 양곡을 가축을 위한 사료로 전환한다는 발표도 있었다. 나중에 통일이 되어 북한 주민들이 음식물 쓰레기와 비축용

양곡의 사료에 대해 묻는다면 '당신네 독재정권 때문에 도와주지 못한 것'이란 변명으로 모든 것이 설명(해명)될까? 만약 통일 전에 이 사실을 북한 주민들이 알게 된다면 남한과의 통일로 설득시킬 수 있을 것인가?

둘째로, 북한 주민 돕기를 전방위적으로 전개할 필요가 있다. 그동안 북한 정부를 통하여 지원한 대북지원 활동은 일정한 한계를 노정해 왔고 그로 인한 우리 사회와 국민들의 외면 또한 큰 것이 사실이다. 따라서 앞으로 북한 주민을 직접 돕는 방법을 강구해야 하며 외국 국적의 동포나 탈북민을 통해서, 압록강과 두만강 인접의 국경 지역과 인도적 지원의 루트를 통하여 북한 동포 직접 돕기를 다각적으로 모색해야 한다. 탈북민을 통한 북한주민 송금지원도 검토가 필요하다. 한국에 온 적지 않은 탈북민들이 북한에 남겨진 가족들에게 돈을 송금하는 것으로 조사되고 있으며 북한과의 휴대전화 통화가 이를 용이하게 하고 있다. 미국 국무부의 조사에 따르면 한국에 거주한 탈북민들이 북한 거주 가족들에게 2014년에 송금한 액수가 최소 1,000만 달러(115억 원)에 달한다. 탈북민 지원단체인 "새롭고 하나 된 조국을 위한 모임"[14]도 지난해 탈북자를 대상으로 한 설문조사를 통해 국내 탈북민들의 대북송금 규모를 120억 여 원으로 추산했다. 이렇게 북한으로 송금된 돈이 북한 정권을 유지하는 데 사용되는 게 아니냐는 일부 우려의 목소리가 있지만, 오히려 그 반대 효과가 크다. 왜냐하면 송금되는 돈은 북한 정권이 아닌

---

14 새조위("새롭고 하나 된 조국을 위한 모임") 설문에서는 30대 이상 탈북자 중 70% 정도가 1인당 1년에 평균 150만 원을 북한에 송금하는 것으로 조사됐다. 이를 근거로 전체 30대 이상 탈북자 1만 1,000여 명 중 8,000여 명이 매년 송금하는 것으로 계산해 연간 120여 억 원으로 추정한 것이다. 현재 북한에 돈을 송금하는 탈북자들은 대부분 중국과 북한 내 브로커를 통해 30-40%에서 많게는 50%의 수수료를 내고 가족이나 형제들에게 돈을 전달하고 있다. 예를 들어 한국에서 200만 원을 중국인 계좌에 송금하면 위안화 1만 1,000원 정도이며, 여기에서 중국인 브로커와 북한 브로커가 수수료 반반씩을 가져가는 식이다. 수수료가 비쌈에도 불구하고 관행처럼 책정된 이유는 탈북민에게는 가족생사를 위한 절실함이, 브로커에게는 잘못될 경우 정치범으로 몰릴 수 있는 두려움이 공생하기 때문이다.

북한 주민들에게 몰래 들어가는 돈이며, 북한 화폐가 아닌 달러나 위안화로 환전한 돈이 북한으로 들어갔을 때 북한에서 시장거래를 하는 데 필요한 정화(正貨)를 공급해 시장을 확산하고 활성화하는 촉매제 역할을 하기 때문이다. 따라서 송금지원이 북한 사회 밑에서부터 변화시키고 남한에 대한 인식을 바꾸는 데 상당한 역할을 하고 있다는 점에서 지원방법도 모색할 필요가 있어 보인다.

마지막으로, 북한 내 주민들이 자신들이 처한 인권상황을 잘 알고 외부의 인권개선 노력에 동조할 수 있게 정보를 유입하고 호응을 유도해야 한다. 오랫동안 외부정보와 단절된 사회에서 살아온 북한 주민들은 자신들이 처한 상황이 인류 보편의 권리와 위배된다는 점을 인식하지 못하는 경우가 많다. 따라서 심각한 인권상황을 잘 알 수 있도록 외부정보를 북한으로 유입시키며 특히 북한의 엘리트들이 현 상황에 잘 대처할 수 있도록 정보를 제공하고 메시지를 전달해야 한다. 특히 북한 지도층의 조직적이고 반인도적 범죄행위를 체계적으로 기록·보존하여 통일 후 역사의 심판대가 있다는 것을 경고함으로써 추가적인 인권침해를 예방할 뿐만 아니라 북한 내에 통일의 조력자, 내조자를 형성하고 양성할 필요가 있다.

(2) 탈북주민 돕기와 통일 노력

북한인권과 통일을 향한 수많은 과제들 중에서 무엇보다도 북한인권을 알리고 통일을 성공적으로 안착시킬 수 있는 대상은 북한체제를 경험하고 한국에서 자유민주주의와 시장경제를 배워가고 있는 탈북민이라 할 수 있다. 특히 대다수의 탈북민은 지금도 북한과 전화통화, 서신연락, 송금 등으로 북한 내 가족, 친지들과 소통하며 외부로는 북한의 인권상황을 알리고 북한 내부로는 시장경제와 자유민주주의의 가치를 확산시키고 있다. 북한 인권과 통일을 위한 역할에서 이들이 가지는 중요성을 다음과 같이 찾을 수 있을 것이다.

첫째, 무엇보다 북한의 인권상황이 날로 심각해지고 불안정성이 증대되고 있는 현 상황에서 탈북민 리더들이 북한 사회에 영향을 미치고 북한의 엘리트들 및 북한 주민들이 친남한(親南韓) 감정을 갖고 친한파(親韓派) 세력이 될 수 있게 역할을 할 수 있을 것이다. 북한 주민들에게 국가로부터 자행되는 심각한 인권상황을 바르게 깨우치고 국제사회와 한국의 노력을 알리는 메신저의 역할이다. 특히 주지하듯이 유엔 회원국이며 주권국가인 북한체제는 김정은 정권이 붕괴해도 그것이 바로 통일로 이어지기는 쉽지 않다. 하지만 새로운 정치 엘리트 집단과 북한 주민들이, 동독이 베를린 장벽 붕괴 후 서독을 선택했던 사례와 같이 한국으로의 통일을 원한다면 한국 주도의 통일을 이루어낼 수 있을 것이다. 이와 같은 상황은 한국에서 좋은 교육을 받고 잘 적응한 탈북민이 북한 사회를 변혁시키며 한국 사회를 잘 설명하고 전달할 때 가능하다.

둘째, 북한에서 예기치 않은 사태가 발생할 경우, 북한을 재건하거나 남북한을 통합해야 하는 다양한 과제를 수행할 적임자는 다름 아닌 민주주의와 선진기술을 습득하고 리더십을 키운 탈북민일 것이다. 73년 분단으로 인한 남북한의 이질감은 상상을 초월한다. 한민족을 규정하는 언어도 심각하게 이질화되어 통일이 되면 통역이 필요할지도 모르는 상황에서 정치, 경제, 사회, 문화, 교육 등 전 분야에서 이를 중재하고 상황을 관리할 인재는 필수적이다. 또한 남북의 끝없는 적대성 속에서 북한 사람들의 신뢰를 받으면서 한국의 민주주의 제도를 북한에 정착할 사람은 탈북민뿐이다. 어디 그뿐인가. 북한 복음화와 선교를 부르짖는 한국교회 또한 통일 후 복음을 전파하기 위해서는 탈북민 출신 전도사나 목회자를 앞세우지 않고서는 기독교를 제국주의의 앞잡이로 보는 북한 지역에 교회가 들어설 수 없다는 것은 너무나 자명한 사실이다.

셋째, 통일의 과제는 통일로 끝나는 것이 아닌 통일에서 시작된다. 다시 말하면 남북한 주민들이 통일국가에서 화합하는 것이 분단의 고통만큼 더 어려울 수 있다는 것이다. 남북한 주민들이 상생하고 함께하는 성공적인 통일 공동체를 위해서라도 남북한 두 사회를 모두 경험한 탈북민을 리더십으로 잘 훈련하고 무장시킨다면 그 역할을 충실히 감당할 것이다. 따라서 한국에 와 있는 탈북 청년들을 통일 지도자로 집중하여 키우는 것이 필요하다. 독일의 통일은 동독의 민주화와 통일을 열망한 청년들이 기폭제가 됐다. 그리고 통일독일이 선택한 최초의 여성 총리는 동독 출신인 앙겔라 메르켈이다. 현재 한국에 와 있는 탈북민 중에 대학과 대학원에서 공부하는 탈북 청년들이 2,000명에 달하고, 탈북 청소년 학생들도 2,500명을 넘어서고 있다. 북한을 경험했을 뿐만 아니라 한국에 와서 유연한 사고로 선진교육을 습득하고 시장경제체제에 빠르게 적응하고 있는 탈북 청년들은 통일국가의 차세대 리더들이다. 이들을 한국 사회가 통일지도자로 키우느냐, 아니면 외면하느냐에 통일한국의 미래를 가늠할 수 있다고 본다.

마지막으로 북한인권과 한반도의 통일에 교회와 그리스도인들이 사명을 가지고 주도하려는 의지와 노력이 필요하다. 오랜 분단으로 인한 남북한의 적대와 증오, 원한과 분노, 왜곡과 대립의 골은 너무나 두껍고도 깊은 것이어서 설사 통일을 이루어도 상생하기는 어려운 것임을 깨닫게 되는 시점이다. 이것을 깨고 극복할 수 있는 것은 기독교적인 가치와 그리스도인들의 사랑 실천이며 사랑, 나눔, 화해, 용서, 관용, 포용이 통일의 가치로 제시되고 실천되지 않는 한 우리의 통일은 '통일 속의 분단', '통일 후의 재분단'으로 점철될 가능성이 매우 크다. 민족의 미래를 위해 우리를 위해 예비하신 저 북한 땅과 이 시대 그리스도인들의 사명인 한반도 복음통일을 위해 교회와 공동체가 나설 때이다. 그리고 북한 땅과 북한 주민들의 마음을 얻는 시작은 우리 곁에 와 있는 3만 명의 탈북민을 품는 것이라는 사실을 간과하지 말아야 한다.

5. 나오면서

북한은 지금까지 사회주의와 집단주의적 세계관에 기초하여 문화상대주의 원칙에 따른 인권의 상대성을 주창하며 국제사회의 북한인권문제 제기에 대응해 왔지만 실제에서는 북한 특유의 수령제와 수령을 정점으로 한 일당 독재체제 유지를 위해 다양성이 부정되고 정치참여가 제한될 뿐만 아니라 공산주의 경제체제와 사회주의 집단체제로 인해 최소한의 인권마저 보장되고 있지 못하고 광범위하며 중대한 인권침해가 지속 발생되고 있는 실정이다.

북한은 심각한 인권상황을 개선 촉구하는 외부의 압력을 수용하지 않고 있으며 내부의 모순과 외부세계의 자극으로 더욱 악화되고 있는 불안정한 상황은 예기치 않은 사태로 이어져 도둑과 같은 통일이 올 수도 있다. 특히 2016년 3월에 한국에서 제정된 북한인권법은 북한 주민들에게는 인권보호 및 증진을 통한 기대와 희망의 메시지가 되지만 당국에는 심각한 체제붕괴를 고민하게 하는 딜레마가 되고 반인도적 범죄행위를 체계적으로 기록·보존하여 경고와 경각심을 고취시키고, 추가적인 인권침해를 억제하고 북한 주민을 보호하는 수단이자 제도가 된다.

이 같은 북한의 열악하고도 심각한 인권악화, 경제파탄, 수동적인 통일 의지 속에 이를 개선하고 주도할 수 있는 주체로 한국의 위상과 역할이 새삼 주목받고 있다. 따라서 한국 정부와 사회, 교회는 북한인권을 개선하기 위한 노력뿐만 아니라 복합적이며 광범위하게 침해되고 있는 북한인권 문제로 인해 대두될 포괄적인 상황들, 예기치 않은 사태나 체제전환의 가능성까지 포함한 실질적인 대비와 통일 준비를 모색해야 할 시점에 있다.

참고문헌

김근식. "북한의 경제발전은 민주주의로 가는 지름길." 「폴리뉴스」 2015. 7. 21. http://www.polinews.co.kr/news/article에서 2016. 4. 13. 인출.
김원식. "북한 인권 논의의 현황과 전망." 「사회와 철학」 9(2005): 99-128.
김은지. "북한인권법, 11년 만에 한국 국회 통과." *VOA*. 2016. 3. 21. http://www.voakorea.com/a/3247187.html에서 2016. 4. 11. 인출.
김인구. "북한인권법으로 정부-민간, 민-민 단체 갈등 우려." 「뉴시스」 2016. 3. 9. http://www.newsis.com/ar_detail/에서 2016. 3. 25. 인출.
고태우. 『북한의 종교정책』. 서울: 민족문화사, 1988.
배성인. "북한인권 문제와 국제사회: 압력과 대응 그리고 과제." 「북한연구학회보」 제8권 제1호(2004): 173-194.
북한법연구회 편. 『김정일 체제 하의 북한법령집』. 서울: 북한법연구회, 2005.
서보혁. 『북한인권: 이론 실제 정책』. 파주: 한울아카데미, 2014.
이금순 외. 『북한정치범 수용소』. 서울: 통일연구원, 2013.
이금순·전현준. 『북한주민 인권의식 실태연구』. 서울: 통일연구원, 2010.
임창호. "한국교회 북한 선교의 현황과 한계, 그리고 기독교교육적 접근의 새로운 모색." 「기독교교육논총」 33(2013): 267-297.
"유엔 북한인권조사위원회(COI) 보고서"(2014) 전문.
제성호. "북한인권 침해기록 및 북한인권법 제정 문제." 「법조」 64(2015): 43-82.
통일부. "북한인권법 설명자료" 참고(http://www.unikorea.go.kr).
통일부 통일교육원. 『2014 북한이해』. 서울: 통일교육원, 2014, 331-341.
통일연구원. 『북한인권백서 2015』. 서울: 통일연구원, 2015.

제11장

생명 위기 시대의 생태 평화

김정욱
서울대학교 명예교수, 환경대학원

1. 우리나라의 전통적인 자연관

조선 시대까지만 하더라도 우리 선조들은 거의 범신론적인 생각으로 자연에다 신성을 부여했으며, 자연을 인간이 이용하기 위해 있는 것이라고 생각하지 않고 오히려 인간이 자연의 일환으로서 그 속에서 조화와 평화를 이루며 살아야 하는 것으로 알아왔다. 자연의 이치를 거슬러 파괴하거나 오염시키는 행위를 천벌 받을 죄악으로 알아왔고, 그런 행위에 대해서 지금 우리로서는 상상하기도 힘들 정도로 큰 형벌로 다스려 왔다. 옛날 마을에서 발견된 비석에는 "기회자 장 30, 기분자 장 50"(棄灰者 杖三十, 棄糞者 杖五十: 쓰레기를 버리는 자는 곤장 30대, 똥을 버리는 자는 곤장 50대), 혹은 "기회자 장 80, 방생축자 장 100"(棄灰者 杖八十, 放牲畜者 杖一百: 쓰레기를 버리는 자는 곤장 80대, 가축을 방목하는 자는 곤장 100대)이라고 새긴 금표(禁標)가 발견되기도 했다.[1]

특히 우리 민족은 나무에 대하여 특별한 애착을 가지고 있었던 것 같다. 집을 짓거나 땔감으로 사용하기 위하여 산림을 훼손하는 것을 방지하기 위해서는 송목금벌(松木禁伐)을 강조했다고 전해진다.[2] 산림을 보호하되 특히 소나무 숲을 가꾸기 위해 "송금작계절목"(松禁作契節目)이라는 규정을 두고 주민들은 나무를 심기 위해서 계(契)까지 모은 것으로 알려져 있는데, 이렇게 해서 만든 숲을 송계림(松契林)이라고 불렀다.[3] 지금도 우리나라에 그린벨트가 있지만 조선 시대에도 이와 비슷한 제도가 있어서 특별히 보호해야 할 산림을 금산(禁山) 혹은 봉금구역(封禁區域)으로 묶은 것이다. 서울 주변의 산들은 대개 금산으로 지정되었고, 지방에서도 안면도나 가리왕산 같은 곳이 소나무를 보호하기 위해 금산으로 지정되었다고 한다. 조선의 헌법인 『경국대전』(經國大典)에 의하면 금산에서 벌목을 하거나 채석을 한 자는 곤장 90대에 벌목한 수만큼 나무를 다시 심도록 하고 있다. 그러나 세조 때 기록에 의하면 실제로는 더 엄격하게 시행하여 금산의 소나무 한 그루를 불법으로 베어낸 대가는 곤장이 100대, 두 그루면 곤장 100대를 친 후에 군복무를 시키고, 열 그루면 곤장 100대를 친 후 오랑캐 지역으로 추방하기도 했다.[4] 모세의 율법에서 곤장을 40대 이상 때리는 것을 금하는 것을 보면 우리의 형벌이 얼마나 엄한 것이었는지 짐작할 수 있다.[5] 하멜은 조선에서 곤장 100대를 맞으면 죽는다고 전하고 있다.[6]

환경범죄에 대한 사회의 인식이 냉엄하고 형벌이 무거웠기에 환경범죄를 저지른다는 것은 보통 사람으로서는 감히 생각하기 어려웠으리라고 짐작된다.

---

1 금표(禁標)는 돌에 금표라고 쓰고 그 아래에 법규를 새겨 주민들이 볼 수 있도록 마을에 세워둔 비석 같은 것이다. 환경청, 『환경보전의 길』(서울, 1990), 13.
2 이숭녕, 『한국의 전통적 자연관』(서울: 서울대학교 출판부, 1985), 201.
3 내무부, 『자연보호』(서울, 1978).
4 최창조, "최창조의 땅의 눈물 땅의 희망: 12. 금수강산 그린벨트," 『한겨레』(2000. 2. 24.), 21; 환경청, 『환경보전의 길』.
5 신명기 25:3.
6 헨드릭 하멜, 김태진 역, 『하멜표류기』(서울: 서해문집, 2003), 119.

이처럼 우리의 전통적인 생활문화는 자원을 철저히 아끼고 재활용하며 환경오염을 최소화하고 자연과 조화를 이루도록 생태적으로 짜여 있었다. 취락이나 주택구조 자체도 생태적으로 올바른 형태를 보이고 있다. 산꼭대기나 경사가 급해서 생태적으로 취약한 지역은 보존하고, 그 아래 경사가 좀 완만하지만 다른 용도로는 쓸 수가 없는 곳에 무덤을 두었다. 취락은 그 아래로 산을 북쪽으로 등지고 남향집을 지음으로 가장 에너지 효율적인 취락을 만들었다. 집 자체도 환경친화적이었다. 예를 들어 초가지붕은 썩으면 퇴비로 썼다. 집을 짓는 데 나무는 최소한으로만 써서 산림자원을 아끼고 벽은 흙과 짚으로 만들어 보온과 습도 조절이 잘 되도록 만들었다. 특히 온돌은 어떤 난방장치보다도 열효율이 뛰어나고 오염이 적은 난방구조이다. 난방을 따로 하는 것도 아니고 아침저녁으로 밥만 지으면 저절로 난방이 되는 것이 바로 온돌이다.

세계 대부분의 나라들이 도시를 가장 농사짓기 좋은 평야에다 만들어 땅을 낭비하는데, 우리나라는 평야는 농사를 짓도록 그대로 아껴두고 도시는 평야 가장자리에 산을 끼고 건설하여 도시가 비대해지는 것을 막았다. 서울의 인구는 1660년에 20만 명에 이른 후 19세기 말에 개방이 이루어지기까지 늘지도 줄지도 않고 항상 20만 명을 유지했다.[7] 지금 유럽의 도시들이 친환경적인 도시 인구의 규모를 20만 명 정도로 잡고 있는 것을 보면 서울도 주위 환경에 무리를 주지 않고 환경적으로 건전한 도시생태계를 유지할 수 있도록 인구 규모를 유지하지 않았나 짐작이 된다. 도시에 필요한 땔감은 산림 생태계를 파괴하지 않는 선에서 인근 지역에서 반입되었고 도시의 분뇨는 인근의 논밭으로 환원되었다. 물도 하천이나 지하수를 오염시키지 않도록 생태학적으로 건전한 지역사회를 이루었던 것으로 짐작된다. 그러나 이러한 정책은 조선 말기에 나라의 기강이 무너지면서 제대로 지켜지지 않

---

7   Seoul Metropolitan Government, *Seoul Metropolitan Administration* (Seoul, 1988), 2-4.

앉고, 특히 일제강점기에는 70% 가량의 산림이 약탈당하는 등 국토가 큰 피해를 입었다.[8]

2. 유럽 그리스도인들의 자연관

이에 비하여 유럽의 그리스도인들은 자연을 전혀 다른 관점에서 바라보았다. 16세기 영국의 기독교 철학자 프랜시스 베이컨은 세상이 인간을 위하여 창조된 것이어서 인간이 없다면 이 세상은 아무 목적 없이 공허할 뿐이라고 하였다. 그리고 자연은 하나님이 야생 상태로 만들었기 때문에 인간이 길을 들여야 하고 인간은 이 자연을 길들이기 위해 지식을 쌓아야 한다고 말하였다.[9] 유럽인들은 자연을 인간에게 좋도록 바꾸려고 노력하였고 자연 자체의 존재 가치는 인정하지 않았다. 이는 실은 성서적인 사고가 아니다. 하나님의 창조세계를 무시하는 태도는 전혀 성서적이라고 볼 수 없다. 세상이 인간을 위하여 창조되었다는 것은 성서에 없는 인간중심적인 사상이다.

성서는 노아 홍수 때에 하나님이 인간의 죄악을 보시고 '땅 위에 사람 지으신 것을 후회하셨다.'고 기록하고 있지(창 6:6), 창조 자체를 후회하셨다고 하지 않았다. 그리고 인간이 창조되지 않은 상태에서 인간 이외의 자연만 보고서도 '하나님 보시기에 좋았더라.'고 기록되어 있는 것으로 보아서, 자연은 인간이 없어도 충분히 창조할 만한 가치가 있었다고 볼 수 있다. 인간만 없다면 아무런 문제 없이 잘 돌아갈 지구 생태계가 지금 인간 때문에 큰 위기를 맞게 된 이때에 하나님은 더욱 사람 창조하신 것을 후회하실지도 모른다. 그래서 인간은 오히려 부끄럽고 겸손한 자세로 창조세계를 바라보아야 할 것이다.

---

8   김은선, "한국의 산림정책과 산림보전," 경희대학교 대학원 석사학위논문, 1988, 30-31.
9   C. Ponting, *A Green History of the World* (Penguin Books, 1991), 148.

유럽인들은 만물을 인간에게 유용한가 유용하지 않은가의 잣대로 나누고 유용하지 않은 것은 죽이거나 없애버리는 행위를 해왔다. 그리고 세계를 정복하면서 세계 곳곳의 산림을 파괴하고, 단지 동물들을 죽이기 위한 목적으로 사냥을 하는 행위를 벌여 순식간에 지구 곳곳에서 많은 생물이 멸종을 당하는 일들이 벌어졌다. 이런 정신을 이어받아서 미국의 청교도들도 자연이 인간의 적이라도 되는 듯이 자연과 싸워 이기는 정신을 '개척정신'이라고 하여 미덕으로 기렸던 것이다. 미국에서 1920년대와 1930년대에 황사가 크게 불어닥쳐 중서부의 흙먼지가 대서양에 정박한 선박에까지 덮쳤는데, 이는 서부 개척을 하면서 많은 땅을 순식간에 사막으로 만들었기 때문이다.

유럽의 그리스도인들은 대단히 비위생적으로 살았다. 유럽 사람들은 예전에 집에 변소도 없이 살았다. 호화스럽기로 유명한 베르사유 궁전에도 변소가 없었다는 것은 널리 알려진 사실이다. 생리는 그냥 아무 데서나 적당하게 해결하든가, 분뇨를 요강에 받았다가 길이고 하천이고 아무 데나 내다버렸다.[10] 영국의 어떤 도시들은 아예 길 가운데를 파놓고 분뇨와 오물을 그곳에 버리도록 했다고 전해진다. 도시의 길이나 강은 분뇨와 온갖 쓰레기로 덮여 있어서 분뇨 냄새가 코를 찌르고, 비만 오면 길바닥은 오물로 질퍽했다고 한다. 분뇨를 비료로 쓰기 때문에 길바닥에 분뇨가 없는 중국의 도시를 보고는 깨끗하다고 감탄했다고 한다.[11] 도시의 하천은 오물이 두텁게 쌓인 시궁창이어서 한 번 빠지면 독이 올라 죽을 정도였다고 한다. 템즈강의 분뇨 썩은 냄새 때문에 영국의 의회가 문을 닫은 적도 있다고 한다. 이런 비위생적인 생활은 전혀 성서적이지 않다. 성서는 이렇게 말하고 있다. "네 진영 밖에 변소를 마련하고 그리로 나가되 네 기구에 작은 삽을 더하여 밖에 나가서 대변을 볼 때에 그것으로 땅을 팔 것이요 몸을 돌려 그 배설물을 덮을지니." (신 23:12-13)

10　R. E. Fuhrman, "History of Water Pollution Control," *J. WPCF* 56(4), 1984, 306-313.
11　C. Ponting, *A Green History of the World*, 346-354.

유럽의 도시에서 물을 그냥 마신다는 것은 대단히 위험한 일이었다. 유럽에서 큰 전염병이 자주 돈 이유도 대단히 불결했기 때문이다. 1348년에서 1349년 사이에 페스트가 전염되었을 때에는 인도 북부에서 아이슬란드에 이르기까지 전 인구의 3분의 1이 죽었을 정도였다. 유럽의 도시에서 맹물을 마신다는 것은 금기사항이었다. 유럽 사람들이 식사 때 포도주와 맥주를 통상 마신 이유도 물이 오염되었기 때문이다. 군대에서 술을 안 마시고 물을 마시는 것은 처벌의 대상이었다.[12] 아메리카 대륙의 원주민들은 90% 이상이 유럽 사람들이 옮긴 전염병으로 죽었다고 알려져 있다.

유럽에서는 산림도 제대로 보존되지 않았다. 중서부 유럽은 원래 95% 정도가 산림으로 덮여 있었으나 중세에 이르러 20% 정도만 남게 되었고 동식물의 종도 많이 사라졌다.[13] 완전히 숲으로 덮인 아이슬란드에 지금은 숲이 하나도 남아 있지 않게 된 것도 다 이런 행위의 결과이다. 많은 동식물들을 쓸데없고 해로운 것들로 여겨 박멸하기에 힘썼기 때문이다.

유럽 사람들이 산림을 대거 파괴하고 동물들을 함부로 죽이고 비위생적인 생활을 한 것을 기독교 사상에서 유래했다고들 말하나 실은 전혀 성서적이지 않다. 신명기 20:19에 "너희가 어떤 성읍을 오랫동안 에워싸고 그 성읍을 쳐서 점령하려 할 때에도 도끼를 둘러 그 곳의 나무를 찍어내지 말라 이는 너희가 먹을 것이 됨이니"라고 되어 있어서 중세 로마의 교황은 남의 나라 숲이라도 함부로 훼손하는 사람은 엄벌을 하도록 법령을 내렸다. 그리고 성서는 동물의 복지를 강조하고 있는데, 짐승들에게도 일주일에 하루 안식일을 주라고 십계명으로 명령하고 있고, "너는 소와 나귀에게 한 멍에를 메워 밭을 갈지 말아라"(신 22:10, 표준새번역), "곡식 떠는 소에게 망을 씌우지 말지니라"(신 25:4) 등 많은 구절에서 동물을 잘 보살필 것을 명령하고 있다. 그리고 성서는 전염병 환자를 격리하는 것을 비롯하여 위생에 대해서

---

[12] B. L. Vallee, "Alcohol in the Western World," *Scientific American*, 278(6), June 1998, 62–67.
[13] C. Ponting, *A Green History of the World*, 121.

특별히 많은 율법조항을 가지고 있다. 12세기의 유명한 유대인 성서학자 마이모니데스(Maimonides)는 성서에서 돼지고기를 금한 것도, 돼지를 사육함에 따르는 위생문제 때문이라고 설명하고 있다.[14]

유럽이 세계를 정복하고 부를 쌓아가면서 현대 과학이 발달하자 과학을 맹신하는 풍조가 생겨났다. 특히 진화론적인 사고가 널리 퍼지면서 지구가 저절로 차츰 풍성하고 아름다워졌듯이 인류의 앞날도 그렇게 되리라고 대단히 낙관적으로 보았다. 앞으로는 장구한 시일을 요하는 생물학적이나 지질학적인 진화가 아니라 과학의 발달이 진화를 완성하여 인류의 모든 고민을 해결해주고 이 땅을 낙원으로 만들 것으로 기대하였다. 전쟁 문제는 사람들을 잘 교육시켜 의식을 일깨우면 해결되고 식량이나 가난이나 질병이나 그 밖에 인간의 모든 고통과 수고는 과학기술이 해결해주리라고 믿었던 것이다.

과연 20세기에 들어서서 과학기술이 발달하면서 세상은 엄청나게 변했다. 그리고 기대하던 대로 많은 희망적인 결과들이 나타났다. 교육 사업이 크게 일어나면서 대부분의 사람들이 배움의 기회를 갖게 되어 인류의 지식수준이 크게 높아졌고, 언론매체를 타고 정보가 지구 구석구석까지 전달되면서 세상 물정에도 눈이 밝아졌다. 유아사망률이 떨어져서 예전에는 될수록 많이 낳아서 그중에 살아남는 자식 몇 명만 키우던 것이 지금은 낳는 대로 거의 다 살아남기 때문에 골라서 낳는 세상이 되었다. 예전에는 유럽인의 절반이 스무 살을 못 넘기고 죽었는데 지금은 평균수명이 70세가 넘도록 크게 늘었다. 말더스가 걱정하던 식량 문제도 오히려 식량 증산이 인구 증가를 앞질러 지금은 너무 많이 먹어서 뚱뚱한 것을 걱정하는 세상이 되었다. 그리고 지구의 경제규모가 100년 만에 50배나 커지면서 인류는 엄청난 부를 누리게 되었다.

---

14 M. Maimonides, *The Guide of the Perplexed* (The University of Chicago Press, 1963), 98.

그러나 오히려 절망적인 징조가 압도적이다. 의학의 발달로 유아사망률이 줄었다지만 또 많은 생명들은 태어나기도 전에 그 의학에 의해 낙태당해 죽는 불행을 겪고 있다. 평균수명이 늘어난 것은 사실이지만, 지금은 많은 사람들이 암이나 에이즈 같은 고통스러운 질병으로 죽어가고 있다. 그리고 장애아로 태어나 고통스럽게 살다가 고통스럽게 죽는 사람들이 많아졌다. 국제기형아협회의 자료에 의하면 장애아 출생률이 러시아 10%, 우리나라는 7%라고 알려져 있다.[15] 환경오염이 없는 지역에서는 이 비율이 1~2%로 알려져 있다. 식량생산이 인구증가율을 앞질렀다지만 선진국에서나 식량이 남아돌 뿐이고 굶어 죽는 인구는 오히려 해가 갈수록 증가해 왔다. 경제가 크게 발달했다지만 부유한 나라들만 더 부유해졌지 가난한 나라들은 오히려 더 가난해졌고 국토마저 황폐해져 앞날은 더 절망적이다. 이 경제를 지탱하는 자원인 에너지와 광물자원이 한계를 보이고 있고 산림, 흙, 바다 등이 척박해져 가고 있기 때문에 전망은 밝지 않다.

교육이 발달하여 지식수준이 높아졌다지만 인간의 잔학성이나 전쟁의 위험은 조금도 줄지 않았다. 두 번에 걸친 세계대전, 대전 중에 독일과 일본이 저지른 소름끼치는 만행, 그리고 지금도 세계 곳곳의 분쟁 지역에서 나타나는 인간의 잔학한 모습은 지식수준이 인간성을 전혀 순화하지 못했다는 것을 보여준다. 현재 전 세계에 1만 기 가까운 대형 핵무기가 있는데 그중 4,300기는 단추만 누르면 발사될 수 있도록 준비해 있다.[16] 소형 핵무기까지 합하면 10만 기 이상의 핵무기가 있는 것으로 알려져 있다.[17] 이는 전 인류를 수십 번 죽일 수 있는 양이다. 만약 어느 한 나라가 핵무기를 발사하는 날에는 폭격을 받은 나라가 자동적으로 핵무기로 응사하게 되어 있어서 상호 완전 멸망하도록 준비되어 있고, 이를 MAD(Mutual Assured Destruction) 상태라고 부른다. 현재 강대국들은 이런 균형이 전쟁을 억제한다고 믿는다.

15　임창오 편저, 『설마! : 기형아 절대 예방할 수 있다』(서울: 복지문화신문사, 1994).
16　SIPRI: Stockholm Internation Peace Research Institute, 2014.
17　「연합뉴스」, 2013. 2. 12., 이재윤 기자 보도자료.

그리고 전 세계에 440기 운영되고 있는 원자력발전소도 잠재적인 핵무기이다. 원자력발전소 1기가 1년 동안 사용하는 우라늄-235는 1톤에 이르는데 이는 히로시마 원폭(우라늄 800g)을 1,250개 만들 수 있는 분량이다.[18] 원자력발전소를 가동하면 우라늄보다 더 강력한 핵무기의 원료인 플루토늄-239가 생산된다. 그래서 원자력 발전소 1기는 핵무기 수천 기에 해당하는 방사성 물질을 가지고 있어서 미국은 9·11 사태 후에 모든 원자력발전소를 비행금지구역으로 묶었다. 얼마 전 벨기에가 테러를 당했을 때에도 가장 염려하면서 경비했던 것 중의 하나도 핵발전소였다. 플루토늄-239는 반감기가 2만 4,100년에 이르러 백만 년 정도 관리해야 안전하다고 보기 때문에 근본적으로 인류가 관리할 수 있는 물질이 아니다.

3. 생명 위기

지구의 생명 위기를 재촉하는 환경재난의 징후들은 여기저기에서 나타나고 있다. 지구의 기후변화, 오존층 파괴, 사막화, 생물의 멸종, 환경 호르몬을 비롯한 오염물질의 확산, 새로운 질병의 등장과 같은 환경 문제가 그것이다. 과학기술의 발달이 오히려 인류와 많은 생명의 앞날을 어둡게 만들고 있는 것이다.

기후변화정부간위원회(IPCC)에서 전 세계 2,500여 명의 전문가들을 동원하여 연구한 결과는 현재 지구온난화 현상이 실제로 일어나고 있다고 결론짓고 있다. 적외선을 흡수하여 지구를 따뜻하게 하는 기체들인 이산화탄소, 메탄가스, 냉매로 쓰이는 CFC 등이 지난 100년 사이에 갑자기 늘었다. 특히 이산화탄소가 지구온난화에서 가장 중요한 역할을 하여 65% 정도 기

---

[18] 고이데 히로아키(小出 裕章), https://www.youtube.com/watch?v=2r1wuCFEd78, 2013.

여를 하는 것으로 알려져 있다. 이산화탄소는 산업화 이전에는 대기 중에 250ppm이던 것이 지금은 400ppm으로 증가하였다.

IPCC 4차 보고서에서는 온실가스를 현재 수준으로 동결하더라도 지구의 기온은 2100년에 0.6도가 오를 것으로 예측하고 있다. 그러나 현재 추세로 보면 온실가스를 현재 수준으로 동결하는 것은 어려워 보인다. 현재의 경제성장 추세를 감안하여 성장을 가장 느리게 본 경우에도 2100년에는 기온이 1.8도 오르고 경제성장이 빠른 경우에는 4도까지 오를 것으로 내다보고 있다. 이런 기온 상승에 따라 해수면은 18-59cm가 상승할 것으로 예측하고 있다.

기온 상승에 따라 강수 형태에도 큰 변화가 올 것으로 예상되는데 아프리카와 미국과 서유럽은 강수가 감소하여 사막이 확대되고, 동아시아와 한대 지역은 강수량이 증가하는 것으로 예측되고 있다. 우리나라는 2100년까지 강수량이 20% 정도 증가하는 것으로 예상된다. 그런데 이 강우가 여름철에 집중하는 것을 의미하기 때문에 홍수와 태풍과 가뭄의 피해가 엄청나게 커질 것으로 보인다.

시베리아의 동토에는 다량의 메탄가스가 저장되어 있는데, 기온이 오르면서 이 동토가 녹아 메탄가스가 분출되어 나오면 지구의 기후는 더 이상 통제가 불가능할 것으로 보고 있다. 그때에는 지구 생물의 95%까지 멸종할 것으로 내다보고 있다. 그래서 지금은 기후변화를 인류가 21세기에 공동으로 풀어야 할 가장 중요한 과제로 보고 있다.

기후변화가 많은 지역은 가뭄을 초래하여 사막화도 가속화할 것으로 인식되고 있다. 생태학적으로 농경지로 부적합한 지역을 무리하게 개간함으로써 일년에 600만 헥타르의 농경지가 완전한 사막으로 변하고 있으며, 또 일년에 1,100만 헥타르, 즉 남한만한 면적의 산림이 벌채되고 있는데 이의 대부분은 얼마 지나지 않아서 결국 사막으로 변하고 만다.[19] 이 속도라면

---

19 World Commission on Environment and Development, *Our Common Future*

20-30년이면 인도 대륙, 40-50년이면 중국이나 미국 크기의 땅이 사막으로 변한다. 중국도 매년 제주도 1.5배만한 땅이 사막으로 변하고 있어서 해가 갈수록 황사의 피해가 커지고 있다. 현재 육지의 거의 3분의 1이 사막 아니면 황무지인데 이의 80% 이상은 사람이 만든 사막으로 분류된다.

지구상에는 또 수많은 오염물질이 계속 축적되고 있다. 지금 지구상에는 인간이 만들어낸 2,900만 종의 유기화학물질이 돌아다니는데 그중에는 분해가 잘 안 되고 인간을 비롯한 생물들의 체내에 농축이 이루어지면서 여러 가지 피해를 일으키는 물질이 많다. 특히 유기염소화합물이 독성이 강하고 분해가 잘 되지 않아서 주의를 끌고 있다. 그중에 환경호르몬이라고 알려진 내분비 교란물질들은 암과 같은 질병과 돌연변이를 일으킬 뿐만 아니라 번식에 장애를 일으키는 것으로 알려져 있다.

산림과 습지와 같은 생물들의 중요한 서식지가 파괴되고 환경호르몬과 같은 오염물질이 범람하며 오존층의 파괴로 강한 자외선이 침입하고 기후가 변하는 등 여러 가지 이유로 지금 지구상에는 많은 생물이 멸종되어 가고 있다. 현재 매년 1%의 생물 종이 멸종하고 있어서 앞으로 20-30년이 지나면 지구에 있는 생물 종의 4분의 1이 멸종하리라고 예측하는 전문가들도 있다.[20]

특히 바다의 생물이 급속도로 파멸되고 있다. *Science* 지에 실린 논문에 의하면 지난 50년 동안에 바다 생물종의 70%가 개체수가 90% 이상이 줄어드는 파멸 상태를 맞았다고 한다. 이대로 가면 앞으로 2050년이면 모든 바다 생물이 파멸될 것이라고 이 논문은 예측하고 있다.[21] 바다 생태계 파괴의 중요한 원인은 연안 습지의 파괴와 남획이 주원인이다.

오존층의 파괴도 지구를 위협한다. 오존은 지상 10-50km의 성층권에

(Oxford University Press, 1987).
20 World Commission on Environment and Development, *Our Common Future*.
21 B. Worm, et. al., "Impacts of Biodiversity Loss on Ocean Ecosystem Services," *Science*, Vol. 314. no. 5800, 3 November, 2006: 787-790.

존재하여 파장이 0.29마이크론보다 짧은 광선, 즉 강한 자외선과 방사선을 차단하여 지구의 생물을 보호하는 구실을 한다. 말하자면 외계로 여행하는 우주인들이 외계의 방사선을 차단하기 위하여 쓰는 우주복의 구실을 지구에서는 오존층이 하고 있는 셈이다. 오존층을 파괴하는 원인 물질로는 자동차 배기가스에서 많이 나오는 일산화질소(NO)와 이산화질소(NO2) 같은 질소산화물, 그리고 유기물질이 썩을 때 나오는 메탄가스(CH4) 등의 물질도 거론되지만 그중 가장 잘 밝혀진 원인으로는 CFC(Chloro-Fluoro-Carbon: 염화불화탄소)를 들 수 있다. CFC는 탄소에 염소와 불소가 결합한 화학물질들을 일컫는다. 이 CFC 물질들은 온실가스로서 지구 기후변화에도 관여하고 있다.

인류가 현재와 같은 모습으로 계속 살아간다면 머지않아 지구의 자원은 고갈되고 말 것이다. 현재 세계 60억의 인구가 21세기 말에는 100-140억 명으로 증가할 것으로 예상된다. 그리고 지구의 경제규모는 지난 100년 동안에 50배가 증가했다.[22] 특히 제2차 세계대전 이후에 급격한 성장을 이루어 50년 동안에 인구가 20억에서 62억으로,[23] 지구 경제가 15배,[24] 화석연료의 사용이 25배,[25] 공업생산이 40배 늘었다.[26] 경제가 성장한다는 말은 그만큼 생산을 많이 한다는 말과 같고, 생산이 많아지기 위해서 인류가 지금과 똑같은 방식으로 산다면, 에너지와 자원이 그만큼 더 필요하고 폐기물이 더 생기며 환경파괴행위도 더 커진다는 말과 같다. 그런데 무한한 경제성장을 뒷받침할 만한 에너지와 자원은 이 지구상에 없다. 이러한 경제는 대부분이

---

[22] World Commission on Environment and Development, *Our Common Future*.
[23] United Nations, *World Population Prospects, the 1998 Revision*(New York, December, 1998).
[24] World Bank, *Development and the Environment*(Oxford University Press, 1992).
[25] L. Brown, et. al., *State of the World 1994, A Worldwatch Institute Report on Progress Toward a Sustainable Society*(Norton, 1994).
[26] T. Curran, "Sustainable Development: New Ideas for a New Century," 서울대학교 환경대학원 특강 강의 원고, 2000. 3.

재생이 불가능한 에너지와 광물자원 그리고 산림, 흙, 바다 등에서 얻게 되는데 이러한 자원은 한정되어 있어서 언젠가는 고갈되고 말 것이다.

석유는 2006년에 이미 생산이 정점을 지났다고 국제에너지기구(IEA : International Energy Agency)가 발표했다. 석유는 앞으로 2050년대에 고갈될 것으로 보고 있고, 석탄도 2100년대에 이르러 고갈될 것으로 전망되고 있다.[27] 석유는 찾으면 더 있을 것이라고 주장하는 사람들도 있는데, 있다고 하더라도 석유 1리터를 채굴하는 데 석유 1리터의 에너지가 들면 이 석유는 없는 것으로 보아야 한다. 우라늄도 2050년대에 고갈될 것으로 전망되고 있다.[28]

에너지뿐 아니라 다른 자원도 마찬가지다. 선진공업국들이 처음에는 다 자국에서 나는 자원으로 산업을 시작했지만 지금은 거의 모든 선진국들이 후진국에서 수입한 자원에 의존하고 있다. 앞으로 몇 년이 지나고 지금은 후진국으로 있는 자원수출국들이 산업이 성장하면서 더 이상 자원을 수출할 수가 없게 될 때 지구의 경제는 파탄이 나고 말 것이다. 많은 사람들은 지구의 경제가 무한정 계속 성장할 것으로 믿고 있다. 그러나 지구가 크지 않고 가만히 있는데 지구의 경제가 어떻게 계속 커질 수가 있는가? 지구 생태계에서 멈출 줄 모르고 계속 성장하는 것은 암밖에 없다. 암의 종말은 죽음이다.

4. 창조세계와의 생태 평화를 위하여

유럽이 세계를 지배하게 되면서 유럽인들의 자연관이 현대 과학기술과 결합하여 창조세계는 짧은 기간에 엄청난 위기를 맞게 되었다. 이러한 생명 위기를 극복하고 생태 평화를 이룩하기 위해서는 이전과는 다른 새로운 자

---

27 김영길 외, 『자연과학』(서울: 생능, 1990), 378-382.
28 통상산업부·한국전력공사, 『1995년 원자력발전백서』(서울, 1995), 108.

연관과 가치관이 세워져야 한다.

UN 산하의 환경개발위원회(World Commission on Environment and Development)에서 발간한 『우리 공동의 미래』(*Our Common Future*)에서 내린 '지속가능한 발전'(sustainable development)의 정의를 보면 많은 부분에서 자본주의 시장경제체제를 그대로 받아들여 경제 성장을 용인하고 있다. 원래 '지속가능하다'는 말은 지구 생태계를 지탱(sustain)한다는 취지에서 출발했지만, 그 보고서에서 내린 용어의 정의에서는 생태계를 지탱한다는 말은 없고 "현 세대의 필요를 충족시키되, 미래 세대가 그들의 필요를 충족시킬 수 있는 능력을 축내지 않는 발전"(meets the needs of the present without compromising the ability of future generations to meet their own needs)이라고 인간 중심으로 기술되어 있다. 그리고 이를 달성하기 위한 정책 방향을 제시하고 있다. 정책에서 특히 중요하게 다룬 분야는 인구와 인력자원, 식량, 종다양성과 생태계, 에너지, 산업발전, 도시문제 등인데 이들을 주로 인류 발전의 자원으로 간주하고 정책 방향을 제시하고 있다.[29] 이런 점에서 현재와 같은 시장경제체제 하의 경제개발을 많이 용인하고 있다는 평가를 듣고 있다.

경제가 성장하지 않으면 지금과 같은 자본주의 경제체제는 유지되기 어렵다. 그러나 경제성장이 끊임없이 이루어지는 한 지구 생태계는 이대로 지속될 수가 없다. 그래서 많은 사람들은 '지속가능한 발전'이 정말 '지속가능한가?'라는 질문을 던지고 있다. '발전'(development)이라는 개념을 많은 사람들은 '성장'이라는 뜻으로 해석하고 있으나 꼭 성장을 뜻하는 것은 아니다. 성장은 하지 않더라도 우리가 사는 방법은 얼마든지 달라질 수 있다. 좋은 방향으로 달라진다는 의미에서 'development'를 '개발'이 아니라 '발전'이라는 용어로 번역하고 있다.

인류는 어느 정도의 경제성장에서 만족하고 더 이상의 성장이 없는 정

---

[29] World Commission on Environment and Development, *Our Common Future*.

상 상태를 유지해야 한다. 안정한 생태계는 정상 상태를 유지하지 성장하지 않는다. 경제는 성장하지 않더라도 우리의 삶의 모습은 얼마든지 달라질 수가 있다. 그 달라지는 모습이 창조 세계와 조화를 이루는 방향으로 나아가야 한다.

지구 생태계를 위협하는 문제가 무엇인지 분명히 드러나 있기 때문에 그 문제를 해결하기 위한 방법의 원칙도 명확해진다. 그 원칙은 다음과 같은 세 가지로 요약할 수 있다.

첫째, 석유, 석탄과 같은 에너지가 부족하다면 이에 대한 해결책은 무엇인가? 있는 에너지는 물론 아껴 써야 하지만 근본적으로는 재생 가능한 에너지를 개발해야 한다. 재생 가능한 에너지라면 태양, 풍력, 생체, 지열 등의 에너지를 말한다. 그런데 재생 가능한 에너지는 단위면적당 생산밀도가 극히 한정되어 있기 때문에 지금처럼 대량생산, 대량수송, 대량소비가 불가능하다. 그래서 에너지 요구가 작도록 사회구조를 만들어야 하고 에너지 효율을 향상시켜야 하며 에너지를 멀리서 생산해서 수송할 것이 아니라 필요한 곳에서 만들어 쓰는 방향으로 나아가야 한다. 대체 에너지를 개발하는 것도 중요하지만 거기서 끝나서는 안 되고, 새로운 에너지 체계에 맞도록 국토와 도시의 구조를 바꾸고 시민생활양식을 개선해 나가야 한다.

둘째, 에너지뿐만 아니라 다른 자원들도 그 한계가 분명하다. 현재 북미, 동서 유럽, 러시아, 일본, 오스트레일리아 등의 산업화된 나라들을 선진국으로 분류한다면 이들 지역의 인구는 지구 인구의 4분의 1에 해당한다. 이들 선진국 사람들은 후진국 사람들보다 철을 12배, 기타 금속을 13배, 종이를 15배 더 많이 쓴다. 즉 4분의 1의 인구가 철의 80%, 종이의 85%, 기타 금속의 86%를 사용하고 있는 것이다.[30] 중국과 인도 사람들이 미국 사람들만큼 자원을 쓰게 되는 날에는 이 지구상에는 남아나는 것이 없을 것이다. 이 부족한 자원에 대한 해결책은 무엇인가? 있는 자원은 물론 아껴 써야 하

---

30 World Commission on Environment and Development, *Our Common Future*.

지만 근본적으로는 자원을 재활용해야 한다. 쓴 자원을 모아 재활용하는 것도 처녀 자원을 사용하여 제품을 만드는 것과 다름없이 인류의 필요를 채울 수가 있고 지구 경제를 돌아가게 할 수 있다.

셋째, 지구가 감당할 수 있는 환경용량도 한정되어 있다. 지구 경제가 커지면서 무한정 벌어지는 오염 행위와 자연파괴를 지구는 감당할 수 없다. 지구상에 사막은 늘어나고 경작이 가능한 토지는 줄어들고 있다. 그동안 화학비료와 농약에 의존하던 농사도 토지의 생산성이 한계에 도달하여 지금과 같은 농사 방법으로는 수확이 한계에 도달한 상황이다. 인간이 바다에서 얻을 수 있는 수산자원도 한계에 도달해 있다. 전 세계 수산자원의 현존량은 현격히 줄어들고 있고 그간 어획기술이 크게 진보했는데도 불구하고 어획량은 1990년을 고비로 더 이상 늘지 않고 있다.

결국 환경 문제는 인류가 추구하는 이상이나 목표를 바로잡고 또 사람들이 환경적으로 올바른 생활을 할 수 있도록 사회제도가 뒷받침해야만 해결할 수가 있다. 그중 우리가 해결해야 할 중요한 몇 가지 사회적인 문제점을 짚어보면 다음과 같다.

첫째, 경제적으로 따진 효율성으로 정책을 결정짓는 가치관이 바뀌어야만 한다. 화폐가치로 환산한 경제성은 사물을 크게 왜곡할 수가 있다. 돈 가진 사람과 사업 시행주들이 경제성을 평가하기 때문에 대체로 이들에게 이로운 방향으로 경제성을 왜곡하기가 쉽기 때문이다. 예를 들자면 환경오염으로 병들고 난 뒤에 보상비 받는 것보다는 보상비 안 받고 병에 걸리지 않는 것이 훨씬 낫고, 죽고 난 뒤에 보상비 받는 것보다는 죽지 않고 보상비 받지 않는 것이 훨씬 낫다. 그러나 경제학자들은 두 가지를 똑같이 돈으로 계산한다. 그래서 현실에서는 생명을 죽이고 보상비를 내더라도 이익이 생기는 사업이면 경제성이 있는 사업으로 인정하고 추진한다.

경제적인 효율성을 따지는 가치관의 근본적인 문제는 이자 개념을 도입한 경제성 평가 자체가 현재를 중요시하고 미래를 무시한다는 데에 있다. 지금과 같은 이자율로 경제성을 계산하면 수천 년 후에 지구가 통째로 망해도 하나도 손해로 계산되지 않는다. 그러므로 이런 가치판단은 항상 미래의 환경파괴를 대가로 현재 돈벌이가 되는 사업을 조장하게 되어 있다. 경제성을 평가해서 할 일 안 할 일을 정해 나가면 결국 생명은 죽게 되어 있다. 미래세대와 인간 이외의 다른 생명들은 이런 평가과정에 참여할 수도 없고 또 정책결정 과정에 투표를 할 수도 없다. 경제적인 논리가 아니라 먼저 생명 논리로 해야 할 일과 하지 말아야 할 일을 명확히 구분해야 한다.

둘째, 지금 세금제도를 고쳐야 한다. 지금은 소득세다, 법인세다 해서 열심히 일을 하면 세금을 많이 매기는 반면에 땅을 소유한다든지, 지구의 한정된 자원을 쓴다든지, 환경을 오염시킨다든지, 생명을 훼손한다든지 하는 데 대해서는 세금을 적게 매기거나 아예 세금이 없다. 그래서 지금 세금제도는 열심히 일하고 생명을 살리는 것을 억제하고 일하지 않는 것을 장려하며 부동산 투기를 하고 자원을 낭비하고 환경오염을 많이 시키고 창조세계를 파괴하도록 부추기고 있다. 그래서 일하는 사람은 부자가 될 수 없고 일 하지 않고 토지 투기를 하거나 자원을 많이 팔거나 오염을 많이 시키고 생명을 훼손해야 돈을 벌 수 있게 되어 있다. 사람들이 저마다 경제적인 이득을 얻고자 하는 마당에 이런 세금제도로는 결국 자원의 낭비와 환경오염과 생명의 위기를 초래할 수밖에 없다.

성서에서 말한 대로 사람들이 이 땅을 하나님으로부터 잠깐 동안 지키고 가꾸도록 위임받은 것이라면, 혹은 아프리카의 속담대로 이 땅을 후손으로부터 빌려쓰는 것이라면 빌려쓰는 데 대한 사용료 혹은 임대료를 내야 한다. 즉 토지와 자원과 환경에 대해 세금을 내도록 해야 한다. 세금은 토지세, 자원세, 환경세만 매기면 족하다. 그렇게 하면 토지 투기가 없어지고 자원이 절약될 것이며 재활용이 촉진되고 사람들은 열심히 일할 의욕이 생길 것이다. 그리고 토지와 자원을 가장 효율적으로 쓰도록 유도될 것이고 탈세의 염려도 거의 없다. 왜냐하면 땅이 어디에 있고 자원이 얼마나 채취되거나 수입되며 환경오염물질이 얼마나 배출되는지를 파악하는 것은 어려운 일이 아니기 때문이다. 그리고 환경오염이나 파괴 행위도 억제될 것이다.

셋째, 예산 배정의 우선순위를 바로잡아야 한다. 지금 세계 각국은 전쟁을 준비하고 무기를 개발하여 생명을 죽이는 데 가장 많은 돈을 쏟고 있다. 방위비를 가장 많이 쏟아붓는 나라는 미국인데 2012년에 6,820억 달러를 써서 전 세계 방위비의 39%를 차지하였다. 미국 대학 연구비의 90% 가까이가 다 무기개발과 연관되어 있다고 한다. 우리나라는 2012년 방위비 지출이 317억 달러(35조 6,650억 원)로 세계 13위를 기록했다. 4대강 사업에 4년간 22조 원을 투자하여 천문학적인 예산이 투입되었다고 떠들었는데, 이의 1.5배에 해당하는 예산이 해마다 방위비로 쓰이고 있는 것이다.[31]

그런데 이 방위비는 나라를 지키는 데보다는 실제로는 정권을 지키기 위하여 자국민을 죽이는 목적으로 더 많이 쓰이고 있다. 20세기에 들어서 군대가 살해한 인명수를 보면 적국의 인명을 살해한 것은 6,845만 명인데 자국민을 살해한 것은 1억 3,476만 명에 이르러 자국민을 죽인 것이 거의 두 배에 이른다.[32] 핵무기를 만드는 데에는 가장 우수한 두뇌들이 모여 온갖 첨단과학을 동원하지만 쓰레기 매립지는 어수룩하기 짝이 없고 하수관들은 서로 구멍이 맞지 않아 엉뚱한 곳으로 새고 있다. 무기 공장에서는 도대체 인류에게 얼마나 유익한 제품을 만들기에 돈을 그렇게 많이 쏟아야 하고 또 많은 두뇌들이 달려들어 기술을 발전시켜야 하는가? 그리고 쓰레기 재활용 공장이나 하수처리장은 그렇게까지 엉망이 되도록 내버려둘 만큼 아무 쓸데없는 일을 하는 곳인가? 아직도 우리 사회는 환경 문제를 해결하고 생명을 살리는 데에는 무기를 만드는 것만큼 돈과 정성을 쏟을 가치가 없다고 생각하고 있기 때문에 환경 문제가 해결되지 않는 것이다. 무기 개발에 쏟는 돈과 노력과 정성을 환경 문제 해결에 쏟으면 기후변화를 비롯하여 모든 환경 문제는 충분히 해결을 하고도 남는다.

넷째, 우리의 정주구조가 생태적으로 맞도록 개조되어야 한다. 소비자

---

31 Stockholm International Peace Research Institute(SIPRI), Military Expenditure by Country, 2009-2012.
32 R. J. Rummel, *Death by Government* (Transaction Publishers, 2011).

집단인 도시가 지금과 같은 구조와 규모로 커져서는 건전한 생태계에서 보는 바와 같이 생산자와 소비자와 분해자 사이의 물질순환이 원활히 이루어질 수가 없고, 따라서 근본적으로 지탱 가능하지가 않다. 캘리포니아의 로스앤젤레스와 같은 도시를 이상형으로 삼아 거미줄처럼 도로를 얽어 자동차로 다니고 에너지와 자원을 무한정 투입하고 쓰레기는 딴 데다 갖다 버리는 그런 도시가 아니라, 지역사회가 하나의 생태학적인 단위가 되어 에너지를 가장 효율적으로 쓰고 물질의 순환이 건전하게 이루어지는 정주구조를 만들어나가야 한다. 그리고 하나님은 이 땅을 사람만 살라고 창조하신 것이 아니다. 다른 생명들이 살 수 있는 공간을 충분히 보장해주어야 한다.

지금까지 과학기술은 생명을 죽이는 기술을 개발하고 돈을 버는 방법을 연구하는 데 온 정성을 다 기울여 왔다. 그래서 크고 편리하고 빠르고 아름답고 비싼 상품들은 헤아릴 수 없을 만큼 많이 개발되었지만 창조질서를 지키는 친환경적인 상품들은 찾기가 어렵다. 지구를 통째로 멸망시킬 수 있는 방법은 준비했지만 창조세계의 생명을 살릴 수 있는 방법은 전혀 준비하고 있지 않다. 그리고 이 땅의 창조질서에 맞게 환경적으로 올바로 사는 방법을 제시하는 데서도 과학은 유치한 수준에 머물러 있을 뿐이다. 이것은 사람들이 그 방법을 모를 만큼 어리석어서 그런 것이 아니고 그런 것을 연구할 뜻이 없었기 때문이다. 지금까지는 과학기술의 목표가 부자들이 돈을 많이 벌 수 있도록, 또 권력자들이 권력을 잘 지킬 수 있도록 만드는 데 있었지만, 앞으로는 이 땅에서 창조세계와 생태적인 평화를 이루면서 환경적으로 올바르게 사는 방법을 찾는 데 궁극적인 목표를 두어야 한다.

5. 맺는말

유럽의 그리스도인들은 전통적으로 이 세상 모든 만물이 사람을 위하여 창조되었다고 믿고 사람들의 편리를 위하여 자연에 무엇이든지 다 할 수 있다고 믿었다. 그러나 마이모니데스는 "모든 만물이 인간의 생존을 위하여 존재하는 것이 아니다. 모든 피조물은 그 자신의 존재를 위해서 창조된 것이지 다른 피조물을 위하여 창조된 것이 아니다."라고 설파하였다.[33] 미국 밴더빌트(Vanderbilt) 대학교 신학대학원의 명예교수인 샐리 맥페이그(Sally McFague)도, 하나님이 그토록 사랑하신 세상은 인간만을 뜻하는 것이 아니고, 또 이 지구상에서 인간만이 중요한 존재가 아니라고 주장하였다. 그리고 하나님이 몸이 되어 세상에 오셨다는 것도 꼭 사람으로만 오셔서 사람 가운데만 계신 것이 아니라 만물 가운데 계실 수도 있어서 모든 피조물을 하나님의 몸으로 봐야 한다고 주장하였다.[34] 어쨌거나, 유럽의 이런 잘못된 자연관이 세계를 지배하고 땅을 '정복'하기 위한 과학기술이 발달하면서 이 지구의 생명이 위기에 처하게 되었다.

창세기 1:28을 보면 하나님이 아담과 하와에게 제일 먼저 내린 명령이 '땅에 충만하라, 땅을 정복하라, 생물을 다스리라'이다. 많은 그리스도인들은, 땅에 '충만하라' 했으니 모든 땅을 인간이 다 차지하고, '땅을 정복하라' 했으니 산과 강을 다 불도저로 파헤치고, '생물을 다스리라' 했으니 생물을 다 잡아 먹어도 되는 것으로 생각해 왔다. 그러나 '충만하라'로 번역된 말은 히브리 원어에서는 자동사가 아니고 '채우라' 혹은 '충만하게 만들라'의 뜻을 가진 타동사이다. 그래서 마이모니데스는 창세기의 이 구절을 설명하기를, '충만하라'는 것은 땅이 제 기능을 잘 발휘할 수 있도록 땅이 필요로 하는 것을 순리대로 채워주라는 뜻이라고 설명하고 있다.[35] 우리가 땅의 필요를 채워주면 땅이 우리의 필요를 채워준다는 뜻이다. 예수도 만물을 충만하게 하려 하신다고 성서는 말하고 있다.(엡 4:10) 또 '정복하라'(종으로 삼으라, 복종시키라, 종속시키라)와 '다스리라'는 말은 인간이 하나님의 대리자

---

33 M. Maimonides, *The Guide of the Perplexed*, 452.
34 샐리 맥페이그, 김준우 옮김, 『기후변화와 신학의 재구성』(서울: 한국기독교연구소, 2008), 67-126.
35 M. Maimonides, *The Guide of the Perplexed*, 45.

가 되어 피조물을 통치하도록 하신 것을 의미한다. 하나님의 통치는 억압과 폭력의 통치가 아니라, 예수를 통해 드러난 것처럼 섬김의 통치, 공동체를 회복시키는 통치이다. 그러므로 자연에 대한 인간의 통치도 하나님의 통치의 속성을 반영해야 하며, 폭력과 억압의 지배가 되어서는 안 된다.

지금 하나님의 창조세계는 심각한 위기에 처해 있고 지구의 생명들은 생존의 위협을 받고 있다. 이는 자연에 대하여 오만한 생각을 가지고 돈에 대한 탐욕에 눈이 멀어 하나님이 손수 창조하신 것을 하찮게 여기고 인간의 욕심을 채우려 하기 때문이다.

> 그들이 하는 일과 그들의 행위가 악한 대로 갚으시며 그들의 손이 지은 대로 그들에게 갚아 그 마땅히 받을 것으로 그들에게 갚으소서 그들은 여호와께서 행하신 일과 손으로 지으신 것을 생각하지 아니하므로 여호와께서 그들을 파괴하고(멸망시키고) 건설하지 아니하시리로다(시 28:4-5)

요한계시록은 마지막 심판 날에 일어날 일을 이렇게 말하고 있다.

> 이방들이 분노하매 주의 진노가 내려 죽은 자를 심판하시며 종 선지자들과 성도들과 또 작은 자든지 큰 자든지 주의 이름을 경외하는 자들에게 상 주시며 또 땅을 망하게 하는 자들을 멸망시키실 때로소이다 하더라(계 11:18)

그리스도인들은 자연 앞에 겸손하고 하나님의 창조질서를 존중하며 이에 순응하는 자세를 겸허하게 배워 생태 평화를 추구해야 할 것이다.

참고문헌

김영길 외. 『자연과학』. 서울: 생능, 1990.
김은선. "한국의 산림정책과 산림보전." 경희대학교 대학원 석사학위논문, 1988.
내무부. 『자연보호』. 서울, 1978.
이숭녕. 『한국의 전통적 자연관』. 서울: 서울대학교 출판부, 1985.
임창오 편저. 『설마!: 기형아 절대 예방할 수 있다』. 서울: 복지문화신문사, 1994.
최창조. "최창조의 땅의 눈물 땅의 희망: 12. 금수강산 그린벨트." 「한겨레」(2000. 2. 24.), 21.
통상산업부·한국전력공사, 『1995년 원자력발전백서』. 서울, 1995.

샐리 맥페이그. 김준우 옮김. 『기후변화와 신학의 재구성』. 서울: 한국기독교연구소, 2008.
헨드릭 하멜. 김태진 역. 『하멜표류기』. 서울: 서해문집, 2003.
Curran, T. "Sustainable Development: New Ideas for a New Century." 서울대학교 환경대학원 특강 강의 원고, 2000.

Brown, L., et al, *State of the World 1994, A Worldwatch Institute Report on Progress Toward a Sustainable Society*. Norton, 1994.
Curran, T. "Sustainable Development: New Ideas for a New Century." World Commission on Environment and Development. *Our Common Future*.
Fuhrman, R. E. "History of Water Pollution Control." *J. WPCF*, 56(4), 1984: 306-313.
Maimonides, M. *The Guide of the Perplexed*. The University of Chicago Press, 1963.
Ponting, C. *A Green History of the World*. Penguin Books, 1991.
Rummel, R. J. *Death by Government*. Transaction Publishers, 2011.

Seoul Metropolitan Government. *Seoul Metropolitan Administration*. Seoul, 1988.

Stockholm International Peace Research Institute(SIPRI), Military Expenditure by Country, 2009-2012.

United Nations. *World Population Prospects, the 1998 Revision*. New York, 1998.

Vallee, B. L. "Alcohol in the Western World." *Scientific American*, 278(6), June, 1998: 62-67.

World Bank. *Development and the Environment*. Oxford University Press, 1992.

World Commission on Environment and Development. *Our Common Future*. Oxford University Press, 1987.

Worm, B., et. al. "Impacts of Biodiversity Loss on Ocean Ecosystem Services." *Science*. Vol. 314. no. 5800, 3 November, 2006: 787-790.

제12장

왜 그리스도인들이 평화운동가가 되어야 하나

송강호
개척자들, 평화운동가

1. 평화를 만드는 일은 그리스도인의 본분

나는 성서의 핵심적인 가르침이 평화라고 믿고 있다. 첫째는 하나님과 인간, 둘째는 인간과 인간이 그리고 마지막으로 인간이 모든 피조물과 평화롭게 살아가는 것이야말로 하나님이 진정으로 원하고 바라시는 것으로 믿고 있다. 우리가 믿는 예수 그리스도도 이 땅에 평화의 왕으로 오셨다. 그래서 교회에는 자주 평화라는 단어가 쓰인 많은 문장들이 벽에 붙어 있고 성탄절을 전후해서는 모든 교회가 평화가 담긴 성구로 도배를 하다시피 하지만, 정작 대부분 이 말씀들은 아무런 의미가 없는 장식용일 경우가 많다. 갈등과 분쟁이 생기는 마을마다 교회들은 분열하고 공동체는 파괴된다. 오히려 교회가 분열을 조장하고 주변 지역사회 공동체의 파괴까지 주도한다는 표현이 옳을 것 같다. 우리 사회의 커다란 분쟁이 생기는 곳마다 대부분의 경우 교회 안에서 찬성과 반대의 주동자들이 나오고 교회가 분열의 진앙지가 되고 있기 때문이다. 2009년 재개발로 인해 참사가 빚어진 용산이 그러했고, 2010년을 전후해서 제주 해군기지가 지어질 당시의 강정이 그러했다.

우리 한국 사회는 지금까지 빠른 속도로 변화해 왔고 앞으로도 그럴 것이라고 예상된다. 그런 빠른 사회의 변화는 당연히 크고 작은 많은 갈등과 분쟁의 소지를 안고 있다. 그리고 누가 뭐라 해도 여전히 크고 작은 도시나 마을 공동체에서 지역사회의 여론을 주도할 만한 사람들은 대체로 그 지역의 교회 안에 있다. 그런데 이들이 스스로를 평화의 사람으로 인식하지 못하고 있고 평화를 만들기 위해 무엇을 해야 하는지도 잘 모르고 있다. 나는 교회의 지도자들인 목사들조차 대부분이 신자들을 평화의 사람으로 교육해야 할 책임을 망각하고 있다고 생각한다.

나는 박정희 군사정권과 유신독재 시절, 어린 청소년기에 학교에서 학생회 대신 학도호국단이라는 준군사조직에 강제 편입되어 공 대신 수류탄을 던지고 총검술로 체력을 단련했다. 윤리 선생님의 국가 안보교육에 대해 동의가 되지 않는다는 솔직한 대답을 함으로 빨갱이라고 몰려 교무실로 불려가야 했던 시절, 학교에서나 교회에서나 한 번도 우리에게 우리나라가 잘못된 길로 가고 있다고 가르치는 목사가 없었고, 그런 교사도 없었다. "하나님은 그리스도를 통해 우리를 자기와 화해시키시고 우리에게 화해의 직책을 주셨습니다."(고후 5:18, 사역)라는 말씀을 순명해야 할 나의 말씀으로 받아들이기까지는 예수를 처음 영접하고 20년이라는 세월이 흐르고 나서였다. 나에게 이런 변화를 가져온 계기는 르완다 내전과 보스니아 내전을 답사하면서 받은 전쟁의 충격과 독일 유학중에 만난 메노나이트들의 평화적인 신앙에서 받은 영향 때문이다.

많은 그리스도인들이 평화를 만드는 일은 교회가 할 일이 아니라 정부나 UN과 같은 국제기구에서 할 일이라고 생각한다. 사회 문제에 대한 관심이나 경험도 적고 지역사회에서 신뢰를 받지도 못하는 교회가 지역사회의 분쟁에 경솔하게 개입하고 관여하는 것을 우려하고 경계하는 것에 대해서는 신중하게 경청해야 한다. 그러나 교회와 그리스도인들은, 전쟁이 나면 군인들이 참전하듯이 분쟁과 갈등이 있는 곳에 그리스도인들이 관여해야 한다는 사실을 잊지는 말아야 한다. 이를 위해 그리스도인은 언제나 자신들이 평화를 만드는 사람들이라는 본연의 정체성을 망각하지 말고 평화를 배우고 훈련해야 하며 분쟁의 조정자요, 중재자로 나서야 한다. 주저되고 망설여질 때, 또 우리가 이 갈등을 어떻게 해결할 수 있을지 자신이 서지 않을 때일지라도 평화의 과제를 맡기신 하나님이 우리를 통해 그 일을 마침내 이루실 것이라는 확신을 갖고 용기를 내서 갈등과 분쟁의 중심에 서야 한다.

2. 공동체적인 삶

성서는 초기 그리스도인들이 무소유의 공동체를 이루어 살았음을 가르쳐준다. 이런 공동체적인 삶의 전통은 초기 교회의 역사에서도 이어졌다. 초대교회는 산상수훈을 실천하도록 가르쳤고 산상수훈의 핵심 속에는 원수사랑이 있었다. 사랑은 초대교회를 특징짓는 가장 중요한 성격이었다. 초대교회 성도들은 사랑의 힘으로 자기 소유를 팔아 가난한 사람들과 서로 나누었으며 그랬기 때문에 그 가운데 핍절한 사람이 없었다. 이런 재정의 유무상통을 통해서 서로 사랑의 진정성을 확인했다. 이들은 사랑의 힘으로 평화를 실천했다. 원수사랑은 필연적으로 그리스도인들의 전쟁 거부와 불참, 적을 살해할 수밖에 없는 전시 중의 군복무 거부로 이어졌다. 황제에 대한 분향 거부를 포함해 초대교회의 국가에 대한 거리 두기는 교회에 대한 로마 황제들의 탄압과 박해의 원인이 되었다. 제국의 억압과 핍박 속에서도 그리스도인들이 견딜 수 있는 버팀목이 되어준 것은 서로를 사랑하고 어려움 속에서도 지켜줄 수 있는 신앙 공동체였다.

초기 기독교의 공동체성은 콘스탄티누스 황제의 기독교 공인 이후 교회의 세속화와 더불어 강도가 약해졌다. 교회는 세속사회의 위계질서에 편입되었고 성도들 간의 유무상통의 원칙도 무너졌다. 초기 교회의 무소유 공동체는 제한적으로 수도원에서나 실험할 수 있었다. 초기 기독교회가 추구하던 평화 공동체의 신앙과 정신은 이후 16세기에 스위스 취리히의 급진적인 종교개혁자들과 오스트리아 티롤 지방에서 일어난 후터라이트와 같은 재세례파(Anabaptist)들에 의해서 다시 실천되었다. 재세례파들은 각기 다른 역사적 정황 속에서 매우 다양하고 다발적인 형태로 발생 성장하였으며 그중에는 츠비카우(Zwickau)의 토마스 뮌처(Thomas Münzer, 1489-1525)나 1534년 뮌스터(Münster)에서 가톨릭교회에 저항하던 얀 마티스(Jan Matthys, 약 1500년경-1534)같이 폭력적인 방법으로 종교를 개혁하려고 하던 이들도 있었다. 그러나 이런 무장 저항의 실패 이후 메노 시몬스(Menno Simons, 1469-1561)의 뒤를 이은 메노나이트들과 형제단들 그리고 후터의 뒤를 이은 후터라이트들이 그 이후 17세기 영국에서 등장한 퀘이커와 같은 소종파들과 더불어 초기 기독교의 평화 전통을 이어왔다.

나는 기독교가 세상의 평화를 위해 물려준 가장 소중한 유산 중의 하나가 무소유 공동체였다고 믿었고 평화운동을 위해 이 무소유 공동체의 전통을 이어가는 것이 필요하다고 생각했다. 그래서 1990년대에 내가 가르치던 교회의 젊은이들과 함께 '개척자들'이라는 공동체를 결성했다. '개척자들'은 우리가 살아가고 있는 이 시대의 도전에 적극적으로 응답하는 삶을 살아가기 위해서 아래와 같은 10가지 결의를 하게 되었고 이 결의에 기초하여 공동체를 세웠다.

(1) 우리는 가족이나 부족, 민족이나 국가의 이익보다 인류의 정의와 평화를 더욱 소중히 여긴다.
(2) 우리는 세계에서 일어나는 심각한 분쟁과 자연재해에 응답하기 위해 노력한다.
(3) 우리는 화해를 위한 희생을 감수한다.
(4) 우리는 고아와 과부와 나그네를 보호하시는 야훼 하나님의 뜻을 따

라 이 땅의 소외당하고 차별받는 가난하고 약한 자들을 보호한다.
(5) 우리는 거짓을 말하지 않는다.
(6) 우리는 무기의 사용이나 군사화에 반대하고 비폭력을 추구한다.
(7) 우리는 유산을 상속받지도 상속하지도 않으며 우리의 소유물에 대하여 청지기적인 삶을 산다.
(8) 우리는 공동체로 산다.
(9) 우리는 그리스도 이외의 어떤 개인이나 집단의 이익과 이데올로기를 강화시키기 위한 충성을 맹세하지 않는다.
(10) 우리는 불의한 특권을 거부한다.

초대교회가 공동체를 이루어 살려는 이유는 지극히 명백했다. 교우 가운데 어려움을 당하는 지체가 없도록 하기 위해서였다.(행 4:34) 어쩌면 공동체란 최악의 상황에 놓인 사람을 구하기 위해서 모두가 최선을 포기하고 차선을 선택하는 것인지도 모르겠다. 우리가 공동체적인 삶을 살려는 실제적인 이유들을 세분화하면 다음과 같다.

(1) 분쟁과 갈등 지역에서 활동하는 한 우리 요원들이 업무 중 장애를 얻거나 사망하는 상황이 불가피할 것으로 보인다. 이때 유가족들을 평생 돌볼 공동체가 필요하다.
(2) 공동체의 구성원들은 분쟁 지역에서의 평화 사역에 대한 사명감과 현장감을 잃지 않도록 4-5년에 1년씩 위험하고 열악한 분쟁 현장에서 근무해야만 한다. 이럴 경우 공동체는 그 구성원이 돌아올 때까지 남겨진 가족들이 안전하게 살아갈 수 있도록 보호의 공간을 마련해주어야 한다.
(3) 우리들은 재물의 공동 사용을 통해 주님의 가르침과 같이 검소하고 단순한 삶을 살아감으로써 불필요한 지출을 줄이고 절약한 비용을 이웃을 위해 지출할 수 있다.

(4) 우리는 주위의 가난한 자들이나 약자들, 차별받는 자들과 함께 살아가기 위해서 그들을 위한 삶의 공간을 공동으로 만들어나가야 한다.

(5) 함께 사는 삶은 사람들 간의 관계로 인해 개별적으로 사는 삶보다 더 힘들고 피곤하다. 그러나 그 안에서 구성원들은 그의 인격과 성품이 더 성숙하도록 단련된다.

(6) 공동체는 동역자들 간의 의사소통을 원활하게 해주어 업무의 효율성을 높일 수 있다.

(7) 신앙의 성숙을 위한 기도와 묵상과 대화의 기회를 더 많이 제공해준다.

(8) 공동체적인 삶은 무엇보다 성서의 가르침이요, 초대교회의 전통이다.

양평에 있는 샘터 공동체는 '개척자들' 공동체가 발생한 모체이다. 평화사역은 일이기 이전에 우리 삶이어서 우리는 지금도 이 공동체 안에서 평화롭게 살아가는 삶을 훈련받고 배워가고 있다. 타인들과 함께 산다는 것 자체가 평화적인 삶의 실험장이다. 또 묵상이나 기도 시간 등을 통해 평화에 대한 생각을 자주 나누고 반성하는 시간을 가질 수밖에 없는 공동체 생활도 평화의 감수성을 일깨워주는 소중한 환경이다. 내가 공동체에서 살며 느끼는 하나님의 은혜는 평화를 위해 살아온 활동가들이 우리를 방문해서 거저 나눠주고 돌아간, 우리가 아직 미처 깨닫지 못했던 소중한 경험과 지혜이다. 공동체 식구들과 함께 걷는 평화의 여정 속에는 그 길에 들어서지 않고서는 알 수 없는 고통과 어려움이 있고 또 진실과 감동이 있다. 나는 우리가 타인들과 더불어 겪는 이런 힘겨운 단련과 인내, 과분한 배려와 축복 속에서 평화로운 인간이 되어간다고 믿고 있다.

3. 모든 일은 기도로부터 시작한다

평화운동가는 평화를 가르치는 세련된 언변이나 비폭력적인 저항의 기술을 사용하는 사람이 되는 것에 그쳐서는 안 된다. 나는 평화운동가에게 가장 중요한 소양은 평화로운 심성이라고 믿고 있다. 평화운동가는 자기 마음 속에 평화가 있어야 한다. 자기 안에 있는 평화를 나누어줄 수 있는 사람이 진정한 평화운동가이다. 나는 그런 면에서 평화의 영성을 체득하는 것이 평화의 기술을 배우고 익히는 것보다 본질적으로 더 중요하다고 생각한다.

이런 평화의 소양을 갖춘 운동가의 전형은 아마도 간디에게서 찾아볼 수 있으리라고 생각한다. 간디는 평화의 영성을 기도와 단식과 침묵의 시간을 통해서 끊임없이 추구해나갔다.

어떤 이들은 반전평화운동의 근원적인 힘을 분노에서 찾기도 한다. 그래서 불의한 정치인이나 무자비한 권력가, 인색한 부자 등을 악의 근원으로 여기고 이들에 대해 분노의 에너지를 분출시키는 것이 정의와 평화를 도모하는 길이라고 믿는다. 나는 여기서 이런 사람들이 악인과 악을 혼동하는 경향이 있음을 본다. 그래서 대적하는 사람들에 대해 입에 담기도 민망한 욕설과 비방으로 저주하고 증오하는 것을 정당하고 용감한 행위인 양 여긴다. 그러나 이런 방식으로는 정의도, 평화도 이룰 수 없다. 나도 악을 미워하고 불의에 대해 철저히 증오해야 한다고 믿고 있다. 우리는 악을 미워하는 만큼만 선을 사랑할 수 있고 불의에 대한 증오만큼만 정의를 지켜낼 수 있다. 그러나 악과 악인은 반드시 구분해야 한다. 우리가 싸우는 대상은 악을 행하는 사람이 아니다. 그런 악인도 실상은 악과 악을 만드는 구조와 그 구조를 끊임없이 생산하는 악한 영에 의해 희생당하는 희생자일 뿐이다.

나는 우리가 현장에서 원수처럼 여기는 간악하고 불의한 강자들과 그들 밑에서 돈 때문에 종처럼 하수인 역할을 하는 사람들 모두를 사랑하는 마음으로 대하지 않는다면 결코 이들과의 싸움에서 이길 수 없다고 믿고 있다. 나는 이런 사람들이 거짓말로 나를 참소하고 억울하게 나의 자유를 빼앗아 분노를 느낄 때마다 "적을 가족처럼 사랑하지 않으면 결코 이들을 이길 수 없다."라는 간디의 가르침을 마음에 새기곤 한다. 나는 자신을 증오하는 사람들을 사랑할 수 있는 힘과 여유는 하나님께 드리는 기도에서 비롯된다고 믿고 있다. 예수는 심지어 너희 원수를 사랑하며 너희를 박해하는 자를 위하여 기도하라(마 5:44)고 가르쳤다. 악과 불의를 저지르는 사람들이라고 할지라도 그 인격을 존중하고 예의를 지켜가며 투쟁하는 것이 무엇인지를 보여줄 책임이 그리스도인들에게 있다고 나는 믿고 있다.

나의 모든 평화 활동의 시작은 기도였다. 내가 몸담고 있는 '개척자들'이라는 공동체는 1990년대 초반 용산의 나지막한 언덕배기에 위치한 보광중앙교회 청년들의 기도 모임에서 비롯되었다. 우리는 주일예배가 끝나고 교인들이 모두 떠난 텅 빈 교회의 지하실에 모여서 세계에서 벌어지는 분쟁과 재난의 현장에서 고난당하는 사람들과 이들을 위해 헌신하는 선교사들을 위해 기도했다. 이 작은 기도모임이 결국 그런 현장에 젊은이들을 파송하는 국제적인 공동체로 자라나게 되었다. 우리는 20년이 지난 지금도 '세계를 위한 기도'라는 이름으로 매주 기도모임을 계속하고 있다.

해군기지 건설에 대한 찬반 대립과 갈등으로 마을이 산산 조각난 강정에 처음 내려갔을 때도 내가 한 일은 기도하는 일이었다. 마을 주민들의 민주주의적인 결정은 정부로부터 무시당했고, 불법적인 건설에 대한 고소 고발은 모두 법원에서 기각당한 후였다. 바다를 끼고 살아가는 항구 마을의 해안가 대부분이 군사기지가 되었는데, 이로 인해 마을 주민들에게 직접적인 피해가 없다는 법원의 판결은 누구도 납득하기 어려운 결정이었다. 사람들은 결국 구럼비의 붉은 발 말똥게나 맹꽁이가 원고가 되어 정부에 대해 고소를 해야 하냐며 비아냥거리기도 했다. 열심히 반대운동을 하던 주민들은 깊은 실의에 빠졌다. 자신들이 아무리 옳고 정의롭다 하더라도 정부 행정 관청들과 국방부와 국정원과 삼성을 비롯한 토건 재벌들과 법원이 모두 적이 되어 있는 상황에서는 도저히 이들을 이길 수 없다는 좌절감 속에서 누구도 해군기지 건설 공사를 더 이상 제지하려 들지 않았다. 마을 전체가 깊은 침묵의 수렁으로 빠져들어 있는 것처럼 보였다. 해군은 이 암울한 침묵과 고요가 바로 국책사업에 대한 주민들의 동의요, 평화로운 상태라고 간주하고 공사를 착공하고 있었다. 이것이 내가 강정에 도착했을 때의 상황이다. 주민들은 불의한 강자에 짓눌려 자신의 정당한 주장을 속으로 삼키고 입을 다문 채 무릎 꿇고 있었고 마을은 해군들의 매수와 공갈 협박으로 공동체가 찬성과 반대로 산산이 쪼개져 결혼식이나 장례식 같은 경조사조차 서로 찾아가지 않을 정도로 갈등의 골이 깊었다. 한때 마치 마을 일이 자신들의 일인 양 앞장서 오던 시민사회 단체들도 모두 철새처럼 떠난 이후였다.

사람들이 아무것도 할 수 있는 일이 없다고 절망하고 있는 상황에서 나는 할 수 있는 것이 보였다. 기도하는 일이었다. 나는 먼동이 트는 이른 아침 바닷가를 둘러싼 아름답고 거대한 바위 구럼비에서 주민들이 자신이 옳다고 믿는 바를 말할 수 있는 용기를 달라고, 또 이 마을 공동체가 서로 화해하고 평화로운 공동체로 거듭나게 해달라고 기도를 드렸다. 내게는 이 넓고 웅장한 바위 구럼비가 하늘을 향한 거룩한 제단처럼 느껴졌다. 공사단에서 구럼비에 높은 장벽과 철조망을 쳐서 들어갈 수 없게 만들어놓았을 때는 새벽에 바다로 헤엄을 쳐서 들어갔다. 매일 아침마다 아직 어둡고 추운 겨울 바다에 들어가는 것이 몸서리치게 싫었다. 때로는 높은 파도에 휩쓸려 바위에 부딪치기도 했고 새벽 미명에 출항하는 배에 부딪쳐 다리를 다치기도 했다. 해난 구조대(SSU)라는 해군 특수부대에 의해 수중에서 폭행을 당하기도 했고, 해군 장병 여럿이 나를 물 속에 집어넣고 죽일 것처럼 위협하기도 했다.

나는 구럼비에서 기도하면서, 내가 정한 기도의 장소에서 기도를 드리는 것으로 인해 목숨을 잃는다고 하더라도 그 기도를 계속할 것인가라는 물음을 종종 했다. 나는 그때부터 기도는 목숨을 건 비장한 행위이고 그럴 만큼의 가치가 있다는 생각을 하고 있다. 기도는 내게 모든 평화운동의 뿌리이다. 평화는 하나님 나라의 본질적인 속성이어서 평화운동이란 기도를 통해 하늘의 평화를 공급받아서 해야 하는 거룩한 운동이다. 그리스도인들이야말로 이런 일을 하기에 누구보다 더 적절한 사람들이 아니겠는가.

4. 인간의 절망에서 하나님의 희망은 시작된다

나는 반전평화운동의 현장에서 많은 시민사회단체들을 만나게 되었다. 처음에는 그런 단체들이 어떻게 평화에 대한 깊은 관심을 갖게 되었는지 자못 궁금했다. 특히 반전평화운동이 활기를 띠고 미디어와 여론의 관심이 고조되고 있을 때 시민사회단체들은 앞다투어 현장에서 운동의 주도권을 잡으려 들고, 이로 인해 묘한 긴장과 갈등이 생기기조차 한다. 그러나 형세가 바뀌어 운동 진영이 불리해지고 이에 따라 여론의 관심도 떠나고 국민들의 응원도 점차 줄어들면 시민사회단체들은 이른바 '출구전략'을 찾으려 든다. 현장 철수의 명분을 찾는 것이다. "이제 이 운동은 끝났다."라는 선언과 함께 여론과 시민의 관심의 행방을 따라 다른 현장을 찾아 떠나게 된다.

바로 이렇게 반전평화운동 현장에서 모든 이들이 끝났다고 여기는 곳, 지금까지 평화를 위해 투쟁해 온 주민들과 단체들 진영의 패색이 짙어지는 암울한 상황에서 그리스도인 평화운동가는 빛이 된다. 이들은 모든 이들의 눈에 선명한 패배의 배후에 있는 승리자 그리스도를 믿음의 눈으로 바라볼 수 있기 때문이다. 나는 정의가 불의에 굴복하고 평화가 폭력에 압도당할 것 같은 절망의 상황에서 하나님의 정의와 평화는 결코 패배하지 않는다는 믿음을 갖고 있다. 나는 이 믿음으로 해군기지가 다 완공되고 이지스함과 잠수함들로 무장한 제7기동전단이 창설된 강정마을에서 물러나거나 포기하지 않고 계속 반전평화운동을 하고 있다.

많은 사람들이 이미 해군기지가 다 지어졌는데 왜 아직도 강정마을에 남아 있느냐고 질책하듯이 묻는다. 이전에 해군기지 반대운동에 앞장섰던 주민들 가운데 적지 않은 이들이 해군기지가 완공된 이후에는 반대 운동을 포기했다. 그러나 나는 이미 들어선 해군기지에서 해군을 내보내고 아직 땅속에 묻혀 있는 구럼비 바위를 다시 복원하며 이 군사 시설들을 평화를 위한 배움터와 공원으로 전환하자는 희망을 전파하고 있다. 어떤 이들은 나의 희망을 허황된 망상이라고 여기는 것 같아 보인다. 그러나 아직도 강정에 남아 있는 평화운동가들은 불가능해 보이는 나의 희망에서 새로운 용기와 힘을 얻고 있다. 현장에서 패색이 짙어지고 희망이 사라져 가면서 평화를 위해 함께 투쟁하던 활동가들이 하나둘씩 떠나갈 때, 그때가 그리스도인 평화운동가들이 무대에 등장할 때이다. 나는 이들이 어둠 속에서 빛이 되어 그 절망의 긴 터널을 견디어내고 마침내 하나님의 평화의 여명이 올 때까지 포기하지 않고 평화의 길을 지켜낼 사람들이라고 믿고 있다.

5. 평화의 길은 십자가의 길

어떤 이들은 그리스도인들이 평화를 만드는 특별한 방법이 있느냐고 묻는다. 나는 그렇다고 생각한다. 그리스도는 자신을 십자가에 못 박히도록 허락하시는 고통스런 방법으로 하나님과 인간, 그리고 사람과 사람 간에 화해와 평화를 이루셨다. 나는 기독교적인 평화의 길은 바로 이 십자가의 길이라고 믿고 있다. 평화와 화해를 위해 서로 원수 된 자들 사이에서 자신이 대신 희생을 감수함으로써 그 원수 된 관계를 허무는 방법을 나는 기독교에서 가장 명확하게 보고 배웠다. 그러나 나는 이것이 기독교만의 고유한 것이라고 여기지는 않는다. 사실 이런 십자가의 길은 매우 보편적이고 우주적인 평화의 원리이기 때문이다. 가족 공동체 가운데서는 대체로 어머니들이 이런 십자가를 진다. 우리는 우리의 어머니를 통해서도 화해를 위한 희생을 배운다. 이런 희생적인 평화의 길은 무신론자들이나 타종교인들 가운데서도 종종 발견할 수 있다.

나는 여기서 우리가 기독교의 독특성으로 여기는 예수 그리스도의 십자가가 기독교라는 종교적 울타리를 넘어선 매우 보편적이고 우주적인 평화의 원리로 이미 이 세상에 널리 퍼져 있다는 사실을 간과하지 말아야 한다고 생각한다. 그리고 나는 이런 희생적인 사랑의 근원이 하나님에게 있다고 믿고 있다. 하나님은 믿는 사람이나 믿지 않는 사람이나, 심지어 다른 형태의 종교를 믿고 있는 사람들에게조차 때로 이런 희생적인 사랑을 부어주시는 은혜를 베푸신다고 믿고 있다. 나는 그런 사람들 가운데 마하트마 간디가 있다고 믿고 있다.

평화운동을 하고 있는 내게는 입술로 고백하는 예수 그리스도보다 피와 땀으로 고백하는 예수 그리스도가 더 현실적이다. 평화의 실천은 자기 십자가를 지고 예수 그리스도를 따르는 길이다. 나는 이들 가운데 많은 비그리스도인이 있음을 알게 되었다. 또한 많은 그리스도인들이 자기 십자가를 버리고 이런 거룩한 비그리스도인들을 비난하고 조롱하는 것을 보았다. 누군가 그런 일은 있을 수 없다고 주장한다면 그것이 내게는 자기가 파놓은 기독교라는 우물 안에서 외치는 공허한 메아리라고 여겨진다. 나는 평화운동의 현장에서 내가 쓰고 있던 이러한 색안경을 벗을 수 있게 되었다. 실제 세상은 내가 교회 안에서 배운 것과 다르다는 사실을 알게 되었다. 하나님은 믿는 사람에게뿐 아니라 믿지 않는 사람들에게도 해를 비추고 비를 내리시듯 그분의 평화의 마음을 은혜로 베풀어주시기도 하는 분임을 알아야 한다.

6. 하나님께로 가는 두 개의 문

어떤 이들에게는 내 말이 이단적으로 들릴지도 모르겠지만 나는 하나님께로 가는 두 개의 문이 있다고 믿고 있다. 하나는 예수 그리스도를 믿는 믿음을 통해서이고, 다른 하나는 평화를 실천하는 삶을 통해서다. 나는 이를 교회의 문턱을 넘어 하나님 나라로 들어가는 길이 있듯이 그 길로 들어서는 세상의 문턱도 있다고 비유하고 싶다. 나는 평화가 하나님의 나라를 향해 타자들에게도 열린 문이라고 믿고 있다. 그리스도인들이 비현실적인 종교적 문제에만 골몰할 때 그리고 실체가 없는 공허한 영적 차원에만 고립되어 있을 때 그리스도인은 그리스도인들하고만 지내게 되고 자기 종교 집단의 장

벽은 점점 더 두터워지고 높아지게 된다. 그러나 그리스도인들이 시대의 도전에 진지하게 응답할 때 믿지 않는 사람들까지도 그리스도인들의 삶과 실천에 동참하게 된다. 우리 인류가 함께 극복해 나가야 할 심각한 문제들과 절박한 현실을 앞에 놓고 비그리스도인들과 함께 살며 일해 나갈 때 비로소 우리 그리스도인들은 종교인으로서의 가식과 가면을 벗고 있는 그대로 솔직하게 하나님의 증인으로서 시험대 앞에 서게 된다.

나는 그리스도인의 평화운동이 복음을 전파하는 선교 활동이라고 믿고 있다. 이 복음 전파는 화려한 천국을 미끼로 내건 달콤한 광고나 선전이 아니라 자신의 목숨을 바쳐서 고통스런 십자가를 지기까지 우리를 사랑하신 그리스도의 사랑을 실천함으로 증거하는 것이다. 내가 이해하는 선교로서의 평화운동은 그리스도를 통해서 하나님과 사람, 사람과 사람 사이의 원수 된 관계를 화해하게 하는 것이다. 이 일은 하나님과 인간 사이의 수직적인 관계의 회복에서부터 시작되는 것이 아니라 먼저 서로 원수 된 사람과 사람, 집단과 집단 사이에서부터 시작된다.

그리고 사람들은 예수를 믿는 이들이 갈등하는 사람들 사이에서 중재자가 되어 평화를 만들어가는 희생적인 사랑을 보고 배우게 된다. 그리고 자신들도 그런 삶을 살아가겠다고 회심하게 된다. 이들 가운데는 그리스도인이 되는 경우도 있지만 굳이 기독교도로 개종하려고 하지 않은 채 불신자로 남는 경우도 있다. 경우에 따라서는 자신의 종교를 포기하지 않고 계속 다른 종교를 믿는 이로 남을 수도 있다. 그러나 이들에게 공통된 변화는 예수 그리스도가 그러하셨던 것처럼 타인을 위해 희생적으로 헌신하는 삶을 살아간다는 점이다. 나는 이기적인 인간들의 완고한 이기심을 타인에 대한 사랑으로 바꾸는 변화가 하나님의 역사요, 평화운동을 하면서 내가 보고 겪는 신기한 일상의 기적이다.

나는 분쟁 지역에서 화해를 위한 희생을 배워가는 우리 "개척자들"의 평화 캠프를 통해서 평화를 갈망하는 비그리스도인들이 하나님을 믿고 세례를 받으며 그리스도의 제자가 되어가는 것을 보았다. 우리는 우리에게 화평하게 하는 직책을 맡기신 예수 그리스도의 명령을 수행하면서 매우 소중한 사실을 경험하고 있다. 그것은 그리스도인의 삶이 세상의 청년들을 깨우치는 힘을 갖고 있다는 사실이다. 그들이 기독교에 대한 자신들의 혐오감과 교회에 대한 부정적인 선입견에도 불구하고 세상의 평화를 위해 기꺼이 성서에 기록된 그리스도의 가르침을 따르겠다는 것은 놀라운 일이 아닌가!

7. 평화 복무

나는 교회가 젊은이들로 하여금 국가이기주의를 넘어서서 하나님의 나라와 인류의 정의와 평화를 위해 복무하도록 용기를 북돋는 교육과 훈련을 해야 할 책임이 있다고 믿는다. 청년이 되었을 때 갑자기 군복무에 대비되는 평화 복무를 하라고 하면 당혹스럽고 망설일 수밖에 없겠지만 어려서부터 이를 교육하고 준비시키면 고등학교를 졸업한 후 곧바로 1-2년 동안 평화 복무를 할 수 있을 것이다. 평화 복무는 군복무 이상으로 험하고 어려운 훈련과 활동 요령을 가르쳐야 하는데 이를 위해 전문적인 훈련과 파송단체를 찾아 함께 협력해 나가야 할 것이다.

여기에는 여성도 예외가 없다. 도리어 여성들이 군복무를 하지 않는 대신 평화 복무에 더 책임을 느끼기를 바란다. 내가 여성들의 평화 복무를 강조하는 데에는 몇 가지 이유가 있다. 여성들은 선천적으로 평화를 사랑할 수밖에 없다. 그 이유는 사람을 죽이고 자신의 의지를 강요하는 군사문화 자체가 생명을 잉태하고 어린 생명을 길러내는 여성의 본성에 거스르는 것이라고 믿기 때문이다. 그럼에도 불구하고 대부분의 여성들은 주로 남자들이 주도하는 전쟁문화와 군복무에 대해 침묵하고 이 죽음의 문화에 대항하여 싸우는 데 소극적이다. 평화를 위해 여성들이 일어나야 한다. 이것이 전쟁으로 시작된 새 천년의 역사를 바꿔야 하는 우리 시대의 요청이고 폭력의 가치를 신봉하는 남성 중심 사회의 야만으로부터 벗어날 수 있는 희망이다. 안타깝게도 남성들은 오늘날 증오와 복수, 죽음과 전쟁의 늪에서 스스로는 헤어나올 수 없다. 남자들은 여자들의 구원을 필요로 하고 있다.

남자들이 젊음의 절정에 2년 동안 군복무를 하는 것처럼 젊은 시절 2년을 남성들이 저지른 분쟁과 갈등의 현장에서 죽어가는 희생자들을 살려내고 폭력으로 상처받은 무고한 피해자들을 치료해주는 일. 전쟁으로 부모와 가족을 잃어버리고 홀로 남은 시리아의 고아들, 전쟁 중에 태어나고 전쟁 속에서 자라난 거칠고 사나운 아이들에게 폭력과 싸움이 아니라 평화가 길이요 희망임을 가르치는 일. 기둥조차 남지 않고 까맣게 불타버린 집을 다시 세우고 쫓겨난 가족들을 다시 불러와 더불어 살게 하는 일. 전쟁의 악몽과 상처로 편히 잠들지 못하는 아프가니스탄의 어린이들을 가슴에 품고 평화로이 잠들게 하는 일. 열화 우라늄탄과 같은 소형 핵무기로 인해 기형이 되어 장이 몸 밖으로 나온 채 평생을 살아가는 이라크의 어린이들에게 의사를 불러와 수술을 받게 해서 자기를 병신이라고 손가락질하고 놀려대던 자기 동네로 당당하게 돌아가게 하는 일. 전쟁으로 파괴되고 운동장은 지뢰밭이 되어버린 그란샤크의 학교에서 지뢰를 제거하고 학교를 재건하는 일. 전쟁으로 굶주려 어머니 품안에서 죽어가고 있는 다르푸르의 흑인 어린이들을 품에 보듬고 젖을 먹여주는 일. 이 모든 일들이 평화를 사랑하는 여성들이 용기 있게 앞장서 나가야 할 생애의 의무이다.

여성이 희망이다. 죽음을 부르는 남성들의 군복무에 대항하는 여성들의 생명을 살리는 평화 복무를 확산시켜야 한다. 나는 교회의 젊은이들이 평화 복무를 통해서 하나님의 나라를 위해 헌신하는 공통의 경험을 갖게 될 것이며 자신들이 경험한 평화라는 가치를 통해 교회 공동체의 끈끈한 유대와 단단한 결속을 강화해나갈 것임을 굳게 확신한다.

제13장

국경선평화학교의 평화통일운동
― 철원에서 평화통일을 준비하는 국경선평화학교 이야기

정지석

국경선평화학교, 평화교육가

1. 분단의 현장 마을 철원에서 시작한 국경선평화학교 운동

"평화통일의 날을 준비하라." 이 음성을 듣고 우리는 철원에 갔고, 국경선평화학교 운동을 시작했다. 왜 철원인가? 철원은 기도의 응답이다. 철원에 와 지내면서 하나님의 뜻은 더욱 명료해졌다. 하나님은 우리 민족을 사랑하신다. 평화통일은 하나님 사랑의 역사적 표현이다. 이 일을 할 사람을 하나님은 찾으신다. 철원 국경선평화학교의 평화통일운동은 신앙실천운동이며, 남북한 민족과 세계를 향한 하나님의 사랑을 증거하는 운동이다.

국경선평화학교(Border Peace School: BPS)는 2013년 3월 1일 분단 마을 철원에서 시작했다. 남북한이 평화통일을 실현할 때 온전한 독립을 이룬다는 뜻을 담아 3월 1일 개교했다. 국경선평화학교 운동의 목표는 남북한 평화통일을 위해 전 생을 걸고 일할 피스메이커(peacemakers)를 교육하는 것이다. 말하자면 평화통일 운동가를 육성하는 일이다. 일제 통치 시대 독립군 학교가 있었듯이, 분단 시대에는 평화통일 운동가 학교가 있어야 한다.

피스메이커는 "평화를 위해 일하는 사람은 복되다"(Blessed are peacemakers, 마 5:9)라는 성서에 근거한 것이다. 신앙적으로 표현하자면 국경선 평화학교는 하나님의 학교요, 예수 그리스도의 평화 일꾼을 육성하는 학교이다. 하나님은 사람을 통해 일하신다. 이 믿음이 피스메이커 학교운동을 출발시켰다.

철원은 한국전쟁 중에 백마고지 전투와 폭격으로 사라진 도시이다. 1,000여 년 전 궁예가 태봉국의 수도를 세우고 고구려 땅을 되찾겠다는 꿈을 꾼 역사적 땅이 철원이다. 그러나 남북한 전쟁과 분단으로 폐허가 되어 지금은 최전방 변방 마을로 전락해 있다. 한국전쟁의 치열한 전쟁터에서 수없이 죽어간 젊은이들이 흘린 피가 시냇물이 되어 흘러내렸다는 피의 능선은 아벨의 핏소리가 서려 있는 듯하다. 전쟁 후 철원은 남북으로 갈라져 양쪽에 모두 철원이 존재한다. 남한 철원에는 북한 노동당사와 승일교, 금강산 가는 길과 백마고지 같은 전쟁과 분단의 유적들이 남아 있다.

철원에서 경험하는 분단은 인간의 어리석음이다. 이유도 모른 채 갈라지고, 죽이고, 철조망을 치고, 오지도 가지도 못하게 한다. 전쟁이 끝나면 다시 오마 떠났던 북쪽 철원마을 청년은 산 너머 보이는 고향 마을을 65년째 가지 못한 채 할아버지가 되었다. 분단은 추상적인 이념의 문제가 아니다. 통제와 억압이 분단이다. 있던 길을 끊고 철조망으로 가로막아 사람들의 왕래를 끊어버린 것이 분단이다. 분단의 철조망을 사이에 두고 남북의 보초병들은 24시간 서 있다. 155마일 분단선 위에서 남북한의 수많은 젊은이들은 적개심을 품은 채 65년을 세대를 이어가며 서 왔을 것이다. 분단은 이해 불가능이요, 부자유요, 비인간화이며, 죄악이다.

2. DMZ 현장 체험형 평화통일 교육 프로그램

국경선평화학교는 철원 민통선 안, 군사작전 지역에 있다. 민통선은 비무장지대(DMZ) 남쪽 민간인 통제구역으로 인위적으로 만든 군인 통제선이다. 군 검문소를 통과하여 민통선 안으로 7km 북상하면 남방한계선이 나오고 그 옆에 국경선평화학교(DMZ 평화광장)가 있다. DMZ와 인접한 군 작전 지역 안에 있는, 남한에서는 최북단에 위치한 평화학교일 것이다.

이 분단의 현장에서 실천하는 국경선평화학교의 평화통일 교육운동은 현장형 평화통일 교육이다. 군 검문소를 거쳐 민통선을 들어가고 나올 때마다 피스메이커들은 남북한 분단 현실을 체감한다. 검문소 군인들은 학교로 들어가는 우리를 향해 '북상'을 외치고, 저녁이 되어 나올 때는 '남하'를 외친다. 민통선 안에는 한국전쟁 이후 지뢰매설 금단의 구역이 듬성듬성 야생의 밀림처럼 남아 있다. 남북관계가 험악해진 이후에는 비무장지대를 사이에 두고 서로 비방하고 선전방송하는 스피커 소리가 소란스럽다. 이곳에 오면 분단이 어떤 것인가를 눈으로 보고 몸으로 느낄 수 있다. 역사의 현장은 이야기와 메시지를 담고 있다. 철근 콘크리트 골격만 남은 철원 노동당사는 폭격이 얼마나 사나웠는지, 전투가 얼마나 치열했는지 포탄과 총알 흔적들로 이야기해 주고 있다. 백마고지는 비행기 폭격으로 꼭대기가 하얀 화약분말 가루가 덮여 위에서 보면 마치 백마가 누워 있는 형상이라 하여 백마고지라는 이름이 붙었다 한다.

국경선평화학교 피스메이커들이 매일 오르며 기도하는 소이산은 미군기지가 주둔했다가 떠난 곳이다. 지금은 민간인들에게 개방되어 예쁜 생태 숲길을 가진 평화공원이다. 분단의 현장은 평화통일 교육의 산 체험 현장이다. 국경선평화학교는 시민과 청소년들을 위한 평화통일 교육 프로그램을 진행하고 있다. 시민들을 위한 "DMZ 평화순례", 청소년을 대상으로 한 "DMZ 현장에서 배우는 청소년 평화통일 교육"이 대표적인 프로그램이다.

현장에는 현장의 진실이 있다. 이것은 사람을 감동시키는 힘이 있다. 우리는 왜 반드시 평화통일을 해야 하는지, 철원 DMZ 현장에 오면 그 대답을 찾을 수 있다.

3. 국경선평화학교의 교육 정신과 내용: 공부, 기도, 노동

1) 교육 정신

남북한 평화통일운동에 일생을 걸고 헌신하여 일할 피스메이커를 육성하기 위한 교육 정신과 내용은 무엇이어야 하나? 이 질문은 나에게 큰 질문이었고, 새로운 마음가짐으로 가야 하는 낯선 길이었다. 그러나 가야만 했다. 교육 정신(철학)은 어떻게 잡을까?

공부(study)와 기도(prayer)와 노동(work), 이것은 베네딕트 수도원의 기본 정신이다. 나는 이 수도원 정신을 국경선평화학교의 교육정신으로 삼았다. 왜냐하면 이 세 가지 정신원리가 지성과 영성과 신체 건강성을 통합적으로 갖춰야 하는 피스메이커 교육정신으로 적합하다고 보았기 때문이다. 이것은 또 나의 정신적 멘토인 함석헌 선생께서 추구하던 것이기도 했다. 그는 일제 통치하에서 독립운동의 실천으로 공동체 교육운동을 시도했는데, 그때 기본 정신으로 삼은 것이 공부와 기도와 농사였다. 이 교육정신은 오늘날 전인적 교육을 강조하는 학교교육에서 더욱 필요한 교육 정신이 되어야 하지만 현실은 어렵다. 그러나 국경선평화학교는 이 세 가지 교육정신을 피스메이커 교육의 필수적인 통합교육 정신으로 삼고 있다.

2) 교육 내용

국경선평화학교의 피스메이커 교육은 3과정의 정규 공부 커리큘럼과 비정규과정, 그리고 특별 교육 프로그램으로 진행된다. 3의 정규과정(120학점)을 마친 사람은 국경선평화학교의 시민평화 학위(Civic Diploma in Peace Studies: CDPS)를 받는다.

주요 강좌 내용은 평화학 이론과 평화 영성(Peace Studies), 평화 실천과 봉사(Peace Service and Work), DMZ와 해외 평화순례(Peace Pilgrimage-DMZ and Overseas), 평화 영어 실습(Peace English), 동서양 고전읽기(Reading Oriental and Western Classics), 평화 예술과 스포츠(Peace Arts and Sports), 스승과의 대화(Dialogue with Peace Teacher), 평화 워크숍(Peace Workshop) 등 8개 코스로 진행된다. 이 교육 커리큘럼은 해외 평화연구 및 교육기관들의 평화학 프로그램을 남북한 상황에 적합한 것으로 적용하려는 실험적 성격을 갖고 진행중이다. 평화통일 운동가로서, 평화교육가로서, 평화구호봉사 활동가로서 일할 수 있는 능력을 갖추도록 하는 것이 1차 커리큘럼의 목표이다. 평화학의 다양한 주제를 다루는 교실 강의와 워크숍, 국내외 갈등과 평화현장을 직접 찾아가는 현장체험 교육을 중시한다.

기도는 내면의 평화를 체험하고 평화의 신념을 견실하게 하는 영성 교육 과정이다. 피스메이커들은 매일 아침 침묵 기도 모임과 오후 소이산 평화기도 순례를 한다. 소이산 기도 순례길에는 이곳을 찾아오는 방문객들이 함께 참여한다. 우리는 이들을 평화통일의 순례자들로 맞아들인다.[1] 우리는 소이산을 오르며 '평화통일'과 '민족 치유'를 위해 기도한다. 기도하면 통일된다. 이 믿음을 우리 교회가 회복해야 한다. 기도는 사람을 변화시키고 사회를 개혁하는 원동력이다. 그러므로 기도는 가장 근본적인 행동(radical action)이다.

---

1 비무장지대(DMZ)를 관광지로 찾는 사람들이 있다. 관공서의 관광부서는 이것을 안보관광 혹은 평화관광이라고 한다. 그러나 국경선평화학교는 '평화순례'라고 부른다. 왜냐하면 남북한 전쟁과 분단의 현장은, 평화통일을 염원하는 순례지여야 한다고 보기 때문이다. 관광이라는 말 대신 우리는 '순례'라는 말을 쓴다.

노동은 몸으로 하는 평화교육이다. 국경선평화학교 피스메이커들은 유기농사를 함께 짓고 밥 짓고 청소하는 등 공동체 생활의 모든 일을 함께한다. 유기농사는 건강한 먹을거리를 스스로 경작하여 먹는 일이다. 농사를 지으면 땅과 자연의 소중함을 알게 되며, 하늘의 뜻을 몸으로 체득하는 배움을 갖는다. 이것은 이론으로 배울 수 없는 아주 귀중한 체험교육이다. 이론으로 알았던 지식의 참과 거짓을 구별하게 되며 성서와 경전의 가르침을 명료하게 체득하게 된다. 자급자족하는 정신을 배우고, 함께 일하는 공동체 정신을 기른다. 건강한 먹을거리 생산과 공동체 정신은 남북한 평화통일운동의 정신적 바탕이 될 것이다. 타인을 배려하고 이해하며 부족한 것을 서로 돕고 배우려는 마음과 태도는 평화통일의 기본 토양이다. 노동은 신체적 건강을 위해서뿐 아니라 정신적 건강을 위해 참 좋은 교육과정이다. 청년 시절부터 농사를 배우면 좋다. 농사는 농부이신 하나님의 마음을 배우는 시간이다.[2]

국경선평화학교 피스메이커들은 매일 공부하고 기도하며 일을 하면서 공동체적 동지의식을 키운다. 이들은 평생의 동지가 되어 평화를 위해 일하며 살 것이다.

4. 국경선평화학교의 시민과 청소년 평화교육
   (Peace Education of Citizen and Youth)

1) 평화통일교육 프로그램

분단의 비극을 안고 사는 우리 사회에는 평화통일을 위해 전 생을 걸고

---

2   나는 생명을 가꾸고 기를 줄 아는 사람이 되는 농사일을, 신학생 교육의 필수과정이 되어야 함을 깨닫는다. 봄에 밭을 갈고 씨를 뿌리고, 여름에 풀을 뽑고, 가을에 결실을 거두는 농사 실습 시간을 신학 수련의 필수로 삼는다면 신학의 발전과 함께 한국교회 개혁의 밑거름이 될 것이라 믿는다.

일할 사람들이 많아야 함에도 불구하고 현실은 그렇지 못했다. 평화는 이상주의자들의 이상으로만 치부하였다. 평화통일운동은 정치인이나 통일학자, 통일운동가들의 전문 영역인 것처럼 생각했지, 일반 시민들이 나서서 할 일이라고 학교에서 배우지 못했고, 장려하지도 않았다. 오히려 반대였다. 시민들이 나서면 정부 당국이 억압했다. 교회도 마찬가지였다. 평화통일을 가르치지도, 기도하지도 않았다. 기도하는 집, 예수 그리스도의 몸, 하나님의 사랑 처소인 교회 안에서조차 평화통일을 이야기하면 위험시하고, 신앙의 일이 아닌 것처럼 비난한다. 남북의 이념 갈등은 지금 남남의 갈등으로 심화되고 확산되어 있다. 어린 청소년 세대들은 어른 세대들의 이념 다툼에 질식하여 평화통일에 무관심해가고 있다. 이렇게 가다가는 남과 북의 분단은 돌이킬 수 없는 고질병이 되고, 대한민국은 영구 분단국으로 남을 수 있다. 전쟁과 분단 세대는 평화통일 세대로 전환해야 하며, 하나 된 나라를 후세대에게 남겨줘야 한다. 소이산을 오르는 기도길에서 국경선평화학교는 시민과 청소년 평화교육(Peace Education of Citizen and Youth)을 하라는 소명을 받았다.

2) DMZ 평화순례(Peace Pilgrimage)

국경선평화학교는 일반 시민들을 위한 "DMZ 평화순례"(Peace Pilgrimage)를 한다. 이것은 일반 시민들을 위한 현장에서 하는 평화통일교육 프로그램이다. 지난 5년 간 많은 시민들이 평화순례길을 다녀갔다. 주로 그리스도인들이 많았고, 학교 학생과 사회단체 사람들, 이웃 종교인들이 찾아왔다. 이곳에 온 사람들이 입소문을 냈고, 소문을 따라 많은 순례객들이 찾아와서 평화통일을 기원했다.

"DMZ 평화순례"는 일반 안보관광과는 다르다. 국경선평화학교에서 공부한 평화순례사가 철원의 전쟁 유적과 분단 현장의 역사와 현재를 평화인문학적 관점에서 이야기(story-telling)로 풀어준다. 순례객들은 소이산을 올라 남북한 땅을 내려다보며 평화통일을 기도한다.

국경선평화학교는 평화순례 코스를 더 풍부하게 개발하고, 하루 일정에서부터 1박 2일, 2박 3일 일정으로 진행한다. 나는 더욱더 많은 평화통일 순례자들이 최전방 남북 분단의 현장 마을을 찾아오는 순례운동을 우리 교회의 신앙통일운동으로 전개하길 희망한다.

앞으로 남북한 관계가 회복되면 시민 평화순례길은 북한 땅으로 이어질 것이다. 그때는 북한 사람들과의 만남이 이뤄질 것이다. 반세기 이상 다른 이념과 정치 사회체제 아래 살아온 남북한 사람들은 서로 이해하고 존중하는 태도를 익혀야 한다. 남북을 오가는 평화의 순례자들의 행진이 70여 년 막혔던 남북한의 물리적 정신 분단 장벽을 허물고 새로 이어줄 것이다. 이런 점에서 시민 평화순례운동은 평화통일 이후 새 사회를 건설하는 평화운동이 될 것이다.

3) DMZ 현장에서 배우는 청소년 평화통일 교육

청소년들은 평화통일 시대를 살 미래 세대이다. 그러나 의지와 관심은 그다지 크지 않다. 대한민국이 분단 상태로 살아도 큰 문제가 없다면 구태여 힘들고 어렵게 통일을 왜 하느냐는 식이다.

국경선평화학교에서는 어린이와 청소년들을 DMZ 분단 현장으로 데려와서 하는 평화통일 교육 프로그램을 실행한다. 통일에 관심이 그다지 많지 않은 어린이, 청소년들은 교실에서 이론으로 하는 통일 수업을 따분해하고, 탈북민을 초청해 듣는 북한 이야기는 자칫 왜곡된 북한 이해를 심어줄 수 있다. 북한에서 살다 온 탈북민이라 해서 북한을 다 안다고 할 수 없고, 자신이 경험한 세계밖에 알 수 없기에, 이를 감안해서 들을 줄 아는 능력이 필요하다. DMZ 현장에서 하는 평화통일 교육은 직접 보고 체험하는 현장 교육이기에 아이들이 흥미와 호기심을 갖고 참여하며 집중도가 높다. 아이들은 상상 밖의 현실을 목격하면서 많이 묻고, 대화하며, 스스로 생각하는 시간을 갖는다.

　이 프로그램에는 YMCA와 YWCA, 교회의 청소년들이 많이 참여했다. 국경선평화학교는 2013년부터 3년 간의 실천을 통해 "DMZ에서 배우는 청소년 평화통일 교육" 매뉴얼을 만들었고 학교 교육과 연결을 시도하고 있다. 교육청과 학교는 우리 사회의 분열과 갈등의 주원인인 남북 분단의 문제를 해결하려는 교육 정책을 중요한 우선순위로 내세우고, 평화통일 교육을 실행해야 한다. 우리 분단 현장은 학교의 평화통일 교육의 체험 현장이 될 수 있다.

　국경선평화학교는 청소년 평화통일 교육을 국제적 차원으로 실행한다. 이렇게 하는 이유는 청소년 시기부터 우리나라 평화통일 문제가 국제적 문제임을 일깨우고자 하기 때문이다. 한반도 남북한 관계를 잘 풀기 위해서는 국제적 협력이 필요하다는 인식을 청소년들이 가져야 하고, 청소년 시기부터 평화통일을 위한 국제적 경험과 의식을 길러야 한다.

　2015년 여름 제1차 한국 청소년과 미국의 교포 청소년(미국 시민권자)이 처음 "DMZ 평화통일 교육 캠프"를 철원 국경선평화학교와 미국 뉴욕에서 열었고, 2016년 여름 제2차 캠프를 국경선평화학교에서 열었다. 2017년 여름에는 제3회 캠프를 독일에서 연다. 한국과 미국, 그리고 독일 청소년이 참여한다. 특히 독일에 난민으로 와 있는 청소년들이 참여하여 전쟁과 평화의 문제를 배우고, 청소년들의 국제적 경험을 나누는 시간이 기대된다. 특히 한국 청소년들은 이미 통일을 이룬 독일의 경험을 배우는 시간을 가질 것이다. 제4회 국제 청소년 캠프는 2018년 한국 철원 국경선평화학교에서 있을 예정이다. 국경선평화학교는 국제 청소년 평화교육 캠프의 경험을 매뉴얼로 만들어서 한국교회에 소개할 것이다. 한국교회가 기독교의 국제적 네트워크를 선용하여 한반도의 평화통일을 위한 국제적 여론 형성과 차세대 지도력 육성에 기여해주기를 바란다.

　국경선평화학교의 청소년 평화통일 교육은 궁극적으로는 남북한 청소년들의 만남을 준비하는 것이다. 서로 다른 체제와 사회 문화 환경에서 자라난 남북한 청소년들은 서로 만나 이해와 존중, 공동의 평화 사회 건설을 향한 비전을 공유해야 한다. 이것은 통일 공동체가 평화 공동체로 전환하는 필수 요건이다.

1998년 나는 북아일랜드의 폭력 갈등 현장에서, 청소년 평화교육운동이 갈등 종식에 큰 기여를 했음을 보았다. 이 사례로부터 나는 우리나라가 배울 점이 있다고 확신했고, 지금 국경선평화학교에서 그 배움의 경험을 실천에 옮기고 있다. 북아일랜드에서 청소년 평화교육운동을 활발하게 전개한 주역들은 가톨릭과 장로교회의 에큐메니칼 운동가들이었다. 오랜 폭력 갈등을 경험하면서 북아일랜드에는 평화적 각성자들(평화교육가)이 나왔고 이들이 새로운 평화교육운동을 이끌었다. 우리나라도 평화교육가들이 준비되어야 한다. 이 문제의식이 국경선평화학교 운동 속에 있다. 국경선평화학교 피스메이커는 남북한 평화교육운동을 이끌어갈 사람들이다. 특히 청소년 평화교육가들이 훈련되고 준비되어야 할 것이다. 국경선평화학교의 청소년 평화통일 교육운동은 곧 다가올 남북한 청소년 평화교육운동을 이끌어갈 예비훈련 과정이 될 것이다. 남북한 청소년들의 평화교육 커리큘럼과 프로그램이 준비되어야 할 것이다.

5. 평화마을(Peace Village)

국경선평화학교 운동의 100년 평화 플랜(100years Peace Plan)은 철원 마을을 평화의 마을로 전환하는 운동을 포함한다. 이를 위한 첫 번째 일은 평화학교가 평화의 공동체 마을 모델을 형성하는 것이다. 평화마을의 비전은 국경선평화학교의 장기 비전 운동이다.

평화마을이란 무엇인가, 어떤 마을을 평화마을이라 하는가는 연구 조사와 토론이 필요하다. 다만 여기서 목표로 삼은 평화마을은 남북한 분단 상황을 근거로 삼은 것이다. 첫째, 남북한 통일의 길로서 평화적 방법을 지지하고 전쟁과 폭력의 수단 사용을 반대하는 평화통일정책을 마을 주민들이 합의하여 세워야 한다. 둘째, 평화마을은 북쪽의 이웃 마을과 문호를 개방하여 자유롭게 왕래하며, 서로 돕고, 협력하는 마을이다. 이 또한 마을 주민들이 합의하여 평화 교류와 관계 형성을 위한 세부 실천지침을 만들어야 한다. 이것은 남북한이 하나가 되었을 때 실천할 수 있는 일이다. 평화마을의 궁극적인 형태는 마치 영구 마을 혁명처럼 끊임없이 추구해야 할 것이다. 그러나 남북한 분단 현실에서 평화마을은 평화통일 정책을 가진 마을, 통일된 나라에서는 북쪽 이웃 마을과 평화적 선린관계의 실천 지침을 가진 마을로 우선 한정하여 사용한다.

남북한 접경 지역에 열 개의 자치단체 마을이 있고, 각 마을에 평화학교 공동체가 세워지는 비전도 100년 평화계획 안에 들어 있다. 첫 번째 단계는 철원에 평화학교 공동체가 형성되고, 그것이 모델이 되어 분단의 접경마을에 10개의 평화학교 공동체 마을을 건설하는 것이다. 또 지구촌 다른 도시와 마을에 국경선평화학교를 세우고 평화교육운동을 확산하는 것이다. 두 번째 단계는 평화학교 공동체 정신이 마을 전체로 확산되어 평화마을을 건설하는 것이다. 세 번째 단계는 평화마을이 남북한 통일 사회 공동체에 영향을 미쳐 평화로운 나라를 건설하는 것이다. 이 평화마을 운동은 세계 지구촌 마을 운동으로 확산되어 전개되는 것이다. 국경선평화학교의 피스메이커는 평화마을 운동가로서 일할 것이다. 평화마을 운동가는 현재는 존재하지 않는 직종이지만 남북한이 하나 되는 과정에서 필요하고 중요한 사람이 될 것이다. 그러므로 이를 미리 내다보고 준비할 수 있어야 한다. 이것은 국경선평화학교의 교육과정에서 발전해가야 할 것이다.

6. 글을 맺으면서

평화통일운동은 믿음의 운동이다. 남북한은 하나라는 믿음, 우리는 반드시 분단을 극복하고 평화통일을 이룰 것이라는 믿음이 평화통일운동의 출발이고 기초이다.

남북한 평화통일은 분단 70년에 대한 신앙의 반성에서 일어나야 한다. 분단의 역사에서 한국교회 신앙은 역사 속에 성육화하지 못했고, 이념 갈등의 상황에서 한 쪽 이념과 손잡은 탓에 이념을 초월한 화해자의 역할을 하지 못했으며, 평화통일운동을 정치적 문제로 간주한 채 교회의 신앙운동으로 삼지 못했다. 평화통일운동은 믿음의 갱신운동이다. 예수의 복음과 성서의 정신을 실천하는 믿음이요, 나 자신의 신앙적 소명운동이요, 남북한은 하나라는 믿음의 운동이다.

한 민족 공동체 안에서 일어난 비극의 역사는 동족상잔의 전쟁과 원한, 이산가족들의 눈물과 비통함, 사회를 분열시키는 이념갈등으로 계속되고 있다. 수없이 많은 정치 군사적인 회담, 개성공단의 경제협력, 금강산 관광과 민간교류 활동은 중단되어 있다. 이제 다시 시작이다. 기본에서 시작해야 한다. 사람의 마음이 변해야 한다. 원한을 용서로, 불신을 신뢰로, 적대감을 사랑과 평화의 마음으로 바꿔야 한다. 이제 평화통일운동은 믿음의 운동으로 일어나야 한다. 국경선평화학교 운동은, 평화통일은 반드시 온다는 것을 증거하는 운동이며, 피스메이커 예수 그리스도를 따르는 제자의 믿음을 실천하는 운동이다. 아직은 분단과 갈등의 땅에서.

부록

공적신학과교회연구소 소개

1. 공적신학과교회연구소 임원 명단

명예소장	이형기 교수(장신대 명예교수), 김명용 교수(장신대 전 총장)
소장	임희국 교수(장신대, 역사신학)
부소장	한국일 교수(장신대, 선교학), 박화경 교수(한일장신대, 기독교교육)
총무	장신근 교수(장신대, 기독교교육)
서기	김정형 교수(장신대, 조직신학)
회계	김명배 교수(숭실대, 역사신학)
연구편집위원장	박경수 교수(장신대, 역사신학)
연구편집부위원장	고재길 교수(장신대, 기독교와 문화)

2. 공적신학과교회연구소의 설립 목적과 출판

공적신학과교회연구소는 한국교회를 향해 공적 책임을 일깨우고, 공적 책임 수행을 위한 신학적 방향을 제시하며, 이를 구체적으로 실천할 수 있는 방안을 모색하기 위해 2008년 11월에 뜻을 같이하는 신학자들과 목회자들에 의하여 창립되었다. 본 연구소의 목적은 세상을 향한 교회의 공적 책임에 대한 신학 연구를 통해 한국교회가 공적 책임을 감당할 수 있도록 격려하고, 실천을 통해 삼위일체 하나님의 나라가 인류 역사와 창조 세계 안에서 온전히 구현되도록 하는 데 있다.

　이러한 설립 목적 아래 공적신학과교회연구소는 매년 6회의 정기발표회와 2회의 공개강좌를 통해 한국 사회와 교회의 주요 문제들을 다루어 왔다. 시대적 함의를 담은 중심 주제를 정하고 다양한 관점에서 그 주제를 연구한 글들을 모아 지금까지 6권의 책을 출판하였다.

『공적신학과 공적교회』(서울: 킹덤북스, 2010)
『하나님의 경제 I』(서울: 북코리아, 2013)
『하나님의 경제 II』(서울: 킹덤북스, 2014)
『하나님의 정치』(서울: 킹덤북스, 2015)
『하나님 나라와 지역교회』(서울: 킹덤북스, 2015)
『하나님 나라와 평화』(서울: 대한기독교서회, 2017)

공적신학과교회연구소(IPTC) 선언문

1. 목적(Purpose)

본 연구소의 목적은 세상을 향한 교회의 공적 책임에 대한 신학 연구를 통해 한국교회가 공적 책임을 감당할 수 있도록 격려하고, 실천을 통해 삼위일체 하나님의 나라가 인류 역사와 창조 세계 안에서 온전히 구현되도록 하는 데 있다.

2. 사명(Mission)

한국교회는 역사 안에서 여러 분야에 걸쳐 공적인 책임들을 수행해 왔다. 교육, 의료, 문화, 여권신장, 평등사상, 독립운동, 민주화운동, 통일운동에서 마땅히 져야 할 십자가를 지고, 어두운 시절에 민족의 등대 역할을 감당해 왔다. 그러나 다른 한편으로는 배타주의, 물량주의, 분리주의, 성장주의의 폐해를 드러내기도 하였다.

본 연구소는 한국교회의 부정적 모습들을 비판적으로 극복하고, 긍정적 요소들을 되살려 예수 그리스도의 가르침의 핵심인 하나님의 나라를 이 땅 위에 세우기 위한 토대를 마련하고자 한다. 하나님의 나라는 샬롬의 공동체요, 생명의 공동체요, 하나님의 주권과 통치가 편만한 새 하늘과 새 땅이다. 교회는 바로 이 하나님 나라의 징표요, 도구요, 선취이다. 따라서 교회는 하나님 나라에 상응하여 변혁되어야 할 공적인 영역에 관심을 가져야 하며, 정의·평화·창조세계의 보전을 위해 하나님의 선교운동에 참여해야 한다. 본

연구소는 한국교회가 하나님 나라의 비전을 품고 공적인 영역에서 하나님의 나라를 실현시키려는 노력을 다할 수 있도록 이론과 실천의 면에서 협력하고자 한다.

3. 방향성(Directions)

1) 본 연구소는 모든 교파를 포괄하며, 나아가서는 교회의 공적 책임 문제에 있어서는 다른 종교나 시민단체(NGO)와의 연대에 대해서도 열려 있는 공간을 추구한다.
2) 본 연구소는 하나의, 거룩한, 보편적, 사도적인 교회를 지향한 보편교회의 전통을 존중하고, 복음 설교와 성례전이라는 참된 교회의 표지를 귀중히 여기면서, 교회가 이 세상 안에서 하나의 대안 공동체가 되어야 한다는 사실을 지지한다.
3) 본 연구소는 정치, 경제, 사회, 문화, 환경 등의 모든 공적인 영역에서 하나님의 정의·평화·창조 질서가 세워질 수 있도록 최선을 다한다.
4) 본 연구소는 포스트모던 시대에 대응하는 기독교적 가치를 제시하고, 오늘날 제기되는 여러 도전들에 대해 하나님의 나라 관점에서 대안적 해결책을 제시하기 위해 노력한다.

공적신학과교회연구소의 이정표

본 연구소의 목적은 한국교회에 공적 책임을 일깨우고 한국교회를 향하여 공적 책임에 대한 신학적인 비판과 검토와 방향을 제시하며, 나아가서 가르침과 글과 행동을 통하여 공적 책임을 교회와 세상으로 하여금 알게 하는 데 있다. 이 모든 활동은 교화와 세상에 대한 삼위일체 하나님의 온전한 통치(하나님 나라)와 이 하나님의 나라를 역사와 창조세계 속에서 구현하는 하나님의 선교(missio trinitatis)에 동참하기 위한 것이다.

한국 개신교의 공적 책임 수행의 역사

한국 개신교는 그동안 역사적으로 하나님의 일터인 이 세상에서 공적인 책임들을 많이 수행해 왔다. 일찍이 한국의 기독교는 계몽 차원에서 민족의 희망이었고, 한글을 보급하였으며, 최초의 근대식 병원을 세웠고, 평등사상을 고취시켰으며, 교육에도 적지 않은 기여를 해왔다. 그리고 일부일처제와 여권신장에 힘써왔고, 3·1운동과 같은 나라 살리기 운동에도 동참하였으며, 신사참배반대운동도 일으켰다. 나아가서 1970년대의 반독재운동과 1990년 남북평화통일운동에도 앞장섰고, 장기기증운동과 태안 앞바다 기름제거운동에도 두각을 나타냈다. 한국교회의 공적 책임의 예는 허다하다.

교회의 공적 책임 수행을 방해하는 요소들

하지만 한국교회는 '이기적이고 배타적인 교회중심주의', '영혼과 몸을 갈라놓는 이분법', '물량적 교회성장주의', 그리고 '맘몬의 지배로 사유(私有)화하려는 하나님 나라'로 인하여 하나님의 드넓은 작업장인 이 세상에서의 교회의 공적 책임 수행에는 너무나도 미흡하였다. 이와 같은 요소들은 교회의 공적 책임 수행의 저해 요인들이다.

교회와 세상의 적대 관계

한국 개신교는 교회를 노아의 방주 유형이나 구명(求命)선으로 여기는 경향이 짙다. 이러한 경향은 '교회와 세상을 분리'시켜서 교회를 '세상이라는 바다'에 떠 있는 외딴 섬으로 만들어 왔다. 또한 한국 개신교는 죄와 죽음의 힘이 세상을 지배한다고 가르치며, 사탄과 마귀가 판을 치고 있는 이 세상은 최후심판과 지옥을 향하여 내달린다고 보면서 이러한 세상과 단절해야만 하나님의 은혜로 구원을 받는다고 가르쳤다.(요 7:7, 8:23, 17:16) 이것이 이기적이고 배타적인 교회중심주의로 이끌어갔다.

하지만 하나님께서는 세상을 이처럼 사랑하사 독생자를 보내주셨다. 예수 그리스도께서는 교회의 머리이신 동시에 창조의 중보자이시요, 인류와 우주만물의 재창조자이시요, 따라서 역사와 우주만물의 주님이시다.

영혼과 몸을 갈라놓는 이분법

한국 개신교는 영혼구원을 강조하면서 복음전도를 '구령사업'이라 가르쳤다. 그러다 보니 개인의 영혼구원에 치우쳐서 몸과 육체의 영역을 소홀히 여겼다. 전인(全人)의 구원이 아니라 영혼만의 구원을 강조했다. 영혼과 몸을 분리하는 이분법적인 사고가 신앙을 지배한 결과 영혼과 영적인 것의 가치를 높이는 동시에 몸의 영역에 속한 역사적이고 사회 문화적인 가치를 업신여기거나 소홀히 여겼다. 이러한 이분법이 교회의 공적인 책임수행을 방해했다.

물량적 교회성장주의

한국 개신교는 특별히 산업화시대(1960-90년대)의 시대정신인 성장 이데올로기와 맞물려서 교회성장에 몰입하며 외형적으로 몸집을 불려왔다. 그러다 보니 교회가 물량적 성장주의를 벗어나지 못했다. 이러한 성장주의는 하나님 나라의 자람(마 13장)에 역행하는 것이다.

맘몬의 지배로 사유화하려는 하나님의 나라

한국 개신교의 성장은 자본주의 사회체제 속에서 진행되었다. 권력의 비호 아래 권력과 결탁해 온 한국 자본주의 체제는 공공(公共)의 안녕(安寧)과 질서를 추구하기보다는 대체로 특권층을 양산하고 기득권층을 보호해 왔다. 이러한 사회 현실을 향해 교회가 예언자적 사명을 감당해야 하는데, 오히려 한국교회 대다수는 맘몬의 지배에 예속되어서 자주 기득권층을 대변하였다. 이러한 교회는 이 세상에서 하나님 나라를 위한 공적 책임을 결코 수행할 수 없었다.

예수님이 보여주신 작은 자들에 대한 긍휼(compassion), 예언자들이 선포한 공의와 정의의 나라, 레위기 25장의 희년에 대한 비전과 누가복음 4장의 은혜의 해는 결코 맘몬의 지배를 허락하지 않는다. 교회와 세상에서 사랑과 공의와 정의가 강같이 흐르는 샬롬 공동체 형성은 전적으로 공적인 일이다. 우리는 하나님의 선교(missio trinitatis)에 동참하여 공공(公共)의 샬롬 공동체 형성에 헌신해야 할 것이다.

교회 지도자들의 정치 세력화와 청년 선교

지난 참여정부에 대한 사회 보수층의 인식은 이른바 '좌파정권'이었다. 특별히 민주화 이후의 사회개혁과 남북 진전을 위한 정부의 정책에 대하여 이들은 강한 거부감을 드러냈다. 이러한 '보수층'의 입장에 적지 않은 기독교 지도자들이 동의하며 적극 동참했다. 이 점이 의식 있는 교회 청년들에게 실망감을 안겨주었고, 교회 밖 일반 청년층에게 교회가 보수력으로 비쳐졌다. 이에 청년 선교를 가로막기도 하였으며, 교회의 공적 책임 수행을 방해하였다.

그러나 참여정부의 여러 정책들은 기대와 달리 '신자유주의'를 따르는 결정을 내렸다. 따라서 양극화의 심화와 맞물려, 청년실업 문제와 '88만원 세대'의 생성은 계층 간의 갈등은 물론 세대 간의 갈등도 빚어냈다. 이러한 현상은 교회로 하여금 청년 선교를 새롭게 생각하도록 촉구하였고, 교회의 공적 책임 수행을 다시 생각하게 하였다.

하나님의 나라

"하나님의 나라가 가까이 왔으니 회개하고 복음을 믿으라"(막 1:15)라고 선포하신 예수님은 하나님의 나라를 위해서 십자가에 달리셨다가 부활하셨고, 하나님의 나라를 계시하시고 약속하시기 위해 40일 동안 사도들에게 나타나셨으며, 하나님의 나라 건설을 위해 이 땅 위에 성령을 파송하셨다. 그리하여 교회는 성령 충만한 사도들에 의해서 선포된 하나님 나라의 복음에서 기원하였다.

예수님의 설교와 가르침의 중심은 '다가오는 하나님의 나라'였다. 그리고 십자가에 달리셨다가 부활하시고 승천하사 영화롭게 되신 그리스도 예수는 역사와 우주만물의 주님으로서 하나님 나라의 의미를 더 보편적으로 넓히셨다. 죄와 죽음과 흑암의 권세를 묵시적으로 계시하는 예수 그리스도의 십자가와, 이 모든 부정성을 부정하는(the negation of the negative) 그의 부활은 개인에게 부활의 몸을, 역사에 하나님의 나라를, 그리고 우주만물에는 새 하늘과 새 땅을 계시하고 약속하기 때문이다. 그는 다름 아닌 영생과 하나님의 나라, 그리고 새 하늘과 새 땅을 계시하시고 약속하셨다. 이는 역사와 창조세계 속에서 삼위일체 하나님의 통치일 뿐만 아니라 새 창조의 세계(creatio nova)이다. 이것은 삼위일체 하나님과 새 인류와 새롭게 된 우주만물이 함께 어우러지는 샬롬의 '생명 공동체'이다.

생명 공동체인 하나님의 나라와 교회 및 세상

그런즉 교회는 위와 같은 '생명 공동체'를 미리 보여주는 '생명 공동체'이다. 교회는 그와 같은 '생명 공동체'의 미리 맛봄이요, 징표요, 도구이다. 교회와 세상의 존재 이유는 이와 같은 삼위일체 하나님의 역사와 창조세계에 대한 통치와 하나님의 나라를 이 땅 위에 구현하시는 삼위일체 하나님의 선교에 동참하는 데 있다. 또한 하나님의 선교가 인류의 보편사와 창조세계 속에서도 진행되고 있다고 믿는 한, 교회는 이 세상이 주는 메시지를 깨달아 알아야 하고, 나아가 이 세상 속에서 하나님 나라의 징표들을 읽을 수 있어야 한다. 따라서 교회는 예수 그리스도에 대한 신앙고백을 분명히 하면서 정의와 평화와 창조세계 보전에 관한 한, 타종교들과 엔지오(NGO) 등 비기독교 단체들의 목소리에 귀를 기울여야 하고, 이들과 연대하여 하나님의 나라를 향한 하나님의 선교에 동참해야 할 것이다.

하나님의 나라와 교회의 표지

'하나의 거룩하고, 보편적이며, 사도적인 교회'에서 교회는 공교회(ecclesia catholica)로서 하나님의 나라에서 완성될 하나 됨과 거룩함과 보편성을 희망하는 가운데, 그것을 역사의 지평 속에서 구현해야 한다. 그뿐만 아니라 교회가 생명 공동체인 하나님 나라의 미리 맛봄과 징표요, 도구로서 하나님의 나라를 위해서 존재해야 하는 한, 교회는 공교회 안에서뿐만 아니라 인류와 창조세계 모두를 아우르는 전 생명 공동체 안에서 공적 책임을 수행해야 할 것이다. 또한 교회는 사도적 복음을 바르게 설교하고 성례전(세례와 성만찬)을 바르게 집례해야 한다. 곧 교회는 설교와 성례전을 통하여 하나님의 나라를 축하하고, 선포하며, 증거해야 한다. 이상과 같은 생명 공동체인 교회의 표지(4+2)는 하나님의 나라 구현을 향한 하나님의 선교를 위해서 존재하는 것이다.

'이미'(already)와 '아직 아님'(not yet) 사이에 자리 매김한 교회

'이미' 임한 하나님의 나라와 '아직 임하지 않은' 하나님의 나라 사이에 실존하는 교회는 하나님의 나라를 기다리면서 하나님의 나라가 온전히 임할 때까지 성령의 역사에 힘입어 사도적 직무(the apostolate)를 수행해야 한다. 사도적 직무란 설교, 세례와 성만찬, 코이노니아, 교육, 사회봉사, 복음전도, 하나님의 선교(missio trinitatis), 정의와 평화와 창조세계의 보전, 그리고 교회의 일치 추구이다. 다시 말하면 생명 공동체인 교회의 사도적 수행은 교회 내의 책임 수행뿐만 아니라 일치와 연합을 추구하고, 정의와 평화와 창조세계 보전 차원에서 하나님의 나라의 실현을 위한 하나님의 선교에 동참해야 할 것이다. 이것이 다름 아닌 공교회의 공적 책임 수행이다.

하나님의 나라와 교회의 본질적 기능

교회는 코이노니아를 통해서 하나님의 나라를 미리 맛보아야 하고 기독교 교육을 통해서 하나님의 나라를 교육해야 하며, 사회봉사를 통해서 하나님의 나라를 증거해야 하고, 복음전도와 하나님의 선교와 JPIC(정의, 평화, 창조질서의 보전)를 통해서 하나님의 나라를 널리 증거하고 구현해야 한다. 이처럼 우리는 교회 안과 밖에서의 교회의 공적 책임의 수행에 공적으로 참여함으로 하나님의 나라 구현을 위한 하나님의 선교에 참여해야 할 것이다.

하나님의 나라와 모이고, 든든히 서가고, 그리고 파송받는 교회

하나님의 나라의 복음으로 말미암아 이 세상으로부터 부름받은 교회(ekklesia)는 예배를 위해서 모이고, 세례와 성만찬과 기독교 교육과 코이노니아를 통해서 든든히 세움을 받으며, 복음전도와 하나님의 선교와 사회봉사를 위해서 세상 속으로 파송받는다. 교회는 하나님의 선교의 장인 이 세상으로 파송받아, 하나님의 나라의 공적인 일들을 책임적으로 수행해야 할 생명 공동체가 되어야 한다.

하나님의 나라와 교역직

하나님의 나라를 위해서 존재하는 교회의 직제에는 일반 교역직(세례받은 모든 하나님의 백성의 교역)과 특수 교역직(an ordained ministry)이 있다. 특수 교역직은 일반 교역직을 훈련시키고 교육시키어 모든 공적 영역에서 하나님의 나라를 건설해야 할 것이다. 교역직은 구심력적 운동과 원심력적 운동의 긴장 속에서 하나님의 선교에 동참하는 일에 지도력을 발휘해야 한다.

창조세계와 세상과 국가와 교회는 하나의 '생명 공동체'

창조세계와 세상과 국가와 교회는 서로 불가분리한 관계망 혹은 그물망 속에 있다. 이와 같은 관계망의 파괴는 인간과 세계와 창조세계를 죽음으로 몰아간다. 예수 그리스도를 통한 화해론과 예수 그리스도를 통하여 계시되고 약속된 종말론은 이와 같은 관계망 혹은 그물망의 근거이다. 예수 그리스도의 십자가와 부활은 인류뿐만 아니라 창조세계까지도 하나님께 화해하게 한 사건이다. 특히 그의 십자가는 종말론적인 죽음과 흑암의 권세에 대한 승리요, 그의 부활은 새 창조(개인의 완성으로서 영생, 역사의 완성으로서 하나님의 나라, 창조세계의 완성으로서 새 하늘과 새 땅)를 계시하고 약속하는 것이다. 바로 이 하나님의 나라야말로 샬롬의 생명 공동체로서, 이 땅 위의 교회와 국가와 세상과 창조세계가 추구해야 할 희망의 나라인 것이다.

하지만 이미 임한 하나님의 나라와 아직 임하지 않은 하나님의 나라 사이에 놓인 교회 공동체야말로 예수 그리스도의 몸이요, 성령의 전이요, 하나님의 백성으로서 이 세상에 대한 '대안 공동체'(a alternative community)이다. 따라서 교회와 세상(국가)은 질적으로 달라야 하고, 구별되어야 한다. 하지만 국가가 교회를 박해하든가, 헌법을 지키지 아니하고 실정법을 어겨 백성을 억압하든가(교회는 국가의 법을 끊임없이 개정해 나가야 하지만), 직무유기를 하여 백성에 대한 지도력을 온전히 발휘할 수 없는 경우가 발생할 때 교회는 예수 그리스도의 이름과 하나님 나라의 이름으로 이와 같은 정부에 대하여 항의하고 항거해야 할 것이다.

무엇보다 국가와 정부가 잘못된 길로 들어서고 있을 때에도 우리는 그것이 교회와 뗄 수 없는 생명 공동체임을 기억해야 하고, 그 속에서 예수 그리스도의 제사장적이고 예언자적이며 왕적인 직무를 수행해야 할 것이다. 즉 우리는 화해를 선포하고 화해된 공동체로서 공적 차원에서 화해를 위하여 힘써야 하고, 미래에 임할 하나님의 나라를 선포하며, 이에 비추어서 우리의 현 시대를 예언자적으로 비판해야 하고, 모든 공적인 영역에서 하나님의 왕적 통치에 동참해야 할 것이다.

포스트모던 시대에 대응하는 민주화와 사회정의

포스트모더니즘은 개인들과 소집단들의 작은 목소리를 무시하고 억압하며 소외시키는 모더니즘의 거대담론에 반대하여 '다름'과 다원성과 '타자성'(他者性)을 강조하는바, 정부는 교회들과 시민단체들의 작은 목소리에 귀를 기울이는 미시정치(micro-politics)를 해야 하고, 가난한 자와 병든 자와 소외된 자 편에서는 사회정의를 구현해야 한다. 나아가서 정부는 다국적기업의 신자본주의 거대담론에 압도되어 백성의 미시담론을 외면해서는 안 될 것이다. 예수님께서 선포하신 하나님의 나라는 병든 자, 가난한 자, 소외된 자, 억압받는 자의 목소리를 결코 배제하지 않는다. 성서의 거대담론은 결코 '지극히 작은 자'의 목소리를 묵살하거나 제외시키지 않는다. 민주주의가 하나님의 나라를 지향하는 민주주의가 되려면 '지극히 작은 자'의 목소리를 청종하여야 할 것이다.(마 25:31-46) 또한 오늘날 다민족·다문화 사회를 맞이하면서 외국인 노동자들과 이주민 결혼가정의 작은 목소리에도 귀를 기울여야 하고, 이기적이고 배타주의적인 단혈적(單血的) 민족주의를 넘어서야 할 것이다.

정의와 생명을 위한 시장경제

1989년에 동유럽이 몰락하면서 공산주의 계획경제체제가 함께 무너졌고, 이에 시장경제의 원리가 유일한 경제체제로 현존하고 있다. 그런데 현실적으로 현존하는 '신자유주의' 시장경제의 질서는 자본주의 시장경제체제로서 오늘날 공정한 경쟁원칙이 무시되었고 불공정한 시장 독점으로 고착하였다. 정의로운 시장 질서가 결핍된 채, 불평등한 소득분배구조에서 빈익빈 부익부의 양극화 현상이 두드러지고 있다. 이 경제체제는 또한 억압과 지배와 착취의 구조를 생성했고 또한 모든 피조세계(자연)를 착취하였기 때문에 전 지구적인 환경오염과 생태계의 위기를 초래하였다.

이러한 경제체제에 대응하여 우리는 '세계교회협의회'(WCC, Agape 선언, 2005)와 '세계개혁교회연맹'(WARC, 아크라 신앙고백, 2004) 그리고 '아시아교회협의회'(CCA)의 신자유주의적 세계화에 반대하는 노선(anti-globalization)을 따르면서 '생명을 살리고 정의를 구현하는 시장경제'를 제안한다. 그런즉 오늘날 남반구의 나라들과 북반구의 나라들, 그리고 6대륙의 인종들과 종교들과 문화들은 동반자 관계 속에서 연대하고 화해하면서 '하나의 정의롭고 긍휼이 넘치며 포용적인 공동체'(a just, compassionate and inclusive society)를 추구해 나가야 하고, 창조세계를 보전하는 삶을 구현해야 할 것이다.

세계교회협의회(WCC)의 연합과 일치운동에 있어서 공교회의 공적 책임의 수행

세계교회협의회는 1975년부터 1990년에 이르면서 '창조세계의 보전'에 관한 문제를 '정의'(사회 및 경제 정의) 및 '평화' 문제와 함께 논의하였다. 바야흐로 '땅'을 포함한 온 '창조세계'는 하나님의 것이요, 하나님의 영광을 위해서 인류 전체에 주어진 '공공'(公共)의 영역으로서 그 어느 나라도 그 어느 사람들도 그것을 사사(私事)화할 수 없다. 그렇기 때문에 정의와 평화와 맞물린 창조세계의 보전 문제는 전적으로 교회의 공적 책임의 대상이다.

교회의 공적 책임을 위한 신학의 기능

교회의 다양한 신학은 통일성과 코이노니아(Koinonia)를 추구하면서 샬롬(Shalom)의 생명공동체를 향해 나아가야 한다. 이는 다름 아닌 하나님 나라의 신학이다. 신학의 목적과 기능은 교회로 하여금 샬롬의 생명 공동체를 추구하게 하고, 그러한 추구를 반성케 하며, 또다시 새롭게 추구하도록 준비시키는 것이다. 그래서 신학은 하나님 말씀의 삼중성과 예수 그리스도 안에서 이룬 화해의 복음을 표준으로 삼고, 교회가 실천하는 말씀 선포(Kerygma), 예배(Liturgia), 교육(Didache), 성도의 교제(Koinonia), 봉사(Diakonia)를 반성하게 하고 이를 통해 교회로 하여금 교회 되도록 하며, 한 걸음 더 나아가서 신학은 교회로 하여금 하나님의 창조세계를 보전하고 정의와 평화의 세상을 이루며 국가의 공직이 정의롭게 수행되도록 파수꾼의 노릇을 하게 해야 한다. 신학은 하나님의 말씀을 섬김으로써 교회의 여러 기능을 섬기고 또 교회로 하여금 다가오는 하나님의 나라를 희망하면서 창조세계의 모든 영역이 함께 어우러져 조화로운 생명 공동체를 이루도록 해야 한다. 따라서 교회의 공적 책임을 위한 신학은 삶의 공적인 영역인 정치, 경제, 사회, 문화, 교육, 그리고 창조세계를 대상으로 신학을 펼치되, 다가오는 하나님 나라의 시각에서 이와 같은 공적인 영역의 모든 것을 평가하고 예언자적으로 비판한다.

이렇게 신학은 교회로 하여금 교회 되도록 섬기는 것뿐만 아니라 세상 속에서 구현되는 하나님의 나라를 위해서 섬긴다. 그런즉 우리 연구소는 교회의 정체성을 매우 중요시하면서도, 교회로 하여금 삼위일체 하나님의 선교에, 즉 역사와 창조세계를 통치하시고 새 하늘과 새 땅을 가져오는 하나님의 선교에 동참하도록 섬길 것이다.

기독교 신앙과 '하나님의 경제'

서문: 문명의 글로벌화와 '신자유주의'의 글로벌화

오늘의 문명은 교통·통신기술의 혁명적 발달로 인한 시공의 압축과 세계의식의 확장을 통하여 새로운 위계의 세계와 계급이 만들어지는 과정인 세계화에 의하여 주도되고 있다. 정치, 경제, 문화적 삶의 점증하는 상호연관성으로도 이해되는 세계화는 인류에게 다양한 혜택을 가져다 준 것이 사실이다. 하지만 인류의 행복을 전적으로 보장해 주는 듯한 세계화의 장밋빛 공약(公約)은 공약(空約)으로 드러나고 있으며, 오늘 우리는 불투명한 복합위험을 초래하는 세계화의 소용돌이에 갇히고 말았다. 특히 오늘의 세계는 신자유주의에 기초한 지구적 자본주의가 초래한 거대한 경제위기의 늪에 갇혀서 헤어나지 못하고 있다. 2011년 글로벌 금융시장의 상징인 월가 시위의 구호에 나타난 것처럼 이제 우리는 부유한 1%와 가난한 99%로 양분되는, 즉 통제되지 않는 극심한 양극화의 시대를 살아가고 있다. 신자유주의가 주도해 온 이러한 경제적 현실은 전 지구적 차원에서 가정과 사회를 해체시키고 엄청난 갈등과 반목으로 우리들을 몰아가고 있으며 더 나아가 생태계에 대한 착취와 파괴로 이어지고 있다. 이는 단순히 경제의 위기가 아니라 오늘의 세계를 이끌어 온 정치철학, 경제 시스템, 세계관, 가치관의 붕괴이며, 더 나아가 올바른 하나님 신앙에 대한 왜곡을 초래하였다.

이러한 위기상황에서 공적인 공동체로서 오늘의 한국교회는 신자유주의에 기초한 지구적 자본주의 경제체제가 가져온 위기를 극복하고 그 대안을 모색하기 위하여 '하나님의 경제'에 기초한 경제질서를 세워나가는 데 헌신해야 할 것이다. 넓은 의미에서 하나님의 경제(oikonomia tou theou)는 피조세계 전체라는 집(oikos)을 창조하시고, 유지하시고, 재창조하시는 삼위일체 하나님의 사역에 대한 신앙고백에서 시작된다. 하나님의 경제는 삼위일체 하나님의 공동체에서 이루어지는 영원한 상호 내주적 사귐과 나눔에 기초하여 하나님의 창조세계를 유지하고 재창조하는 원리이다. 하나님의 경제는 인간의 경제로 하여금 끝없는 시장논리에 의한 무한 경쟁과 권력의 투쟁이 아니라 공생과 공존을 지향하는 가운데 은혜의 복음에 터하여 사회적 재화를 생산하고 분배하는 경제이다. 특정 소수 그룹이 재화와 권력을 불의하게 독점하고, 이 과정에서 인간의 공동체적 삶과 자연을 파괴하고 혼란에 빠뜨리는 신자유주의적 경제체제는 하나님의 경제와 대립된다. 이러한 맥락에서 우리는 본 성명서를 통하여 하나님의 경제에 기초한 경제 질서를 세워나갈 것을 촉구한다. 그러나 그 과정에서 우리는 자본주의적 경제질서를 전면적으로 부정하고 폐기하기보다는 대안적인 형태의 더욱더 사회적이고, 공동체적이며, 인간의 얼굴을 지닌 따뜻한 시장경제를 지향한다.

1. 신자유주의 시장경제 체제 하에서의 한국경제와 한국교회

신자유주의적 경제체제에 대한 대안을 모색하기 위하여 먼저 우리는 신자유주의 시장경제가 한국경제와 한국교회에 과연 어떠한 영향을 끼쳐왔는지를 질문할 필요가 있다. 우리나라에서 신자유주의 시장경제는 '세계화'라는 이름으로 OECD(경제개발협력기구)에 가입했던 1996년에 금융시장을 개방하면서 본격적으로 도입이 되었다. OECD 가입 직후 국회는 정리해고제, 변형근로제, 근로자파견제 등을 날치기로 통과시켰다. 그 이후에 우리나라는 작은 정부, 노동시장의 유연화(해고와 감원을 자유롭게), 자유 시장경제질서, 규제완화, FTA(자유무역협정) 중시, 사유화 또는 민영화(공기업, 의료, 방송), 학교(대학)의 경쟁력과 자율화, 세금 완화(상속세, 법인세, 종합부동산세), 복지예산 축소 등의 신자유주의 경제정책을 시행해왔다. 특히 현

정부가 추진해온 신자유주의 경제정책은 '작은 정부 큰 시장'을 기본 골격으로 삼아 공기업 민영화, (부자) 감세정책, 금산분리 완화, 노동시장 유연화 등으로 추진되었다.

그런데 지난 30년 동안 세계의 경제질서를 지배해 오던 신자유주의 경제체제는 2008년 전 세계적으로 불어닥친 금융위기로 말미암아 난관에 봉착하게 되었다. 그 동안 투자금융 중심의 거대한 독점 자본이 아무런 견제장치 없이 전 지구적 시장을 지배해 오다가, 2008년도 말에 미국발 경제위기(금융자본의 위기)가 전 세계로 확산되었다. 신자유주의 경제체제에서 대중은 경제 동물이 되어 그저 열심히 일해서 돈 벌고 소비하느라 바빴고, 인문학적 가치는 일상생활에서 배제되었으며, 인류의 역사 속에서 축적된 삶의 지혜를 잊어버렸다. 사람들은 성장과 풍요에 취했고, 불로소득으로 흥청망청 사치에 매료된 사람들은 물질적 쾌락에 빠져서 이것을 제어하는 규제와 제도의 필요성마저 망각하였다. 신학자 한스 큉이 지적한 대로, 신자유주의 경제체제 하에서 이른바 발전 이데올로기의 마술인 "더 빨리, 더 많이, 더 높이!"를 추구해왔던 인류는 무한 발전(양적 팽창)을 위해 유한한 지구 자원을 마구 소비하며 먹고 쓰고 버림으로써 생태계 질서를 무너뜨리고 심지어는 후손의 자원까지 끌어다가 소비해 치우는 일을 서슴지 않았다. 인간의 존재방식이 비인간적인 모습으로 전락했고, 또 이러한 인간의 행위가 하나님의 창조질서를 파괴하였다.

이 시기에 한국교회 또한 신자유주의 경제질서에 의하여 직·간접적으로 깊이 영향을 받았다. 이미 산업화 시대에 농어촌인구의 도시 집중화와 맞물려 대도시(특히 서울)에 교회가 집중적으로 설립되었고, 포스트모던 시대에 상응하여 다양한 형태의 개(個)교회들이 도시 여기저기에 우후죽순 생겨나면서 난립하는 현상을 보였다. 이러한 현상은 신자유주의 경제질서의 무한 경쟁논리와 맞물려 사회의 양극화 현상과 같은 교회의 양극화(교인수 양극화, 교회 재정 양극화 등)로 나타났다. 소수의 대형교회는 계속 수적인 성장을 지속하고 있으며 이에 따른 인적, 물적 자원들도 매우 풍부하게 소유하고 있는 반면, 중소형 교회들은 한국의 중소기업들이 경험하고 있는 것처럼 심각한 어려움을 겪고 있다.

또한 한국교회의 강단에서는 이러한 신자유주의 경제질서 체제에 대한 예언자적인 비판과 개혁의 목소리보다는 어떻게 하면 이러한 체제 하에서 개인적인 성공을 성취해 나갈 것인가라는 성공지향 또는 성취지향주의적인 메시지가 주로 선포되어 왔다. 이로 인하여 그리스도인들의 신앙과 삶은 더욱더 사사화(私事化)되었고, 교회 공동체도 의식적, 무의식적으로 기득계층의 이익을 종교적으로 옹호하는 이익집단의 형태로 변모되어 왔다. 그 결과 모든 생명이 함께 더불어 살아가는 정의롭고, 평화로운 생명세계의 건설에 대한 하나님 나라의 비전을 점차 상실하였고 사회로부터 심각한 비판과 도전에 직면하게 되었다.

2. 신자유주의 시장경제와 이에 대한 신학적 평가

이러한 신자유주의 시장경제에 대해 우리는 어떠한 신학적 평가를 내릴 수 있는가? 신자유주의 시장경제는 미국의 대통령 레이건과 영국의 수상 대처가 국가적 차원에서 실천했고, 미국이 세계를 지배하는 20세기 후반의 상황 때문에 마침내 세계를 지배하는 경제질서가 되었다. 이 경제질서는 가능한 한 국가의 경제적 간섭을 줄이고 경제 주체들의 자율성을 극대화해서 경제를 성장시키고자 하는 경제질서이다. 이 경제질서의 장점은 기업과 인간을 노력하도록 만들고, 인간의 창의성을 자극해서 기술을 발전시키고 생산과 재화를 크게 증가시키는 데 있다. 이 점 때문에 노박(Michael Novak)을 비롯한 북미의 우파 신학자들은 신자유주의 시장경제를 세계를 구원하는 경제질서로 합리화했다. 그러나 신자유주의 시장경제는 다음과 같은 심각한 문제를 갖고 있기 때문에 하나님의 경제와는 상당한 거리가 있다고 평가할 수밖에 없다.

(1) 신자유주의 시장경제는 세계 경제를 투기 자본주의로 변질할 위험이 있다. 그런데 이 위험은 그동안 세계 도처에서 일어난 경제 위기 속에 실재적으로 나타났고 이로 인해 수많은 국가들이 엄청난 피해를 경험했다. 투기 자본주의는 신학적으로 용납할 수 없는 악임에도 불구하고 신자유주의 시장경제의 중심 국가인 영국은 여전히 이를 규제하고자 하는 EU의 노력에 대해 비판적이다. 신자유주의 시장경제의, 자본의 제한을 받지 않는 자유로운 이동에 대한 이론은 투기 자본주의로 가는 길을 열고 있기 때문에 신학적으로 비판하지 않을 수 없다.

(2) 신자유주의 시장경제의 과도한 경쟁은 노동 현장을 잔혹하게 만들고, 노동자들의 권익을 크게 훼손시키고, 노동자들은 이윤과 경쟁을 위한 도구로 전락할 위험이 크다. 이는 인간의 얼굴을 가진 경제질서를 추구하는 하나님의 경제와 충돌된다.

(3) 신자유주의 시장경제는 중소기업은 대기업에 종속되고, 제3세계는 제1세계에 종속되는 종속경제의 위험이 매우 큰 경제질서이다. 이 경제질서가 계속되면 세계를 삼키는 공룡 대기업이 등장하고 이런 기업들이 제국주의적 경제질서를 만들 위험이 있다.

(4) 신자유주의 시장경제는 약육강식의 정글 경제이기 때문에 너무나 많은 경제 희생자들을 만들어낸다. 무한경쟁의 정글 경제에서는 희생자들도 무한히 배출될 수밖에 없다. 이런 약육강식의 정글 경제는 공존과 상생을 바라시는 하나님의 뜻과는 매우 거리가 있다.

(5) 신자유주의의 시장경제는 공정한 분배라는 성서적 가치를 결정적으로 파괴시킨다. 신자유주의 시장경제는 승자의 독식을 정당화하는 경제질서인데, 이것은 빈부격차를 극단적으로 증가할 큰 위험이 있다. 신자유주의 시장경제를 통해 재화의 양이 증가한다 해도 공정한 분배가 불가능하다면 이는 근원적으로 위험한 질서이다. 왜냐하면 이런 경제질서는 결국 심각한 저항과 혁명의 위험을 안고 있기 때문이다.

(6) 신자유주의 시장경제의 옹호자들은 위와 같은 문제점을 스스로 알

고 있으면서도 경제를 성장시키고 재화를 증가시키는 가장 좋은 길이 신자유주의 시장경제라고 주장했다. 그러나 신자유주의 시장경제 실천 30여 년의 결과는 과거의 케인즈주의 시대보다 상당히 못한 것으로 판명되었다. 이는 너무 자주 일어난 경제 위기와 마이너스 성장의 참혹함 때문인데, 이런 문제들은 신자유주의 경제질서 속에 본질적으로 내재하는 문제들이다. 무한경쟁의 정글 경제가 경제성장의 측면에서도 큰 약점이 있다면 하루 속히 인간의 얼굴을 가진 경제질서로 개혁해야 할 것이다.

3. 기독교 신앙과 신학에 기초한 대안 공동체 추구

그렇다면 우리가 추구해야 할 대안 공동체는 어떠해야 하는가? 『역사의 종언』(1992)에서 푸쿠야마는 역사의 최종단계를 '글로벌 자본주의'의 세계화로 보면서, 그 외에 어떤 대안도 없다고 주장하였다. 그러나 WCC(세계교회협의회)는 1970년 나이로비로부터 2006년 알레그로에 이르기까지 글로벌 자본주의에 대한 '대안 글로벌화'(an alternative globalization)의 운동을 펼쳐왔다. 그 핵심가치는 북반구와 남반구 그리고 심지어 북반구 안에서도 초래한 빈익빈 부익부의 정치적 경제의 갈등구조 해소와 환경파괴의 극복이다. 즉 '생명'이 그 핵심 가치였다.(레 25장)

우리가 궁극적으로 추구하는 대안 공동체는 관계망 속에 있는 샬롬(정의와 평화)의 생명 공동체(창 1-2장, 요 10:10, 계 21-22장)이다. 이 생명 공동체는 이념과 체제를 초월한다. 교회 공동체, 교회 밖의 공동체들, 그리고 지구 생명 공동체들은 각각 그리고 상호 간에 생명의 관계망 속에서 살고 있다. 생명의 문제는 단순히 생태학적이고 생물학적인 차원의 문제만이 아니다. 정치·경제·사회·문화와의 관계망이 다름 아닌 '생명'이다. 역사 차원과 창조세계 차원은 불가분리한 관계망 속에 있다. 정의와 평화 문제는 창조세계 보전 문제와 맞물려 있기 때문이다. 그러나 오늘의 신자유주의 시장경제는 빈부 격차의 확대와 환경파괴의 가속화로 인류 공동체와 창조 공동체를 파국으로 몰아넣고 있다. 그래서 2006년 포르트 알레그로에서 개최된 제9차 WCC 총회의 '아가페'(AGAPE: Alternative Globalization Addressing Peoples and Earth) 문서는 아가페 사랑을 전제하는 희년의 실천을 선언하는 맥락에서, '글로벌 자본주의'에 대한 '대안 경제'로서 "긍휼과 정의가 넘치는 세계"를 선포하였다. 그것은 곧 "하나님의 생명 집 살림살이"(God's Household of Life)에 다름 아니다.

- 하나님의 은혜의 경제는 넉넉함의 경제로 만민에게 풍요를 선사하고 그것을 보전한다.
- 하나님의 은혜의 경제는 그 풍성한 생명을 정의롭고 참여적이며 지속 가능한 방법으로 관리할 것을 요구한다.
- 하나님의 은혜의 경제는 나눔, 지구적 연대, 인간의 존엄성, 창조세계의 보전을 중요시하는 생명의 경제이다.
- 하나님의 경제는 전체 오이쿠메네, 즉 온 지구 공동체를 섬기는 경제이다.
- 하나님의 정의와 가난한 자에 대한 우대적 선택은 하나님 경제의 징표이다.

오늘의 교회 공동체는 이와 같은 하나님의 은혜의 경제를 실천하는 대안 공동체를 건설해 나가야 할 것이다. 또한 교회 공동체와 인류 공동체의 구성원들은 삼위의 각 위격(位格)처럼 '공동체 속의 인격'이 되어야 한다. 그래야만 글로벌 자본주의의 개인주의를 극복할 수 있다. 우리는 무엇보다도 교회의 예배와 교회의 공동체적 삶을 통하여 형성된 영성과 도덕성으로 신자유주의 경제세계화에 대한 치유와 화해의 사역에 동참해야 할 것이다. 그뿐만 아니라 교회와 그리스도인들은 다른 민족, 다른 문화, 다른 종교 공동체들과 더불어, 나아가 유엔과 같은 초국가적 기구를 통하여 신자유주의 시장경제가 낳은 폐해들을 극복하고 지구적 생명 대안 공동체를 지향해야 할 것이다.

4. 한국교회가 나아갈 길

한국교회는 역사상 유례 없는 경제적 양극화와 지속되는 경제적 위기로 절망에 빠진 한국의 경제 현실에 책임적으로 응답해야 한다. 한국교회는 위기의 근본적 원인인 신자유주의 경제세계화에 대한 진지한 반성과 성찰을 통하여 하나님의 경제를 실현해야 한다는 신앙적 결단을 요구받고 있다. 신자유주의적 경제세계화는 이미 경제적 문제를 넘어서 생태적, 윤리적, 그리고 영적인 문제를 포함한 범세계적 문제가 되어 인류의 재앙을 예고하고 있다. 따라서 한국교회는 경제세계화의 본질을 올바로 파악하고 신자유주의에 대한 반(反)신앙적, 반(反)복음적 실체를 바르게 인식하여 그리스도인들이 진정으로 추구하고 만들어가야 할 세상에 대한 구체적 비전을 제시하여야 한다. 따라서 한국교회는 성령을 통하여 하나님의 경제 원리에 따른 하나님의 통치와 그리스도의 주권을 고백하는 교회의 예언자적 사명을 감당해야 할 중대하고 시급한 시대적 사명이 있음을 깨달아야 할 것이다.

1) 한국교회는 신자유주의와 경제세계화의 반(反)신앙적 본질에 대하여 바르게 인식하고 교육하여야 한다.

신학교를 비롯한 다양한 교육기관에서 목회자들을 대상으로 하여 올바른 기독교 경제관을 교육해야 하며, 특별히 교회교육을 통해 자라나는 세대들에게 하나님의 정의와 공의에 기반한 경제원리를 가르쳐야 한다. 또한 한국교회는 교육을 통하여 신자유주의적 경제세계화의 물신 숭배적 구조와 성격을 폭로하고 신학적으로 비판하는 이론적 작업을 넘어 하나님의 경제를 실현할 수 있는 구체적인 일을 자신이 사는 지역에서 작은 일부터 시작해야 한다. 이러한 인식과 교육은 앎으로 끝나는 것이 아니라 신앙으로 고백되어 우리의 삶과 현실을 변화시키는 힘이 되어야 한다.

2) 한국교회는 세상의 경제질서와 하나님의 경제 정의 사이에서 신앙적

결단을 통한 생명 살림의 목회적 모델을 창조해야 한다.

한국교회는 오늘의 왜곡된 경제 현실과 생태계의 심각한 파괴가 하나님께서 허락하신 자원의 부족 때문이 아니라, 인간의 잘못된 제도와 신념으로 인해 부가 편중되고 자연이 착취당함으로 나타난 결과임을 고백하고, 급증하는 가난한 사람들에 대한 목회적 돌봄과 파괴된 생태계의 치유를 위한 다양한 생명목회적 대안을 제시해야 한다. 또한 한국교회는 교회 안에서 하나님의 경제를 실현하기 위하여 교회 간의 양극화 극복을 위해 농어촌 교회와 미자립 교회 문제 해결을 위한 제도적 장치를 마련하여야 한다.

3) 한국교회는 경제적 양극화 해소를 위한 구체적인 법적, 제도적 장치 마련을 위해 노력하여야 한다.

신자유주의 경제체제가 도입된 후 한국 경제는 자본의 재벌 집중으로 인한 중소기업과 자영업자의 몰락, 노동시장 유연화로 야기한 비정규직 문제와 청년실업의 문제로 사회적 양극화를 심화시켰다. 이러한 경제적 현실 속에서 한국교회는 정부의 신자유주의 경제정책을 감시하고 비판하는 기능에서 한 걸음 더 나아가, 하나님의 긍휼과 경제적 정의가 담긴 법적, 제도적 장치를 제안하고, 이를 법제화하는 데 노력하여야 할 것이다.

4) 한국교회는 신자유주의 경제 위기를 극복하기 위하여 시민단체 및 에큐메니칼 단체들과의 협력을 적극적으로 모색해야 한다.

국가가 사회적 약자에게 도움을 줄 수 있도록 하기 위해서는 시민사회가 국가를 견인할 수 있을 정도로 활성화하는 것이 필요하다. 세계교회는 에큐메니칼 운동을 통하여 지구적 관점을 가지고 구체적으로 NGO와 함께 신자유주의에 대항하는 중요한 일들을 전개하고 있다. 한국교회 또한 국내외 NGO와 함께 연대하여 신자유주의 경제세계화를 저지하고, 감시하며, 그 실체를 밝힘으로써 시민운동의 협력자로, 후원자로, 때로는 비판자로서의 역할을 감당해나가야 한다.

5) 한국교회는 경제적 절망을 넘어 하나님의 경제에 대한 희망을 선포해야 한다.

신자유주의 경제세계화는 신자유주의에 기초한 자본주의 외에는 대안이 없다는 절대적 신념으로 하나님의 경제에 대한 철저한 부정을 의미한다. 신자유주의 경제세계화의 신념에 내재한 물질숭배의 결과는 정의와 평화를 거부하고 생명을 파괴하는 체제 안에 안주하는 것이며, 물질의 노예가 되어 인간의 불가능성을 초월하시는 하나님에 대한 믿음과 소망을 포기하게 하는 것이다. 따라서 한국교회는 하나님 나라에 대한 확신과 희망을 가지고 신자유주의가 보여주는 세상에 대한 거짓된 신화와 환상을 버리고 하나님의 경제 실현을 위한 대안을 찾아나서야 한다. 그리스도인들은 하나님이 정의의 하나님임을 믿는다. 그러므로 한국교회는 사람보다 이익을 앞세우고, 모든 사람들과 창조세계를 위한 하나님의 선물을 사유화하는 어떤 경제체제나 이념도 거부해야 한다. 더욱이 신자유주의 경제세계화의 이념을 복음의 이름으로 지지하거나 정당화하는 어떠한 가르침에 대해서도 저항해야 한다.

비록 신자유주의 경제세계화라는 이념이 맘몬과 권력의 형태를 띠고 생명 공동체의 나눔의 삶을 파괴하며 우리의 의식을 통제하면서 하나님의 자리를 빼앗으려고 시도한다 할지라도, 신앙은 우리의 생명과 삶을 가능하도록 하는 희망, 즉 하나님의 가능성을 발견하도록 돕는 것이다. 하나님에 대한 절대적 신앙은 인간이 보장하는 희망을 발견하는 것이 아니라 작은 불씨처럼 남겨진, 그러나 꺼지지 않는 희망의 불을 살리는 힘이다. 한국교회는 하나님의 경제로 새 세상이 가능하다는 희망을 만드는 일이야말로 누구도 대신할 수 없는 교회의 본질적이고 예언자적인 사명임을 인식하고, 하나님 경제의 비전을 사회와 그리스도인들에게 계속적으로 선포해야 한다.

2012년 6월 25일
김명배, 김명용, 김은혜, 박경수, 이형기, 임희국, 장신근(가나다 순)

정전협정 60주년, 한반도의 화해와 평화를 위한 그리스도인 선언문

예수 그리스도는 "우리의 화평"이십니다. 그분은 하나님과 인간 사이에, 인간과 인간 사이에, 인간과 자연 사이에 막힌 담을 허물고 화목하게 하기 위해 이 땅에 오셨고, 사셨고, 죽으셨습니다. 예수 그리스도의 뒤를 따르는 우리 그리스도인들은 그가 "원수 된 것 곧 중간에 막힌 담을 자기 육체로" (엡 2:14) 허무셨듯이, 한반도의 화해와 평화를 위해 애쓰도록 부름을 받았습니다.

우리는 한반도 분단의 역사적 비극을 통해 분단이 인간의 존엄성과 자유를 위협하는 일들을 목격했고, 정치대립·체제대립·이념대립으로 인한 소모적 갈등에 시달렸으며, 시간이 지나면서 비정상적인 분단 현실이 어느덧 우리 가운데 내면화되고 일상화되는 것을 경험했습니다. 한반도에 고착된 분단체제는 상대편을 향한 미움과 증오를 증폭시켰고 또 상대방을 힘으로 굴복시키려는 시도로 이어졌습니다. 한반도에 '잠시 중단된 전쟁'으로 인한 긴장상태가 계속되고 있는 이때, 예수 그리스도를 따르는 제자들인 우리 그리스도인들은 "화평하게 하는 자"(마 5:9)로서의 책임을 수행해야 할 것입니다.

이에 정전협정 60주년을 맞이하여 예수 그리스도의 삶과 가르침을 따르기 원하는 '공적신학과교회연구소'는 한국의 그리스도인들과 한국교회가 한반도의 화해와 평화를 위해 다음과 같이 함께 노력할 것을 호소하는 바입니다.

하나, "화평하게 하는 자"의 직무를 감당하지 못한 것을 회개하고 용서를 구합시다.

한반도의 분단이 남북한의 정치, 경제, 사회, 문화를 왜곡시키는 근본적인 '원죄'로 작용하고 있음에도 불구하고, 우리 그리스도인들이 이를 극복하고 해결하기 위한 화해자의 직책을 충실하게 감당하지 못했습니다. 우리 그리스도인들은 하나님의 자녀로서 마땅히 평화를 위해 일해야 하고, 예수 그리스도께서 맡기신 화목하게 하는 사역을 감당해야 하며, 성령께서 하나 되게 하신 것을 힘써 지켜야 함에도 불구하고 화해자의 사명을 제대로 감당하지 못했음을 회개하며 용서를 구한다.

둘, 한반도에서 핵무기와 재래식 무기와 전쟁연습이 사라지도록 촉구합시다.

우리 그리스도인들은 전쟁이 아닌 평화를 통해 한반도가 공멸의 길이 아닌 공생의 길로 나갈 것을 촉구합니다. 북측은 비핵화를 통해, 남측은 무기수입 중단을 통해 전쟁의 망령에서 벗어나야 합니다. 한반도에서 더 이상의 무모하고 무익한 군사훈련과 군비경쟁은 즉각 중단되어야 합니다. 그리스도인들은 군사력 사용에 대한 그 어떤 신학적인 정당화를 시도해서도 안되며, 전근대적인 '정당전쟁' 개념 또한 21세기에는 유효성이 없음을 분명히 인식해야 할 것입니다. "구원하는 데에 군마는 헛되며 군대가 많다 하여도 능히 구하지 못하는도다."(시 33:17)

셋, 정전협정을 평화협정으로 전환하도록 촉구합시다.

올해로 한국전쟁을 치르고 정전협정을 체결한 지 60년이 지났습니다. 이제는 정전협정이 평화협정으로 바뀌어야 합니다. 이를 통해 한반도는 일시적 휴전 상태에서 항구적 평화 상태로 나아갈 수 있을 것입니다. 지금은 "칼을 쳐서 보습을 만들고 창을 쳐서 낫을 만들 것이며 이 나라와 저 나라가 다시는 칼을 들고 서로 치지 아니하며 다시는 전쟁을 연습하지 아니해야 할"(미 4:3) 때입니다.

넷, 적극적인 경제협력과 상호교류와 상호지원을 촉구합시다.

우리는 현재 남북 사이에서 진행되고 있는 개성공단과 금강산 관광 재개 움직임을 적극 지지하며, 앞으로 인적이며 물적인 차원에서 보다 활발한 상호교류와 상호지원을 촉구합니다. 정치만이 아니라 다방면의 소통을 통해 한반도에 정의로운 화해와 평화가 정착되기를 바라며, 죽임의 문화가 살림의 문화로 바뀌게 되기를 소망합니다. 또한 우리는 한반도가 힘의 논리에 따른 흡수통일이 아니라 모든 이가 하나님의 자녀로 존중받는 평화통일의 한 길로 나아가도록 기도하며 노력해야 할 것입니다.

다섯, 다음 세대를 위한 평화 교육에 매진합시다.

우리는 국가 차원, 민간 차원, 그리고 종교 차원에서 남북갈등과 남남갈등을 해결하기 위한 화해와 평화를 위한 교육에 힘써야 할 것입니다. 특히 한국교회 강단에서 말씀선포와 가르침을 통해 하나님 나라의 핵심인 화해와 평화를 선포하고 교육해야 할 것입니다. 남북 사이에 존재하는 차이와 다름을 인정하고 그것을 받아들일 때에라야 한반도에는 지속가능한 평화가 정착될 것입니다. 이러한 미래지향적 평화 교육이야말로 다음 세대로 하여금 폭력을 극복할 대안을 찾게 만들고, 인권에 대한 존중 의식을 고양시킬 것이고, 정의에 기초한 평화 정신을 함양시킬 것입니다. 이처럼 다음 세대가 화해와 평화의 정신을 토대로 자라나야만 한반도 통일의 초석이 든든히 마련될 것입니다.

여섯, 한국교회를 대표하는 교단과 기관의 책임 있는 노력을 촉구합시다.

우리는 한국교회를 대표하는 교단들과 기관들이 한반도의 화해와 평화를 위해 책임 있는 노력을 해줄 것을 촉구합니다. 한국의 그리스도인들은 한반도의 화해와 평화를 위해 부름을 받았습니다. 그동안 한국교회가 힘써온 평화운동의 전통을 이어 지금 여기에서 우리가 해야 할 책임을 다해야 할 것입니다. 한국교회의 기관과 교단들이 연합하여 화해와 평화를 위한 서명운동이나 한반도 평화주일을 정하여 지키는 등 가시적인 행동에 나서줄 것을 요청하는 바입니다.

화해와 평화를 위해 일하는 것은 이 시대 하나님께서 우리에게 부탁하신 직무입니다. 지금은 우리 그리스도인들이 이 직무를 실천할 때입니다. "하나님께서 그리스도 안에 계시사 세상을 자기와 화목하게 하시며… 화목하게 하는 말씀을 우리에게 부탁하셨느니라."(고후 5:19)

2013년 6월
공적신학과교회연구소 회원 일동